A apresentação de Jesus no Templo

BORIS AGUSTÍN NEF ULLOA

A APRESENTAÇÃO DE JESUS NO TEMPLO
(Lc 2,22-39)

O testemunho profético
de Simeão e Ana como ícone
da história da salvação

Dados Internacionais de Catalogação na Publicação (CIP)
(Câmara Brasileira do Livro, SP, Brasil)

Ulloa, Boris Agustín Nef
  A apresentação de Jesus no templo : (Lc 2,22-39) ; O
testemunho profético de Simeão e Ana como ícone da história da
salvação / Boris Agustín Nef Ulloa. – São Paulo : Paulinas, 2012.
– (Coleção exegese)

  ISBN 978-85-356-3417-4

  1. Bíblia - Crítica e interpretação I. Título. II. Título: O
testemunho profético de Simeão e Ana como ícone da história da
salvação. III. Série.

12-13678   CDD-220.6

Índice para catálogo sistemático:
1. Bíblia : Interpretação e crítica 220.6

1ª edição – 2012

Direção-geral: *Bernadete Boff*
Editores responsáveis: *Vera Ivanise Bombonatto e*
Matthias Grenzer
Copidesque: *Anoar Jarbas Provenzi*
Coordenação de revisão: *Marina Mendonça*
Revisão: *Equipe Paulinas*
Gerente de produção: *Felício Calegaro Neto*
Projeto gráfico: *Telma Custódio*

Nenhuma parte desta obra poderá ser reproduzida ou transmitida
por qualquer forma e/ou quaisquer meios (eletrônico ou mecânico,
incluindo fotocópia e gravação) ou arquivada em qualquer sistema ou
banco de dados sem permissão escrita da Editora. Direitos reservados.

Paulinas
Rua Inácia Uchoa, 62
04110-020 – São Paulo – SP (Brasil)
Tel.: (11) 2125-3500
http://www.paulinas.org.br – editora@paulinas.com.br
Telemarketing e SAC: 0800-7010081
© Pia Sociedade Filhas de São Paulo – São Paulo, 2012

SUMÁRIO

Siglas e abreviaturas 7

Introdução 11

1. *Status quaestionis* 21
   1. A obra lucana e a "história da salvação" 21
   2. Os "evangelhos da infância" 27

2. Análise literário-estrutural 65
   1. Análise estrutural 65
   2. Análise linguístico-sintática 80
   3. Análise semântica 104
   4. Análise pragmática 155

3. Análise exegético-teológica de Lc 2,22-39 165
   1. A inclusão (vv.22-24.39) 165
   2. Simeão (vv.25-35) 176
   3. Ana (vv.36-38) 200

4. Alguns contatos entre Lc 2,22-39 e Lc-At 225
   1. A relação teológica com Lc 1–2 225
   2. A relação teológica de Lc 1–2 com Lc 3–24 e At 238

Conclusão 263

Referências bibliográficas 273

SIGLAS E ABREVIATURAS

a.C.	antes de Cristo
ABR	*Australian Biblical Review*
ACI	G. Leonardi – F.G.B. Tirolese, ed., *Atti del Congresso Internazionale*, Padova 16-21 Ottobre 2000
AJBI	*Annual of the Japanese Biblical Institute*
al.	alii (= outros)
AnBib	*Analecta Biblica*
AnGr	*Analecta Gregoriana*
ANQ	*Andover Newton Quarterly*
aor.	aoristo
art.	artigo
AT	Antigo Testamento
BEB	*Biblioteca de Estudios Bíblicos*
BenT	*Benedictijns Tijdschrift*
BeO	*Bibbia e Oriente*
BEThL 100	F. van Segbroeck – C.M. Tuckett – G. van Belle – J. Verheyden, ed., *The Four Gospels* 1992
BEThL 142	J. Verheyden, ed., *The Unity of Luke-Acts*
BEThL	*Bibliotheca Ephemeridum Theologicarum Lovaniensium*
BGBE	*Beiträge zur Geschichte der Biblischen Exegese*
Bib	*Biblica*
Bijdr.	*Bijdragen Tijdschrift voor Philosophie en Theologie*
BiLoy	*Bíblica Loyola*
ca.	Cerca de, aproximadamente
cap(s).	capítulo(s)
CBQ	*Catholic Biblical Quarterly*
CSion	*Cahiers Sioniens*
d.C.	depois de Cristo
DBS	*Dictionnaire de la Bible. Supplément*
DCBNT	*Dizionario dei concetti biblici del Nuovo Testamento*
DENT	H. Balz – G. Schneider, ed., *Diccionario Exegético del Nuevo Testamento*

DT(P)	*Divus Thomas. Commentarium de Philosophia et Theologia*
DTBi	Léon-Dufour, ed., Xavier *Dizionario di Teologia Biblica.*
DTMAT	E. Jenni – C. Westermann, ed., *Diccionario Teológico Manual del Antiguo Testamento*
DTNT	L. Coenen – E. Beyreuther – H. Bietenhard, ed., *Diccionario Teológico del Nuevo Testamento*
ed.	editor(es)
EE	*Estudios Eclesiásticos*
EJ	*Encyclopaedia Judaica*
EJud	*The Encyclopaedia of Judaism*
EstB	*Estudios Bíblicos*
EtB	*Études Bibliques*
EThL	*Ephemerides Theologicae Lovanienses*
ExpTim	*Expository Times*
fem.	feminino
GLAT	G.J. Botterweck – H. Ringgren, ed., *Grande Lessico dell'Antico Testamento*
GLNT	G. Kittel – G. Friedrich, ed., *Grande Lessico del Nuovo Testamento*
Gr.	*Gregorianum*
HBS	*Herders Biblische Studien*
Hi.	Hifil
HThR	*Harvard Theological Review*
IEB	*Introducción al Estudio de la Biblia*
ind.	Indicativo
Interp.	*Interpretation. A Journal of Bible and Theology*
JBL	*Journal of Biblical Literature*
JBR	*Journal of Bible and Religion*
JQR	*Jewish Quarterly Review*
JSNT	*Journal for the Study of the New Testament*
JSNT.S	*Journal for the Study of the New Testament Supplement Series*
JSOT	*Journal for the Study of the Old Testament*
JSOT.S	*Journal for the Study of the Old Testament Supplement Series*

JSSt	*Journal of Semitic Studies*
JThS	*Journal of Theological Studies*
KuI	*Kirche und Israel. Neukirchener theologische Zeitschrift*
LCL	*Loeb Classical Library*
LXX	Septuaginta (Setenta)
Mar.	*Marianum. Ephemerides Mariologiae*
masc.	masculino
ms(s).	manuscrito(s)
n.	nota
NedThT	*Nederlands Theologisch Tijdschrift*
Ni.	Niphal
NIDOTTE	W.A. VanGemeren, ed., *New International Dictionary of Old Testament Theology and Exegesis*
NIGTC	*The New International Greek Testament Commentary*
NRT	*Nouvelle Revue Théologique*
NT	Novo Testamento
NT.S	*Novum Testamentum. Supplements*
NTS	*New Testament Studies*
or(s).	oração(orações)
p(p).	página(s)
p. ex.	por exemplo
par.	paralelo(s)
ParSpirV	*Parola, Spirito e Vita*
part.	particípio
Pes	Pesahim
pess.	pessoa
pl.	plural
Q.	Qal
RB	*Revue Biblique*
rev.	revisado
RevBib	*Revista Bíblica*
RevSR	*Revue des Sciences Religieuses*
RF	Razón y Fe
RIBLA	*Revista de Interpretação Bíblica Latino-Americana*
RivBib	*Rivista Biblica*
RSR	*Recherches de Science Religieuse*
RStB	*Ricerche Storico Bibliche*

SIGLAS E ABREVIATURAS

s(s).	seguinte(s)
SalSa	Salmos de Salomão
SBF.An	*Studium Biblicum Franciscanum. Analecta*
ScrTh	*Scripta Theologica*
SEAug	*Studia Ephemeridis Augustinianum*
Sef.	Sefarad
segto.	Segmento
sing.	singular
SP	Sacra Pagina
SRivBib	*Supplementi alla Rivista Biblica*
StANT	*Studien zum Alten und Neuen Testament*
StBi	*Studi Biblici*
StSNT	*Studia Semitica Novi Testamenti*
SubBi	*Subsidia Biblica*
Tam	Tamid
TB	Talmude Babilônico
tb.	também
terc.	terceiro(a)
TestBenj	Testamento de Benjamim
TestNeft	Testamento de Neftali
Tg PsJ	Targum Pseudo-Jônatas
Tg	Targum
TG.ST	*Tesi Gregoriana. Serie Teologia*
ThBeitr	*Theologische Beiträge*
ThStKr	*Theologische Studien und Kritiken*
TM	texto massorético
trad.	tradução
tradt.	tradutor
v(v).	versículo(s)
voc.	vocativo
vol(s).	volume(s)
WBC	*Word Biblical Commentary*
x	vez(es)
ZNW	*Zeitschrift für die neutestamentliche Wissenschaft und die Kunde der älteren Kirche*
ZThK	*Zeitschrift für Theologie und Kirche*

INTRODUÇÃO

A bibliografia geral sobre a obra lucana revela que os "evangelhos da infância"[1] (Lc[2] 1-2) foram objetos de numerosos estudos.[3] Com efeito, diversos autores destacaram a importância teológica de Lc 1–2 para a compreensão do conteúdo teológico de Lc-At. Dentro dessa perspectiva, segundo Brown, "os relatos da infância são veículos respeitáveis da mensagem do evangelho; efetivamente, são a história essencial do evangelho em miniatura".[4] Segundo Fitzmyer, esses capítulos devem ser considerados como uma espécie de *ouverture* solene, porque apresentam sinteticamente os principais temas de todo o relato evangélico,[5] enquanto, segundo López Mauleón, Lc 1–2 são muito mais que uma introdução a Lc; na realidade, são "uma espécie de partitura musical

---

[1] Segundo O. DA SPINETOLI, *Introduzione ai vangeli dell'infanzia*, 11, ainda que a expressão "evangelhos da infância", nascida com a crítica histórico-literária bíblica (*Formgeschichtliche Methode*), é a mais utilizada entre os estudiosos para designar Mt 1–2 e Lc 1–2, grande parte deles reconhece que a mesma não expressa adequadamente tudo o que são esses relatos. Basta recordar que Lc 1 e Mt 1 narram o período que antecede ao nascimento de Jesus; em Mt 1,1-17, é apresentada a genealogia de Jesus e em Lc 2,41-52 é relatada um episódio da vida de Jesus aos doze anos.

[2] Os livros da Bíblia são citados segundo as abreviaturas utilizadas na Bíblia do Peregrino.

[3] Fora os comentários de Lc, podem-se citar muitos estudos. Indicamos os principais exegetas que investigaram o conjunto de Lc 1–2 ou alguma perícope em particular: P. Benoit, R.E. Brown, A. Díez Macho, A. Feuillet, A. George, B.J. Koet, R. Laurentin, E. Manicardi, M. Miyoshi, S. Muñoz Iglesias, F. Neirynck, W. Rald, A. Simón Muñoz, O. da Spinetoli, T. Stramare, A. Valentini, J. Winandy, S. Zedda (bibliografia).

[4] R.E. BROWN, *El nacimiento del Mesías. Comentario a los relatos de la infancia*, 14.

[5] J.A. FITZMYER, *El evangelio según Lucas, II. Traducción y comentario. Capítulos 1–8,21*, 45; id., *Luca teólogo*, 32.

onde ressoam os pontos fortes de Lc-At com os quais se prepara o leitor para entender o corpo de toda a obra lucana".[6]

Por outro lado, a bibliografia sobre Lc 1–2 trouxe à luz uma dupla característica desses relatos: (1) a concentração teológico--cristológica; (2) a centralidade de Maria como instrumento a serviço dessa cristologia.[7] Além disso, observa-se que algumas perícopes receberam maior atenção, entre as quais a anunciação a Maria (1,26-38), o *Magnificat* (1,46b-55), o *Benedictus* (1,68-79), o *Nunc dimittis* (2,29-32) e o oráculo de Simeão a Maria (2,34b-35).

Quanto à apresentação de Jesus no Templo (2,22-39), são diversos os autores que enfatizaram o papel dessa perícope no conjunto de Lc 1–2.[8] De fato, é a primeira vez, na obra lucana, que Jesus se encontra em Jerusalém e no Templo. Esse cenário reforça o conteúdo teológico da perícope e a caracteriza como fundamental para a compreensão de Lc-At.

De forma análoga, a bibliografia específica sobre 2,22-39 assinala que as unidades da perícope foram estudadas de modo

---

[6] J.M. LÓPEZ MAULEÓN, "τὸ Πνεῦμα (τὸ) ἅγιον en San Lucas", 281.284.313.

[7] G.C. BOTTINI – N. CASALINI, "Maria nella storia della salvezza in Luca-Atti", 733-768 (principalmente pp. 764-768).

[8] R. LAURENTIN, *Structure et Théologie de Luc I-II*, 61, assevera que os relatos da infância estão, desde seu início, orientados para a manifestação de Jesus no Templo. E. GALBIATI, "La prezentazione al Tempio", 28, sustenta que os relatos de Lc 1–2 apresentam um movimento ascendente e são construídos sob uma ideia diretiva que faz progredir a ação até seu cume, que é a entrada do menino Jesus no Templo. G. BERLINGIERI, *Il lieto annuncio della nascita e del concepimento del precursore di Gesú (Lc 1,5-23.24-25) nel quadro dell'opera lucana*, 95, e G. SEGALLA, *Evangelio e Vangeli. Quattro envangelista, quattro Vangeli, quattro destinatari*, 180, afirmam que a perícope da apresentação de Jesus constitui o clímax conclusivo de Lc 1–2. Segundo A. GEORGE, *L'annonce du salut de Dieu. Lecture de l'évangile de Luc*, 179, este episódio é o ápice de Lc 1–2, sobre tudo porque até esse momento apresenta a revelação mais explícita do mistério de Jesus dentro da obra lucana. B.J. KOET, "Simeons Worte (Lk 2,29-32.34c-35) und Israels Geschick", 156, as afirmações programáticas de Simeão constituem um ápice dentro dos relatos Lc 1–2.

desigual. Com efeito, muito se publicou sobre as falas de Simeão[9] (o *Nunc dimittis*[10] e seu oráculo dirigido a Maria[11]); o mesmo não vale para o relato da profetisa Ana (vv.36-38), nem para a introdução da perícope (vv.22-24). Essa constatação revela que os estudiosos centraram o valor teológico da perícope no testemunho de Simeão (vv.25-35).[12] De modo que, na maioria dos casos, os vv.36-38 foram ignorados ou, na melhor das hipóteses, considerados com um valor teológico secundário.[13]

---

[9] B.J. KOET, "Simeons Worte (Lk 2,29-32.34c-35) und Israels Geschick", 1549-1569; R. DILLON, "Simeon as a Lucan Spokesman (Lk 2,29-35)", 189-217.

[10] P. GRELOT, "Le cantique de Siméon (Luc, II, 29-32)", 505-506, afirma que o hino contém uma síntese de toda a obra lucana. K. BERGER, "Das Canticum Simenonis (Lk 2,29-32)", 27-39, destaca o caráter programático do hino, quanto à ação salvífica do Messias diante dos gentios e de Israel. A. VALENTINI, "I cantici in Lc 1–2", 83, sustenta que a teologia lucana é particularmente manifestada em 2,29-32.

[11] A. FEUILLET, "L'épreuve prédite à Marie par le vieillard Siméon (Luc. II, 35a)", 243-263; P. BENOIT, "Et toi-même, un glaive te transpercera l'âme (Luc 2,35)"; J. WINANDY, "La prophétie de Syméon (Luc II, 34-35)", 321-351; A. SIMON MUÑOZ, *El Mesías y la hija de Sión*; A. SERRA, *Una spada trafuggerà la tua vita*; A. VALENTINI, "Il secondo annuncio a Maria"; id., "'Καθαρισμοῦ αὐτῶν' e 'ῥομφαία' (Lc 2,22.35). Due cruces interpretum", 177-187.

[12] P. FIGUERAS, "Siméon et Anne, ou le Témoignage de la Loi et des Prophètes", 84-99, é um dos poucos que estudaram 2,22-39 em conjunto. O autor propõe uma interpretação simbólica de Simeão e Ana. Os personagens seriam, respectivamente, figuras da Torá (Moisés) e dos Profetas; estes dão um testemunho do Messias presente no Templo.

[13] E. GALBIATI, "La presentazione al Tempio", 29, justifica a opção de concentrar sua investigação sobre Simeão com a afirmação "a presença de Ana não acrescenta nada". Diante de tal observação, não surpreende a constatação de S. MUÑOZ IGLESIAS, *Los evangelios de la infancia, III, Nascimento e infância de João e de Jesus em Lucas 1–2*, 199: "O silêncio de Lucas quanto às palavras de Ana fez com que alguns pensassem que a figura da profetisa pareça ser um simples *recheio* no relato", e prossegue (p. 201): "Já os numerosos testemunhos da messianidade de Jesus, em Lc 1–2, levam a pensar que o testemunho de Ana não era necessário". Na mesma linha segue o pensamento de F. BOVON, *El evangelio según san*

A escassa bibliografia sobre o relato de Ana (vv.36-38)[14] e as afirmações de Galbiati, Muñoz Iglesias, Bovon e Radl fazem emergir algumas interrogações: Existe, no texto lucano, alguma razão que não permita ignorar ou não valorizar os vv.36-38? A detalhada descrição de Ana não apontaria no sentido contrário? Estes detalhes não revelariam a importância que o testemunho de Ana ocupa no pensamento teológico do autor?

Se, quando o autor compôs a perícope unitária da apresentação de Jesus no Templo, o testemunho de Simeão (vv.25-35) era suficiente para cumprir seus objetivos teológicos, então por que acrescentou um segundo personagem? A resposta seria simplesmente que, como sugerem Fitzmyer, Muñoz Iglesias e Ballhorn, Lucas tem como característica literária uma predileção pelos casais de personagens?[15] Será que o autor, realmente, não apresenta aos seus leitores as palavras proféticas de Ana? As afirmações dos quatro autores anteriormente citados fazem justiça ao pensamento teológico lucano? Se não é assim, então quais seriam os novos elementos teológicos acrescentados pelo testemunho de Ana ao já extenso testemunho de Simeão?

Essas questões nos estimularam na busca do sentido teológico da perícope em todo o seu conjunto. Na realidade, estamos convencidos de que reconhecer o justo valor ao conteúdo teológico

---

Lucas. I. Lc 1–9, 198-199: "Lucas nos decepciona um pouco: não nos diz nada sobre o conteúdo das orações e das palavras de Ana [...]; por isso, eu me inclino a atribuir ao episódio da profetisa a função de um coro final, já que o peso teológico repousa no encontro milagroso do ancião Simeão com o pequeno Messias". Ao passo que W. RADL, *Der Ursprung Jesu. Traditionsgeschichtliche Untersuchungen zu Lukas 1–2*, 217, parece menos radical, ainda que sua afirmação não deixe de chamar a atenção: "Estranhamente Ana tem pouco a dizer".

[14] B.J. KOET, "Holy Place and Hannah's Prayer: a Comparison of *Liber Antiquitatum Biblicarum* 50-51 and Luke 2,22-29 à Propos 1Sam 1–2", 134.

[15] J.A. FITZMYER, *El Evangelio según Lucas*, II, 249; S. MUÑOZ IGLE-SIAS, *Los evangelios de la infancia*, III, 199. E. BALLHORN, "Simeon: der Jesaja des Neuen Testaments (Lk 2,21-40)", 75; T. Stramare, "La presentazione di Gesù al Tempio (Lc 2,22-40). Eventi e parole intrinsecamente connessi", 64.

do testemunho de Simeão não conduz à negação do valor teológico do testemunho de Ana. Pelo contrário, o valor de um acentua o valor do outro e vice-versa.[16]

Objetivo

Essa investigação exegético-teológica da perícope da apresentação de Jesus no Templo de Jerusalém (Lc 2,22-39) tem os seguintes objetivos:

1. Destacar a importância exegético-teológica do relato de Simeão (vv.25-35) e do relato de Ana (vv.36-38).
2. Destacar como a conexão entre os dois testemunhos e a sua estreita relação com a afirmação central (v.23c) da inclusão da perícope (vv.22-24.39) indicam a intenção cristológica da perícope.
3. Demonstrar como o conteúdo teológico da perícope apresenta um esboço do plano histórico-salvífico desenvolvido ao longo de Lc-At.

Método exegético e abordagem

O estudo da delimitação, segmentação e análise da estrutura de Lc 2,22-29 indica que a perícope está composta por três unidades bem precisas: a inclusão (vv.22-24.39), o relato de Simeão (vv.25-35) e o relato de Ana (vv.36-38).

A análise da inclusão permite constatar a coesão entre os vv.22-24 e o v.39. Essa percepção nos sugeriu a necessidade de

---

[16] Segundo E. BLLHORN, "Simeon: de Jesaja des Neuen Testaments (Lk 2,21-40)", 75, o testemunho de Ana corresponde e coincide com o de Simeão, de modo que os dois personagens, em coesão e harmonia, formam uma unidade, enquanto N. VISSER "Hier is meer dan Jozua. Over de opdracht van Jezus in de Tempel en sijn ontmoeting met Simeon em Hanna", 140-141, afirma que as descrições dos personagens se completam mutuamente.

levar em conta o aspecto diacrônico, por meio do qual elaboramos uma hipótese para a composição da perícope. Mas deve-se destacar que, não obstante esse breve acento diacrônico, nossa análise exegético-teológica é basicamente sincrônica. Quanto à metodologia, seguimos os passos da exegese habitual: crítica textual, delimitação e estrutura, segmentação, tradução, análise linguístico-sintática, análise semântica e análise pragmática. No mais, destacamos que na análise exegético-teológica utilizamos a aproximação *derásica*,[17] a qual nos permitiu identificar

---

[17] Diversos autores descreveram o método exegético ou abordagem derásica como um instrumento válido a ser aplicado nos estudos do NT: M. GERTNER, "Midrashim in the New Testament", 267-292; S. MUÑOZ IGLESIAS, "Midrás y evangelios de la infancia", 331-359; id., "Derás y Nuevo Testamento", 303-314; A. DÍEZ MACHO, "Derás y exégesis de Nuevo Testamento", 37-89; A. DEL AGUA PÉREZ, *El método midrásico y la exégesis del Nuevo Testamento*; id., "Aproximación al relato de los evangelios desde el midrás/derás", 257-284; id., "El mundo del midrás/derás. Investigaciones recientes sobre el midrás/derás", 319-334; id., "El papel de la 'escuela midrásica' en la configuración de Nuevo Testamento", 333-349; id., "El 'Antiguo' Testamento, primera parte de la Biblia cristiana. Lectura cristiana del AT", 145-189. F. MANNS, *Le midrash. Approche et commentaire de l'Écriture*, 2, sustenta que os evangelistas, formados na sinagoga, aplicaram naturalmente os métodos judaicos de interpretação das Escrituras para apresentar o evento central do anúncio cristão, a morte e a ressurreição de Jesus, o Messias, como o cumprimento das Escrituras. Portanto, nesse sentido, é legítimo falar de um *midrash* cristão. Com efeito, J. CABA, "Métodos exegéticos no estudo actual del Nuevo Testamento", 611-669, apresenta os diversos métodos exegéticos aplicados ao estudo do NT, nos quais descreve o método midráshico/ derásico (pp. 658-667). O autor declara que "este método é o mais antigo de todos os métodos; na verdade, este remonta tanto ao tempo que é contemporâneo à própria composição do NT; mais ainda, o antecipa, já que está presente em etapas anteriores, no AT". Por outro lado, essa abordagem é reconhecida pela PONTÍFICIA COMISSÃO BÍBLICA, *La interpretación de la Bíblia en la Iglesia*, enquanto F. MANNS, *Une approche juive du Nouveau Testament*, o utiliza em seus estudos de algumas perícopes do NT. Com efeito, segundo J. TREBOLLE BARRERA, *A Bíblia judaica e a Bíblia cristã. Introdução à história da Bíblia*, 20, encontramo-nos em um momento histórico da exegese no qual a consciência da necessidade de conhecer profundamente o judaísmo, seu modo

o substrato escriturístico e extrabíblico empregado pelo autor na elaboração da perícope.

Aspectos inovadores do trabalho

Nossa investigação apresenta como novidade os seguintes elementos:

1. Propomos uma hipótese para a formação de Lc 2,22-39. Esta hipótese consiste em assinalar a inserção posterior dos relatos de Simeão (vv.25-35) e de Ana (vv.36-38) a um provável texto pré-existente, composto pelos v.22-24.39. Este recurso literário deu como resultado uma inclusão inicial e final (vv.22-24.39) para toda a perícope.
2. Sustentamos que os testemunhos de Simeão e Ana estariam conectados à afirmação central da inclusão (vv.22-24.39). O conteúdo teológico de ambos os relatos teria, então, a função de explicar cristologicamente a afirmação "...ἅγιον τῷ κυρίῳ κληθήσεται" (v.23c).
3. Destacamos que o conteúdo cristológico e soteriológico de Lc 2,22-39 constitui um esboço teológico do plano histórico-salvífico de Lc-At.

Os capítulos

Nosso estudo está composto por quatro capítulos. No Capítulo I, apresentamos o *status quaestionis*, no qual selecionamos dois pontos: (1) a obra lucana e a "história da salvação"; (2) os "evangelhos da infância" com ênfase em Lc 2,22-39.

---

de ler e interpretar as Escrituras e seus fundamentos hermenêuticos, é uma condição indispensável para obter resultados consistentes no estudo e interpretação dos textos do NT. No mais, interessante é o estudo de BASTA, P. *Gezerah Shawah. Storia, forme e metodi dell'analogia biblica*, no qual apresenta a utilização da principal regra hermenêutica judaica (a analogia) e sua evolução histórica ao longo dos séculos no judaísmo.

No primeiro ponto, buscamos sintetizar os principais estudos que, desde as primeiras décadas do século XX, contribuíram para a evolução da investigação sobre a unidade teológico-literária de Lc-At. Nele, destacamos a tese de Conzelmann que qualificou a obra lucana como uma elaborada compreensão da "história da salvação", a qual é desenvolvida dentro de um esquema histórico-salvífico trifásico.[18] Na continuação, apresentamos a argumentação de diversos autores que se posicionaram contrários à tese conzelmanniana, a qual exclui os relatos de Lc 1–2 do esquema teológico da obra lucana.

No segundo ponto, concentramo-nos inicialmente nos estudos paralelos sobre as narrativas lucanas e mateanas da infância (Lc 1–2; Mt 1–2), onde se destaca o caráter *derásico* desses relatos. Em seguida, nossa atenção se concentra sobre Lc 1–2.[19] Nesse ponto, enfatiza-se o valor teológico (principalmente cristológico) desses relatos e sua unidade com o conteúdo teológico de Lc-At; em seguida, conclui-se com os numerosos estudos que se referem à perícope 2,22-39. Os autores foram divididos em dois blocos. Em primeiro lugar, aqueles que se dedicaram à investigação de toda a perícope e em segundo lugar aqueles que estudaram algumas questões particulares.

No Capítulo II, apresentamos a análise literário-estrutural do estudo exegético; primeiro: a crítica textual, a delimitação da perícope; em seguida analisamos a estrutura interna, apresentamos a segmentação e a tradução do texto. Em meio a estes passos, fazemos uma breve análise diacrônica onde, partindo de um provável texto pré-existente, propomos uma possível comparação da perícope.

---

[18] H. CONZELMANN, *Die Mitte der Zeit* (trad. espanhola: *El centro del tiempo. Estudio de la teología de Lucas*); de fato, L. GOPPELT, *Teología del Nuovo Testamento, II, Molteplicità e unità della testimonianza apostolica di Cristo*, 663-669, destaca que a partir dos estudos de Conzelmann, Lucas passou a ser compreendido como o teólogo da "história da salvação".

[19] S. CAVALLETTI, "Il metodo derashico nei racconti lucani dell'infanzia", 5-12.

Logo, realizamos a análise linguístico-sintática, a análise semântica e a análise pragmática. Destacamos que nas duas primeiras seguimos a subdivisão tripartida da perícope, ou seja: a inclusão (vv.22-24.39), o relato de Simeão (vv.25-35) e o relato de Ana (vv.36-38).

No capítulo III, apresentamos a análise exegético-teológica de Lc 2,33-39 para a qual utilizamos a aproximação *derásico*. No mais, este capítulo foi desenvolvido seguindo a mesma subdivisão tripartida da perícope, aquela empregada no Capítulo II para as análises linguístico-sintáticas e semânticas.

No Capítulo IV, examinamos a relação do conteúdo teológico de Lc 2,22-39 com Lc-At. Na primeira parte, buscamos a conexão com seu contexto imediato (Lc 1–2); enquanto na segunda parte o fazemos em relação a Lc 3–24 e aos At. Não é demais destacar que essa reflexão teológica se concentra, sobretudo, na cristologia lucana, isto é, na figura de Jesus como o Messias de Israel, salvador de todos os povos e resgatador definitivo de Jerusalém.

1

STATUS QUAESTIONIS

1. A obra lucana e a "história da salvação"[1]

1.1. A unidade de Lc-At[2]

Antes de tudo, deve-se recordar que, até as primeiras décadas do século XX, o evangelho de Lucas e os At eram estudados

---

[1] Segundo R. RASCO, *La teología de Lucas: origen, desarollo, orientaciones*, 27, a expressão *história da salvação* não traduz exatamente o termo alemão *Heilsgeschichte*. No entanto, afirma que utilizou em seus escritos porque não encontrou uma expressão mais apropriada em língua espanhola.

[2] Entre os autores que se dedicaram à questão da unidade (literário-teológica) de Lc-At, destacamos: R.F. O'TOOLE, *L'unità della teologia di Luca. Un'analisi del Vangelo di Luca e degli Atti*; A. DEL AGUA PÉREZ, "La interpretación del 'relato' en la doble obra lucana", 169-214; M. GOURGES, *Les deux livres de Luc. Clès de lecture du troisième Évangile et des Actes*. R.C. TANNEHILL, *The Narrative Unity of Luke-Acts. A Literary Interpretation. I. The Gospel according to Luke. II. The Acts of the Apostles*, põe em destaque a dinâmica interna da narrativa lucana. Na introdução da sua obra (vol. I, p. 1-12), apresenta uma síntese sobre a unidade literário-teológica de Lc-At, onde assinala o desígnio divino de salvação universal como o fundamento da unidade de Lc-At. Por outro lado, esta questão da unidade de Lc-At foi o tema da 47ª sessão do *Colloquim Biblicum Lovaniense* (Lovaina, 29-31 de julho de 1998). Uma síntese dos trabalhos apresentados se encontra em J. VERHEYDEN, "The Unity Luke-Acts. Colloquium Biblicum Lovaniense XLVII – 1998", 516-526. Os artigos completos podem ser lidos em J. VERHEYDEN, ed., *The Unity of Lule-Acts*. No mais, a mesma questão foi o tema do Congresso Internacional de Padova, 16-21 de outubro de 2000. Os trabalhos apresentados podem ser lidos em G. LEONARDI – F.G.B TROLESE, ed., *San Luca evangelista testimone della fede che unisce. Atti del Congresso Internazionale di Padova, 16-21 Octubre 2000, L'unità letteraria e teologica dell'opera di Luca*, I.

separadamente. Mas, entre 1919 e 1922, com três importantes estudos de Cadbury,[3] uma mudança de perspectiva começa a ser desenhada; da mesma forma, a afirmação de Lagrange de que "não existe nada que possa seriamente negar que as obras possuem um único autor e que o evangelho seja o primeiro"[4] pode ser identificada como um pequeno sinal de uma nova visão que se imporia nos estudos lucanos ao longo do século XX.

É inegável que o grande divisor de águas foi *The Making of Luke-Acts* (New York 1927). Esta obra de Cadbury, somada a seus três estudos anteriores, oferece argumentos necessários para justificar a tese de que os dois livros formavam uma unidade literário-teológica e que, por esse motivo, deveriam ser estudados em conjunto.[5]

Com efeito, Ellis, Rasco, Fabris destacaram que principalmente a partir dos estudos apresentados por Cadbury, em *The Making of Luke-Acts*,[6] o terceiro evangelho foi considerado teológica e exegeticamente parte de uma obra mais ampliada que os estudos passaram a designar Lc-At.[7]

Segundo Bertori[8] e Fabris,[9] não obstante o fato de que nos últimos anos tenham surgido algumas vozes discordantes diante

---

[3] H.J. CADBURY, *The Style and Literary Method of Luka*, I-II; id., "Commentary on the Preface of Luke"; id., "The Knowledge Claimed in Luke's Preface", 401-421.

[4] M.-J. LAGRANGE, *Évangile selon saint Luc*, 20.

[5] R. AGUIRRE MONASTERIO – A. RODRIGUEZ CARMONA, ed., *La investigación de los Evangelios Sinópticos y Hechos de los Apóstoles en el Siglo XX*, 279-281; R. FABRIS, "Lo scopo principale dell'opera di Luca (Lc-At)", 57; G. BERTORI, "L'unità litteraria e narrativa di Luca: indicazioni dalla strutura", 74.

[6] A importância dessa obra de Cadbury para o desenvolvimento dos estudos lucanos é tão evidente que foi reeditada em 1999. (72 anos depois da primeira edição!); essa última edição é apresentada com uma nova introdução de Paul N. Anderson: H.J. CADBURY, *The making of Luke-Acts*.

[7] E.E. ELLIS, *The Gospel of Luke*, 2; E. RASCO, *La teología de Lucas*, 19; R. FABRIS, "Lo scopo principale dell'opera di Luca (Lc-At)", 57; S. ZEDDA, *Teologia della salvezza nel Vangelo di Luca*, 7, n. 1; R.F. O'TOOLE, *L'unitá della teologia di Luca*, 19.

[8] G. BETORI, "L'unità letteraria e narrativa di Luca-atti: indicazioni dalla strutura", 71-93.

[9] R. FABRIS, "Lo scopo principale dell'opera di Luca (Lc-At)", 68-69.

da unidade de Lc-At,[10] pode-se afirmar que essa compreensão de unidade marcou de forma decisiva os estudos lucanos até o presente.[11]

1.2. A história da Salvação

No seu estudo sobre a ação do Espírito Santo na obra lucana, Baer distingue três épocas da história da salvação: (1) o tempo de Israel, quando o Espírito suscitou os profetas; (2) o tempo de Jesus, quando Ele é o portador do Espírito; (3) o tempo da Igreja, quando Deus dá seu Espírito a todos os crentes; mas com uma diferença qualitativa: Jesus dispõe do Espírito, enquanto os fiéis são conduzidos pelo Espírito.[12]

Por outro lado, Culmann, em seu estudo sobre a concepção neotestamentária do tempo e da história, sustenta que a "história da salvação" é o coração da teologia do NT.[13] Sua obra põe em evidência que, seguindo um método genuinamente histórico, o "núcleo" especificamente cristão (resultado das fontes do cristianismo primitivo) se identifica com a história da salvação.[14] O autor destaca que a morte e ressurreição de Jesus Cristo é o fato histórico e decisivo; é o ponto central até onde convergem todos

---

[10] A.W. ARGYLE, "The Greek of Luke and Acts", 441-445; J. DAWSEY, "The Literary Unity of Luke-Acts: Questions of Style – A task for Literary Critics", 48-66; M.C. PERSONS – R.I. PERVO, *Rethinking the Unity of Luke and Acts*.

[11] W. GASQUE, *A History of the Criticism of the Acts of the Apostles*, 309, conclui sua obra com a afirmação de que o principal benefício dos recentes estudos críticos em Lc-At foi justamente o reconhecimento de que "o Evangelho segundo Lucas e o Livros dos Atos são realmente dois volumes de uma obra única que devem ser considerados conjuntamente. Questões sobre o propósito, a teologia, os discursos e o valor histórico não podem ser respondidas separadamente de um estudo de ambos os volumes da obra lucana em dois volumes".

[12] H. VON BAER, *Der Heilige Geist in den Lukasschriften*; H. CONZEL-MANN, *Teologia del Nuovo Testamento*, 195; J. DUPONT, *Teologia della chiesa negli Atti degli Apostoli*, 67.

[13] O. CULMANN, *Cristo e il Tempo*, 50.

[14] O. CULMANN, *Cristo e il Tempo*, 52.

os fatos que compõem as diferentes etapas da história da salvação. De modo tal que todos os fatos do tempo passado e do tempo futuro encontram seu sentido mais profundo na ação salvífica operada em Cristo.[15]

Por outro lado, Conzelmann, em *Die Mitte der Zeit* (1954), apresenta a tese segundo a qual, baseando-se no relato da parusia, o autor de Lc-At substitui a escatologia cristã por uma história da salvação, dividida em três tempos contínuos: (1) o tempo de Israel (da Lei e dos Profetas); (2) o tempo de Jesus (o centro do tempo); (3) o tempo da Igreja (do Espírito),[16] sendo que esses tempos estariam dispostos entre dois polos: a criação (inicial) e a parusia (final).

A obra de Conzelmann teve um grande impacto nos meios exegéticos. De fato, seu pensamento provocou uma revolução nos estudos da obra lucana.[17] Sua tese sobre a existência de um esquema histórico-salvífico trifásico em Lc-At é considerada em grande parte original,[18] ainda quando nela seja possível identificar alguns elementos das obras de Meyer[19] e Baer.[20] No mais, deve-se destacar que sua concepção da história da salvação como sendo exclusivamente lucana provocou entre os estudiosos as mais diversas reações.

---

[15] O. CULMANN, *Cristo e il Tempo*, 56.

[16] H. CONZELMANN, *El centro del tiempo*, 31-33.

[17] E. RASCO, *La teologia de Lucas*, 35, apresenta um parecer extremamente positivo sobra a obra *Die Mitte der Zeit*: "É a primeira obra centrada metodologicamente no estudo da redação de um autor do NT e, sem dúvida alguma, o livro mais importante sobre Lucas nos tempos recentes". Por sua vez, W.C. VAN UNNIK, "Luke-Acts, a Storm Center in Contemporary Scholarship", 23, afirma que a obra *Die Mitte der Zeit* de H. Conzelmann é a maior contribuição aos estudos neotestamentários do pós-guerra e que *Die Apostelgeschichte (The Acts of the Apostles)* de E. Haenchen é um monumental comentário de At. Estas duas obras deram um impulso determinante ao progresso dos estudos exegético-teológicos de Lc-At; por isso, devem ser reconhecidas como um marco nos estudos lucanos.

[18] E. RASCO, *La teologia de Lucas*, 26-27.

[19] E. MEYER, *Ursprung und Anfänge des Christentums*, I.

[20] H. VON BAER, *Der Heilige Geust in den Lukasschriften*.

Cullmann se opõe frontalmente a esta tese conzelmanniana; o autor reafirma suas convicções apresentadas em *Christus und die Zeit*, onde sustenta que a concepção da história da salvação está presente em vários autores do NT. Por esse motivo, não poderia ser classificada como uma exclusividade lucana.[21] Por sua vez, Rasco e Fitzmyer optam por uma posição menos extrema; eles reconhecem, em maior ou menor grau, a existência de uma concepção de "história da salvação" no conjunto dos escritos neotestamentários;[22] mas também sustenta que em Lc-At essa concepção alcançou uma sistematização específica.[23] Segundo Caba, dentro dessa perspectiva teologizada da história, pode-se dizer que "Conzelmann apresenta Lucas, não tanto sob a faceta conhecida de historiador, mas mais sob a de teólogo de uma história da salvação".[24]

Diante do esquema trifásico assinalado por Conzelmann, foi aberto um novo campo de debate. Rasco, um dos estudiosos lucanos que mais sublinharam as contribuições positivas da obra

---

[21] Na introdução à terceira edição de sua obra *Christus und die Zeit* (1962), Cullmann comenta a tese de Conzelmann apresentada em *Die Mitte der Zeit* (1954). Segundo O. CULLMANN, *Cristo e il tempo*, 20, Conzelmann deseja demonstrar que sua concepção neotestamentária do tempo é, na realidade, a concepção de Lucas. No mais, para reforçar sua tese, Culmann apresentou um estudo sobre a existência do esquema histórico--salvífico no quarto evangelho. Id., "L'Évangile johannique et l'histoire de salut", 111-122.

[22] Segundo J.A. FITZMYER, *El Evangelio según Lucas*, I, 299, "enquanto terminologia genérica, esta se adapta perfeitamente às concepções de Paulo e de Mateus, igual à de Lucas". E. RASCO, "Hans Conzelmann y la *Historia Salutis*", 306-307, afirma: "O fundamento dessa história (da salvação) é profundamente tradicional [...]; existem vestígios dela em Marcos [...], é mais evidente em Mateus [...]; isso sem falar da concepção paulina ou da que aparece na obra de João".

[23] J.A. FITZMYER, *El Evangelio según Lucas*, I, 299; E. RASCO, "Hans Conzelmann y la *Historia Salutis*", 306. Também R. O'TOOLE, *L'unità della teologia en Luca*, 19.

[24] J. CABA, "Métodos exegéticos en el estudio actual del Nuevo Testamento", 623. O mesmo W. GASQUE, *A History of the Criticism of the Apostles*, 309.

de Conzelmann,[25] critica a exageração sistemática de seu esquema histórico-salvífico que o torna demasiado endurecido: fato que, segundo ele, não corresponde à realidade do texto lucano.[26] Por sua vez, Fitzmyer valora o esquema de forma positiva, mas ao mesmo tempo reconhece que as sugestões de Wink[27] podem melhorá-lo consideravelmente.[28]

No campo oposto, entre os estudiosos que rejeitaram o esquema trifásico conzelmanniano, encontram-se Kümmel, Ellis, Talbert e Bovon.

Segundo Kümmel, a tese de que Lucas compreendeu a ação salvífica de Jesus (o Tempo de Jesus) como o centro do tempo, entre a história da antiga aliança e a história da Igreja, é altamente discutível. Primeiro porque Lucas nunca apresenta essa ideia de modo explícito em sua obra; quando muito, essa tese pode ser apenas deduzida. Segundo, porque significaria afirmar que o evangelista apresenta a ação e a história de Jesus como pertencente somente ao passado. No mais, a teoria de Conzelmann dá muita importância a Lc 16,16, que, na realidade, fala somente de dois períodos, antes e depois de João. Kümmel afirma que para Lucas "o verdadeiro centro do tempo não é a história de Jesus, mas sim o tempo no qual Deus, por meio do Espírito, proclamou a mensagem da salvação final, antes de tudo em Jesus, depois por meio dos apóstolos".[29]

Por sua vez, Elliz destaca que a distinção entre a missão pré e pós-ressurreição, ou seja, entre os períodos de Jesus e da Igreja, não se sustenta. Essa distinção seria questionável, já que a missão

---

[25] E. RASCO, "Hans Conzelmann y la *Historia Salutis*", 294, sustenta que o esquema histórico-salvífico apresentado por Conzelmann "é de grande beleza e harmonia".

[26] E. RASCO, "Hans Conzelmann y la *Historia Salutis*", 303.

[27] W.P. WINK, *John the Baptist in the Gospel Tradition*, 55.

[28] J.A. FITZMYER, *El Evangelio según Lucas*, I, 310.

[29] Segundo W.G. KÜMMEL, "Current Theological Accusations against Luke", 137-138, a marcada divisão lucana, que corresponde exatamente ao limite entre os dois livros de sua obra, não anula a íntima continuidade entre a ação salvífica operada por Jesus e aquela operada por seus discípulos.

pós-ressurreição é ainda a missão de Jesus que se estende nas ações de seus discípulos. No mais, nesse período é proclamada a mesma mensagem, e o Espírito e o nome de Jesus têm ainda a mesma função. Por isso, o autor sustenta que o esquema lucano pode ser representado como um tempo de promessa, a manifestação do reino na época presente e na futura manifestação do reino na época que vem.[30]

Por outro lado, Talbert propõe quatro fases no lugar de três: (1) João, (2) Jesus, (3) Idade Apostólica; (4) Idade Subapostólica,[31] enquanto Bovon sustenta que a composição lucana segue um esquema composto por dois períodos, os quais estariam enquadrados dentro de uma dinâmica de promessa-cumprimento. O período do cumprimento estaria dividido em dois tempos: o de Jesus e o dos testemunhos; e este último igualmente em outros dois: o tempo dos testemunhos oculares e o da geração do evangelista (1,4).[32]

2. Os "evangelhos da infância"

Dois dos quatro evangelhos, Mt e Lc, começam com as narrativas sobre as origens, anúncio, concepção, nascimento e infância de Jesus. Esses relatos compõem Mt 1–2 e Lc 1–2,[33] os quais, em geral, são chamados "evangelhos da infância".

Os relatos da infância não faziam parte do querigma cristão original,[34] o qual começava com a apresentação e pregação do

---

[30] E.E. ELLIS, *The Gospel of Luke*, 15-16.

[31] C.H. TALBERT, *The Literary Patterns, Theological Themes, and the Genre of Luke-Acts*, 103-107.

[32] F. BOVON, *El Evangelio según san Lucas*, I, 44.

[33] Observe-se que o prólogo lucano (1,1-4) não está incluído nos "relatos da infância" (1,5–2,52); portanto, quando se utiliza de forma simplificada "Lc 1–2" como sinônimo dos "relatos da infância", faz-se com a única intenção de facilitar a citação, contudo não se desconhece a existência do prólogo e muito menos sua importância enquanto introdução a Lc e Lc-At.

[34] J.A. FITZMYER, *El Evangelio según Lucas*, II, 44-45.

Batista (Mc 1,2)[35] e se concentrava no mistério do Messias Jesus, que, por meio de sua paixão, morte (na cruz) e ressurreição ao terceiro dia, segundo as Escrituras, concede o perdão dos pecados (1Cor 15,3-4; At 1,22; 2,22-39; 10,37-43).[36] As investigações bíblicas do último século enfatizaram que a formação do querigma, sua transmissão oral e o surgimento dos primeiros escritos cristãos são resultado de um longo processo de composição.[37] Em geral, a inserção dos relatos da infância em Mt e Lc é considerada como a última fase desse complexo processo de formação de seus respectivos evangelhos.[38]

A investigação exegético-teológica de Lc 1-2 e Mt 1-2, ao longo do último século, trouxe à luz uma série de questões sobre:

---

[35] Segundo O. DA SPINETOLI, *Introduzione ai vangeli dell'infanzia*, 12, dentro do processo de formação da tradição oral e escrita dos sinóticos, o autor de Mc (em geral identificado como o mais antigo) não conheceu estes relatos ou, então, não considerou realmente necessário inseri-los em sua obra. Por este motivo começou sua narrativa com o ministério de João Batista e a proclamação da identidade de Jesus como o Filho de Deus, durante seu batismo no Jordão (Mc 1,1-11).

[36] O. DA SPINETOLI, *Introduzione ai vangeli dell'infanzia*, 11-12; H. HENDRICKX, *Los relatos de la infancia*; R. LAURENTIN, *I vangeli dell'infanzia di Cristo. La verità del natale al di là dei miti*, 9; A. GEORGE, *Études sur l'ouvré de Luc*; L. GOLPPELT, *Teologia del Nuovo Testamento*, I, 62-63. Segundo F. NEIRYNCK, *L'évangile de Nöel selon S. Luc*, 9, somado ao anúncio do mistério do Cristo morto e ressuscitado, o querigma insiste na descendência davídica de Jesus (At 3,30; 12,23; Rm 1,3) tema que é amplamente desenvolvido em Lc 1-2 (1,27.32-33; 2,4.11).

[37] C.F.D. MOULE, *Le origini del Nuovo Testamento*, 87. No mais, J.A. FITZMYER, *El Evangelio según Lucas*, II, 43, lembra que "é opinião comum que as narrações evangélicas nasceram do querigma, quer dizer, da primeira pregação cristã".

[38] Quanto à formação do terceiro evangelho, segundo H. SCHÜRMANN, *Il vangelo di Luca*, I, 272-273, o evangelista havia acrescido os capítulos 1-2 em um segundo momento, os quais haviam sido escritos com o objetivo de formar um prelúdio que apresentasse alguns temas característicos de seu evangelho. Segundo J.A. FITZMYER, *El Evangelio según Lucas*, II, 52-53, esta teoria explicaria o caráter proléptico de Lc 1-2. O mesmo pensa J.M. LÓPEZ MAULEÒN, "τὸ Πνεῦμα (τὸ) ἅγιον en san Lucas", 279.313.

(1) o debate sobre as fontes orais e escritas com suas eventuais reelaborações;[39] (2) o gênero literário; (3) a completa questão da historicidade,[40] (4) a relação da unidade (léxico, estilo e conteúdo) com os demais capítulos de Mt e Lc; (5) a mensagem teológica.[41]

Os diversos estudos confirmaram que a densidade teológica destes relatos é de uma riqueza incalculável.[42] Isso pode ser constatado quando se examina a cristologia neles existente.[43] O mesmo ocorre com a mariologia, que encontrou abundante material, principalmente em Lc 1–2, a partir de onde desenvolveu

---

[39] A questão das fontes na tradição sinótica, em geral, é um tema que foi objeto de uma longa investigação no último século. O mesmo vale para os relatos da infância. Não é o objetivo deste estudo fazer uma análise dessa problemática; apenas nos limitamos aqui a assinalar alguns aspectos que poderiam estar em conexão com nossa investigação. Quanto à língua original das possíveis fontes escritas de Lc 1–2, os estudiosos propuseram basicamente duas hipóteses, o redator final recebeu em mãos fontes escritas: em aramaico ou em hebraico. De certa forma, existe um consenso que, ao menos, para Lc 1–2 e, de modo particular, para os hinos lucanos, existiram originais semitas pré-lucanos. S. MUÑOZ IGLESIAS, *Los evangelios de la infancia*, I-II-III, apresenta em anexo, no final desses volumes, uma síntese das retrotraduções em hebraico sugeridas por diversos autores.

[40] O. DA SPINETOLI, "Il problemi di Matteo 1-2 e Luca 1-2, orientamenti e proposte", 10, n. 18, afirma que a historicidade foi uma das questões mais debatidas nos estudos sobre os evangelhos da infância. O autor oferece uma pequena bibliografia com as principais obras sobre o tema, entre as quais: A. DIEZ MACHO, *La historicidad de los evangelios de la infancia*; S. MUÑOZ IGLESIAS, *Los evangelios de la infancia*, IV, 341-376. Sugerimos também os estudos posteriores a seu artigo: R. LAURENTINI, *I vangeli dell'infanzia di Cristo*, 411-595; A. DEL AGUA PEREZ, "Los evangelios de la infancia: ¿Verdad histórica o verdad teológica?", 381-399.

[41] U. LUZ, *El evangelio según san Mateo*, I, 121, sustenta que cada um dos evangelistas põe seus respectivos relatos da infância a serviço da cristologia que deseja transmitir.

[42] Segundo R.E. BROWN, *El nacimiento del Mesías*, 32, os estudos exegéticos se interessaram cada vez mais pelo valor teológico desses relatos.

[43] W.J. HARRINGTON, Luke, *Gracious Theologian, The Jesus of Luke*, 31, afirma que as narrativas lucanas da infância são tão cristológicas quanto as de Mateus.

grande parte de seus discursos sobre o papel desempenhado por Maria no plano da salvação. A relação do cristianismo nascente com as Escrituras e as tradições hebraicas possui um vasto campo de investigação que, nas últimas décadas, foi progressivamente explorado.

Um estudo comparativo entre Lc 1–2 e Mt 1–2 traz à luz coincidências e diferenças.[44] As convergências, apesar de poucas, são fundamentais, entre elas: os nomes dos principais personagens (Maria, José, Jesus e Herodes); José como descendente de Davi; a existência de um anúncio prévio do nascimento do Filho de Maria; o nome com que será chamado é determinado antes de seu nascimento; sua concepção é fruto da ação do Espírito Santo e ocorre antes da coabitação de seus pais; seu nascimento se dá em Belém de Judá, durante o reinado de Herodes, o Grande; o reconhecimento de Jesus, antes de nascer, como Messias, filho de Deus, Salvador e rei dos judeus; o estabelecimento de sua família em Nazaré da Galileia, onde o menino crescerá.[45]

Por outro lado, as diferenças não são menos numerosas. Segundo os estudiosos, podem ser explicadas pela diferença quanto aos estilos literários,[46] substratos veterotestamentários e

---

[44] Segundo R. LAURENTIN, *I vangeli dell'infanzia di Cristo*, 408-409, um estudo minucioso de Lc 1–2 e Mt 1–2 tende a multiplicar as convergências teológicas. O fato de que os relatos sejam diferentes não os faz incompatíveis ou contraditórios, mas convergentes e coerentes.

[45] S. MUÑOZ IGLESIAS, "Los evangelios de la infancia y las infancias de los héroes", 5; R. LAURENTIN, *I Vangelis dell'infanzia di Cristo*, 403-404; R.E. BROWN, *El nacimiento del Mesías*, 29; U. LUZ, *El evangelio según san Mateo*, I, 121, destacam que todos os pontos de coincidência se concentram quase exclusivamente em uma mesma seção do relato mateano (1,18–2,1).

[46] Segundo A. DEL AGUA PEREZ, *El método midrásico*, 113, Mateus conecta de forma direta o texto citado das Escrituras com o novo episódio narrado, enquanto Lucas compõe uma narrativa na qual, temas, frases, alusões veterotestamentárias se entrelaçam para formar a descrição de novos acontecimentos. Em Lc 1–2, não se encontram citações explícitas das Escrituras (exceto em 2,23-24); no entanto, observa-se um recurso a lugares paralelos: personagens, fatos, palavras da tradição bíblica, os quais, nem sempre fáceis de ser identificados, se entrelaçam para compor

extrabíblicos judaicos e, de modo particular, pela intenção teológica de cada um dos evangelistas.[47] Segundo Luz, as diferenças e a falta de harmonização devem ser consideradas como um indício de que "a hipótese clássica da independência literária entre Mt e Lc continua sendo correta".[48] Muñoz Iglesias, por sua vez, afirma que, aceitando-se tal independência, a presença de coincidências levaria a supor que "a tradição comum pré-sinótica, sobre as origens e os primeiros anos de Jesus, era muito rica".[49]

O lugar ocupado e a conexão de Mt 1–2 e Lc 1–2 com o corpo de seus respectivos evangelhos é um aspecto importante para uma melhor compreensão não somente de seu conteúdo teológico, mas também de toda a obra por eles introduzida. Segundo Brown, "os relatos da infância são veículos respeitáveis da mensagem do evangelho; efetivamente, cada um é a história essencial do evangelho em miniatura".[50] Segundo Fitzmyer, esses devem ser considerados como uma espécie de *ouverture* solene, porque apresentam sinteticamente os principais temas de todo o relato evangélico.[51] Mas, segundo López Mauleón, Lc 1–2 são

---

um relato unitário (historiografia criadora). O mesmo R. LAURENTIN, *I vangeli dell'infanzia di Cristo*, 401-402.406 e R.E. BROWN, *El nacimiento del Mesías*, 239.

[47] A. SAND, *Il vangelo secondo Mateo*, I, 77-78. R.E. BROWN, *El nacimiento del Mesías*, 43, acentua as diferenças entre os relatos e os classifica "opostos um ao outro em numerosos detalhes". U. LUZ, *El evangelio según san Mateo*, I, 121, afirma que as tradições não somente são diferentes em muitos pontos, mas inclusive são inconciliáveis. No mais, sustentam que o aspecto comum aos dois evangelistas consiste em que os relatos da infância estão a serviço da cristologia que cada um deseja transmitir. S. MUÑOZ IGLESIAS, *Los evangelios de la infancia*, IV, 349, não nega as diferenças, mas também não as define como inconciliáveis ou contraditórias entre si.

[48] U. LUZ, *El evangelio según san Mateo*, I, 121; A. SAND, *Il vangelo secondo* Mateo, I, 78.

[49] S. MUÑOZ IGLESIAS, *Los evangelios de la infancia*, IV, 347-348. A ideia da convergência baseada na independência e diferença dos relatos, também é defendida por R. LAURENTIN, *I vangeli dell'infanzia di Cristo*, 431-432.

[50] R.E. BROWN, *El nacimiento del Mesías*, 14.

[51] J.A. FITZMYER, *El Evangelio según Lucas*, II, 45; id., *Luca teologo*, 32.

mais que uma introdução a Lc; na realidade são "uma espécie de partitura musical onde ressoam os pontos fortes de Lc-At, com os quais prepara-se o leitor para entender o corpo de toda a obra lucana".[52]

Quanto à utilização de procedimentos *midráshicos* ou recursos *derásicos* na formação dos relatos da infância, houve um grande debate ao longo da segunda metade do século XX. Esse debate, de certa forma, foi desencadeado por Bloch em seu estudo sobre o *midrash*. A autora apresentou esse "novo" campo de investigação e chamou a atenção sobre a presença desses procedimentos no NT. Além disso, nesse então, ela constatava que esse campo era quase totalmente inexplorado, motivo que a levou a manifestar seu interesse no progresso dos estudos nessa área. Segundo Bloch, tais estudos poderiam ajudar muito na compreensão da mensagem neotestamentária.[53] Entre as perícopes onde ela destacava essa presença, encontravam-se Mt 2 e Lc 1–2, principalmente os

---

[52] J.M. LÓPEZ MAULEÓN, "τὸ Πνεῦμα (τὸ) ἅγιον en san Lucas", 281.313.

[53] R. BLOCH, "Midrash", 1279. Seguindo as inspirações de Bloch, G. VERMES, "Jewish Studies and the New Testament Interpretation", 13, declara: "O exegeta que deseja estar preparado para interpretar e compreender o Novo Testamento não pode fazer do conhecimento da tradição veterotestamentária uma *extra optatio*". Dentro dessa mesma perspectiva O. DA SPINETOLI, "I problemi di Mateo 1–2 e Luca 1–2, orientamenti e proposte", 38, afirma que o NT é um capítulo da literatura judaica, mesmo que os autores tenham escrito em grego, estes não pensavam com as categorias de Aristóteles ou Platão, mas sim com as de Hillel e Shammai. Segundo J. TREBOLLE BARRERA, *A Bíblia judaica e a Bíblia Cristã*, 21, expressa o mesmo pensamento, quando afirma que os primeiros escritos cristãos pareciam, sob todos os aspectos, mais literatura judaica, e o cristianismo mais um grupo entre os existentes no judaísmo da época anterior ao ano 70 d.C. Por sua vez, P. GRECH, *Il messaggio biblico e sua interpretazione. Saggi di ermeneutica, teologia ed esegesi*, 237-238, sustenta que o cristianismo não deveria jamais ser pensado como uma realidade estranha, externa ou separada do judaísmo. Isto porque, ao menos no primeiro século de nossa era, no cristianismo nascente não existia uma consciência de ser diferente do judaísmo, ao contrário, era uma expressão da fé judaica que reconhecia em Jesus morto e ressuscitado o Messias de Israel.

hinos do *Magnificat* e *Benedictus* que, segundo ela, seriam excelentes exemplos do estudo antológico.[54] O mesmo valeria para At, sobretudo para os discursos de Pedro, Estêvão e Paulo.[55]

No campo oposto do debate, Wright lamenta que nos meios exegéticos estivessem sendo utilizados, embasados nos estudos de Bloch, o termo *midrash* em sentido tão amplo. Diante dessa completa realidade, Wright, sustenta que o termo *midrash* deve ser entendido como um gênero literário.[56] A partir dessa concepção restrita, rejeita a ideia de um possível caráter *midráshico aggádico* dos relatos da infância. No entanto, afirma que esta terminologia, quando muito, poderia ser aplicada a Mt 1–2, porque ali há cinco citações explícitas do AT; mas ao mesmo tempo, coerente com suas convicções, sustenta que o caráter *midráshico* não deveria ser aplicado nem sequer a Mt 1–2, porque as cinco citações não são os pontos primários de interesse dessas narrativas; o que, segundo ele, excluiria qualquer possibilidade de chamar de *midrash* essas cinco composições mateanas.[57]

---

[54] Segundo A. ROBERT, "Littéraires" (Genres), 411, o estilo ou procedimento antológico consiste em "reempregar, literal ou equivalentemente, as palavras ou fórmulas das Escrituras anteriores".

[55] R. BLOCH, "Midrash", 1279.

[56] A.G. WRIGHT, "The literary Genre Midrash", 103-138.417-457. L. TEUGELS, "Midrash, in, en, op, de Bijbel? Kritische kanttekeningen bij het onkritische gebruik van een term", 273-290, apresenta a dificuldade e a complexidade em definir o termo *midrash*; e expõe os diversos inconvenientes sobre o que define um modismo, uso ingênuo, não científico e acrítico do conceito *midrash* nos estudos exegéticos do NT. No seu artigo sustenta que existe uma grande confusão quanto à compreensão e à utilização do termo por parte de autores como Bloch e Vermes. Esse fato, segundo ele, provocou uma não adequada aplicação do termo nos estudos exegéticos do NT. Por outro lado, quem se opôs frontalmente às observações de Wrigth foi R. DE DÈAUT, "A propos d'une définition du midrash", 395-413, que apresenta uma série de argumentos para rejeitar aquela definição restritiva enquanto gênero literário e, ao mesmo tempo, para sustentar a tese de que no NT se faz presente a utilização do *midrash* enquanto espírito e método que o leva a admitir a existência de um *midrash* cristão.

[57] A.G. WRIGHT, "The Literary Genre Midrash", 454-455.

Fitzmyer, seguindo a definição de Wright, também se posiciona contrário à utilização de uma terminologia *midráshica* para Lc 1–2 e Mt 1–2. No entanto, chega a admitir que somente em sentido amplo poderia ser aplicada a Mt 1–2; enquanto, diante das narrativas lucanas, sugere que o melhor seria descartá-la por ser absolutamente inadequada.[58]

Muñoz Iglesias é um dos estudiosos que deu uma importante contribuição às investigações sobre o *midrash* neotestamentário; quanto aos relatos da infância, afirma: "A tese de caráter midráshico de Lc 1–2 e Mt 1–2 é tão antiga quanto o século".[59] E, além disso, que se pode falar de um verdadeiro *midrash* sobre o nascimento e infância de Jesus, seguindo o modelo daqueles existentes sobre os heróis da história bíblica.[60]

Laurentin, em *Les Évangiles de L'enfance du Christ*[61] (1982), dentro de uma perspectiva semiótica, confirma sua tese já apresentada em *Structure et Théologie de Luc I-II* (1954) de que os

---

[58] J.A. FITZMYER, *El evangelio según Lucas*, I, 50.

[59] S. MUÑOZ IGLESIAS, "Midráš e evangelios de la infancia", 331, apresenta uma lista de exegetas que investigaram o tema: entre aqueles favoráveis ao caráter midráshico-aggádico de Mt 1–2 cita: G.H. BOX, "The Gospel narratives of the Nativity and the alleged influence of heathen ideas", 80-101; A. LOIZY, *Les évangiles Synoptiques*, I, 331; A.H. MC-MEILE, *The Gospel according to St. Mattew*, 23. Para Lc 1–2 cita: F. KATTENBUSCH, "Die Geburtsgeschichte Jesu als Haggada", 454-474; enquanto de P. WINTER cita quatro artigos: destacamos "The Main Literary Problem of the Lucan Infancy Story". Entre os que se opõem a este tese, cita em primeiro plano A.G. WRIGHT, "The Literary Genre Midrash", 103-138.417-457; seguido daqueles que se apoiam em sua definição, entre eles: G. GRAYSTONE, *Virgin of all Virgins. The interpretation of Luke 1,34*, 59s; E. PERRETO, "Richerche su Mt 1–2", 140-247; C. PERROT, "Les récits d`enfance dans l'Haggada anterierure au II siècle de notre Ere", 481-518.

[60] S. MUÑOZ IGLESIAS, "Los evangelios de la infancia y las infancias de los héroes", 5-36.

[61] Na primeira parte dessa obra, Laurentin apresenta uma breve síntese das investigações sobre as narrativas da infância. Dentro dessa perspectiva, retoma suas afirmações sobre o caráter derásico de Mt 1–2 e Lc 1–2. Mas grande parte de sua obra apresenta um estudo segundo o método sinótico.

relatos de Mt 1–2 e Lc 1–2 são composições elaboradas segundo a tradição midráshica.[62] Por outro lado, Agua Pérez sustenta que as narrativas da infância "se constituem, sem dúvida, em um dos lugares mais típicos do NT, cuja interpretação e sentido dependem, em última instância, da noção de derash".[63] Muñoz León, em seu extenso estudo sobre o *derash* targúmico e neotestamentário, se posiciona favorável à existência de um caráter *derásico* em Lc 1–2 e Mt 1–2.[64]

Segundo Spinetoli, as narrativas de Mt 1–2 podem ser definidas como *midráshicas* por várias razões: primeiro, de modo geral se preocupam em apresentar a figura de Jesus à luz das Escrituras que Nele recebem seu pleno cumprimento; segundo, os textos são citados livremente seguindo o costume dos mestres de seu tempo; terceiro, não há somente referência às Escrituras, mas também às tradições populares judaicas sobre o nascimento e infância de alguns protagonistas da história da salvação (os *Midrashim* propriamente ditos).[65] No entanto, segundo Muñoz Iglesias e Brown, é muito mais importante observar que as Escrituras não estão presentes em Mt 1–2 somente pelas referências explícitas, mas principalmente como substrato das narrativas, ou seja, na mentalidade e no espírito dentro dos quais estas foram geradas.[66]

A segunda razão apresentada por Spinetoli merece uma atenção especial. A liberdade com que os textos proféticos são utilizados pelos hagiógrafos neotestamentários, visto que é evidente no caso da citação de Is 7,14 em Mt 1,20, onde se pode observar como os textos citados são tomados para descrever uma realidade

---

[62] R. LAURENTIN, *I vangeli dell'infanzia di Cristo*, 65-67.406.

[63] A. DEL AGUA PÉREZ, *El método midrásico*, 102-103.

[64] Segundo D. MUÑOZ LEÓN, *Derás. Los caminos y sentidos de la Palabra Divina em la Escritura*, 311-312, esse caráter derásico salta aos olhos do leitor, o qual vem à luz pelo acúmulo de citações, referências, alusões e esquemas do AT.

[65] O. DA SPINETOLI, "Il problemi di Matteo 1-2 e Luca 1-2, orientamenti e proposte", 24.

[66] S. MUÑOZ IGLESIAS, "El género literario del evangelio de la infancia en San Matteo", 243-273; R.E. BROWN, *El nacimiento del Mesías*, 93-236.

muito distinta daquela na qual foram escritos originariamente.[67] É justamente nesse ponto que se faz presente o trabalho exegético da releitura e atualização das Escrituras diante das novas situações que os autores desejam iluminar por meio do *derás*. No texto citado, podemos notar também como Mateus explica e contextualiza o nome *Emmanuel*, valendo-se de sua etimologia para revelar a identidade de Jesus como o Filho de Deus.[68]

Quanto à estrutura interna de Mt 1–2, se se deixa à parte a genealogia de Jesus (1,1-17),[69] os autores identificam cinco episódios[70] e assinalam a presença de uma referência explícita das Escrituras para cada uma das perícopes:[71] 1,18-25 (Is 7,14);

---

[67] O. DA SPINETOLI, "I problemi di Matteo 1-2 e Luca 1-2, orientamenti e proposte", 24; P. GRECH, *Il messaggio biblico e la sua interpretazione*, 97.

[68] A. DEL AGUA PEREZ, *El método midrásico*, 106.

[69] J. GNILKA, *Il vangelo de Matteo*, I, 25, sustenta que a árvore genealógica de Jesus Cristo, segundo Mateus, é um produto artístico-literário.

[70] S. MUÑOZ IGLESIAS, *Los evangelios de la infancia*, IV, 6-10.

[71] As citações de cumprimento em Mt, principalmente aquelas presentes em Mt 1–2, foram bastante estudadas. A. DIEZ MACHO, "Derás y exégesis del Nuevo Testamento", 37-89; id., *La historicidad de los evangelios de la infancia*, 19-24 (a conclusão se encontra na p. 24) afirma que o evangelista utilizou as Escrituras de forma *derásica*. Isso significa que um texto das Escrituras é interpretado segundo a hermenêutica derásica para confirmar um evento salvífico que o evangelista deseja transmitir. S. MUÑOZ IGLESIAS, *Los evangelios de la infancia*, IV, 23-47, apresenta um estudo sobre as referidas citações no qual oferece uma bibliografia sobre aquelas existentes ao longo de todo o evangelho de Mt (p. 24, n. 36) e outra específica para as que se encontram em Mt 1–2 (p. 25, n. 38). U. LUZ, *El evangelio según san Mateo*, I, 185-195, apresenta um *excursus* intitulado "as citações de cumprimento" no qual discute importantes questões como: definição, frase introdutória, texto, origem e problemas teológicos das citações. Sua conclusão é que, "para Mateus como para todo o cristianismo primitivo, o AT é o que permite que o Jesus ressuscitado possa ser anunciado e compreendido". Segundo O. DA SPINETOLI, "I problemi di Matteo 1–2 e Luca 1–2, orientamenti e proposte", 24, as Escrituras estão presentes nas citações explícitas, mas também em todo o substrato de Mt 1–2. Segundo G. SEGALLA, *Una storia annunciata. I racconti dell'infanzia in Matteo*, 137, o recurso aos textos proféticos em

2,1-12 (Mq 5,1.3); 2,13-15 (Os 11,1); 2,16-18 (Jr 1,15); 2,19-23 (referência genérica a um profeta desconhecido). Quanto ao estilo, léxico e teologia de Mt 1–2, os estudiosos destacaram sua unidade,[72] afirmação que vale também para Mt 1–2 e Mt 3–28.[73]

Em relação ao conteúdo teológico, os relatos de Mt 1–2 são marcadamente cristológicos.[74] Neles, podem ser destacados três temas principais: (1) a genealogia (Mt 1,1-17) serve como um veículo para transmitir importantes aspectos da identidade de Jesus: Ele é o Cristo;[75] o filho de Davi, filho de Abraão (Mt 1,1);[76] estas formulações trazem à luz sua messianidade davídica e sua identidade judaico-abraâmica.[77] (2) O primeiro sonho de José (Mt

---

Mt 1–2 é um elemento teológico importante que confirma a tese de que a pessoa e a missão de Jesus cumprem as promessas do AT.

[72] U. LUZ, *El evangelio según san Mateo*, I, 120-121; S. MUÑOZ IGLESIAS, *Los evangelios de la infancia*, IV, 3-4; O. DA SPINETOLI, "I problemi di Matteo 1-2 e Luca 1-2, orientamenti e proposte", 16; H. HENDRICKX, *Los relatos de la infancia*, 17.20-21.

[73] R.E. BROWN, *El nacimiento del Mesías*, 43, sustenta que os relatos da infância não são estranhos ao conjunto do evangelho de Mateus, mas existem diversos elementos que apontam para uma composição unitária, fato que une estreitamente Mt 1–2 a Mt 3–28; o mesmo afirmam S. MUÑOZ IGLESIAS, *Los evangelios de la infancia*, IV, 22; H. HENDRICKX, *Los relatos de la infancia*, 17; O. DA SPINETOLI, "I problemi di Matteo 1-2 e Luca 1–2, orientamenti e proposte", 16-17.

[74] O. DA SPINETOLI, *Introduzione ai vangeli dell'infanzia*, 52.

[75] Segundo J. GNILKA, *Il vangelio di Matteo*, I, 232-233, a partir dos relatos da infância, o evangelista apresenta Jesus como o Cristo-Messias de Israel (Mt 2,6) rejeitado por seu povo: Ele é perseguido por Herodes (Mt 2,1-12), rejeitado pelas autoridades judaicas (Mt 9,33-34; 12,23-24; 21,45-46; 26,3-5), por Jerusalém (Mt 23,36-37) e por cidades galileias que não acolhem seu chamado à conversão (Mt 11,21). A rejeição é tão obstinada, que continua ainda depois de sua morte (Mt 27,62-66; 28,11-15).

[76] Segundo H. HENDRICKX, *Los relatos de la infancia*, 37-38, a genealogia, sem a pretensão de ser uma síntese de todo o evangelho de Mateus, "introduz os temas principais: o Messias, o povo de Deus, o cumprimento das promessas, o filho de Deus e a escatologia".

[77] O. DA SPINETOLI, *Introduzione ai vangeli dell'infanzia*, 55. Segundo U. LUZ, *El evangelio según san Mateo*, I, 122-123.129.131, a expressão "filho de Davi" é clara e direta porque remete à identidade de Jesus como

1,20-21) serve para explicar o caráter divino da concepção do menino, sua vocação e sua missão de salvador. (3) O tema "Jesus, filho de Deus", ainda que não seja explicitamente abordado nos relatos, constitui um argumento central em Mt 1–2;[78] note-se que, em Mt 1, o substantivo υἱός é aplicado 6x a Jesus, enquanto em Mt 2 se reduz à citação de Os 11,1 no v.15.[79]

Os autores destacam que o relato mateano é enriquecido com paralelos entre Jesus e importantes figuras da história do povo eleito (Jacó-Israel e Moisés). Esse recurso literário ajuda a destacar alguns aspectos teológicos característicos que são desenvolvidos ao longo de toda a obra:

---

o Messias de Israel. Por outro lado, a expressão "filho de Abraão" é mais complexa, porque poderia expressar algo mais que a óbvia informação de que Jesus é judeu. Na realidade, ela evocaria "toda a vasta tradição judaica que vê Abraão como pai dos prosélitos". Tal argumentação aponta "um tema central do evangelho de Mateus, a salvação dos pagãos a partir de Israel". J. GNILKA, *Il vagelo di Matteo*, 30, ressalta que os personagens bíblicos haviam recebido promessas de importância histórico-salvífica. Por meio de Abraão, seriam abençoadas todas as nações da terra (Gn 12,3; 18,18; 22.18), e um descendente de Davi receberia um reino eterno (2Sm 7,12-16).

[78] J.O. TUÑI, "La tipologia Israel-Jesús en Mt 1–2", 373-375, analisa a força e o sentido da expressão "ὑπὸ κυρίου", que, em Mt 1,22 e Mt 2,15, introduz respectivamente as citações de Is 7,14 e Os 11,1, com as quais se faz referência direta a υἱός; e, no mais, afirma que o tema do "filho de Deus" é significativo para todo o evangelho de Mateus (3,17; 4,3.6; 8,29; 16,16ss; 17,5; 27,54). O mesmo G. ARANDA, "Los evangelios de la infancia de Jesús", 800. Segundo U. LUZ, *El evangelio según san Matteo*, I, 178, com este procedimento literário, o evangelista tem a intenção de declarar que é o Senhor Deus, por intermédio do profeta, quem o chama de υἱός. Esta menção exerce "uma função compositiva no evangelho: remete à importante seção de Mt 3,13–4,11, onde se desenvolve o sentido mateano da filiação divina". Segundo R. AGUIRE MONASTERIO, "Evangelio según san Matteo", 236-237, no evangelho de Mt, Filho de Deus é o título mais importante dado a Jesus, o qual revela o mistério íntimo de sua pessoa.

[79] Em Mt 2, o termo παιδίον é utilizado 9x: quando Herodes se refere a Jesus (v.8), quando os magos seguem em busca do menino (vv.9.11) e quando o menino é citado em relação a José (vv.13[2x].14.20[2x].21).

1. Jesus-Jacó: Mateus sustenta que Jesus é uma réplica do patriarca Jacó e, a partir de seu nome Jacó-Israel, desenvolve o paralelo Jesus-Israel demonstrando que, em sua vida pessoal, Jesus revive uma breve síntese da história de Israel.[80]
2. Jesus-Moisés: o evangelista teria o objetivo de apresentar Jesus desde o seu nascimento como o novo Moisés.[81] Para a elaboração desse paralelo, Lc teria utilizado como substrato os primeiros capítulos do Êxodo e a história apócrifa judaica da vida de Moisés.[82]

---

[80] G. ARANDA, "Los evangelios de la infancia de Jesús", 799. R. AGUIRRE MONASTERIO, "Evangelio según san Mateo", 205. S. MUÑOZ IGLESIAS, *Los evangelios de la infancia*, IV, 268-272, afirma que é muito pouco provável que Mateus tenha desejado apresentar Jesus como um novo Jacó. Por sua vez, J.O. TUÑI, "La tipologia Israel-Jesús em Mt 1–2", 362-371, sustenta a ideia de que a tipologia Jesus-Israel ocupa um lugar teológico muito mais relevante que o paralelo Jesus-Moisés. R.E. BROWN, *El nacimiento del Mesías*, 218.220.223-224, argumenta que na história de Jesus narrada em Mt existe uma convergência sobre alguns aspectos do Êxodo e do Exílio, duas experiências paradigmáticas da autocompreensão histórico-teológica de Israel. Exatamente aí se encontraria o paralelo Jesus-Israel, que tem seu fundamento em que Jesus, filho de Deus, havia reproduzido em sua vida pessoal as experiências de Israel "filho" de Deus.

[81] R. AGUIRRE MONASTERIO, "Evangelio según san Mateo", 205; G. ARANDA, "Los evangelios de la infancia de Jesús", 798-799.

[82] F. NEIRYNCK, *L'évangile de Noel selon S. Luc*, 9. S. MUÑOZ IGLESIAS, "Los evangelios de la infancia y las infancias de los héroes", 5-36, sustenta que a lista de paralelismos entre a infância de Moisés e de Jesus se alarga consideravelmente quando se toma em conta a tradição extra-bíblica judia. Id., "El género literario del evangelio de la infancia en San Mateo", 243-273. Id., *Los evangelios de la infancia*, IV, 272-276, afirma também que o paralelismo Jesus-Moisés tem a intenção de "apresentar Jesus como Moisés [...] e mais que Moisés". R. E. BROWN, *El nacimiento del Mesías*, 110-114.583-584, está de acordo com a tese de Muñoz Iglesias sobre a influência da literatura extrabíblica na composição do paralelo mateano. Isso é justificado porque a *vida de Moisés* escrita por Fílon e o relato do nascimento de Moisés nas *Antiguidades* de Josefo oferecem exemplos incontestáveis da tradição midráshica que circulava no primeiro século cris-

2.1. Lc 1–2

Segundo o esquema salvífico de Lc-At apresentado por Conzelmann, o conjunto de Lc 1–2 é considerado uma *Vorgeschichte* (pré-história).[83] O autor prescinde desses capítulos, porque os identifica como incluídos posteriormente à obra lucana. No entanto, Conzelmann parece não dar-se conta de que este procedimento está em frontal desacordo com seu próprio objetivo apresentado na introdução de *Die Mitte der Zeit*, na qual afirma, ao menos duas vezes, que seu trabalho levará em consideração a obra lucana como tem sido recebida em sua redação final.[84]

Diante da tese de Conzelmann e de O'Neill, que, respectivamente, consideram Lc 1–2 irrelevantes e secundários para a reconstrução da teologia lucana, Oliver sustenta a continuidade entre Lc 1–2 e o pensamento teológico apresentado ao longo de Lc-At.[85] O autor destaca que o evangelista utiliza os conteúdos de Lc 1–2 para expor a finalidade de sua obra. Por esse motivo, afirma que as narrativas da infância desempenham um papel fundamental dentro da teologia lucana.[86] Por sua parte, Laurentin

---

tão; J.O. TUÑI, "La tipologia Israel-Jesus em Mt 1–2", 362-371, sustenta que o paralelo Jesus-Moisés não é exclusivo de Mt 1–2, mas se estende por todo o evangelho de Mateus. Em contrapartida, U. LUZ, *El evangelio según san Mateo*, 121.140, admite que as afinidades de toda a seção 1,18–2,23 com a *haggadá* do menino Moisés chamam a atenção, mas não está de acordo que por esse motivo se possa falar de uma transferência ao menino Jesus. Por outro lado, A. DIEZ MACHO, *La historicidad de los evangelios de la infancia*, 26-29, sustenta a existência de ambos os paralelos. R. LAURENTIN, *I vangeli dell'infanzia di Cristo*, 428-430, não concorda que Mateus tenha utilizado material do Ex sobre a infância de Moisés para elaborar os relatos da infância. Por outro lado, admite a existência do paralelo entre Jesus e Israel.

[83] H. CONZELMANN, *El centro del tiempo*, 43, n. 15. De modo semelhante pensa J.C. O'NEILL, *The Theology of Acts in its Historical Setting*, que considera Lc 1–2 com um caráter secundário.

[84] H. CONZELMANN, *El centro del tiempo*, 21.

[85] O mesmo, J.B. TYSON, "The Lukan Infancy Narratives (Luke 1-2)", 43.

[86] H.H. OLIVER, "The Lucan Birth Stories and the Purpose of Luke-Acts", 215-226. De sua parte, H. SCHÜRMANN, *Il vangelo di Luca*, I, 101, n.

enfatiza que o conjunto de Lc 1–2 em seu estado definitivo é parte integrante, ainda que preliminar, do terceiro evangelho. O autor identifica nesses capítulos uma continuidade teológica com o resto de Lc-At.[87] Por sua vez, Tyson afirma que a exclusão de Lc 1–2 do conjunto narrativo-teológico lucano é uma tese insustentável.[88]

Por outro lado, Tatum sustenta que, dentro do esquema histórico-salvífico trifásico conzelmanniano, os dois primeiros capítulos lucanos constituem a chamada "época de Israel", ademais, está de acordo com Oliver e Laurentin quanto à afirmação de que Lc 1–2 são fundamentais para a compreensão do pensamento teológico de toda a obra lucana.[89] Por sua vez, Berlingieri destaca o valor teológico de Lc 1–2 e sustenta sua perfeita inserção no conjunto de Lc-At.[90] Enquanto George destaca que os dois primeiros capítulos são a parte mais original do evangelho de Lc.[91]

Segundo Brown, os relatos lucanos da infância são usados pelo evangelista como uma ponte entre o AT e o resto da história

---

13, apoia a crítica de Oliver contra a tese de Conzelmann e sustenta o valor e a função teológica de Lc 1–2 no conjunto do terceiro evangelho. O. DA SPINETOLI, *Introduzione ai vangeli dell'infanzia*, 111, afirma "a narrativa da infância, Lc 1–2, torna-se um esboço do evangelho inteiro". Id., *Luca*, 18, "a infância (1,5–2,52) constitui um preâmbulo ou pré-evangelho em que Lucas antecipa a manifestação final de Jesus e dà uma caracterização ao relato seguinte". Segundo J.A. FITZMYER, *El Evangelio según Lucas*, II, 45, a tese de que os relatos da infância são uma espécie de abertura solene se nota com maior clareza no evangelho de Lc. Segundo S. CAVALLETTI, "Il metodo derashico nei racconti lucani dell'infanzia", 10, os relatos da infância ocupam um lugar especial no evangelho de Lucas e esses devem ser vistos como sua introdução. Segundo E.E. ELLIS, *Christ and te Future in the New Testament History*, 82, a continuidade teológica do terceiro evangelho é evidenciada quando se analisa a cristologia elaborada em Lc 3–24, que é apresentada *in nuce* em Lc 1–2.

[87]   R. LAURENTIN, *Structure et Théologie de Luc I-II*, 14-15.

[88]   J.B. TYSON, "The Lukan Infancy Narratives (Luke 1-2)", 43-45.

[89]   W.B. TATUM, "The Epoch of Israel: Luke I-II and the theological plan of Luke-Acts", 184-195.

[90]   G. BERLINGIERI, *Il lieto annuncio della nascita e del concepimento del precursore di Gesú*, 93.

[91]   A. GEORGE, *L'annonce du salut de Dieu*, 167.

do evangelho de Jesus, do mesmo modo que At 1–2 são uma ponte entre a história evangélica de Jesus e a história da igreja.[92]

Quanto à estrutura geral de Lc 1–2, pode-se afirmar que existe consenso entre os especialistas. Esse conjunto de perícopes é basicamente apresentado como uma composição de sete episódios em prosa entrelaçados com os quatro hinos em poesia, como se descreve a seguir:[93]

Prólogo (1,1-4)[94]
1) A anunciação da concepção de João (1,5-25);

---

[92] R.E. BROWN, "Luke's Method in the Annunciation Narrative of Charpter One", 138.

[93] As investigações da segunda metade do século XX não sugeriram grandes mudanças em relação a possíveis novos esquemas para a estrutura do conjunto 1,5–2,52. Isso se constata quando se observa que a macroestrutura apresentada por M.J. LAGRANGE, *Évangile selon saint Luc*, 28, é seguida com muito pequenas alterações e diferenças por grande parte dos autores.

[94] Os grandes comentários do terceiro evangelho apresentam bons estudos sobre 1,1-4, e oferecem ampla bibliografia sobre o tema: H. SCHÜRMANN, *Il vangelo de Luca*, I, 73-96; J.A. FITZMYER, *El Evangelio según Lucas*, II, 11-37; F. BOVON, *El evangelio según san Lucas*, I, 49-68. Quanto à questão se 1,1-4 deve ser considerado o prólogo somente de Lc ou de Lc-At, os autores se dividem: E. HAENCHEN, *The Acts of the Apostoles. A Commentary*, 136, n. 3; H. SCHÜRMANN, *Il vangelo di Luca*, I, 4; H. CONZELMANN, *El centro del tiempo*, 7, n. 1, sustentam que o prólogo se refere somente a Lc, enquanto C.H. TALBERT, *Reading Luke. A literary and Theological comentary on the Third Gospel*, trata Lc 1,1-4 como um prefácio comum a ambos e At 1,1-2 como um prefácio secundário. Por outro lado, segundo H.J. CADBURY, *The making of Luke-Acts*, 9, n. 3, existem diversas razões para sustentar que Lc 1,1-4 é o prólogo de toda a obra lucana. Ademais, o autor afirma que a unidade e a continuidade de Lc-At não podem ser colocadas seriamente em questão por argumentos como as pequenas diferenças entre o vocabulário dos livros e entre as cenas da ascensão de Lc 24 e At 1. Tais diferenças podem ser explicadas de diversos modos e não necessariamente devem ser vistas como uma contraposição à probabilidade de que estamos diante de uma única obra composta por dois volumes com um único prefácio geral (1,1-4). J.A. FITZMYER, *El Evangelio según Lucas*, II, 14, sustenta que 1,1-4 se refere a toda a obra lucana; o mesmo R. FABRIS, "Lo scopo principale dell'opera di Luca", 68-69 e G. BETORI, "L'unitá letteraria e narrativa di Luca-Atti: indicazioni dalla struttura", 81.

---

42   A APRESENTAÇÃO DE JESUS NO TEMPLO

2) A anunciação da concepção de Jesus (1,26-38);
3) A visitação de Maria a Isabel (1,39-45);
+ Hino de Maria: *Magnificat* (1,46-56);
4) Nascimento, circuncisão e imposição do nome a João (1,57-66.80);
+ Hino de Zacarias: *Benedictus* (1,67-79);
5) Nascimento, circuncisão e imposição do nome a Jesus (2,1-12.15-21);
+ Hino dos anjos: *Gloria* (2,13-14);
6) Apresentação no Templo (2,22-28-33-39.40);
+ Hino de Simeão: *Nunc dimittis* (2,29-32);
7) Desaparecimento e reencontro de Jesus no Templo aos seus doze anos (2,41-51.56).[95]

Deve-se notar que, não obstante algumas particularidades, os diversos esquemas propostos para a estrutura de Lc 1–2[96] se concentram no paralelismo progressivo (de qualquer forma, chamado "antitético")[97] da anunciação, concepção, nascimento,

---

[95] No nosso esquema, os vv.1,80; 2,40; 2,52 estão separados por um ponto para distinguir e destacar seu caráter sumário.

[96] S. MUÑOZ IGLESIAS, "Estructura y teología de Lucas, I-II", 101-107. R. LAURENTIN, *Structure et Théologie de Luc I-II*, 26-42, apresenta e debate sinteticamente as diferentes estruturas apresentadas por Burrows, Gaechter e Lyonnet. Em seguida, apresenta sua própria tese, que pode ser resumida nos dois dípticos: o das anunciações e o dos nascimentos. R.E. BROWN, *El nacimiento del Messías*, 254-259, retoma a síntese feita por Laurentin e a amplia apresentando três esquemas propostos por seis autores. Distingue os que sustentam a divisão em três partes (Galbiati, Burrows, Dibelius) dos que a propõem em duas partes (Gaechter, Lyonnet e Laurentin). A. GEORGE, *Études sur l'ouvré de Luc*, 43-44, também apresenta, de maneira sintética, os esquemas pressupostos por Dibelius, Schmidt, Burrows, Gaechter, Lyonnet e Laurentin; em seguida (pp. 45-65), apresenta sua tese sobre os paralelismos das anunciações, nascimentos e circuncisões, dos oráculos proféticos referentes às respectivas missões e dos sumários sobre o crescimento dos meninos.

[97] G. BERLINGIERI, *Il lieto annuncio della nascita e del concepimento del precursore di Gesú*, 97-99, observa que é preferível não falar de um paralelismo antitético, mas sim de um *paralelismo superativo*. Os motivos

circuncisão, imposição do nome de João e Jesus, ademais, do sumário final sobre o "crescimento" dos meninos.[98]

Segundo George, com o paralelismo entre os anúncios, os nascimentos, as circuncisões, as proclamações proféticas, Lucas destaca a unidade de suas respectivas missões: estar a serviço do único desígnio de Deus que se cumpre, tanto na vida do precursor, como na vida do Messias.[99] Rossé segue um raciocínio semelhante quando afirma que o paralelismo é funcional porque permite expressar a continuidade do desígnio divino presente em toda a história da salvação e, ao mesmo tempo, exalta a superioridade de Jesus diante de seu precursor.[100]

---

para isso seriam vários: o principal é que um paralelismo onde emerge a superioridade de um elemento sobre o outro não inclui necessariamente uma antítese, justaposição ou ruptura entre os elementos colocados em paralelo. Segundo ele, Lucas, com seu modo de proceder e narrar, deseja destacar a diferença essencial entre os dois personagens, mas, ao mesmo tempo, os apresenta unidos em continuidade.

[98] A. GEORGE, *Études sur l'ouvré* de Luc, 18; H. HENDRICKX, *Los relatos de la infancia*, 84. Segundo R.E. BROWN, *El nacimiento del Mesías*, 253, n. 44, o paralelismo entre João e Jesus pode ser considerado uma característica do relato lucano, que extrapola os relatos da infância: ambos aparecem no deserto (3,2; 4,1) haviam sido pré-anunciados por Isaías (3,4-6; 4,17-19); pronunciam exortações inspiradas nas Escrituras (3,7-9; 4,24-27), suscitam interrogações sobre sua própria identidade (3,15; 4,34); pregam a boa-nova (3,18; 4,43). F. BOVON, *El evangelio según san Lucas*, I, 29, reconhece o recurso literário do paralelismo entre os dois personagens, mas rejeita a ideia de estendê-lo às atividades públicas dos dois personagens.

[99] A. GEORGE, *Études sur l'ouvré de Luc*, 64-65. Segundo H. VON BAER, *Der Heilige Geist in den Lukasschriften*, 48, o nexo entre os dois meninos é destacado com o encontro das duas mães e a reação de João no ventre de sua mãe, sendo que o elo da conjunção é constituído pela ação do *Pneuma*; com efeito, se se confronta aquilo que é prometido pelo anjo referente à ação do Espírito Santo na vida de João (1,15ss), com a promessa feita a Maria (1,35), nota-se um aumento da participação no milagre dos nascimentos.

[100] G. ROSSÉ, "Aprrocci esegetici al testo della presentazione (Lc 2,22-40)", 17.

A APRESENTAÇÃO DE JESUS NO TEMPLO

De fato, a superioridade de Jesus é um aspecto importante do paralelismo.[101] Segundo Brown, essa superioridade se torna explícita no díptico dos nascimentos.[102] Laurentin compara as expressões utilizadas para referir-se à grandeza de João: ἔσται γὰρ μέγας ἐνώπιον κυρίου (1,15) e a de Jesus: οὗτος ἔσται μέγας (1,32); na primeira identifica nada mais que um atributo comum dado a um ser humano reconhecido como grande diante de Deus, enquanto na segunda observa, segundo o uso bíblico, uma expressão atributiva com a qual se caracteriza o próprio Deus.[103] Agua Pérez e Muñoz León ressaltam a superioridade de Jesus a partir de sua concepção virginal (1,34-35).[104] Tais comparações produzem nos leitores a percepção de que a presença e a descrição de João são usadas pelo evangelista para ressaltar a identidade de Jesus. Sendo assim, a figura de João ocupa um lugar de destaque no relato lucano, na medida em que se constitui no precursor do Messias, aquele que vem para preparar seus caminhos, como o afirma Zacarias (1,76).

Segalla, apoiado na tese de O'Fearghail,[105] propõe uma articulação distinta para os relatos de Lc 1–2. De modo que estes relatos fariam parte de um conjunto mais amplo, chamado proêmio narrativo (1,1–4,44), o qual seria constituído por duas

---

[101] A. GEORGE, *Études sur l'ouvré de Luc*, 18; I.H. MARSHALL, *The Gospel of Luke. A commentary on the Greek Text*, 45; H. HENDRICKX, *Los relatos de la infancia*, 84; W.J. HARRINGTON, *Luke. Gracious Theologian*, 30. Segundo F. BOVON, *El evangelio según san Lucas*, I, 29, em 1,5–2,52 existe uma simetria desequilibrada entre os personagens.

[102] R.E. BROWN, *El nacimiento del Mesías*, 258.

[103] R. LAURENTIN, *Structure et Théologie de Luc I-II*, 36-37.

[104] A. DEL AGUA PÉREZ, *El método midrásico*, 118.123. D. MUÑOZ, *Derás. Los caminos y sentidos*, 569.

[105] F. O'FEARGHAIL, *The introduction to Luke-Acts. A Study of the Role of Lk 1,1–4,44 in the Composition of Luke's Two-Volume Work*, sustenta que entre o prólogo (1,1-4) e a narrativa propriamente dita (5,1ss) existe um proêmio narrativo (1,5–4,44). Este proêmio, cuja construção está fundada no confronto paralelo (*synkrisis*) entre João e Jesus, teria uma função programática àquela de apresentar uma síntese antecipada da atividade messiânica de Jesus.

grandes seções: 1,5–2,52 e 3,1–4,44. Segundo diversos elementos temáticos e, sobretudo, a partir de expressões literárias presentes no texto, cada uma das seções estaria composta por trípticos sucessivos e paralelos. Esse novo esquema, além de afirmar duas características presentes nos esquemas precedentes (o paralelismo entre João e Jesus; e a superioridade de Jesus), acentua a sucessão cronológica dos personagens. A partir desta última, é destacado o papel desempenhado por João, que consiste em preparar um povo bem disposto para acolher o Messias Jesus.[106]

Quanto aos diferentes gêneros literários presentes em Lc 1–2, existem posições muito diferentes entre os estudiosos. Schürmann, em boa síntese sobre a questão, sustenta que a forma literária dos relatos lucanos da infância não pode ser classificada de forma unívoca sob nenhum dos gêneros literários conhecidos.[107]

Por outro lado, a maioria dos estudiosos lucanos assinalou que em Lc 1–2, depois de um prólogo escrito no grego mais puro (1,1-4), o autor sagrado utiliza um marcado estilo semítico (1,5–2,52).[108] Essa constatação soma um novo elemento à espinhosa questão sobre as fontes utilizadas pelo evangelista. De fato, os exegetas se viram diante da necessidade de responder à pergunta: Como explicar a pródiga presença de semitismos em 1,5–2,52?.[109]

---

[106] G. SEGALLA, *Evangelo e vangeli*, 184-187.

[107] H. SCHÜRMANN, *Il vangelio di Luca*, I, 102-106.

[108] E.E. ELLIS, *The Gospel of Luke*, 3.

[109] A problemática dos semitismos no NT foi uma questão bastante discutida e controvertida entre os exegetas: P. GRELOT, *L'origine des évangiles*, 15-54, trata amplamente sobre os diferentes tipos de semitismos no NT. O autor F.L. HORTON JR, "Reflections on the semitisms of Luke-Acts", 1-23, apresenta um amplo estudo sobre os semitismos na obra lucana. Nas conclusões, sustenta que a existência de hebraísmos em Lc-At (e dos muitos semitismos no NT) seria a existência de um grego propriamente sinagogal, no qual não seria nem uma imitação direta da LXX nem das fontes hebraicas. Quanto aos semitismos presentes em Lc 1–2, quem os dedicou um extenso estudo foi S. MUÑOZ IGLESIAS, *Los evangelios de la infancia*, I-II-III. No mais, uma breve síntese sobre o tema, os autores e suas conclusões podem ser lidos em A. RODRIGUEZ CARMONA, "La obra de Lucas (Lc-Hch)", 309-311. Segundo L. DÍEZ MERINO, "Trans-

A busca de respostas gerou, em síntese, quatro diferentes hipóteses: (1) Lucas produziu seu texto imitando o texto grego da LXX; (2) Lucas utilizou uma fonte escrita em grego; (3) Lucas utilizou uma fonte escrita em hebraico; (4) ou Lucas utilizou uma fonte escrita em aramaico.[110]

Além disso, quando se examina a forma peculiar com que o autor elaborou seus relatos, observa-se que às Escrituras de Israel foi atribuído um papel central dentro de toda a teologia

---

fundo semítico de Lucas 1-2", 35, o fato de que, ao longo de toda a obra lucana, as expressões sejam mais frequentes em Lc 1–2 testemunha a favor da existência de um substrato veterotestamentário para as narrativas lucanas da infância; id., "Transfondo semítico de Lucas 1-2", 50.71, muitos desses semitismos não são próprios de Lucas, mas pertencem a esse substrato comum que é consequência das citações do AT no NT e, porque são provenientes principalmente da LXX, são classificados como semitismos de segundo grau. Segundo R. LAURENTIN, "Traces d'allusions étymologiques em Lc 1-2", 435, "o evangelho da infância (Lc 1,5–2,40) constitui dentro do evangelho de Lucas uma seção de caráter particular: arcaica, judia e veterotestamentária, tanto no plano da teologia como do estilo". Segundo J.M. GARCÍA PÉREZ, *San Lucas: evangelio y tradición*, diversos versículos lucanos em que existem dificuldades quanto à gramática grega podem receber soluções adequadas se se parte da tese de que houve um texto original em língua aramaica. Segundo P. GRELOT, *Évangiles et tradition apostolique. Réflexions sur um certain "Christ hébreu"*, 73, esses capítulos também podem ser facilmente retraduzidos em aramaico.

[110] Para quem deseja conhecer a evolução histórica desse debate, os diferentes autores que apoiaram cada uma das quatro hipóteses, com suas respectivas obras e artigos até meados do século XX, sugere-se o artigo de R. LAURENTIN, "Traces d'allusions étymologiques em Luc 1-2", 435-456, onde o autor, em um anexo intitulado "Le problem du substrati hébreu de Luc 1-2" (pp. 449-456), apresenta uma muito bem elaborada síntese histórica em ordem cronológica sobre o tema. Além disso, para quem deseja um estudo específico sobre o tema nos quatro hinos lucanos, sugerimos S. MUÑOZ IGLESIAS, *Los evangelios de la infancia*, I, 16-22. Esse autor baseia sua extensa obra sobre os evangelhos da infância em Lucas (vols. I, II, III), na tese da existência de um original hebraico para Lc 1–2. Ao final do vol. III, apresenta os textos que foram propostos por diversos autores como o resultado de uma retrotradução realizada do grego ao hebraico ou ao aramaico.

narrativa.[111] Essa constatação levou alguns autores a destacar o caráter *derásico* dos relatos lucanos da infância.

Muñoz Iglesias sustenta que no paralelismo das anunciações existe um relato *derásico aggádico*, fundamentado no recurso às Escrituras e à tradição oral judaica, que descreve os nascimentos dos heróis do povo de Israel;[112] entre eles cita Isaac (Gn 17–18), Sansão (Jz 13) e Samuel (1Sm 1–2), que apresentam em comum o gênero literário do anúncio.[113] Tal recurso se manifesta, também, por meio dos relatos da missão, como, por exemplo, aquela confiada por Deus a Moisés (Ex 3–4) e a Gedeão (Jz 6).[114]

Segundo Agua Pérez e Muñoz León, são muitos os elementos veterotestamentários e da tradição rabínica que podem ser somados ao esquema *derásico* do anúncio e que, entrelaçados com grande maestria, são utilizados pelo evangelista para enriquecer sua narrativa.[115] Além disso, Agua Pérez sustenta que Lucas segue a legítima tradição rabínica presente no judaísmo de seu tempo quando utiliza metonímias para falar do Senhor e de sua ação.[116]

---

[111] J.B. GREEN, *La teologia del vangelo di Luca*, 36.

[112] S. MUÑOZ IGLESIAS, "El evangelio de la infancia en San Lucas y las infancias de los héroes bíblicos", 329-234; A. DEL AGUA PÈREZ, *El método midrásico*, 114.

[113] S. MUÑOZ IGLESIAS, "El evangelio de la infancia en San Lucas y las infancias de los héroes bíblicos", 334-339.

[114] S. MUÑOZ IGLESIAS, "El evangelio de la infancia en San Lucas y las infancias de los héroes bíblicos", 339-345.

[115] A. DEL AGUA PÉREZ, *El método midrásico*, 117-118 e D. MUÑOZ LEÓN, *Derás. Los caminos y sentidos*, 311.387, assinalam alguns exemplos: "Jesus, filho de Davi". O anjo se apresenta a Maria, prometida em casamento a um homem chamado José da casa de Davi (1,27). O filho anunciado de Maria receberia o trono de Davi, seu pai (1,32). Dentro do multiforme messianismo existente no judaísmo de então, Lucas segue a corrente predominante, aquela real davídica. Essa é manifestada e confirmada pelo nascimento do menino Messias em Belém, a cidade de Davi (2,4.11). João é descrito como nazireu. Lucas relê derasicamente as figuras de Samuel e Sansão; para isso, estabelece uma conexão entre os pais dos personagens (Zacarias/Isabel; Elcana/Ana; Manoá/esposa). Essa conexão se dá pela esterilidade das mães e pelo voto que fazem diante do Senhor.

[116] Segundo A. DEL ÁGUA PÈREZ, *El método midrásico*, 119-120, a expressão πνεῦμα ἅγιον é empregada como substitutivo de Deus. O mesmo ocor-

Na saudação de Isabel, "bendita és tu entre as mulheres" (1,42), Brown[117] e Agua Pérez[118] chamam a atenção para um paralelismo *midráshico* com os hinos que louvam outras mulheres na história bíblica. Assim o fez Débora, que proclama: "Bendita entre todas as mulheres Jael, bendita entre as que habitam as tendas!" (Jz 5,24); e Ozias disse a Judite: "Que o Altíssimo te abençoe, filha, mais que a todas as mulheres da terra!" (Jt 13,18); note-se também que o motivo pelo qual Maria é bendita porque "bendito é o fruto de teu ventre" (1,42), expressão que faz alusão à bênção que o Senhor promete a Israel por meio de Moisés, caso seja obediente a sua voz: "Bendito seja o fruto de teu ventre" (Dt 28,1.4). Segundo Brown, esse último elemento sugere que a bênção dada a Maria não é individual. Ela desempenha uma missão importante no meio de seu povo porque concebeu o Messias que, em seguida, é proclamado "luz para a glória de Israel" (2,32).[119]

---

re com o sintagma *poder do Altíssimo* (δύναμις ὑψίστου), que se refere ao nome do Senhor e é derivado da tradição rabínica, onde é muito frequente a expressão *o poder* que Lucas explica somando ὑψίστου. O verbo "cobrir" na expressão "te cobrirá com sua sombra" (1,35) indica a vinda (descida) sobre Maria da "nuvem da glória de Deus", veículo da presença divina por meio da qual se dá a concepção de Jesus. Essa fórmula estaria em conexão com as cenas de transfiguração e do batismo, onde respectivamente "a nuvem cobriu com sua sombra os presentes" (9,34) e com a descrição de que o Espírito Santo desceu sobre Jesus como uma pomba (3,22).

[117] R.E. BROWN, *El nacimiento del Mesías*, 356.

[118] A. DEL AGUA PÉREZ, *El método midrásico*, 122.

[119] R.E. BROWN, *El nacimiento del Mesías*, 356-357. R. LAURENTIN, *Structure et Theologie de Luc I-II*, 80-81, sustenta a existência de um paralelismo entre Maria e a "arca da Aliança" a partir das palavras de Isabel: "Quem sou eu para que me visite a mãe do Senhor?" (1,43). Estas seriam uma alusão às palavras de Davi: "Como vai vir a minha casa a arca do Senhor?" proferidas quando a arca estava sendo transladada da fronteira filisteia a Jerusalém (2Sm 6,9). A alusão pode ser estendida se são levados em consideração os três meses que a arca ficou na casa de Odeb-Edon, de Gat (2Sm 6,11), que é o mesmo período que Maria permaneceu na casa de Isabel (1,56). No entanto, R.E. BROWN, *El nacimiento del Mesías*, 338-339.358-359, rejeita esse paralelismo e argumenta que os motivos pelos quais David e Isabel fazem a pergunta são

Um aspecto literário bastante destacado em Lc 1–2 é a presença dos quatro hinos,[120] os quais foram objeto de numerosos estudos exegético-teológicos, com destaque para o *Magnificat*, *Benedictus*[121] e *Nunc dimittis*. Quanto à unidade dos hinos, existe certo consenso. Essa se comprova tanto na linguagem utilizada como nas temáticas desenvolvidas, entre as quais se destacam: as ações divinas de salvação, resgate e libertação em favor de Israel; o espírito permanente de louvor, ação de graças e a exaltação de alguns atributos divinos como sua santidade, fidelidade, misericórdia, força e poder.

Brown, Agua Pérez, Muñoz Iglesias, Muñoz León e Ellis sustentam o caráter derásico do *Magnificat e do Benedictus*. Esses hinos seriam mosaicos construídos com peças das Escrituras, da tradição oral intertestamentária e da literatura extrabíblica judaica.[122] Segundo Ringgren, o marcado tom veterotestamentário e as diversas alusões às Escrituras encontradas nestes hinos lucanos assinalariam que seus autores (e/ou o redator final) utilizaram a mesma técnica encontrada nos *Hodayot* de Qumrã, os quais são identificados como mosaicos compostos por diversas expressões e frases veterotestamentárias.[123]

---

totalmente diferentes e não existe nenhuma relação entre eles. Em contrapartida, segundo A. DEL AGUA PÉREZ, *El método midrásico*, 122, a ideia de Laurentin poderia ser justificada se se reconhece a presença de espírito derásico no relato lucano da visitação.

[120] Existe quem, como R.A. AYTON, "The Ten Lucan Hymns of the Nativity in their Original Lenguages", 274-288, identifica até dez hinos em Lc 1–2. Essa tese obviamente é rejeitada pela maioria dos exegetas lucanos.

[121] A bibliografia desses hinos é muito extensa. Para quem deseja uma bibliografia específica sobre, A. Valentini, *Magnificat, Genere letterario. Struttura. Esegesi*, 269-274; S. MUÑOZ IGLESIAS, *Los evangelios de la infancia*, I, 338-352. Para o *Benedictus*, sugerimos S. MUÑOZ IGLESIAS, *Los evangelios de la infancia*, I, 355-358.

[122] R.E. BROWN, *El nacimiento del Mesías*, 371-380.393-409; A. DEL AGUA PERÉZ, *El método midrásico*, 122-123; S. MUÑOZ IGLESIAS, *Los evangelios de la infancia*, I, 118-162.197-241; D. MUÑOZ LEÓN, *Derás. Los caminos y sentidos*, 311-312; E.E. ELLIS, *L'antico Testamento nel primo cristianísimo*, 125.

[123] H. RINGGREN, "Luke's use of the Old Testament", 229.

Segundo Agua Peréz e Muñoz León, os hinos celebram o cumprimento da expectativa messiânica das Escrituras.[124] Por sua vez, Valentini interpreta o clima de alegria, júbilo e louvor que emerge desses relatos como um sinal característico dos tempos messiânicos,[125] enquanto Schürmann afirma que os hinos têm a função de explicar pneumatologicamente aquilo que ocorre nos relatos em prosa.[126]

Quanto ao substrato escriturístico do *Magnificat*, existe um amplo consenso entre os estudiosos de que a fonte de inspiração estaria no hino de Ana (1Sm 2,1-10)[127] e, além disso, haveria uma conexão menos direta com o hino de Judite (Jt 16,1-17). Por sua parte, Valentini sustenta que o substrato veterotestamentário do hino mariano se encontra no canto do mar entoado por Miriam (Ex 15,1-18).[128]

Brown, Muñoz Iglesias e Valentini sustentam que ao menos o *Magnificat* e o *Benedictus* seriam hinos (judaicos ou judaico-cristãos) pré-existentes que Lucas inseriu dentro de seu relato retocando-os onde lhe pareceu oportuno e necessário.[129] Brown afirma inclusive que estes seriam fruto da experiência religiosa

---

[124] A. DEL AGUA PÉREZ, *El método midrásico*, 124; D. MUÑOZ LEÓN, *Derás. Los caminos y sentidos*, 390-391.591, n. 937.

[125] A. VALENTINI, "I cantici in Lc 1–2", 84.

[126] H. SCHÜRMANN, *Il vangel di Luca*, I, 171.

[127] Segundo H. RINGGREN, "Luke's use of Old Testament", 230, deve-se reconhecer a existência de muitos paralelos entre os hinos, mas ao mesmo tempo a relação entre eles não é tão simples, pois, no mais, existem alusões a outros textos do AT.

[128] A. VALENTINI, *Il Magnificat*; id., *Maria secondo le Scrotture. Figlia di Sion e Madre del Signore*, 138.

[129] R.E. BROWN, *El nacimiento del Mesías*, 364-369; A. VALENTINI, "I canticio in Lc 1–2", 85. Segundo S. MUÑOZ IGLESIAS, *Los evangelios de la infancia*, I, 12-13, a maioria dos estudiosos sustenta esta tese, e os argumentos para isso são de dois tipos: redações e de conteúdo. A partir da crítica da redação, deduz-se a inclusão forçada dos hinos no relato lucano, enquanto o conteúdo teológico denuncia que seu autor é judeu. Na n. 13 (pp. 12-13), apresenta uma extensa lista de autores, com suas respectivas obras e artigos, nos quais sustenta essa tese.

encontrada no interior dos círculos formados pelos *anawim*[130] e que suas raízes estariam no judaísmo.[131] Muñoz Iglesias reconhece que a referência aos *anawim* pode identificar o espírito que se encontra nos hinos de Lc 1–2, mas destaca que esta referência não oferece uma grande contribuição quanto à origem desses hinos, porque não se pode provar que os *anawin* constituíram grupos definidos ou comunidades determinadas; eles poderiam perfeitamente encontrar-se no interior de diversas comunidades judaicas ou judaico-cristãs.[132]

---

[130] O termo hebraico *anawim* (pl. de *anaw*) é utilizado para designar os pobres piedosos e humildes de Israel, aqueles que, a exemplo de Moisés (Nm 12,3), reconhecem sua absoluta dependência do Senhor e o experimentam como o libertador, o resgatador. Por esse motivo, fazem de suas vidas um motivo de louvor ao Senhor e fiéis à aliança guardam seus mandamentos. Segundo R.E. BROWN, *El nacimiento del Mesías*, 364-369.376-379, o termo que em sua origem se referia aos pobres em sentido socioeconômico passou, com o tempo, a designar todos aqueles que humildemente não podiam confiar em suas próprias forças: pobres, enfermos, oprimidos, viúvas e órfãos. Em geral, são descritos em oposição aos soberbos e autossuficientes que não reconhecem a necessidade de Deus. Por sua vez, P. SACCHI, *Historia del Judaísmo en la época del segundo Tiempo*, 449, afirma que no paradigmático texto do Trito-Isaías (Is 61,1) o termo *anawin* é utilizado para designar os destinatários das boas notícias do ungido do Senhor. O profeta está pensando em todos os judeus que punham a esperança de sua salvação não nas forças militares, mas sim na intervenção salvífica de Deus.

[131] Segundo R. E. BOWN, *El nacimiento del Mesías*, 366-368.372, estes hinos já existentes haviam sido retomados pelos *anawim* judeu-cristãos, que os interpretaram e assimilaram à luz da fé pascal com o objetivo de anunciar o cumprimento das promessas em Jesus, o Messias. Segundo essa tese, os personagens a quem são atribuídos os hinos do *Magnificat, Benedictus e Nunc dimittis*, seriam modelos vivos que encaram a piedade dos *anawim*: Maria é apresentada como a escrava do Senhor, a crente no cumprimento e no poder de sua Palavra que encheria seu ventre com a presença do Messias, aquela que canta a Salvação de Deus; Zacarias é um sacerdote justo que sofre a esterilidade de sua esposa Isabel e juntos são irrepreensíveis quanto à observância dos mandamentos do Senhor; Simeão é um homem justo e piedoso que esperava a consolação de Israel e o Espírito estava Nele.

[132] S. MUÑOZ IGLESIAS, *Los evangelios de la infancia*, I, 111-112.

2.2. Lc 2,22-39

A perícope 2,22-39 faz parte de um conjunto literário muito bem elaborado, o qual foi tecido com grande maestria.[133] No entanto, o relato imediatamente anterior à apresentação de Jesus, aquele do nascimento de Jesus (2,1-20)[134] parece não ser suficiente para dar a conhecer com exatidão a identidade messiânica de Jesus. De fato, segundo o plano narrativo lucano, são ainda necessárias algumas comunicações proféticas guiadas pelo Espírito, por meio das quais se chama atenção para um conhecimento mais minucioso da identidade e da missão de Jesus.[135]

Diversos autores destacaram a importância de 2,22-39 dentro do conjunto de Lc 1–2. Laurentin assevera que os relatos da infância estão desde seu início orientados para a manifestação de Jesus no Templo.[136] Galbiati sustenta que os relatos de Lc 1–2 apresentam um movimento ascendente e são construídos sob "uma ideia diretiva que faz progredir a ação até seu cume, que é precisamente a entrada de Jesus menino no Templo".[137] Berlingieri e Segalla afirmam que, em Lc 1–2, a perícope da apresentação de Jesus se constitui em um clímax conclusivo.[138] Segundo George, este episódio é o ápice de Lc 1–2, não somente porque se cumpre nos limites do Templo, como em outras cenas decisivas lucanas, mas também porque apresenta a revelação mais explícita do mistério de Jesus até esse momento na obra lucana.[139] Por sua vez, Muñoz

---

[133] G. ARANDA, "Los evangelios de la infancia", I, 111-112.

[134] A perícope lucana de 2,1-20 está composta por três cenas: (1) o nascimento de Jesus em Belém (vv.1-7); (2) o anúncio aos pastores somado ao hino da Glória (vv.8-14); (3) a visita dos pastores ao menino recém-nascido (vv.15-20).

[135] H. SCHÜRMANN, *Il vangelo di Luca*, I, 241-242.

[136] R. LAURENTIN, *Structure et Théologie de Luc I-II*, 61.

[137] E. GALBIATI, "La presentazione al Tempio", 28. Pensamento semelhante apresenta A. DIÉZ MACHO, *La historicidad dos evangelios da infancia*, 47, a apresentação de Jesus no Templo "é o final para onde se encaminha todo o relato da infância lucana".

[138] G. BERLINGIERI, *Il lieto annuncio della nascita e del concepimento del precursore di Gesù*, 95; G. SEGALLA, *Evangelo e vangeli*, 180.

[139] A. GEORGE, *L'annonce du salut de Dieu*, 179.

León afirma que a apresentação de Jesus no Templo proclama o cumprimento messiânico, de modo particular o *Nunc dimittis*;[140] enquanto segundo Koet as afirmações programáticas de Simeão constituem um ápice dentro dos relatos de Lc 1–2.[141] Segundo Valentini, pelo seu valor teológico, principalmente quanto a sua cristologia e soteriologia, a apresentação de Jesus no Templo (2,22-40) é uma perícope de notável importância em Lc 1–2.[142]

No entanto, excetuando os comentários gerais do terceiro evangelho, observa-se que a perícope 2,22-39 foi pouco estudada exegético-teologicamente em sua totalidade. As diversas publicações se referem, em sua grande maioria, a subunidades da perícope. De fato, o hino de Simeão (vv.29-32) e seu oráculo dirigido a Maria (vv.34c-35) despertaram altíssimo interesse entre os estudiosos. O mesmo não se pode afirmar sobre a introdução (vv.22-24) e o relato da profetisa Ana (vv.36-38).[143]

Figueras, um dos poucos que realizaram um estudo de 2,22-39 em seu conjunto, propõe uma interpretação simbólica de Simeão e Ana. Os dois personagens seriam, respectivamente, figuras de Moisés e de Elias que estariam presentes como sinais da *Torá* e dos Profetas; os quais dão testemunho do Messias presente no Templo.[144]

Visser, seguindo a luz inaugurada por Figueras, examinou a inter-relação dos personagens lucanos Simeão e Ana com personagens-chave e acontecimentos importantes da história de Israel. Em seu primeiro artigo, a partir do Dt (caps. 31–34), o autor apresenta a relação entre Moisés e Josué (Moisés – terra da promessa) como uma figura do encontro de Simeão e Jesus; desse modo, sustenta que Lucas havia atribuído a Jesus o lugar que, naquele momento decisivo da história da salvação, é ocupado por

---

[140] D. MUÑOZ LEÓN, *Derás. Los caminos y sentidos*, 391.

[141] B.J. KOET, "Simeons Worte (Lk 2,29-32.34c-35) und Israels Geschick", 1568.

[142] A. VALENTINI, "'Καθαρισμοῦ αὐτῶν' e 'ρομφαία' (Lc 2,22.35)", 169.

[143] B.J. KOET, "Holy Place and Hannah's Prayer", 134.

[144] P. FIGUERAS, "Siméon et Anne, ou le Témoignage de la Loi et des Prophètes", 85-86.94.

Josué.[145] Em síntese, no relato lucano da apresentação, Jesus seria apresentado como um novo Josué e como a terra da promessa em pessoa. Em um segundo artigo, o autor apresenta os nomes de Simeão e Ana da tribo de Aser em conexão com o paralelismo de Dt 31–34.[146]

Por sua vez, Stramare, concentrando-se nos vv.22-24, destaca o aspecto do cumprimento do tempo da purificação-salvação-redenção. Ou seja, do tempo no qual se manifesta a ação salvífica e purificadora do Senhor em relação ao seu povo, a Jerusalém e ao Templo. Com efeito, o autor afirma estar de acordo com as interpretações de Laurentin que assinalam Dn 9 e Ml 3 como o substrato veterotestamentário do relato lucano da apresentação de Jesus.[147]

Dentro de uma perspectiva estética do relato lucano, Marconi apresenta um estudo sobre "2,22-32 e entornos" onde concentra sua atenção no campo semântico do verbo *ver*, a partir do qual identifica "um gênero misto, não puro" que, segundo ele,

---

[145] N. VISSER, "Hier is meer dan Jozua. Over de opdracht van Jezus in de temple en zijn ontmoeting met Simeon en Hanna", 139-154.

[146] N. VISSER, "Hier is meer dan Jozua. Over de opdracht van Jezus in de temple en zijn ontmoeting met Simeon en Hanna", 145, recorda que Jesus no dia de sua circuncisão recebe o mesmo Nome de Josué (יהושע), substituto de Moisés. O autor argumenta que, se se observa como Lucas dá importância ao significado dos nomes, veja-se Zacarias ("o Senhor lembra"), Isabel ("o Senhor jurou") e João ("o Senhor é misericordioso"), não é razoável imaginar que o evangelista não houvesse pensado em quem na história de Israel tenha assumido o mesmo nome. Na sequência, Visser assinala que, na bênção de Moisés (Dt 33,6-24), o nome da Tribo de Simeão é omitido e que o de Aser aparece em último lugar. Com efeito, são exatamente estes nomes que aparecem no relato lucano da apresentação. Chama ainda a atenção para o fato de que a substituição de Moisés ocorre depois de quarenta anos que o povo de Israel estava peregrinando pelo deserto, enquanto o encontro entre Simeão e Jesus, a contemplação da salvação de Deus na pessoa de Jesus, ocorre quarenta dias depois de seu nascimento.

[147] T. STRAMARE, "Cumpiuti i giorni della loro purificazione (Lc. 2,22). Gli avvenimenti del N.T. conclusivi di um disegno", 199-205; R. LAURENTINI, *Structure et Théologie de Luc I-II*, 43-63.

se caracteriza por alguns elementos essencialmente apocalípticos. Com esse esquema, Lucas tinha a intenção de levar seus leitores ao centro do relato: a visão de Deus que se revela salvação diante de Israel e a todos os povos.[148]

Por outro lado, Grelot sustenta que o *Nunc dimittis* foi habilmente introduzido na cena da apresentação de Jesus no Templo[149] e que o hino contém uma síntese de toda a obra lucana.[150] Valentini, por sua vez, afirma que a teologia lucana é particularmente manifestada em 2,29-32.[151] Existe ainda um consenso entre os autores de que a teologia do hino reflete diversos elementos derivados do Dêutero-Isaías (Is 40,5; 42,6; 46,13; 49,6; 52,9-10),[152] os quais foram utilizados pelo evangelista para enfatizar o caráter universal da ação salvífica do Messias Jesus. Segundo Ballhorn, por intermédio de seu hino, Simeão se constitui no Isaías do Novo Testamento.[153] Ainda dentro dessa perspectiva universalista da salvação, segundo Valentini, a teologia do *Nuc dimittis* se distingue amplamente daquela do *Magnificat* e do *Benedictus*.[154]

---

[148] G. MARCONI, "Il bambino da vedere", 629-654.

[149] P. GRELOT, "Le cantique de Siméon (Luc, II, 29-32)", 481.

[150] P. GRELOT, *Évangiles et tradicion apostolique*, 73; id., "Le cantique de Siméon (Luc II, 29-32)", 505-506.

[151] A. VALENTINI, "I cantici in Lc 1–2", 83.

[152] A. GEORGE, *Études sur l'ouvré de Luc*, 63; R.E. BROWN, *El nacimiento del Mesías*, 478-480; A. DEL AGUA PÉREZ, *El método midrásico*, 128-129; A VALENTINI, "I canticio in Luc 1-2", 95.106; M. MIYOSHI, "Jesu Darstellung oder Reinigung im Tempel inter Berücksichtigung von 'Nunc dimittis' Lk II, 22-38", 85-115; J.A. SANDERS, "Isaiah in Luke", 150 (art. Ver. J.A. SANDERS, "Isaiah in Luke", 20); K. BERGER, "Das Canticum Simeonis (Lk 2,29-32)", 27-39; P. GRELOT, "Le cantique de Siméon (Luc II 29-32)", 502-505; F. BOVON, *El evangelio según san Lucas*, I, 200; H. SCHÜRMANN, *Il vangelo di Luca I*, 250; R.C. TANNEHILL, *The Narrative Unity of Luke-Acts*, I, 40. De fato, segundo E. BALLHORN, "Simeon: der Jesaja des Neuen Testaments (Lk 2,21-40)", 73, por intermédio de seu hino, Simeão se constitui no Isaías do Novo Testamento.

[153] E. BALLHORN, "Simeon: der Jesaja des Neuen Testaments (Lk 2,21-40)", 73.

[154] A. VALENTINI, "I cantici in Luc 1-2", 106.

Berger, em seu estudo sobre o *Nunc dimittis*, o classifica como pertencente ao gênero de orações antes da morte e destaca o caráter programático do hino quanto à ação salvífica do Messias do Senhor diante dos gentios e Israel.[155]

Simón Muñoz, em sua extensa investigação sobre a teologia da redenção em 2,29-35, destaca, entre outros aspectos, a estreita concordância entre o *Nunc dimittis* (2,29-32) e o oráculo a Maria (2,34c-35). O autor desenvolve seu estudo tendo presente a tese da existência de um texto original pré-lucano em hebraico ou aramaico, por meio do qual apresenta possíveis soluções aos diversos problemas gramaticais e de difícil compreensão encontrados no texto grego lucano. Como conclusão, sustenta que os dois ditos de Simeão são resultados de uma tradição muito primitiva, de primeira hora, que foi acolhida e confirmada por Lucas, na qual Maria é apresentada como a filha de Sião, ou seja, como figura do inteiro povo de Israel.[156]

Miyoshi desenvolve uma tese bastante inovadora sobre a relação entre o *Nunc dimittis* e a apresentação-purificação de Jesus no Templo. Seu trabalho parte da constatação de que nunca se havia examinado exegeticamente o hino de Simeão em conexão com os três primeiros versículos da perícope (vv.22-24). Nesses versículos, segundo Miyoshi, a purificação deles (τοῦ καθαρισμοῦ αὐτῶν) se refere a Maria como parturiente (Lv 12,1-8) e ao menino como nazireu (Nm 6,10); e sustenta que essa purificação de Jesus estaria em relação direta com a missão messiânica de anunciar a salvação aos gentios.[157]

Por outro lado, foram estudados elementos específicos do *Nunc dimittis*. Entre eles, Kilgallen, buscando o significado de "Jesus salvador" como "a glória de teu povo Israel", investigou os diversos sentidos com que o termo "glória" é utilizado nas Escrituras (sobretudo nos profetas maiores e Salmos). Em seus relatos,

---

[155]   K. BERGER, "Das Canticum Simeonis (Lk 2,29-32)", 27-39.

[156]   A. SIMÓN MUÑOZ, *El Mesías y la hija de Sión*.

[157]   M. MIYOSHI, "Jesu Darstellung oder Reinigung im Tempel unter Berücksochtigung von 'Nunc dimittis' Lk II, 22-38", 85-115.

destaca, ao longo da história de Israel, a presença do esquema teológico: glória, pecado-infidelidade, penitência-arrependimento, esperança e restauração (da glória); e, a partir do binômio "humilhação-glória", sustenta que, segundo a concepção lucana, Jesus salvador como glória de Israel está intimamente associado à humilhação, sofrimento e morte do Messias (em obediência à vontade divina formulada nas Escrituras), por meio da qual Jesus foi exaltado e glorificado por Deus.[158]

No oráculo de Simeão dirigido a Maria (vv.34c-35) que, segundo Feuillet, é uma das passagens mais difíceis do terceiro evangelho,[159] foram objeto de estudo e de debate principalmente duas questões. A primeira se refere à *queda e levantamento de muitos de Israel* (v.34d); Schürmann e Bovon consideram que o evangelista faz referência a dois grupos distintos, alguns que caem e outros que se levantam,[160] enquanto Schweizer e Koet sustentam que se refere a um único grupo, ou seja, aqueles que caem são os mesmos que em seguida se levantam.[161] A segunda questão se refere à interpretação da espada que atravessa a vida de Maria e suas consequências para a teologia de Lc-At.

O entrelaçamento dessas duas questões converge para uma terceira importante e não menos espinhosa questão: o papel desempenhado e o lugar ocupado por Israel na história da salvação, segundo Lc-At. Os especialistas identificaram as razões exegético-teológicas que sustentam a interpretação lucana do desígnio salvífico universal, no qual, segundo Lc 2,31, foi preparado por Deus, manifestado e realizado pelo Messias a favor de Israel e de todos os povos, onde Israel ocupa um lugar

---

[158] J.J. KILGALLE, "Jesus, Savior, the Glory of your people Israel", 305-328, apoia e fundamenta seu estudo principalmente em alguns textos proféticos de Ezequiel e Jeremias.

[159] A. FEUILLET, "L'épreuve prédite à Marie par le vieillard Siméon (Luc. II, 35a)", 245.

[160] H. SCHÜRMANN, *Il vangelo di Luca*, I, 253; F. BOVON, *El evangeliio según san Lucas*, I, 213.

[161] B.J. KOET, "Simeons Worte (Lk 2,29-32.34c-35) und Israels Geschick", 1549-1569; E. SCHWEIZER, *Il vangelo secondo Luca*, 63.

privilegiado como consequência de ser o povo depositário das promessas divinas.[162]

Thannehill, em seus estudos sobre o papel do judaísmo e do lugar ocupado por Israel em Lc-At, examina Lc 1–2 em conexão com o resto da obra lucana. O autor parte dos anúncios cheios de esperança do anjo (1,32-33), de Maria (1,54-55), de Zacarias (1,68-75), de Simeão (2,29-32), de Ana (2,38) e os lê em conexão com os relatos da rejeição de Jerusalém diante de Jesus e sua destruição eminente (13,34-35; 19,41-44) e com os relatos da rejeição dos judeus diante do anúncio do Messias Jesus em At (13,44-47; 18,6; 28,24-28); onde observa que as esperanças judaicas tão destacadas em Lc 1–2 não se cumpriram até o final da dupla obra lucana. Por isso, sustenta que o conteúdo histórico--teológico de Lc-At deve ser lido como uma trágica história, na qual Israel tropeçou e caiu porque uma grande parte dos judeus rejeitou o Messias Jesus.[163]

Koet, em seu estudo sobre as falas de Simeão (2,29-32; 2,34-35[164]), quanto à questão da queda de Israel e sua rejeição ao Messias, afirma que estes dois elementos estão diretamente

---

[162] S. VAN DER EYNDE, "Children of the Promise. On the ΔΙΑΘΗΚΗ-Promise to Abraham in Lk 1,72 and Acts 3,25", 475.482.

[163] R.C. TANNEHILL, "Israel in Luke-acts: A tragic Story", 69-85, em seus estudos sobre o papel do judaísmo e o lugar ocupado por Israel em Lc--At, examina Lc 1–2 em conexão com o resto da obra lucana. O autor lê os anúncios cheios de esperança do anjo (1,32-33), de Maria (1,54-55), de Zacarias (1,68-75), de Simeão (2,29-32), de Ana (2,38) em conexão com os relatos da rejeição de Jerusalém diante de Jesus e sua destruição eminente (13,34-35; 19,41-44) e os confronta com as narrativas da rejeição dos judeus diante do anúncio do Messias Jesus em At (13,44-47; 18,6; 28,24-28); observa que as esperanças judaicas tão destacadas em Lc 1–2 não se cumpriram até o final da dupla obra lucana. Por isso, sustenta que o conteúdo histórico-teológico de Lc-At deve ser lido como uma trágica história, na qual Israel tropeçou e caiu porque uma grande parte dos judeus rejeitou o Messias Jesus.

[164] Segundo B.J. KOET, "Simeons Worte (Lk 2,29-32.34c-35) und Israels Geschick", 1557s, estes versículos revelam o caminho cansativo de Israel em direção à salvação.

STATUS QUAESTIONIS

relacionados com a salvação dirigida aos gentios. Por isso, sustenta que a queda de Israel não é definitiva mas sim temporária. De modo que a importância de Israel será restituída pelo Messias que vem de Israel. O mesmo que revelará a salvação aos gentios será aquele que restituirá a glória do povo da promessa.[165]

Em relação ao vv.35ab, como, segundo a tradição, não existem indícios de que a mãe de Jesus sofreu morte violenta, sua linguagem é definida por todos os autores como metafórica. Por isso, os estudos se concentraram na busca de um sentido para o termo ῥομφαία.[166] A questão fundamental é muito bem sintetizada por Benoit:[167] o que significa? Que coisa representa a espada em 2,35? A dor? A morte? A dúvida? A infidelidade? A língua dos malvados? O juízo divino? A Palavra de Deus? A associação e participação de Maria na paixão de seu filho?

A busca de resposta a essa pergunta de fundo conduz os escritores apostólicos, os Santos Padres, os exegetas modernos e contemporâneos a elaborar uma interpretação simbólico-figurativa, fato que, somado à obscuridade da metáfora, dificultou ainda mais a compreensão do sentido do texto e favoreceu ao longo da tradição cristã a diversidade de interpretações e opiniões quanto ao seu possível alcance.[168]

---

[165] B.J. KOET, "Simeons Worte (Lk 2,29-32.34c-35) und Israels Geschick", 1549-1569.

[166] J. DANIELOU, *I vangeli della infanzia*, 108, sustenta que o sentido da espada em 2,35 é muito difícil. A. GEORGE, *Études sur l'ouvré de Luc*, 448, afirma que é uma imagem obscura cuja interpretação divide os exegetas.

[167] P. BENOIT, "Et toi-même, un glaive te transpercera l'âme (Luc 2,35)", 251; A. SIMÓN MUÑOZ, *El Mesías y la hija de Sión*, 165.

[168] S. MUÑOZ IGLESIAS, *Los evangelios de la infancia*, III, 195. A. SIMÓN MUÑOZ, *El Mesías y la hija de Sión*, 160-166. A. VALENTINI, "Il secondo annuncio a Maria", 298. Id., "'Καθαρισμοῦ αὐτῶν' e 'ῥομφαία' (Lc 2,22.35)", 177-187. A. SERRA, *Una spada trafiggerà la tua vita*, apresenta uma extensa investigação sobre a profecia de Simeão (2,34-35). Seus estudos se concentram nas possíveis interpretações do termo "ῥομφαία" (v.35a). O método utilizado é a abordagem baseada na Tradição: (1) o recurso às tradições interpretativas judaicas; (2) a história dos efeitos

A interpretação sugerida por Orígenes de que a espada seria uma figura da dúvida de Maria no momento da crucifixão de seu filho[169] não convence a maioria dos exegetas modernos, visto que Lucas é o autor neotestamentário que mais destaca a fé e a obediência de Maria diante da palavra e às promessas do Senhor. Por sua vez, a interpretação dada por Santo Agostinho de que a espada representaria a dor da mãe aos pés da cruz foi mais bem recebida ao longo dos séculos. Não obstante, essa interpretação apresenta um sério inconveniente, visto que na obra lucana se desconhece por completo o fato de que Maria estivesse aos pés da cruz de seu filho no momento de sua morte.

Com o advento dos métodos histórico-críticos, algumas dessas interpretações foram rejeitadas pela exegese contemporânea.[170]

---

do texto nas tradições cristãs do oriente e do ocidente. Como resultado desse itinerário ao longo das tradições judaico-cristãs, o autor afirma que a interpretação mais adequada para a espada lucana é o símbolo da "Palavra de Deus", em seu sentido mais amplo.

[169] ORÍGENES, *In Lucam homiliae* XVII, 6-7, (PG. XIII, c. 1845; SC, n. 87), 256-259.

[170] A. SIMÓN MUÑOZ, *El Mesías y la hija de Sión*, 166-229, afirma que os significados atribuídos à espada em 2,35a são tantos que um corre o risco de perder-se. O autor apresenta as principais interpretações sob o olhar crítico da exegese contemporânea. J.A. FITZMYER, *Luca teologo*, 65-66, expõe sua rejeição diante de duas das mais correntes interpretações do v.35a: (1) Aquela que vê a espada como símbolo da angústia que Maria experimentará na paixão e na crucifixão de seu filho; visto que a imagem de Maria, como *Mater dolorosa*, está presente no quarto evangelho, mas na obra lucana não há o mínimo sinal de que Maria tivesse estado aos pés da cruz de Jesus. (2) Aquela que vê Maria como símbolo de Israel, como a figura da filha de Sião; id. *El evangelio según Lucas*, II, diante da interpretação que conduz à *Mater dolorosa* sustenta que se deveria buscar o significado dessas palavras de Simeão dentro da teologia lucana sobre Maria e não importar uma imagem do quarto evangelho. Segundo L. GOPPELT, *Teologia del Nuovo Testamento*, I, 74-75, como a linguagem conceitual do quarto evangelho é distinta daquela oferecida pelos Sinóticos, na teologia neotestamentária não se deve colocar sobre o mesmo plano expressões provenientes das diferentes tradições evangélicas; qualquer trabalho exegético-teológico nesse campo deve antes

Fitzmyer sustenta que o sentido de ῥομφαία poderia ser encontrado em 2,41-52, onde a ação da espada discriminatória poderia ser uma expressão dos angustiados José e Maria que, em contraste com a esperançosa seguridade do adolescente Jesus, dão sinais de incompreensão diante da missão de seu filho.[171]

Na atualidade, a maioria dos estudiosos respalda a interpretação de que ῥομφαία, no v.35a, é símbolo da palavra de Deus (de Cristo). No entanto, há controvérsias em relação aos textos da Escritura que dariam suporte a essa interpretação. Alguns autores se apoiam em Ez 14,17,[172] outros em Hb 4,12,[173] outros ainda em Is 53. O fato de que a utilização da espada como símbolo da palavra de Deus não seja alheio às Escrituras (Sb 18,15; Is 49,2; Ef 6,17; Ap 1,16; 2,16; 19,15.21; Hb 4,12)[174] pode ser apontado como uma das razões por que nas tradições cristãs do Oriente e do Ocidente cresceu esta interpretação.

Segundo Benoit,[175] baseado principalmente em Ez 14,17, a espada seria a imagem do juízo de Deus que divide Israel, aquela

---

de tudo reinterpretar a linguagem conceitual em questão, caso contrário corre-se o risco de cometer erros graves de interpretação.

[171] J.A. FITZMYER, *El Evangelio según Lucas*, II, 277. No entanto, segundo A. SERRA, *Una spada trafiggerà la tua vida*, 139, esta interpretação sustentada por Fitzmyer foi sugerida muitos séculos antes por Timóteo de Jerusalém.

[172] A. FEUILLET, "L'épreuve prédite à Marie par le vieillard Siméon (Luc. II,35a)", 256.

[173] Quanto a Hb 4,12: "a palavra de Deus, de fato, é viva, eficaz e mais cortante que toda espada de duplo fio (πᾶσαν μάχαιραν δίστομον) penetrante até separar a alma e o espírito (διϊκνούμενος ἄχρι μερισμοῦ ψυχῆς καὶ πνεύματος...)". Existe uma imprecisão quanto à relação entre Hb 4,12 e 2,35a; o primeiro texto utiliza o termo μάχαιρα, enquanto o segundo ῥομφαία; além disso, os verbos são diferentes: διϊκνέομαι (penetrar) e διέρχομαι (atravessar). Segundo A. SIMÓN MUÑOZ, *El Mesías y la hija de Sión*, 213-217.219-225, por estas e uma série de outras diferenças torna-se difícil qualquer interpretação que faça uma associação entre estes textos.

[174] A. SIMÓN MUÑOZ, *El Mesías y la hija de Sión*, 212. Segundo A. SERRA, *Una spada trafiggerà la tua vita*, 126-142.189-228.235-237, esta interpretação está presente já desde os primeiros séculos do cristianismo.

[175] P. BENOIT, "Et toi-même, un glaive te transpercera l'âme", 254-255.

que destrói e distingue (que destrói a uns e não toca a outros). Desse modo, Simeão havia identificado a mãe de Jesus como a filha de Sião, a imagem de Israel que se divide diante do Messias. No entanto, essa interpretação é bastante controvertida. Com efeito, Winandy[176] e Valentini[177] a rejeitam frontalmente; esses autores afirmam, com razão, que essa interpretação não está em sintonia com a descrição de Maria apresentada em Lc 1–2.

---

[176] J. WINANDY, "La prophétie de Syméon (Lc, II, 34-35)", 338.
[177] A. VALENTINI, "Il secondo annuncio a Maria", 300-301; id., *Maria secondo le Scritture*, 179.

2

ANÁLISE LITERÁRIO-ESTRUTURAL

1. Análise estrutural

1.1. Questões de crítica textual

Antes de tudo, deve-se reconhecer que a perícope não apresenta muitos problemas de crítica textual. O estudo do aparato crítico do texto nos permite identificá-los a seguir, apresentando aqueles que são principais.

No v.22, encontra-se, talvez, o problema textual mais difícil, não tanto pelos diversos testemunhos existentes mas mais pela dificuldade em compreender o testemunho mais bem atestado: καὶ ὅτε ἐπλήσθησαν αἱ ἡμέραι τοῦ καθαρισμοῦ αὐτῶν κατὰ τὸν νόμον Μωϋσέως. A questão aqui se concentra no pronome pessoal em função predicativa diante do substantivo καθαρισμοῦ. A lição 1 apresenta o texto com o pronome genitivo plural αὐτῶν; esta é corroborada por um amplo número de manuscritos, entre os quais os gregos mais antigos.[1] Na lição 2, encontra-se o pronome masculino genitivo singular αὐτου; esta é menos atestada que a lição 1, e seus testemunhos mais antigos não são gregos, sendo uma versão copta e outra siríaca.[2] A lição 3 apresenta o pronome feminino genitivo singular αὐτῆς e é a menos atestada (um ms. do século XIII).[3] Na lição 4, as versões latinas contêm o pronome genitivo singular *eius*

---

[1] א (século IV); B (século IV); A (século V); W (século V); L (século VI); Byz (a maioria dos mss. Bizantinos); versões coptas: co^{sa} (século III); siríacas: sy^{pal} (século V); sy^p (século V); alguns testemunhos dos Padres mss. Gregos.

[2] D (século V/VI); sy^s (século IV); co$^{sa\,ms}$ (século III).

[3] Segundo S. MUÑOZ IGLESIAS, *Los evangelios de la infancia*, III 172, n. 24, "esta variante é uma solução idealizada pelos editores da Com-

(masc. ou fem.): "purgationis eius secundum legem Moysi"; seus testemunhos são a Vulgata (séculos IV/V) e alguns manuscritos da *Vetus Latina* (it).[4] A lição 5 omite o pronome; seus testemunhos mais antigos são uma versão copta (co[bo]) e um testemunho da patrística latina (Ir[lat]), ambos do século IV.

Segundo a crítica externa, pelo critério da antiguidade dos testemunhos, o texto mais confiável é a lição 1 (αὐτῶν). À mesma conclusão conduz o critério da múltipla atestação. Segundo a crítica interna, a *lectio difficilior* também recai sobre a lição 1.[5] Portanto, todos os critérios da crítica externa e interna conduzem à lição 1.

A questão é complexa porque no texto da lição 1, segundo a sintática grega, o pronome da terceira pessoa genitivo plural (αὐτῶν) se refere ao substantivo καθαρισμός, fato que não corresponde às normas e às exigências cúlticas do judaísmo. Segundo Lv 12,1-8, a purificação ritual pós-parto era exigida tão somente à mãe, jamais se fala de qualquer purificação do pai, tampouco do recém-nascido, motivo pelo qual a utilização de (αὐτῶν) referindo-se a esse particular preceito estaria totalmente excluída. Segundo essa lógica, o texto lucano não deveria dizer "αἱ ἡμέραι τοῦ καθαρισμοῦ αὐτῶν", mas sim "αἱ ἡμέραι τοῦ καθαρισμοῦ αὐτῆς", texto que teoricamente seria a *lectio facilior*, no qual dentro do contexto seria a lição esperada.[6]

A variedade de lições existentes revela duas coisas importantes: primeiro, a dificuldade de interpretação do texto da lição 1 (αὐτῶν); segundo, as diversas tentativas feitas pelos copistas para solucionar o problema gerado pela dita lição.[7] Uma dessas

---

plutense (1514), que não aparece em nenhum códice, nem sequer no 76 (minúsculo dos séculos XII-XIII) que se costuma citar".

[4] Mas, segundo, SIMÓN MUÑOZ, *El Mesías y la hija de Sión*, 58, n. 7, a Nova Vulgata diz *forum*. Ver G. NOLLI, *Evangelo secondo Luca. Texto greco. Neovolgata latina. Analisis filologica. Traduzione Italiana*, 95.

[5] T. STRAMARE, "Sanctum Domino vocabitur (Lc. 2,23): Il crocevia dei riti è la santità", 23; A. SIMÓN MUÑOZ, *El Mesías y la hija de Sión*, 58.

[6] M. COLERIDGE, *Nueva lectura de la infancia de Jesús. La narrativa como cristología en Lucas 1-2*, 165.

[7] T. STRAMARE, "Sanctum domino vocabitur (Lc. 2,23)", 22.

tentativas é transmitida pelas versões latinas (lição 4), nas quais o texto sugere haver sido "corrigido" pelo uso do pronome genitivo singular fem. e masc. (*eius*); alteração que no latim gera ambiguidade, porque permite duas leituras.[8] Igualmente, a substituição pelo pronome no genitivo masc. sing. (lição 2) poderia ter sido vista como uma solução aparente, referindo-se à purificação do pai ou até mesmo do menino.[9] Mas tal solução não encontra nenhum respaldo na tradição judaica. A omissão do pronome (lição 5) talvez tenha sido a tentativa mais acertada, facilitando a leitura e excluindo, assim, toda e qualquer possibilidade de interpretação duvidosa ou inexata do versículo. Diante dessas possibilidades, os estudiosos lucanos reafirmam que a lição 1 (αὐτῶν), do ponto de vista da crítica textual, é indiscutível.[10]

No v.26, há cinco lições distintas:

1. μὴ ἰδεῖν θάνατον πρὶν η αν ἴδῃ τὸν Χριστὸν κυρίου;
2. μὴ ἰδεῖν θάνατον πρὶν αν ἴδῃ τὸν Χριστὸν κυρίου;
3. μὴ ἰδεῖν θάνατον πρὶν ἴδῃ τὸν Χριστὸν κυρίου;
4. μὴ ἰδεῖν θάνατον πρὶν η ἴδῃ τὸν Χριστὸν κυρίου;
5. μὴ ἰδεῖν θάνατον ἕως αν ἴδῃ τὸν Χριστὸν κυρίου.

Segundo a crítica externa, as lições 1,[11] 3[12] e 4,[13] são apresentadas por testemunhos menos antigos. As lições 2[14] e 5[15] são

---

[8] S. MUÑOZ IGLESIAS, *Los evangelios de la infancia*, III, 172.

[9] (9) Segundo A. VALENTINI, "'Καθαρισμοῦ αὐτῶν' e 'ῥομφαία' (Lc 2,22.35)", 171, essa alteração do Código Beza complica ainda mais o problema. O mesmo acontece com a versão latina, que oferece a possibilidade de uma tradução com o pronome masculino singular, o que assinalaria a purificação de José e/ou do menino Jesus.

[10] M.-J. LAGRANGE, *Évangile selon saint Luc*, 82; T. STRAMARE, "Sanctum domino vocabitur (Lc. 2,23)", 22-23; W.H.P. HATCH, "The Text of Luke II, 22", 377-381; S. MUÑOZ IGLESIAS, *Los evangelios de la infancia*, III, 171-172.

[11] ℵ² (ca. do século VII); L (século VIII); Ψ (século VIII/IX).

[12] W (século V); (*f*¹³) (século XI-XIII); 118 (século XIII); 157 (século XII).

[13] A (século V); D (século V/VI); *Byz*; M (século IX).

[14] B (século IV); Θ (século IX).

[15] ℵ* (século IV).

legitimadas pelos manuscritos mais antigos; ambas possuem um testemunho do século IV. Segundo a crítica interna, é provável que as lição 1, 3 e 4 sejam derivadas da lição 2. A lição 1 por acréscimo de η; a 3 pela supressão de αν; e a 4 pela substituição de αν por η. Quanto às lições 2 e 5, a utilização de πρίν ό έως, pois não faz diferença em termos objetivos afirmar "não ver a morte *antes* (πρίν) que..." ou "não ver a morte *até* (έως) que...", mas, como a gramática clássica grega pede a construção πρὶν αν + subj.,[16] a crítica contextual se inclina para a lição 2.

Para o primeiro problema no v.37, existe a lição 1: καὶ αὐτὴ χήρα ἕως ἐτῶν...; a lição 2: καὶ αὐτὴ χήρα ὡς ἐτῶν...; a lição 3: καὶ αὐτὴ χήρα ἐτῶν...; segundo a crítica externa, a lição 3 é pouco atestada.[17] As lições 1[18] e 2[19] possuem um maior número de testemunhos, mas os da lição 1 são mais antigos, portanto, mais confiáveis. Quanto à crítica interna, a lição 2 poderia ser interpretada como um erro de cópia da lição 1, dado que a diferença entre os dois termos utilizados está na presença (ἕως) ou ausência da letra ε (ὡς). Uma segunda possibilidade poderia ser que a alteração na lição 2 tenha sido realizada com a intenção de dar mais flexibilidade ao texto, passando de ἕως (até) para ὡς (aproximadamente).

Para o segundo problema no v.37, existe a lição 1: ... ὀγδοήκοντα τεσσάρων; e a lição 2: ...ἑβδομήκοντα τεσσάρων. Segundo a crítica externa, a antiguidade e o número de testemunhos favorecem a lição 1;[20] a lição 2 é testemunhada por um único manuscrito (א*) mas de grande valor (século IV). Na crítica interna, é possível imaginar que a lição 2 seja uma variação da lição 1; o primeiro motivo possível para essa alteração seria a valorização explícita do número 7; em vez de 84, teríamos 74 anos de viuvez; o segundo poderia ser o influxo que o conteúdo do v.36 havia

---

[16] A. SIMÓN MUÑOZ, *El Mesías y la hija de Sión*, 69.
[17] D (século V/VI); it (todos os testemunhos da *Vetus Latina*).
[18] א* (século IV); A (século V); B (século IV); N (século VI); vg (século IV/V); *pc*.
[19] א² (ca. do século VII); W (século V); Θ (século IX); *f*¹³ (séculos XI-XIII).
[20] B (século IV); A (século V); E (século VI); N (século VI).

lançado sobre o v.37. Assim, haveria um paralelo entre os 74 anos de viuvez e os sete anos vividos com seu marido explicitamente mencionados no v.36.

Para o primeiro problema no v.38 existem duas lições. A lição 1: ἀνθωμολογεῖτο τῷ θεῷ; a lição 2: ἀνθωμολογεῖτο τῷ κυρίῳ. Segundo a crítica externa, a lição 1 é numericamente bem atestada e seus testemunhos são mais antigos.[21] A lição 2 possui muitos testemunhos, porém, menos antigos.[22] Além disso, na crítica interna, o termo θεός é o mesmo utilizado no v.28, onde Simeão louva a Deus (εὐλόγησεν τὸν θεὸν). Estes argumentos conduzem a crítica a optar pela lição1.

O segundo problema, no v.38, é apresentado por quatro lições:

1. πᾶσιν τοῖς προσδεχομένοις λύτρωσιν ἐν Ἰερουσαλήμ;
2. πᾶσιν τοῖς προσδεχομένοις λύτρωσιν Ἰσραήλ;
3. πᾶσιν τοῖς προσδεχομένοις λύτρωσιν ἐν τῷ Ἰσραήλ;
4. πᾶσιν τοῖς προσδεχομένοις λύτρωσιν Ἰερουσαλήμ.

Na crítica interna, segundo a antiguidade e o número dos manuscritos, nota-se que a lição 3 é a menos atestada; a lição 2 é sustentada por um único manuscrito grego mais recente, por uma edição medieval da *vulgata* e por uma versão copta, seu testemunho mais antigo,[23] razões pelas quais ambas as lições devem ser consideradas as menos prováveis. As lições 1[24] e 4,[25] segundo os critérios externos, são mais bem atestadas, mas a lição 4 se impõe sobre a lição 1 pela antiguidade dos códigos Sinaítico (ℵ) e Vaticano (B). Além disso, segundo os critérios da crítica interna, é possível imaginar que a substituição do termo *Jerusalém*, presente nos testemunhos mais antigos (lições 1 e 4) por *Israel*, presente nos

---

[21] B (século IV); ℵ (século IV); D (século V/VI); W (século V).
[22] A (século V); todos os demais mss. são posteriores ao século IX.
[23] Bo^ms (século IV).
[24] A (século V); D (século V/VI); sy^h (século VII).
[25] ℵ (século IV); B (século IV); W (século V); versões siríacas: sy^s (século IV/V); sy^p (século V); e uma copta: co (século III/IV).

testemunhos mais recentes e menos atestados (lições 2 e 3), tenha sido realizada porque os copistas haviam desejado corrigir aquilo que a seus olhos parecia uma restrição geográfica. Essa modificação não teria levado em conta o valor simbólico e, sobretudo, teológico que possui a cidade de Jerusalém nos escritos lucanos. A substituição teria a intenção de ampliar a área geográfica citada pelos manuscritos mais antigos.

No v.39, a lição 1 testemunha como o Códice D* (século V/VI) acrescenta uma frase inteira ao final desse versículo: ... ἐπέστρεψαν εἰς Γαλειλαίαν εἰς πόλιν ἑαυτῶν Ναζαρέθ [καθὼς ἐρρέθη διὰ τοῦ προφήτου ὅτι Ναζωραῖος κληθήσεται]. Na lição 2, um reescrito medieval Dᶜ (século XII) testemunha uma variação diante de seu "original" (D), utiliza a forma ἐρρήθη para o ind. aor. pas. terceira pessoa do singular do verbo λέγω. A adição apresentada pelo código de Beza deve ser lida como resultado de um influxo ou desejo de harmonização com o texto evangélico de Mateus, onde se lê: ὅπως πληρωθῇ τὸ ῥηθὲν διὰ τῶν προφητῶν ὅτι Ναζωραῖος κληθήσεται (Mt 2,23).[26]

1.2. Delimitação e estrutura

O capítulo 2 de Lucas pode ser dividido em três grandes unidades literárias (vv.1-20; 22-39; 41-51) que se conectam entre si.[27] A primeira unidade narra o nascimento de Jesus em Belém, o anúncio angélico aos pastores e a visita destes ao menino (vv.1-20). A segunda relata a apresentação do menino Jesus no Tempo (vv.22-39). A terceira descreve a perda e o encontro do menino no Templo quando este teria 12 anos (vv.41-51).[28] Estas três

---

[26] M.V. SPOTTORNO, "El carácter expansivo del Códice de Beza", 691-692; R. MEYNET, *Il Vangelo secondo Luca*, 120; R.J. SWANSON, *New Testament Greek Manuscripts. Luke*, 40.

[27] Segundo J. DUPONT, "Le profezie del vecchio Simeone (Lc 2,25-35)", 136, este capítulo apresenta um estrutura que permite observar a existência de uma grande unidade literária.

[28] Quanto à crítica literária e da redação, diversos autores (para os menos recentes J. Hillmann, A. Pesch, L. Conrado, A. Plumier, D. Völter, H. Sahlin, ler S. MUÑOZ IGLESIAS, *Los evangelios de la Infancia*, III, 218ss.) conside-

unidades estão conectadas pelos vv.21.40. O v.21 narra a

ram a perícope 2,41-52 uma peça estranha, uma adição posterior ao relato original da infância. De modo que este conjunto havia sido concluído com o sumário do crescimento do menino Jesus (2,40), que está em paralelo com o sumário que se refere a João (1,80). Entre os autores mais recentes: B. VAN IERSEL, "The finding of Jesus in the Temple. Some Observations on the Original Form of Luke 2,41-51a", 164-173, sustenta que o relato original da perícope era independente e mais breve (vv.41-43.45-46.48-50). Lucas o havia retocado com os vv.44-47.51-52, acrescentando-o dessa forma ao seu evangelho. R. LAURENTIN, *Structure et Théologie de Luc I-II*, 141-142, afirma ser provável a tese do acréscimo posterior da perícope. Mas não se trataria de uma peça totalmente estranha, senão de um prolongamento que se encontra em sintonia com o contexto precedente. De fato, a perícope parece prolongar alguns temas desenvolvidos na cena precedente da apresentação, estando *estreitamente ligada* a essa. Id., *Jésus au Temple*, 93, afirma que a perícope se insere perfeitamente como conclusão dos relatos lucanos da infância, tendo ao centro os temas do Templo e da filiação divina. Por outro lado, J.K. ELLIOT, "Does Luke 2,41-52 anticipate the Resurrection?", 87-89; R.E. BROWN, "The finding of the boy Jesus in the Temple", 474-485, e id., *El nacimiento del Messías*, 502, consideram o episódio uma peça independente do resto de Lc 1–2 e afirmam que Lucas o havia acrescentado no segundo estado de sua composição e, para que essa inserção não parecesse tão artificial, o evangelista produziu uma introdução e um final que estiveram em paralelo com o início e a conclusão de 2,22-40. Segundo J.A. FITZMYER, *El Evangelio según Lucas*, II, 271-272, a perícope é uma unidade autônoma sem relação direta com os relatos precedentes, o que a caracteriza como um corpo estranho dentro do conjunto de Lc 1–2. Seu caráter seria mais de transição entre os relatos da infância e o início do ministério público de Jesus. A. VALENTINI, "La rivelazione di Gesù dodicenne al Tempio (Lc 2,41-52)", 265, n. 12, apresenta diversos motivos de afinidade e contato entre a perícope da apresentação (2,22-39) e a do encontro no Templo (2,41-52); além disso, na p. 266, afirma que, do ponto de vista da mensagem, Lc 2,41-52 não é estranho à teologia de Lc 1–2, mas, ao contrário, expressa de maneira decidida e explícita a profissão de fé em Jesus, Filho de Deus. M. COLERIDGE, *Nueva lectura de la Infancia de Jesús*, 27, sustenta que a perícope 2,41-52, longe de ser um acréscimo tardio e secundário em importância, é um ponto culminante de todo o relato da infância. Para quem deseja mais informações, sugerimos dois autores que apresentam uma síntese do debate sobre o tema: S. MUÑOZ IGLESIAS, *Los evangelios de la infancia*, III, 218-228; A. VALENTINI, "La rivelazione di Gesù dodicenne al Tempio (Lc 2,41-52)", 261-267.

circuncisão do menino e a imposição de seu nome.[29] O v.40 é um típico sumário lucano,[30] como o é também o v.52.[31]

A perícope 2,22-39 é delimitada no início (v.22) por dois elementos significativos: uma expressão temporal – καὶ ὅτε ἐπλήσθησαν αἱ ἡμέραι[32] – (v.22a) e um deslocamento de lugar – ἀνήγαγον αὐτὸν εἰς Ἱεροσόλυμα – (v.22c). Cumprindo o tempo

---

[29] Entre os estudiosos lucanos, existe um debate quanto ao lugar ocupado por 2,21: segundo H. SCHÜRMANN, *Il vangelo di Luca*, I, 210-211.240-241, e F. BOVON, *El evangelio según san Lucas*, I, 164-178.197, este versículo deve ser considerado parte da perícope anterior, ou seja, relacionado diretamente ao nascimento de Jesus (vv.1-20 + v.21). R.E. BROWN, *El nacimiento Del Mesías*, 451-452, é de opinião que o v.21 é tão intermediário que pode ser tratado junto com a cena do nascimento (2,1-20) ou com a apresentação (2,22-39). Mas ele se inclina a considerá-lo parte do nascimento e justifica sua decisão afirmando que assim se visualiza melhor o paralelismo com João Batista. Por outro lado, segundo J.A. FITZMYER, *El Evangelio según Lucas*, II, 242-243 e R. MEYNET, *Il Vangelo secondo Luca*, 111-114, o v.21 deve ser considerado parte integrante da perícope da apresentação de Jesus no Templo (2,21 + 2,22-39). Segundo E. MANICARDI, "Redazione e tradizione in Lc 1–2", 37, a função do v.21 é unificar as manifestações ocorridas em Belém com as que se dão em Jerusalém. T. STRAMARE, "La circoncisione di Gesù. Significato esegetico e teologico", 194, apresenta uma síntese desse debate com os argumentos favoráveis e contrários às duas possibilidades.

[30] Segundo F. BOVON, *El evangelio según san Lucas*, I, 197.217, "o v.40 conclui o paralelo com João Batista (1,80)". Segundo A. VALENTINI, "Approcci esegetici a Lc 2,41-52", 344, originalmente, o v.40 havia concluído os relatos da infância. Depois que foi acrescido o episódio 2,41-51, o v.40 poderia ter sido deslocado e adaptado para o final do v.51, coisa que o redator final não o fez.

[31] A. RODRIGUEZ CARMONA, "La obra de Lucas (Lc–Hch)", 296; F. BOVON, "Evangelho de Lucas e Atos dos Apóstolos", 216-218; C.M. DIAS DA SILVA, *Metodologia de exegese bíblica*, 263. Segundo A. VALENTINI, "Approcci esegetici a Lc 2,41-52", 355, o v.51a está para o v.52 como o v.39 está para o v.40.

[32] Essa expressão temporal, com pequenas variações, aparece outras 3x nos relatos lucanos da infância (1,23; 2,6.21). Segundo R. BULTMANN, *The History of the Synoptic Tradition*, 359, o evangelista Lucas, com frequência, utiliza expressões temporais para conectar uma cena com aquela que a precede.

determinado, segundo a lei de Moisés (κατὰ τὸν νόμον Μωϋσέως), os pais do menino sobem a Jerusalém com duas finalidades explícitas: apresentar o menino primogênito ao Senhor (v.22d) e oferecer um sacrifício (v.24a).

A narrativa se desenvolve em um tempo e em um lugar precisamente descritos, dentro do deslocamento geográfico inicial – de subida (ἀνήγαγον αὐτὸν εἰς Ἱεροσόλυμα) e final – de descida (ἐπέστρεψαν εἰς τὴν Γαλιλαίαν εἰς...). Os personagens Simeão e Ana são introduzidos em meio a este movimento, no Templo,[33] onde os pais com seu primogênito realizam tudo, segundo a Lei. De fato, nos vv.22.23.24.39, o autor utiliza quatro vezes o substantivo νόμος + genitivo.[34] A insistência de que tudo é realizado segundo a lei é fundamental para visualizar o paralelismo existente dentro da inclusão (inicial + final).[35]

A presença dos pais e de seu filho primogênito no santuário de Jerusalém permite ao autor desenvolver sua narrativa. Para isso, acrescenta-se a presença de dois personagens: Simeão (vv.25-35) e Ana (vv.36-38) que, envolvidos pela inclusão (vv.22-24.39), constituem, dentro do conjunto da perícope, duas subunidades. Os dois personagens são introduzidos na narrativa de modo semelhante, por meio da conjunção copulativa καί e do verbo εἰμί no indicativo imperfeito, terceira pessoa singular.

Cada uma das subunidades (vv.25-35 e vv.36-39) apresenta uma coesão literária interna e possui uma lógica compreensão temática em si mesma. Por isso, cada uma poderia ocupar um lugar na narrativa lucana sem que a outra estivesse presente; isto não destruiria a lógica da perícope e seu conjunto.[36] Tanto é verdade que,

---

[33] O substantivo ἱερόν aparece explicitamente somente no v.27, mas está implícito já no v.24, quando o autor descreve que os pais do menino de deslocam até Jerusalém para oferecer o sacrifício, segundo a prescrição da *Torá*.

[34] No v.22b: τὸν νόμον Μωϋσέως; nos vv.23a.24b: ἐν (τῷ) νόμῳ κυρίου.

[35] F. BOVON, *El evangelio según san Lucas*, I, 197.

[36] Com essa observação, não se afirma que as duas subunidades não estejam relacionadas quanto ao conteúdo teológico, que não se complementem ou não se enriqueçam mutuamente (isso sem dúvida virá à luz ao longo da investigação). Aqui neste momento somente se ressalta que cada uma

se se excluem hipoteticamente as duas subunidades do conjunto da perícope, constata-se uma perfeita continuidade entre v.24 e v.39 (ver quadro no tópico: 1.3.1. Um provável texto pré-existente).

Por outro lado, se o evangelista tivesse transmitido a perícope hipotética (2,22-24 + 39-40), ou tivesse acrescido somente uma das duas subunidades, o conteúdo da narrativa seria, obviamente, mais pobre literária e, sobretudo, teologicamente.

A delimitação final é assinalada por três elementos correlacionados entre si. Primeiro, o verbo τελέω, que indica o término da ação que os pais haviam iniciado nos vv.22-24. Segundo, tal ação é realizada segundo a lei (κατὰ τὸν νόμον κυρίου). Terceiro, o deslocamento de retorno é um movimento em sentido inverso ao inicial, de Jerusalém até Nazaré na Galileia.[37] Esses elementos, como no v.22, integram duas preposições com verbos no indicativo aoristo terceira pessoa do plural (ἐτέλεσαν e ἐπέστρεψαν). O paralelismo entre os modos e tempos verbais dos vv.22.39 reforça a ideia de uma inclusão para todo o conjunto da perícope.

Segundo o estudo apresentado anteriormente, a delimitação inicial e final da perícope pode ser visualizada no esquema a seguir:

vv.	estrutura	texto grego
22-24	Introdução – Inclusão –	καὶ ὅτε ἐπλήσθησαν αἱ ἡμέραι τοῦ καθαρισμοῦ αὐτῶν κατὰ τὸν νόμον Μωϋσέως, ἀνήγαγον αὐτὸν εἰς Ἱεροσόλυμα
25-35	Simeão	καὶ ἰδοὺ ἄνθρωπος ἦν ἐν Ἱερουσαλὴμ ᾧ ὄνομα Συμεὼν

---

das narrativas, tanto de Ana como de Simeão, poderia ter existido originalmente, uma independente da outra, e se levanta a hipótese bastante plausível de que o redator final as colocou lado a lado dentro da inclusão (2,22-24 + 39).

[37] O verbo utilizado não é στρέφω, mas sim ἐπιστρέφω (ἐπί + στρέφω). O prefixo ἐπί, quando se refere a um movimento, descreve um sentido que parte do alto, a partir de um lugar elevado ou superior até um lugar mais baixo. Esse movimento é justamente oposto ao indicado pelo prefixo verbal ἀνά (de baixo para cima, de baixo para o alto), que é empregado no v.22.

36-38	Ana	καὶ ἦν "Αννα προφῆτις
39	Conclusão	καὶ ὡς ἐτέλεσαν πάντα τὰ
	– Inclusão –	κατὰ τὸν νόμον κυρίου
		ἐπέστρεψαν εἰς τὴν Γαλιλαίαν εἰς...

1.3. Segmentação

A perícope está dividida em três subunidades. Cada uma delas está formada por duas seções:

1. Inclusão (A= inicial; A'= final);
2. Relato de Simeão (B: descrição; B': sua presença no Templo);
3. Relato de Ana (C: descrição, C': sua presença no Templo).

22	a	Καὶ ὅτε ἐπλήσθησαν αἱ ἡμέραι τοῦ καθαρισμοῦ αὐτῶν	
	b	κατὰ τὸν νόμον Μωϋσέως,	
	c	ἀνήγαγον αὐτὸν εἰς Ἰεροσόλυμα	
	d	παραστῆσαι τῷ κυρίῳ,	
23	a	καθὼς γέγραπται ἐν νόμῳ κυρίου	A
	b	ὅτι πᾶν ἄρσεν διανοῖγον μήτραν	
	c	ἅγιον τῷ κυρίῳ κληθήσεται,	
24	a	καὶ τοῦ δοῦναι θυσίνα	
	b	κατὰ τὸ εἰρημένον ἐν τῷ νόμῳ κυρίου,	
	c	ζεῦγος τρυγόνων η δύο νοσσοὺς περιστερῶν	
25	a	Καὶ ἰδοὺ ἄνθρωπος ἦν ἐν Ἰερουσαλὴμ	
	b	ᾧ ὄνομα Συμεὼν	
	c	καὶ ὁ ἄνθρωπος οὗτος δίκαιος καὶ εὐλαβὴς	
	d	προσδεχόμενος παράκλησιν τοῦ Ἰσραήλ,	B
	e	καὶ πνεῦμα ἦν ἅγιον ἐπ' αὐτόν	
26	a	καὶ ἦν αὐτῷ κεχρηματισμένον ὑπὸ τοῦ πνεύματος τοῦ ἁγίου	
	b	μὴ ἰδεῖν θάνατον	
	c	πρὶν αν ἴδη τὸν Χριστὸν κυρίου	
27	a	καὶ ἦλθεν ἐν τῷ πνεύματι εἰς τὸ ἱερόν	
	b	καὶ ἐν τῷ εἰσαγαγεῖν τοὺς γονεῖς τὸ παιδίον Ἰησοῦν	
	c	τοῦ ποιῆσαι αὐτοὺς	
	d	κατὰ τὸ εἰθισμένον τοῦ νόμου περὶ Αὐτου	B'
28	a	καὶ αὐτὸς ἐδέξατο αὐτὸ εἰς τὰς ἀγκάλας	
	b	καὶ εὐλόγησεν τὸν θεὸν	
	c	καὶ εἶπεν,	
29	a	Νῦν ἀπολύεις τὸν δοῦλόν σου, δέσποτα,	
	b	κατὰ τὸ ῥῆμά σου ἐν εἰρήνη	
30	a	ὅτι εἶδον οἱ ὀφθαλμοί μου τὸ σωτήριόν σου,	
31	a	ὃ ἡτοίμασας κατὰ πρόσωπον πάντων τῶν λαῶν,	

	b	καὶ δόξαν λαοῦ σου Ἰσραήλ	
33	a	καὶ ἦν ὁ πατὴρ αὐτοῦ καὶ ἡ μήτηρ θαυμάζοντες	
	b	ἐπὶ τοῖς λαλουμένοις περὶ αὐτοῦ	
34	a	καὶ εὐλόγησεν αὐτοὺς Συμεὼν	B'
	b	καὶ εἶπεν πρὸς Μαριὰμ τὴν μητέρα αὐτοῦ,	
	c	Ἰδοὺ	
	d	οὗτος κεῖται εἰς πτῶσιν καὶ ἀνάστασιν πολλῶν ἐν τῷ Ἰσραὴλ	
	e	καὶ εἰς σημεῖον ἀντιλεγόμενον	
35	a	καὶ σοῦ δὲ αὐτῆς τὴν ψυχὴν διελεύσεται ῥομφαία,	
	b	ὅπως ἂν ἀποκαλυφθῶσιν ἐκ πολλῶν καρδιῶν διαλογισμοί	
36	a	Καὶ ἦν Ἅννα προφῆτις,	
	b	θυγάτηρ Φανουὴλ ἐκ φυλῆς Ἀσήρ	
	c	αὕτη προβεβηκυῖα ἐν ἡμέραις πολλαῖς,	
	d	ζήσασα μετὰ ἀνδρὸς ἔτη ἑπτὰ ἀπὸ τῆς παρθενίας αὐτῆς	
37	a	καὶ αὐτὴ χήρα ἕως ἐτῶν ὀγδοήκοντα τεσσάρων	C
	b	ἢ οὐκ ἀφίστατο τοῦ ἱεροῦ	
	c	νηστείαις καὶ δεήσεσιν λατρεύουσα νύκτα καὶ ἡμέραν	
38	a	καὶ αὐτῇ τῇ ὥρᾳ ἐπιστᾶσα	
	b	ἀνθωμολογεῖτο τῷ θεῷ	
	c	καὶ ἐλάλει περὶ αὐτοῦ	
	d	πᾶσιν τοῖς προσδεχομένοις λύτρωσιν Ἰερουσαλήμ	C'
39	a	Καὶ ὡς ἐτέλεσαν πάντα τὰ	
	b	κατὰ τὸν νόμον κυρίου	A'
	c	ἐπέστρεψαν εἰς τὴν Γαλιλαίαν εἰς πόλιν ἑαυτῶν Ναζαρέθ	

1.3.1. Um provável texto pré-existente

A perfeita continuidade entre os vv.22-24 nos leva a suspeitar que eles constituíam originariamente uma sequência. Por essa razão, a seguir apresentamos um recorte da inclusão inicial + a inclusão final. Por ora, excluímos os vv.25-35 + vv.36-38, que correspondem às duas subunidades internas da perícope canônica.

De fato, se tomamos os vv.22-24.39, observaremos que estão formados por treze segmentos no total.[38] Como pode ser vista no quadro a seguir, a estrutura desse conjunto se constitui de doze segmentos paralelos dois a dois: A-A[1], B-B[1], C-C[1], D-D[1], E-E[1], F-F[1] e o segmento central G.

A	καὶ ὅτε ἐπλήσθησαν αἱ ἡμέραι τοῦ καθαρισμοῦ αὐτῶν	22a
B	κατὰ τὸν νόμον Μωϋσέως,	b
C	ἀνήγαγον αὐτὸν εἰς Ἰεροσόλυμα	c

---

[38] Para esse estudo, utiliza-se a segmentação apresentada no cap. II, 1.3.

D	παραστῆσαι τῷ κυρίῳ	d
E	καθὼς γέγραπται ἐν νόμῳ κυρίου	23a
F	ὅτι πᾶν ἄρσεν διανοῖγον μήτραν	b
G	**ἅγιον τῷ κυρίῳ κληθήσεται**	c
D1	καὶ τοῦ δοῦναι θυσίαν	24a
E1	κατὰ τὸ εἰρημένον ἐν τῷ νόμῳ κυρίου,	b
F1	ζεῦγος τρυγόνων η δύο νοσσοὺς περιστερῶν	c
A1	καὶ ὡς ἐτέλεσαν πάντα τὰ	39a
B1	κατὰ τὸν νόμον κυρίου	b
C1	ἐπέστρεψαν εἰς τὴν Γαλιλαίαν εἰς πόλιν ἑαυτῶν Ναζαρέθ	c

Na unidade literária, existem treze segmentos; dez deles apresentam alguma forma verbal:

- 4 no indicativo aoristo (terceira pessoa do plural): A, C, A^1 e C^1;
- 2 no infinitivo aoristo ativo: D e D^1;
- 2 no perfeito passivo: E (indicativo) e E^1 (particípio);
- 1 no particípio presente ativo: F;
- 1 no indicativo futuro passivo: G.

O esquema dos verbos com seu respectivo modo, tempo e voz é o seguinte:

A	– Indicativo aoristo passivo terceira plural	22a
B	– sem verbo	b
C	– Indicativo aoristo ativo terceira plural	c
D	– Infinitivo aoristo ativo	d
E	– Indicativo perfeito passivo	23a
F	– Particípio presente ativo	b
G	– Indicativo futuro passivo terceira singular	c
D1	– Infinitivo aoristo ativo	24a
E1	– Particípio perfeito passivo	b
F1	– sem verbo	c
A1	– Indicativo aoristo ativo terceira plural	39a
B1	– sem verbo	b
C1	– Indicativo aoristo ativo terceira plural	c

Note-se que os segmentos A-A^1 começam com uma conjunção subordinada temporal; de modo particular, em A é assinalado que se cumpriu um tempo determinado, o tempo da καθαρισμός. Os segmentos B-B^1 colocam em paralelo as fórmulas referentes à lei (τὸν νόμον Μωϋσέως – τὸν νόμον Κυρίου); em B, afirma-se que o tempo da καθαρισμός é determinado pela Lei de Moisés;

em B[1], declara-se que os pais realizaram tudo segundo a lei do Senhor. Em C-C[1], os dois verbos no indicativo aoristo (ἀνήγαγον e ἐπέστρεψαν) expressam deslocamento; descrevem, respectivamente, a direção do movimento: até Jerusalém (εἰς Ἱεροσόλυμα) e até a Galileia... (εἰς τὴν Γαλιλαίαν...).

Os segmentos D-D[1], conduzem ao centro da inclusão e têm duas funções; a primeira é temática: assinalam os dois objetivos da subida a Jerusalém: apresentá-lo ao Senhor (D) e oferecer um sacrifício (D[1]);[39] a segunda é estrutural, sustenta o paralelismo interno do relato que está presente nos segmentos E, E[1], F, F[1], os quais, por sua vez, sustentam o segmento central G. Em E-E[1], destaca-se a ideia de que as finalidades descritas em D-D[1] tem seu fundamento na lei do Senhor.[40] Ao centro, o recurso explícito das Escrituras aparece nos segmentos F, F[1] e G. Note-se que o único verbo no futuro se encontra justamente no segmento central G.

A unidade literária formada por estes versículos revela uma coesão impressionante (e por que não dizer surpreendente!). Essa coesão estrutural reforça a hipótese de que a sequência destes versículos poderia haver existido originalmente unida e que os relatos de Simeão e de Ana foram enxertados posteriormente, dando à perícope sua composição atual.[41]

---

[39] Nos seguimentos D e D[1], os dois verbos no infinitivo aoristo ativo situam as duas orações em um primeiro nível de subordinação diante da oração principal (C); ambas as orações estão coordenadas entre si pela conjunção aditiva καί.

[40] Os seguimentos E-E[1] são os únicos que apresentam seus respectivos verbos em tempo perfeito; e, além disso, estas duas raízes são seguidas do complemento dativo: ἐν (τῳ) νόμῳ Κυρίου. Como o perfeito (seja dativo ou particípio) indica a ideia de uma ação iniciada no passado que se prolonga até o presente, por meio das expressões "o que está escrito (γέγραπται)..." e "o dito (τὸ εἰρημένον) na lei do Senhor" se poderia chegar aos grupos que geraram este relato: círculos onde até esse momento histórico a Lei ocupava um lugar de destaque. Esse fato poderia ser um argumento a mais para sustentar as raízes judaico-cristãs de Lc 1–2.

[41] J. NOLLAND, *Luke 1-9:20*, 115-116, sustenta a ideia de que os relatos de Simeão e Ana foram acrescidos posteriormente; mas o autor não faz

1.4. Tradução

22	a	E quando se cumpriram os dias da purificação deles	
	b	Segundo a lei de Moisés	
	c	fizeram-no subir a Jerusalém	
	d	apresentá(-lo) ao Senhor	
23	a	como está escrito em(a) lei de(o) Senhor:	A
	b	todo varão que abre (o) útero	
	c	santo será chamado pelo Senhor,	
24	a	e oferecerá (em) sacrifício,	
	b	segundo o dito na lei de(o) Senhor,	
	c	um par de rolas ou dois pombinhos.	
25	a	E havia um homem em Jerusalém,	
	b	cujo nome (era) Simeão	
	c	este homem (era) justo e piedoso	
	d	que aguardava (a) consolação de Israel.	
	e	E (o) Espírito Santo estava sobre ele	B
26	a	e lhe tinha sido comunicado pelo Espírito Santo	
	b	não ver (a) morte	
	c	antes que visse o Cristo de(o) Senhor.	
27	a	E veio pelo Espírito ao Templo;	
	b	e, quando os pais apresentaram o menino Jesus	
	c	para eles fazerem	
	d	segundo o costume pela lei a respeito dele,	
28	a	ele o acolheu nos braços	
	b	e louvou a Deus	
	c	e disse:	
29	a	"Agora libertas o teu escravo, amo, (em paz)	
	b	Segundo a tua palavra,	
30	a	porque viram meus olhos a tua salvação	
31	a	a qual preparaste ante (o) rosto de todos os povos,	
32	a	luz para revelação dos gentios e glória de(o) teu povo, Israel".	
33	a	E estavam o seu pai e a mãe admirados	B'
	b	pelas (coisas) faladas a respeito dele.	
34	a	E Simeão os abençoou	
	b	e disse a Maria, a mãe dele:	
	c	"Eis:	
	d	este está colocado para queda e levantamento de muitos em Israel	
	e	e para sinal de contradição,	
35	a	e de ti mesma [também] a vida transpassará uma espada,	
	b	de modo que sejam revelados (os) pensamentos de muitos corações".	

---

nenhuma referência à relação desses relatos com a estrutura inclusiva de 2,22-24.39.

36	a	E havia uma profetisa, Ana,	
	b	filha de Fanuel, de (a) tribo de Aser;	
	c	esta era avançada em muitos dias,	
	d	tendo vivido com um marido sete anos desde sua virgindade.	
37	a	E ela (era) viúva até oitenta e quatro anos;	C
	b	ela não se afastava do Templo,	
	c	adorando com jejuns e orações noite e dia.	
38	a	E na mesma hora, aproximando-se,	
	b	dava graças a Deus	
	c	e falava a respeito dele	
	d	a todos os que aguardavam (o) resgate de Jerusalém.	C'
39	a	E quando terminaram tudo,	
	b	segundo a lei de (o) Senhor,	A'
	c	regressaram à Galileia, a Nazaré, sua cidade.	

2. Análise linguístico-sintática

A segmentação do texto revela a bem trabalhada estrutura interna da perícope, que está formada por três subunidades, a saber: a inclusão (vv.22-24.39), o relato de Simeão (vv.25-35) e o relato de Ana (vv.36-38).

A perícope está composta por 46 orações: 20 são principais e 26 são subordinadas. No total, existem 289 vocábulos, dos quais 45 são verbos. No entanto, existem apenas 34 raízes distintas, porque o verbo εἰμί aparece 5x, ὁράω 4x, λέγω 3x, λαλέω 2x, εὐλογέω 2x e προσδέχομαι 2x. As formas verbais indefinidas são 18 (13particípios[42] e 5 infinitivos[43]) e as definidas são 27: no indicativo (aoristo 12x; imperfeito 7x; presente 2x; futuro 2x; perfeito 1x); no subjuntivo (aoristo 2x); no imperativo 1x. Em relação à voz, 29 estão na ativa, 9 na passiva e 7 na média (6 verbos são depoentes).

2.1. A inclusão (vv.22-24.39)

A inclusão é uma moldura existente no início e no final do texto. Essa é exclusivamente narrativa e serve como cenário de

---

[42] 7x no particípio presente, 4x no perfeito e 2x no aoristo. Além disso, 2x são utilizados em combinação com o verbo εἰμί, constituindo duas estruturas perifrásticas.

[43] Todos no aoristo.

fundo dentro do qual se enquadram os encontros de Simeão e Ana com o menino Jesus apresentado por seus pais no Templo.

2.1.1. Inicial (vv.22-24)

A inclusão inicial está formada pelos vv.22-24 (seção A). Esses versículos integram um longo período composto, no qual existem oito preposições (uma principal e sete subordinadas).

O período começa com a oração subordinada temporal explícita (v.22a) construída com o verbo πίμπλημι[44] no indicativo aoristo passivo.[45] O verbo é precedido por 2 conjunções. A primeira, uma copulativa (καί), com a qual todo o período (vv.22-24) é coordenado ao período anterior (v.21). A segunda conjunção é uma subordinada temporal (ὅτε), com a qual se constitui a oração subordinada de primeiro grau à oração principal construída com ἀνάγω (v.22c). Note-se que πίμπλημι precede o sujeito da preposição (αἱ ἡμέραι). Esta sequência interna na oração destaca a ideia do cumprimento descrito pela raiz verbal. O substantivo καθαρισμός[46] é empregado no genitivo como complemento de especificação do sujeito (αἱ ἡμέραι τοῦ καθαρισμοῦ αὐτῶν).

Na sequência (vv.22b), por meio da fórmula preposicional κατὰ τὸν νόμον Μωϋσέως,[47] explicita-se o agente que estabelece o tempo da dita purificação. Tudo está prescrito e determinado segundo o desígnio da lei de Moisés.

Νόμος é utilizado 5x na perícope: 3x na inclusão inicial (vv.22b,23a,24b); 1x no relato de Simeão (v.27b); e 1x na inclusão

---

[44] O verbo πίμπλημι é tipicamente lucano; aparece 24x no NT, das quais 22x na obra lucana (13x em Lucas; 9x em At) e 2x em Mateus (22,10; 27,48). É importante notar que em Lc 1–2 é empregado 8x (1,15.23.41.57.67; 2,6.21.22).

[45] Na obra lucana, πίμπλημι é empregado sempre na voz passiva, exceto em 5,7, onde se encontra na voz ativa.

[46] Καθαρισμός aparece 7x no NT; 2x em Lc (2,22; 5,14 par. Mc 1,44). Nas duas passagens lucanas este termo se encontra dentro de uma estrutura semelhante; em ambas está associado ao nome de Moisés como receptor da Lei.

[47] Observe-se a frequência remarcada da preposição κατά: 6x em toda a perícope (vv.22b.24b.27d.29b.31a.39b).

ANÁLISE LITERÁRIO-ESTRUTURAL | 81

final (v.39b). No v.22b e v.39b, νόμος é precedido pela preposição κατά, por isso, é empregado no acusativo e seguido por um complemento genitivo (atributivo) de especificação: Μωϋσέως (v.22b) e κυρίου (v.39b); no v.23a e v.24b, é precedido pela preposição ἐν, por isso, é utilizado no dativo (τῷ νόμῳ) e, em ambos os casos, também seguido pelo genitivo atributivo: κυρίου; no v.27d, νόμος, diferentemente, aparece no genitivo atributivo, com uma função predicativa diante do particípio substantivado (τὸ εἰθισμένον) que o precede, e seguido, por sua vez, pelo complemento preposicional: περὶ αὐτοῦ.[48] Note-se que a presença e a colocação do substantivo νόμος ao longo do texto o constitui em um importante elemento de coesão da perícope.

O verbo composto ἀνάγω (ἀνά + ἄγω),[49] no indicativo aoristo passivo, faz parte da preposição principal (v.22c) que rege as sete orações subordinadas dos vv.22a-24c. Os pais são o sujeito não implícito da preposição, enquanto αὐτὸν é complemento-objeto e se refere a Jesus. O complemento preposicional de lugar que o acompanha indica o destino, a meta até onde o fizeram subir (ἀνήγαγον αὐτὸν εἰς Ἱεροσόλυμα). Toda a narrativa se desenvolve na cidade de Jerusalém, mais precisamente no Templo (ἱερός); ainda que este último seja nomeado explicitamente tão só nos vv.27a.37b. O substantivo "Jerusalém"[50] aparece 3x na perícope e sua presença não deixa de ser paradoxal. O termo pode ser

---

[48] Segundo H. HÜBNER, "νόμος", 425-426, as diversas construções sintáticas em que se utiliza o substantivo νόμος no NT apresentam uma clara influência da LXX.

[49] Segundo H. BALZ, "ἀνάγω", 236-237, este verbo é utilizado 23x no NT (total que se eleva a 26x se se levar em conta três possíveis manuscritos de menor valor para Mc 11,2; Lc 22,66; 1Cor 12,2). Nos evangelhos é empregado somente 4x: 1x em Mt (4,1) e 3x em Lc (2,22; 4,5; 8,22); enquanto é muito frequente em At (17x).

[50] Segundo H. SCHULTZ, "Jerusalén (Ἱερουσαλήμ)", 762, no NT o nome da cidade de Jerusalém aparece 139x. Como na LXX, também no NT são utilizadas as duas formas Ἱερουσαλήμ (76x) e Ἱεροσόλυμα (63x); E. LOHSE, "Σιών", 344. Segundo J. NAVONE, *Themes of St. Luke*, 66, "Jerusalém" é uma palavra-chave na obra lucana, onde aparece 87x (30x em Lc; 57x em At).

considerado como um elemento de unidade e coesão dentro da perícope, já que é empregado 1x em cada uma das subunidades: na inclusão inicial (v.22c), no começo da apresentação de Simeão (v.25a) e na conclusão do relato de Ana (v.39d). Mas, ao mesmo tempo, pode ser identificado como um elemento de desarmonia e descontinuidade porque, ao longo do texto, a cidade é nomeada de duas formas distintas:[51] "Ἱεροσόλυμα", a forma helênica (v.22c) e "Ἰερουσαλήμ", a forma semítica (vv.25a.38d).

Na sequência do texto (vv.22d-24c), por meio de duas orações subordinadas finais construídas com os verbos παρίστημι[52] e δίδωμι[53] (v.24a), ambos no infinitivo aoristo, são descritos os dois objetivos pelos quais eles o fizeram subir a Jerusalém: para apresentá-lo ao Senhor (v.22d); para oferecer um sacrifício (v.24a). Observe-se que os dois verbos estão no infinitivo aoristo, por meio do qual se destaca a ação mesma do verbo,[54] ou seja, o autor deseja enfatizar as ações de: apresentar e oferecer (dar). As duas orações são coordenadas entre si pela partícula copulativa καί e são regidas pela oração principal construída com o verbo ἀνάγω (v.22c), diante da qual ambas estão em segundo grau de subordinação.

---

[51]   A forma helênica é empregada 26x na obra lucana (4x em Lc; 22x em At) enquanto a forma semítica aparece 62x (26x em Lc; 36x em At).

[52]   O verbo composto παρίστημι (παρα + ἵστημι) se encontra 41x no NT. É frequente em At (13x) e Rm (8x). Em Lc é utilizado 3x; em Lc 1–2, 2x (1,19; 2,22). Chama a atenção que παρίστημι seja pouco empregado em Lc em relação ao verbo ἵστημι, que aparece 26v. A utilização do composto παρίστημι, em 2,22, pode ser vista como um modo de dar ênfase ao destinatário diante do qual (na presença do qual, sob o poder do qual) o menino será apresentado no Templo de Jerusalém.

[53]   Δίδωμι é um dos verbos mais frequentes no NT, aparece 416x no total. Está presente em todos os escritos do NT, exceto em Fl, Fm e Jd. Nos Sinóticos e At aparece 58x. Na obra lucana é utilizado 94x (59x em Lucas; 35x em At). Em Lc 1–2, δίδωμι aparece 4x, das quais 3x no infinitivo aoristo (1,73.77; 2,24).

[54]   Segundo E.G. JAY, *Grammatica Greca del Nuovo Testamento*, 122, a distinção entre os infinitivos presente e aoristo não é de tempo, mas de qualidade da ação. O infinitivo aoristo se refere à ação verbal em si mesma e não tem a preocupação de definir o tempo, enquanto o infinitivo presente chama a atenção sobre o prolongamento ou a repetição da ação.

No v.22c + v.22d, é utilizada a construção gramatical muito comum no NT quando se deseja indicar a meta de um movimento anteriormente descrito: verbo principal de movimento (ἀνάγω) + verbo no infinitivo (παρίστημι).[55] O mesmo se repete no v.22c + v.24a, onde o infinitivo de δίδωμι é precedido pelo artigo τοῦ.[56]

Na sequência do texto, observa-se um paralelismo entre os dois períodos (v.23abc//v.24bc) regidos, respectivamente, pelas orações subordinadas finais (v.22d//v.24a). O primeiro período, regido pela final παραστῆσαι τῷ κυρίῳ (v.22d), está formado por três orações subordinadas: καθὼς γέγραπται ἐν νόμῳ κυρίου (v.23a), ὅτι πᾶν ἄρσεν διανοῖγον μήτραν (v.23b) e ἅγιον τῷ κυρίῳ κληθήσεται (v.23c). O segundo, regido pela final τοῦ δοῦναι θυσίαν (v.24a), está formado por uma oração subordinada: κατὰ τὸ εἰρημένον ἐν τῷ νόμῳ κυρίου (v.24b) e uma aposição: ζεῦγος τρυγόνων η δύο νοσσοὺς περιστερῶν (v.24c).

O paralelo é evidente quando se observa que as ações descritas pelos dois verbos no infinitivo aoristo são justificadas com base na lei, segundo o *escrito* (v.23a) e segundo o *dito* (v.24b) na *lei do Senhor*.[57] Aqui emerge um paralelo entre os verbos γράφω e

---

[55] J.H. MOULTON, *A Grammar of New Testament Greek*, III, 134; M. ZERWICK, *El griego del Nuevo Testamento*, 161.

[56] Segundo J.H. MOULTON, *A Grammar of New Testament Greek*, III, 141 e F. BLASS – A. DEBRUNNER, *Grammatica del greco del Nuovo Testamento*, 486, o uso do infinitivo precedido de τοῦ pertence ao nível mais alto da coiné. Além disso, segundo M. ZERWICK, *El griego del Nuevo Testamento*, 162, e J.H. MOULTON, *A Grammar of New Testament Greek*, III, 142, Lucas tem por estilo acrescentar τοῦ ao segundo (e ao terceiro) infinitivo quando se sucedem dois ou mais (consecutivos ou finais), ainda que o primeiro não o tenha. Tal predileção estilística se repete 37x na obra lucana (20x em Lc; 17x em At). Em Lc 1–2 pode ser vista em 2,27 (τοῦ ποιῆσαι αὐτοὺς) e em 1,76-77, onde se utiliza a mesma construção que aparece em 2,24: τοῦ + δίδωμι no infinitivo + complemento no acusativo. Enquanto τοῦ + δίδωμι no infinitivo + complemento no dativo, aparece em 1,73.

[57] Na obra lucana e em João, as formas verbais no perfeito passivo são empregadas com algumas adições: "na lei (do Senhor)" (2,22; 10,26), "na Lei de Moisés, nos profetas e nos Salmos" (24,44), "na vossa lei" (Jo 8,17; 10,34), "no livro dos profetas" (At 7,42).

λέγω.[58] No v.23a, o verbo γράφω[59] no indicativo perfeito passivo precedido pela conjunção comparativa (καθώς)[60] constitui uma oração subordinada explícita explicativa. No v.24b, o verbo λέγω[61] no particípio perfeito passivo[62] constitui uma oração subordinada implícita explicativa. Na sequência do texto (vv.23b.24c), as duas referências explícitas da lei (Ex e Lv) confirmam o paralelismo entre os dois períodos.

---

[58] Esse paralelo de sentido entre os verbos γράφω e λέγω (foi escrito = foi dito) se repete na perícope lucana das tentações de Jesus (4,1-13). Em 4,4.8, diante das duas primeiras tentações, Jesus responde ao diabo servindo-se da autoridade das Escrituras; em ambas as ocasiões o evangelista utiliza o indicativo perfeito passivo de γράφω; enquanto na terceira tentação (4,12), quando Jesus recorre uma vez mais à autoridade das Escrituras, o evangelista utiliza o indicativo perfeito passivo de λέγω.

[59] Segundo, H. HÜBNER, "γράφω", 787-800, γράφω é um dos verbos com maior frequência no NT (192x). Na obra lucana é utilizado 32x (20x em Lc; 12x em At). Sendo que as formas mais utilizadas são no perfeito: γέγραπται (principalmente nos Sinóticos, em At e em Paulo) e ἔστιν γεγραμμένον (em João). As formas passivas do verbo são características dos evangelhos, At e cartas paulinas (108x). As formas ativas se encontram nas cartas católicas (23x) e Apocalipse (15x).

[60] Segundo H. HÜBNER, "γράφω", 789, é algo comum que no NT, como acontece na LXX, a forma perfeita γέγραπται com frequência é introduzida pela conjunção καθώς.

[61] Segundo H. HÜBNER, "λέγω", 36, se se leva em conta a forma εἶπον, segundo aoristo, λέγω é, depois de εἰμί, o verbo que aparece com maior frequência no NT. Na obra lucana, λέγω é utilizado 767x (533x em Lucas; 234x em At); em Lc 1–2, é empregado 23x (17x no indicativo aoristo ativo; 5x no part. pres. at.; 1x no part. perf. pass.); além disso, quando λέγω introduz diálogos diretos, é utilizado no ind. aor. (1,13.18.19.28.30 .34.35.38.42.60.61; 2,10.34.48.49). Mas existem duas exceções: quando introduz o *Magnificat* (1,46) e o *Nunc dimittis* (2,28). Os outros dois hinos dirigidos a Deus: o *Benedictus* (1,67) e o *Glória* (2,13) são introduzidos por dois particípios no presente.

[62] No resto da obra lucana, somente duas vezes λέγω é empregado no part. perf. pass. A primeira faz referência ao *dito* "διὰ τοῦ προφήτου Ἰωήλ" (At 2,16); a segunda ao *dito* "ἐν τοῖς προφήταις" (At 13,40). Note-se a importância do uso do verbo no tempo perfeito para referir as Escrituras. Isso revela a preocupação lucana em reafirmar a autoridade e a atualidade das Escrituras para a geração cristã de seu tempo.

ANÁLISE LITERÁRIO-ESTRUTURAL

No v.23b, a oração subordinada subjetiva é construída com o verbo διανοίγω[63] no particípio presente ativo precedido pela conjunção subordinada ὅτι.[64] O nominativo neutro singular (διανοῖγον) e o adjetivo πᾶν, ambos em posição predicativa, se referem ao sujeito da subordinada, o adjetivo neutro substantivado ἄρσεν. O complemento-objeto é μήτραν.

Por outro lado, a oração subordinada explicativa (v.24b) apresenta uma oposição ao v.24c, ζεῦγος τρυγόνων η δύο νοσσοὺς περιστερῶν, por meio da qual se especifica, segundo o dito na lei do Senhor, aquele que foi oferecido em sacrifício.

A simetria do paralelismo entre os dois períodos se rompe com o v.23c. O verbo καλέω[65] no indicativo futuro passivo, sem conjunção subordinada, constitui uma oração subordinada de quarto grau regida pela principal (v.22d). O adjetivo neutro ἅγιον, no nominativo, ocupa uma função predicativa diante do sujeito da oração, a oração subordinada subjetiva (v.23b), enquanto τῷ κυρίῳ é o complemento no dativo.

2.1.2. Final (v.39)

A inclusão final (seção A') que está composta de duas proposições, uma principal (v.39c) e uma subordinada (39ab), deve ser lida em conexão coma inclusão inicial (vv.22-24).

---

[63] O verbo composto διανοίγω (διά + ἀνοίγω) aparece 8x no NT. 1x em Mc 7,34, todas as demais na obra lucana, 4x em Lc (2,23; 24,31.32.45) e 3x em At (7,56; 16,14; 17,3). O uso de διανοίγω é muito reduzido no NT se comparado com ἀνοίγω, o qual aparece 77x no NT (11x em Mt; 1x em Mc; 6x em Lc; 11x em Jo; 16x em At; 5x em Paulo; 27x em Ap).

[64] Diante da oração principal do v.22c, esta proposição é uma oração subordinada de terceiro grau.

[65] Καλέω é utilizado 148x no NT; na obra lucana 61x (43x em Lc; 18x em At). Em Lc 1–2 aparece 14x; 6x se refere direta ou indiretamente a João (1,13.59.60.61.62.76); outras 6x a Jesus (1,31.32,35; 2,2(2x).23); 1x a Isabel (1,36); 1x à cidade de Belém (2,24); na voz passiva, aparece 4x referindo-se a João e 5x a Jesus; somente 2x aparece no indicativo futuro ativo, quando o anjo Gabriel comunica o nascimento de seu filho a Zacarias: "[Tu] o chamarás com o nome de João" (1,13), e a Maria: "[Tu] o chamarás com o nome de Jesus" (1,31).

As duas proposições (v.39abc) estão em coordenação com o período anterior (v.38cd) por meio da conjunção copulativa καί. Esta conjunção antecede a conjunção subordinada temporal (ὡς), com a qual inicia a oração subordinada temporal construída com o verbo τελέω[66] no indicativo aoristo ativo (v.39ab).

A terceira pessoa do plural em que τελέω está conjugado se refere aos pais do menino, que são o sujeito tanto da subordinada como da principal (v.39c). No complemento-objeto no acusativo (πάντα τὰ κατὰ τὸν νόμον κυρίου), é importante destacar a presença do adjetivo neutro plural πᾶν (todo), por meio do qual se enfatiza que todas as coisas recém-realizadas estão em conformidade com a lei do Senhor. Pela quarta vez na perícope, a preposição κατά é associada à lei do Senhor (τὸν νόμον κυρίου // Μωϋσέως).[67]

A última oração principal (v.39c) da perícope está construída com o verbo composto ἐπιστρέφω (ἐπί + στρέφω)[68] no indicativo aoristo ativo terceira pessoa plural. O complemento preposicional duplo de lugar indica até onde eles retornam (εἰς τὴν Γαλιλαίαν εἰς πόλιν ἑαυτῶν Ναζαρέθ). Note-se que esta oração está em paralelo com a primeira oração principal da perícope (v.22c) construída com outro verbo composto (ἀνά + ἄγω). Ambos são verbos de movimento: ἀνάγω, em sentido ascendente, abre a perícope (v.22c) e ἐπιστρέφω em sentido descendente conclui a perícope (v.39c).

2.2. *O relato de Simeão (vv.25-35)*

A segunda subunidade da perícope, o relato de Simeão (vv.25-35), está composta por duas seções: B e B'.

B – A descrição do personagem (vv.25-26).

---

[66] No NT, τελέω é empregado 28x (7x em Mt; 2x em Jo; 2x em Rm; 8x em Ap). Na obra lucana aparece 5x (4x em Lucas; 1x em At).

[67] Segundo H. HÜBNER, "νόμος", 425-426, essa estrutura é uma influência clara da LXX.

[68] O verbo ἐπιστρέφω aparece 36x no NT; na obra lucana 18x (7x em Lc; 11x em At).

B' – Sua presença e ação no Templo (vv.27-35).

Por sua vez, a seção C pode ser dividida em seis partes:

B'[1] – Encontro com o menino (vv.27a-28a).

B'[2] – Introdução ao hino (v.28bc).

B'[3] – Hino dirigido a Deus, o *Nunc dimittis* (vv.29-32).

B'[4] – Reação dos pais (v.33).[69]

B'[5] – Introdução ao oráculo (v.34ab).

B'[6] – Oráculo dirigido a Maria (vv.34cde-35).

Na seção B (vv.25-26), há oito orações; quatro são principais (três construídas com εἰμί[70] e uma nominal) e quatro subordinadas (uma construída com o verbo προσδέχομαι, duas com ὁράω e uma nominal). As oito orações se referem a Simeão. As quatro principais começam com a conjunção copulativa καί, por meio da qual estão coordenadas entre si. Nos vv.25a.e.26a, o verbo εἰμί é utilizado 3x no indicativo imperfeito ativo terc. sing. (ἦν), enquanto no v.25bc há duas orações nominais, nas quais está implícita a mesma forma verbal.[71]

A seção B' (vv.27-35) está composta por dez orações principais, oito subordinadas e uma aposição. Simeão[72] é o sujeito de seis orações principais e uma subordinada. Todas as suas ações são descritas com verbos no indicativo aoristo ativo. Simeão foi (ἦλθεν) ao Templo (v.27a), tomou (ἐδέξατο) o menino em seus braços (v.28a), louvou (εὐλόγησεν) a Deus e disse (v.28bc), abençoou

---

[69] Segundo L. SABOURIN, *Il Vangelo di Luca. Introduzione e commento*, 101, o v.33 emerge como um conectivo entre os dois ditos de Simeão.

[70] Εἰμί é o verbo mais utilizado no NT. Na obra lucana aparece 639x (361x em Lc; 278x em At); em Lc 1–2 é empregado 39x.

[71] F. BLASS-A. DEBRUNNER, *Grammatica del greco del NT*, 197.

[72] O nome Συμεών, como sujeito, vem explicitamente citado somente 1x (v.34a). O sujeito é implícito 4x (vv.27a.28bc.34b). O pronome pessoal αὐτός, no nom. masc. terc. pess. sing., é empregado 1x (v.28a). Além disso, usa-se uma metonímia, "meus olhos", no lugar da pessoa de Simeão; por isso, ὁράω aparece na terceira pessoa do plural (v.30a).

A APRESENTAÇÃO DE JESUS NO TEMPLO

os pais e disse (εἶπεν) a Maria (v.34ab), porque "meus olhos" viram (εἶδον) tua salvação (v.30a).

<table>
<tr><td></td><td></td><td>καὶ ἰδοὺ ἄνθρωπος ἦν ἐν Ἰερουσαλὴμ</td><td>25 a</td></tr>
<tr><td></td><td></td><td>ᾧ ὄνομα Συμεὼν</td><td>b</td></tr>
<tr><td></td><td></td><td>καὶ ὁ ἄνθρωπος οὗτος δίκαιος καὶ εὐλαβὴς</td><td>c</td></tr>
<tr><td>B</td><td></td><td>προσδεχόμενος παράκλησιν τοῦ Ἰσραήλ,</td><td>d</td></tr>
<tr><td></td><td></td><td>καὶ πνεῦμα ἦν ἅγιον ἐπ' αὐτόν</td><td>e</td></tr>
<tr><td></td><td></td><td>καὶ ἦν αὐτῷ κεχρηματισμένον ὑπὸ τοῦ πνεύματος τοῦ ἁγίου</td><td>26 a</td></tr>
<tr><td></td><td></td><td>μὴ ἰδεῖν θάνατον</td><td>b</td></tr>
<tr><td></td><td></td><td>πρὶν αν ἴδῃ τὸν Χριστὸν κυρίου</td><td>c</td></tr>
<tr><td></td><td></td><td>καὶ ἦλθεν ἐν τῷ πνεύματι εἰς τὸ ἱερόν</td><td>27 a</td></tr>
<tr><td></td><td></td><td>καὶ ἐν τῷ εἰσαγαγεῖν τοὺς γονεῖς τὸ παιδίον Ἰησοῦν</td><td>b</td></tr>
<tr><td></td><td>1</td><td>τοῦ ποιῆσαι αὐτοὺς</td><td>c</td></tr>
<tr><td></td><td></td><td>κατὰ τὸ εἰθισμένον τοῦ νόμου περὶ αὐτου</td><td>d</td></tr>
<tr><td></td><td></td><td>καὶ αὐτὸς ἐδέξατο αὐτὸ εἰς τὰς ἀγκάλας</td><td>28 a</td></tr>
<tr><td></td><td>2</td><td>καὶ εὐλόγησεν τὸν θεὸν</td><td>b</td></tr>
<tr><td></td><td></td><td>καὶ εἶπεν,</td><td>c</td></tr>
<tr><td></td><td></td><td>νῦν ἀπολύεις τὸν δοῦλόν σου, δέσποτα, ,ἐν εἰρήνῃ.</td><td>29 a</td></tr>
<tr><td></td><td></td><td>κατὰ τὸ ῥῆμά σου</td><td></td></tr>
<tr><td></td><td>3</td><td>ὅτι εἶδον οἱ ὀφθαλμοί μου τὸ σωτήριόν σου,</td><td>30 a</td></tr>
<tr><td>B'</td><td></td><td>ὃ ἡτοίμασας κατὰ πρόσωπον πάντων τῶν λαῶν,</td><td>31 a</td></tr>
<tr><td></td><td></td><td>φῶς εἰς ἀποκάλυψιν ἐθνῶν καὶ δόξαν λαοῦ σου Ἰσραήλ</td><td>32 a</td></tr>
<tr><td></td><td>4</td><td>καὶ ἦν ὁ πατὴρ αὐτοῦ καὶ ἡ μήτηρ θαυμάζοντες</td><td>33 a</td></tr>
<tr><td></td><td></td><td>ἐπὶ τοῖς λαλουμένοις περὶ αὐτοῦ</td><td>b</td></tr>
<tr><td></td><td>5</td><td>καὶ εὐλόγησεν αὐτοὺς Συμεὼν</td><td>34 a</td></tr>
<tr><td></td><td></td><td>καὶ εἶπεν πρὸς Μαριὰμ τὴν μητέρα αὐτοῦ,</td><td>b</td></tr>
<tr><td></td><td></td><td>Ἰδοὺ</td><td>c</td></tr>
<tr><td></td><td>6</td><td>οὗτος κεῖται εἰς πτῶσιν καὶ ἀνάστασιν πολλῶν ἐν τῷ Ἰσραὴλ</td><td>d</td></tr>
<tr><td></td><td></td><td>καὶ εἰς σημεῖον ἀντιλεγόμενον</td><td>e</td></tr>
<tr><td></td><td></td><td>καὶ σοῦ δὲ αὐτῆς τὴν ψυχὴν διελεύσεται ῥομφαία,</td><td>35 a</td></tr>
<tr><td></td><td></td><td>ὅπως αν ἀποκαλυφθῶσιν ἐκ πολλῶν καρδιῶν διαλογισμοί.</td><td>b</td></tr>
</table>

2.2.1. Sua descrição (vv.25-26)

A seção B (vv.25-26) começa com a fórmula καὶ ἰδού (v.25a),[73] com a qual se chama a atenção sobre todo o con-

---

[73] Em Lc 1–2 ἰδού aparece 10x; além disso, a fórmula καὶ ἰδού é empregada 4x (1,20.31.36; 2,25); Segundo R. BULTMANN, *The History of the*

junto da descrição do personagem.[74] O substantivo ἄνθρωπος aparece 2x como sujeito nas duas orações principais iniciais (vv.25a.26c); na primeira, introduz o personagem que se encontrava em Jerusalém; na segunda é caracterizado pelo predicado nominal formado por dois adjetivos: δίκαιος e εὐλαβής. A primeira principal rege a oração subordinada relativa, por meio da qual se dá a conhecer o nome do personagem: Συμεών (v.25b). Por sua vez, a segunda principal rege a oração subordinada construída com o verbo προσδέχομαι[75] no particípio presente nom. masc. sing. (v.25a).[76] Esse particípio ocupa a função predicativa e se refere a ἄνθρωπος; seu complemento-objeto é: παράκλησιν τοῦ Ἰσραήλ.[77]

A apresentação de Simeão se conclui com duas orações principais (vv.25e.26a) e duas subordinadas (v.26bc). O Espírito Santo (πνεῦμα ἅγιον) é o sujeito da primeira oração principal (v.25e) e é, também, o agente da passiva (ὑπὸ τοῦ πνεύματος τοῦ ἁγίου) na segunda oração principal (v.26a). Nesta última, existe uma construção perifrástica[78]

Synoptic Tradition, 358, essa fórmula é utilizada pelo evangelista para conectar um material depois do outro.

[74] K. DAHN, "Ver, aparecerse (ὁράω)", 775.

[75] Segundo A. PALZKILL, "προσδέχομαι", 1164, o verbo é utilizado 14x no NT. Na obra lucana aparece 7x (5x em Lc; 2x em At).

[76] Προσδέχομαι é empregado 2x em Lc 1–2, ambas na perícope da apresentação de Jesus (2,22-39). Nas duas ocasiões, no particípio presente, o verbo ocupa uma função predicativa que caracteriza a pessoa de Simeão (v.25d) e os ouvintes de Ana (v.38d).

[77] A. SIMÓN MUÑOZ, El Mesías y la hija de Sión, 66, compara a construção gramatical de: προσδεχόμενος παράκλησιν τοῦ Ἰσραήλ (2,25), προσδεχομένοις λύτρωσιν Ἰερουσαλήμ (2,38) e ὃς προσεδέχετο τὴν βασιλείαν τοῦ θεοῦ (23,51). O autor observa que a presença do artigo τήν (em 23,51) denota um grego melhor que o encontrado em 2,25.38 sem artigo; essa construção, segundo ele, revelaria a presença de um substrato aramaico-judaico no qual se encontraria um substantivo em estado constructo, o qual não exige artigo.

[78] Segundo F. BLASS-A. DEBRUNNER, Grammatica del greco del Nuovo Testamento, 353, no NT a maioria das construções perifrásticas estão presentes em Lc e na primeira parte de At. Segundo H. BALZ, "εἰμί", 1191-1192, essa construção perifrástica é uma característica

com o verbo χρηματίζω[79] no particípio perfeito passivo. Essa oração principal está coordenada, por meio da conjunção copulativa καί, à oração principal anterior (v.25e) e, ao mesmo tempo, rege as duas orações subordinadas construídas com o verbo ὁράω[80] (v.26bc).

Na primeira subordinada, ὁράω é empregado no infinitivo aoristo (v.26b); na segunda, no subjuntivo aoristo (v.26c): "... não ver (ἰδεῖν) a morte[81] antes que (πρὶν αν),[82] viera (ἴδῃ) o Cristo do Senhor". O primeiro aoristo, no infinitivo, faz recair toda a ênfase sobre a ação mesma do verbo.[83] Nesse caso específico, sobre a afirmação de: não ver (a morte). O segundo aoristo, no subjuntivo, destaca a conclusão da ação no passado.

Além disso, o uso de ὁράω, associado ao advérbio de tempo πρίν serve como um elemento de coesão dentro do relato de Simeão. O verbo emerge como um importante conectivo entre a descrição do personagem (primeira seção – vv.25-26) e sua presença no Templo (segunda seção – vv.27-35), mais precisamente com o *Nunc dimittis* (vv.29-32).

---

lucana e supõe seguramente uma influência hebraica ou aramaica. Segundo M. ZERWICK, *El griego del Nuevo Testamento*, 154, mais de 50% das construções perifrásticas encontradas no NT correspondem aos escritos lucanos.

[79] Segundo, H. BALZ, "χρηματίζω", 2104-2105, o verbo aparece 9x no NT. Em todas as passagens é utilizado na voz passiva (exceto Hb 12,25). Por outro lado, a LXX desconhece o uso de χρηματίζω na voz passiva.

[80] Segundo J. KREMER, "ὁράω", 581, o verbo ὁράω no NT é utilizado 449x (incluídas as formas verbais construídas com base em outros temas, especialmente εἶδον, umas 350x, mas excluindo ἰδού, ἴδε). Na obra lucana, aparece 147x (81x em Lc; 66x em At).

[81] O verbo ὁράω + θάνατος (como complemento-objeto) é empregado somente uma segunda vez em todo o NT (Hb 11,5). Passagem na qual aparece a mesma construção "não ver a morte" (μὴ ἰδεῖν θάνατον) e seu significado é idêntico ao encontrado em 2,26b.

[82] O advérbio de tempo πρίν aparece 13x no NT; na obra lucana 5x (2x em Lc; 3x em At); 11x é empregado + infinitivo (Mt 1,18; 26,34.75; Mc 14,30.72; Lc 22,61; Jo 4,49; 8,58; 14,29; At 2,20; 7,2). Em At 25,16, aparece + particípio; em 2,26 é a única vez, em todo o NT, que é utilizada a construção: πρίν + αν + subjuntivo.

[83] ERIC G. JAY, *Grammatica Greca del Nuovo Testamento*, 122.

2.2.2. Sua presença no Templo (vv.27-35)

A seção B' (vv.27-35) começa com a oração principal construída com o verbo ἔρχομαι[84] no indicativo aoristo ativo (v.27a), o qual é precedido pela conjunção copulativa καί. Seu complemento preposicional de lugar indica até onde se dirige o personagem: até o Templo (εἰς τὸ ἱερόν[85]). Ali se desenvolverá todo o resto da perícope. A indicação do agente (ἐν τῷ πνεύματι)[86] destaca que Simão vai ao Templo movido pelo Espírito. Esse detalhe corresponde fielmente à descrição do personagem, do qual se diz na primeira seção: καὶ πνεῦμα ἦν ἅγιον ἐπ' αὐτόν (v.25d).

O período seguinte (vv.27bcd.28a) está formado pelas quatro orações (três subordinadas e uma principal). A oração principal (v.28a) rege as três subordinadas que a precedem (v.27bcd). Nesse período, a existência de um καί no início da oração temporal (v.27b) e de um segundo, no início da oração principal (v.28a), cria uma dificuldade sintática. Isso porque, gramaticalmente, uma oração subordinada temporal não exigiria a presença de um καί.[87]

A oração subordinada temporal construída com εἰσάγω[88] no infinitivo aoristo (v.27b) é precedida pela fórmula preposicional

---

[84] Segundo T. SCHRAMM, "ἔρχομαι", 1591, esse verbo aparece 632x no NT, além de umas 760x em que são utilizados diversos verbos compostos. Na obra lucana ocorre 151x (101x em Lc; 50x em At).

[85] O substantivo ἱερόν é utilizado na obra lucana 39x (14x em Lc; 25x em At). Em Lc 1–2, aparece 3x (2,27.37.46).

[86] F. BLASS-A. DEBRUNNER, *Grammatica del greco del Nuovo Testamento*, 291-292.

[87] Note-se que as traduções apresentadas pelos principais comentaristas do Evangelho lucano, entre os quais: H. SCHÜRMANN, *Il vangelo di Luca*, I, 246; F. BOVON, *El evangelio según san Lucas*, I, 196; J.A. FITZMYER, *El Evangelio según Lucas*, II, 240; O. DA SPINETOLI, *Luca*, 117; L. SABOURIN, *Il Vangelo di Luca*, 96; R. MEYNET, *Il Vangelo secondo Luca*, 123, omitem um dos καί. De modo que nas traduções permanece somente καί que ocupa a função de conectivo coordenante com o período precedente.

[88] Segundo H. BALZ, "εἰσάγω", 1218, o verbo composto εἰσάγω (εἰς + ἄγω) aparece 11x no NT, na obra lucana 9x (3x em Lc, 6x em At).

com sentido temporal (ἐν τῷ).[89] O sujeito e o complemento-objeto são, respectivamente, os pais (τοὺς γονεῖς) e o menino Jesus (τὸ παιδίον Ἰησοῦν). Essa preposição temporal rege a oração subordinada final (v.27c) construída com ποιέω[90] também no infinitivo aoristo (com τοῦ)[91] que, por sua vez, rege a subordinada construída com o verbo ἐθίζω[92] no particípio perfeito passivo (v.27d). Nessa última preposição, o particípio precedido pelo artigo determinado (τὸ εἰθισμένον) é empregado como substantivo. A presença de [κατὰ + verbo no particípio + νόμος] relaciona esta seção com a inclusão inicial da perícope (v.24b) onde aparece a mesma fórmula. O complemento de relação no genitivo (περὶ αὐτοῦ) destaca a quem se refere a dita prescrição da lei.[93] Note-se que os verbos encontrados nas subordinadas (v.27bc) estão no infinitivo aoristo, forma verbal que dá ênfase à ação do verbo em si mesmo, sem a preocupação de definir o tempo.[94]

---

[89] M. ZERWICK, *El griego del Nuevo Testamento*, 162-163, a construção [ἐν τῷ + infinitivo] é plenamente grega, mas sua utilização em sentido temporal não provém do grego clássico, senão do hebraico. No NT, quando esta construção é utilizada em sentido temporal, o infinitivo presente indica normalmente simultaneidade diante da ação do verbo principal; em troca, o infinitivo aoristo quase sempre indica anterioridade. Na obra lucana, aparece com infinitivo aoristo em Lc 2,27; 3,21; 9,34.36; 11,37; 14,1; 19.15; 24,30; At 11,15, e com infinitivo presente em Lc 5,1.12; 8,5.42; 9.18.29.33.51; 10,35.38; 11,1.27; 17,11.14; 24,4.15.51; At 8,6;19,1.

[90] Ποιέω aparece 586x no NT (86x em Mt; 47x em Mc; 110x em Jo; 83x nas cartas paulinas, 12x em Tg; e 13x em Jo); na obra lucana 156x (88x em Lc; 68x em At). É empregado quase sempre na voz ativa. Em Lc 1–2 é utilizado 7x (1,25.49.51.68; 2,27.48). Nas 5x em que aparece em Lc 1, o sujeito é sempre o Senhor Deus de Israel. Nas 2x em que é empregado em Lc 2, os sujeitos são: os pais de Jesus (2,27) e Jesus adolescente (2,48).

[91] Segundo M. ZERWICK, *El griego del Nuevo Testamento*, 162, Lucas tem uma predileção pelo uso de infinitivos com τοῦ.

[92] Segundo H. BALZ, "ἐθίζω", 1157, esse verbo é um *hapax* no NT.

[93] Um detalhe importante dentro de toda a perícope é a utilização da preposição περί (+ αὐτοῦ). Ela aparece 3x (vv.27d.33b.38c), em todas elas se referindo a Jesus.

[94] E.G. JAY, *Grammatica Greca del Nuovo Testamento*, 122.

ANÁLISE LITERÁRIO-ESTRUTURAL

A oração principal (v.28a) que rege todo o período (vv.27b--28a) está formada pelo verbo δέχομαι[95] no indicativo aoristo. O sujeito é αὐτός e se refere a Simeão, enquanto αὐτὸ é complemento-objeto e se refere ao menino Jesus.[96] Note-se que os personagens não são citados explicitamente pelos nomes próprios, mas sim pelo pronome de terceira pessoa singular, masculino nominativo (αὐτός) e neutro acusativo (αὐτὸ), respectivamente.

No v.28bc, encontram-se duas orações principais com as quais se introduz o hino de Simeão. A primeira é construída com o verbo composto εὐλογέω[97] no indicativo aoristo em terceira pessoa do singular (v.28b). O complemento-objeto é τὸν θεὸν.[98] A segunda é formada pelo verbo λέγω, no indicativo aoristo ativo na terceira pessoa do singular (v.28c). As duas orações têm como sujeito implícito Simeão e são introduzidas pela conjunção copulativa καί, com as quais se assinala a coordenação entre elas e a coordenação da primeira com a principal que a precede (v.28a).

A combinação entre os verbos εὐλογέω + λέγω[99] presente no v.28bc serve como introdução do hino de Simeão (vv.29-32). Essa mesma combinação se repetirá no v.34ab como introdução de seu oráculo dirigido a Maria (vv.34cd-35).

---

[95] O verbo δέχομαι aparece 56x no NT. A maioria está nos Sinóticos e em At. O sujeito de δέχομαι é sempre uma pessoa ou coisa personificada. Por exemplo, em At 8,14, utiliza-se "Samaria" em vez de "seus habitantes". Além disso, os complementos gramaticais são pessoas, objetos ou realidades. Na obra lucana, δέχομαι é empregado 24x (16x em Lc; 8x em At).

[96] Em 9,53, Jesus aparece pela segunda vez como o complemento-objeto de δέχομαι, onde o verbo é utilizado em sentido negativo.

[97] O verbo εὐλογέω [εὐ + λέγω (λόγος)] aparece 41x no NT, na obra lucana 14x (13x em Lc, 1x em At). Em Lc 1–2 é utilizado 5x (1,42 (2x).64; 2,28.34).

[98] O substantivo θεός é utilizado 2x em 2,22-39. Nas duas ocasiões ocupa a função sintática de complemento-objeto: do verbo εὐλογέω (v.28b) e de ἀνθομολογέομαι (v.38b).

[99] Em Lc 1–2, essa combinação aparece ainda uma terceira vez (1,42). Neste caso, a sequência dos verbos vem invertida, primeiro aparece λέγω e em seguida εὐλογέω (aqui o verbo é utilizado no particípio perfeito passivo).

2.2.2.1. O *Nunc dimittis* (vv.29-32) e a reação dos pais (v.33)

O primeiro dito de Simeão, o *Nunc dimittis*, é um discurso direto a Deus, formado por três orações e duas aposições. A oração principal (v.29a) rege as duas orações subordinadas (vv.30a.31a) e as duas aposições (v.32ab). A referência a Deus, dentro do hino, se assinala de dois modos distintos. Primeiro, por meio do vocativo δέσποτα (1x) e, segundo, pelo pronome na segunda pessoa do singular no genitivo (4x): τὸν δοῦλόν σου (v.29a); τὸ ῥῆμά σου (v.29b); τὸ σωτήριόν σου (v.30a); λαοῦ σου (v.32b). Esse pronome pessoal é um elemento de coesão e unidade na composição do hino.

A oração principal (v.29a) é construída com ἀπολύω[100] no indicativo presente ativo. O verbo está precedido pelo advérbio temporal νῦν.[101] A presença do advérbio no início da proposição acentua a ideia de um presente *agora* que, logo em seguida, é destacado pelo tempo verbal. O substantivo δεσπότης, no vocativo, se refere a Deus[102] que é o sujeito implícito da proposição. A utilização do pronome na segunda pessoa do singular genitivo (σου) no complemento-objeto destaca, uma vez mais, a referência a Deus e o coloca em relação direta com o complemento-objeto, o substantivo δοῦλος, que se refere a Simeão. Além disso, na sequência da oração existem dois complementos preposicionais, o primeiro no acusativo (κατὰ τὸ ῥῆμά σου) e o segundo no dativo (ἐν εἰρήνῃ).

---

[100] O verbo composto ἀπολύω (ἀπό + λύω) aparece 66x no NT (19x em Mt; 12x em Mc; 5x em Jo). Na obra lucana é utilizado 29x (14x em Lc; 15x em At). Em Hb 13,23, é a única vez em que é utilizado fora dos evangelhos e de At.

[101] A presença do advérbio νῦν, no início da oração principal (v.29a), remarca a ideia de um novo tempo. É "agora" que se pode concretizar a ação descrita pelo verbo ἀπολύω. Mas isso só é possível porque a oração subordinada causal (v.30a), também é construída com ὁράω (pela terceira vez em aoristo), se declara explicitamente que aquela revelação anunciada no v.26bc (por meio do verbo ὁράω) já se cumpriu.

[102] Δεσπότης aparece 10x no NT (4x nas Pastorais; 3x nas Católicas; 1x em Ap; 2x em Lc-At). No vocativo, referindo-se a Deus, é empregado somente 2x; ambas nos escritos lucanos (2,9; At 4,24). Também se refere a Deus (Ap 6,10).

A oração subordinada causal (v.30a) introduzida por (ὅτι) explica o motivo pelo qual Simeão louva a Deus (v.28b)[103] e pelo qual pode, *agora*, ser libertado em paz (v.29a). *Seus olhos* (οἱ ὀφθαλμοί μου) é, literalmente, o sujeito da oração, e o complemento-objeto é *a salvação de ti* (τὸ σωτήριόν σου). O pronome na segunda pessoa é um genitivo de possessão. Esse destaca que a salvação pertence a Deus, citado explicitamente como δεσπότης no v.29a.

A segunda oração subordinada, regida pela anterior, é uma relativa explicativa (v.31a) e está construída com ἑτοιμάζω[104] no indicativo aoristo ativo. O verbo é precedido do pronome relativo acusativo neutro singular (ὅ) que se refere ao complemento-objeto τὸ σωτήριόν σου da proposição anterior (v.30a). O complemento preposicional da relativa explica quem são os destinatários da salvação. Essa foi preparada por Deus diante de todos os povos (κατὰ πρόσωπον πάντων τῶν λαῶν).

O hino se conclui com a aposição (v.32ab), onde a salvação preparada por Deus é identificada como luz (φῶς). Essa aposição é regida pela preposição εἰς que introduz dois substantivos paralelos no acusativo (ἀποκάλυψιν καὶ δόξαν). Os quais, por sua vez, são acompanhados, respectivamente, por um genitivo de especificação: ἐθνῶν e λαοῦ σου. Essa luz messiânica demonstrará sua ação salvífica para revelação dos gentios (v.32a) e para a glória de seu povo, Israel (v.32b). Nesse último segmento, a utilização do pronome de segunda pessoa no genitivo (σου) enfatiza a existência de uma relação especial de possessão entre Deus e seu povo Israel (Ἰσραήλ).

Os ditos de Simeão geram uma reação por parte dos pais do menino. O autor a descreve por intermédio de duas preposições,

---

[103] Segundo F. BOVON, *El evangelio según san Lucas*, I, 121.132.153, faz parte do estilo lucano a utilização de ὅτι para introduzir as orações causais explicativas que descrevem os motivos do louvor a Deus nos hinos de Lc 1–2 (1,48.49; 1,68).

[104] Segundo W. RADL, "ἑτοιμάζω", 1627, o verbo aparece 40x no NT, sua maior frequência se concentra nos sinóticos, especialmente em Lucas (14x). Em Lc 1–2, é utilizado 3x (1,17.76; 2,31); nas 2x que ἑτοιμάζω aparece em Lc 1, é empregado no infinitivo aoristo ativo e se refere à missão do João.

uma principal (v.33a) que rege uma subordinada (v.33b). Na principal, o verbo θαυμάζω [105] no particípio presente, com função predicativa, é empregado dentro de uma perífrase. O sujeito é o pai e a mãe de Jesus. Note-se que é a segunda vez na perícope (a primeira está no v.26a) que a perífrase está formada com εἰμί no imperfeito.[106] Esse enfatiza que o assustar-se dos pais do menino tem uma continuidade de tempo. A preposição é coordenada pela oração principal (v.29a) pela conjunção copulativa καί.

A oração subordinada objetiva (v.33b) está construída com λαλέω[107] no particípio presente passivo dativo neutro plural. O verbo é precedido pelo artigo dativo plural (τοῖς) e ocupa uma função de adjetivo substantivado. A oração subordinada corresponde ao complemento preposicional no dativo (regido pela preposição ἐπί) da oração principal (v.33a). Esse complemento é seguido por um segundo complemento no genitivo (regido pela preposição περί).

2.2.2.2. O oráculo a Maria (vv.34-35)

Na sequência do texto (v.34), Simeão volta a ser o sujeito das duas orações principais construídas com os verbos εὐλογέω (v.34a) e λέγω (v.34b). Os dois verbos estão no indicativo aoristo ativo terceira pessoa do singular: Simeão abençoa (εὐλόγησεν) os pais do menino (αὐτοὺς) e diz a Maria (εἶπεν πρὸς Μαριὰμ),[108] a

---

[105] Θαυμάζω é utilizado 43x no NT; a maioria nos evangelhos (Mc 4x; Mt 7x; Jo 6x; Lc 13x). Na obra lucana é empregado 18x, das quais 5x em At; nos relatos da infância aparece 4x (1,21.63; 2,18.33).

[106] Segundo M. ZERWICK, *El griego del Nuevo Testamento*, 154, quanto ao uso da perífrase de imperfeito, Lucas supera largamente os demais autores do NT (30x em Lc e 24x em At).

[107] Segundo H. HÜBNER, "λαλέω", 2, este verbo aparece 269x no NT. De modo particular em Jo (59x) e At (59x); na obra lucana 90x (31x em Lc; 59x em At); é importante notar que em Lc 1–2 é empregado 14x, 7x em cada um dos capítulos. Em 2,22-39, é utilizado 2x (vv.33.38) em ambos os casos seguido do complemento preposicional περὶ αὐτοῦ.

[108] Segundo J.J. O'ROURKE, "The Construction with a Verb of Saying as an Indication of Sources in Luke", 422, no material exclusivo do terceiro evangelho, 50x (ca. de 38% dos casos) em que se utiliza a estrutura

mãe dele.[109] A combinação desses verbos introduz o segundo dito de Simeão como sucede na introdução do primeiro dito (v.28bc). Note-se que os pais do menino (αὐτοὺς) como complemento do verbo εὐλογέω ocupam a mesma função sintática que o substantivo θεός no v.28b.

O oráculo dirigido a Maria, está composto por quatro proposições, duas principais (vv.34d.35a) e duas subordinadas (v.34e.35b). Todo o conjunto é solenemente assinalado pela partícula enfática ἰδοὺ (v.34c). Essa "prepara a nova profecia",[110] chamando a atenção para as palavras que serão pronunciadas na sequência (vv.34de-35ab).[111]

A primeira oração principal é construída com o verbo κεῖμαι[112] no indicativo presente passivo, terceira pessoa do singular (v.34d). O pronome demonstrativo, no nominativo singular masculino (οὗτος), ocupa a função de sujeito e se refere a Jesus. Além disso, há dois complementos preposicionais, o primeiro no acusativo-genitivo (εἰς πτῶσιν καὶ ἀνάστασιν πολλῶν), o segundo no dativo (ἐν τῷ Ἰσραὴλ).[113] A primeira oração subordinada (v.34e), regida pela principal precedente, está construída com

---

[verbo "of saying" (εἶπεν y λέγειν) + destinatário], este último aparece no acusativo precedido da preposição πρός; A. VALENTINI, Il magnificat, 205, destaca que essa estrutura é uma característica literária lucana (12x em Lc 1–2).

[109] Em Lc 1–2, é uma segunda vez que os verbos εὐλογέω e λέγω são utilizados em associação para referir-se a Maria. Em 1,42, é Isabel que, "em voz alta, lhe disse: bendita és tu entre as mulheres".

[110] H. SCHÜRMANN, Il vangelo di Luca, I, 252.

[111] K. DAHN, "Ver, aparecerse (ὁράω)", 775.

[112] O verbo κεῖμαι aparece 24x no NT (3x em Mt; 6x em Lc; 7x em Jo; nenhuma em Mc e At). Na maioria dos casos, é usado na voz passiva ou meio passiva. Em Lc 1–2, é empregado 3x. Em 2,12.16, κεῖμαι é utilizado no particípio presente acusativo neutro singular e constitui duas orações subordinadas, as quais desempenham uma função adjetiva e qualificam o substantivo βρέφος (recém-nascido).

[113] Israel é citado pela terceira vez na perícope. As duas últimas se encontram dentro dos dois ditos de Simeão.

o verbo ἀντιλέγω[114] no particípio presente[115] passivo acusativo neutro singular (sem artigo). Esse ocupa uma posição predicativa e qualifica o substantivo σημεῖον, também no acusativo neutro singular.

A segunda proposição principal, construída com o verbo διέρχομαι[116] no indicativo futuro (v.35a), tem como sujeito ῥομφαία (espada) e como complemento-objeto τὴν ψυχὴν (a alma). Essa oração está coordenada pela oração principal anterior (v.34d), por meio da conjunção καί.

A oração subordinada final (v.35b) regida pela principal precedente (v.35a) é construída com o verbo ἀποκαλύπτω[117] no subj. aor. pas. terc. pess. pl. Esse subjuntivo é precedido pela conjunção subordinante final (ὅπως) e tem como sujeito "os pensamentos de muito corações" (ἐκ πολλῶν καρδιῶν διαλογισμοί). Note-se que, no oráculo a Maria, o adjetivo masc. pl. no genitivo (πολλῶν) aparece 2x: na primeira oração principal (v.34d) e na segunda subordinada (v.35b), e em ambas ocupa uma função predicativa.

---

[114] O verbo ἀντιλέγω aparece 11x no NT; na obra lucana 7x (3x em Lc; 4x em At).

[115] Segundo M. ZERWICK, *El griego del Nuevo Testamento*, 127, nesse caso o particípio presente tem um sentido futuro.

[116] O verbo composto διέρχομαι (διά + ἔρχομαι) aparece 42x no NT, mas, se forem consideradas algumas variantes textuais para as passagens Mt 19,24 e Jo 8,59, esse total pode subir para 43 ou 44x. 2x em Mt (12,43; 19,24); 2x em Mc (4,35; 10,25); 2x em Jo (4,4.15). Além disso, em Rm 5,12; 1Cor 10,1; 16,5 (2x); 2Cor 1,16; Hb 4,14. É notável o uso desse verbo nos escritos lucanos: 31x (10x em Lc; 21x em At); em At é utilizado somente a partir do capítulo 8 (8,4.40; 9,32.38; 10,38; 11,19.22; 12.10; 13,6.14; 14,24; 15,3.41; 16,6; 17,23; 18,23.27; 19,1.21; 20,2.25).

[117] O verbo ἀποκαλύπτω aparece 26x no NT, 4x em Mt (10,26; 11,25.27; 16,17), em Jo 12,38; 11x no *Corpus Paulinum*. Nos escritos lucanos aparece 5x em Lc (2,35; 10,21.22; 12,2; 17,30).

2.3. O relato de Ana (vv.36.38)

seção	texto	v. segto.
	Καὶ ἦν Ἄννα προφῆτις,	36 a
	θυγάτηρ Φανουὴλ ἐκ φυλῆς Ἀσήρ	b
	αὕτη προβεβηκυῖα ἐν ἡμέραις πολλαῖς,	c
C	ζήσασα μετὰ ἀνδρὸς ἔτη ἑπτὰ ἀπὸ τῆς παρθενίας αὐτῆς	d
	καὶ αὐτὴ χήρα ἕως ἐτῶν ὀγδοήκοντα τεσσάρων	37 a
	ἣ οὐκ ἀφίστατο τοῦ ἱεροῦ	b
	νηστείαις καὶ δεήσεσιν λατρεύουσα νύκτα καὶ ἡμέραν	c
	καὶ αὐτῇ τῇ ὥρᾳ ἐπιστᾶσα	38 a
C'	ἀνθωμολογεῖτο τῷ θεῷ	b
	καὶ ἐλάλει περὶ αὐτοῦ	c
	πᾶσιν τοῖς προσδεχομένοις λύτρωσιν Ἰερουσαλήμ.	d

O relato de Ana (vv.36-38) está composto por quatro orações principais e seis subordinadas. Essa subunidade pode ser dividida em duas seções: C e C'. Ana, o segundo personagem, é descrita na seção C, (vv.36a-37c), que está formada por duas proposições principais (vv.36a.37a), uma aposição (v.36b) e quatro subordinadas (vv.36cd.37bc). Suas ações, naquele momento determinado, são narradas na seção C' (v.38abcd), que está composta por duas principais (v.38bc) e duas subordinadas (v.38ad).

A coesão dessa subunidade, não obstante as duas seções, é destacada linguístico-sintaticamente por meio de dois elementos: (1) a presença da conjunção copulativa καί (4x), com a qual vem assinalada a coordenação das quatro proposições principais; (2) os verbos das quatro principais estão todos conjugados no indicativo imperfeito terc. pess. sing (vv.36a.38bc). Isso vale inclusive para a oração principal pronominal (v.37a), onde o verbo εἰμι não está explícito.

Além disso, cinco orações, entre as seis subordinadas, estão construídas como um verbo no particípio: uma vez no perfeito (v.36c); duas vezes no aoristo (vv.36d.38a); duas vezes no presente (vv.37c.38d). A única subordinada que não está no particípio (v.37b) se encontra no indicativo imperfeito, terc. pess. sing., igual aos verbos das quatro orações principais.

2.3.1. Sua descrição (vv.36a-37c)

A seção C (vv.36a-37c) começa com a oração principal construída pelo verbo εἰμί, no imperfeito do indicativo, utilizado como predicado verbal (v.36a), com o qual se descreve explicitamente a existência[118] e o nome do novo personagem. Essa proposição é imediatamente seguida por duas aposições, com as quais se descrevem dois atributos de Ana, προφῆτις (v.36a), θυγάτηρ Φανουήλ (v.36b), e por um complemento preposicional de procedência ἐκ φυλῆς ᾿Ασήρ (v.36b).

A oração subordinada de primeiro grau, regida pela principal καὶ ἦν ῎Αννα (v.36a), é construída pelo verbo προβαίνω[119] (v.36d), o qual é empregado no particípio perfeito[120] dentro da expressão temporal tipicamente hebraica "προβεβηκυῖα ἐν ἡμέραις πολλαῖς" (avançada em muitos dias).[121] Essa proposição rege, por sua vez, uma subordinada de segundo grau (v.36d), que está construída com o verbo ζάω[122] no particípio aoristo ativo nom. fem. sing., no qual se refere a Ana. O predicado está formado por dois complementos preposicionais no genitivo (μετὰ ἀνδρὸς ἔτη ἑπτὰ) e (ἀπὸ τῆς παρθενίας αὐτῆς).

A descrição do personagem (seção C) continua com três proposições no v.37. A oração principal é uma pronominal (v.37a), onde o verbo εἰμί não está explícito. Ela é coordenada pela oração principal do v.36a por meio da conjunção καί e, ao mesmo

---

[118] H. BALZ, "εἰμί", 1194.

[119] O verbo προβαίνω aparece 5x no NT; Mt 4,21 par. Mc 1,19 e 3x em Lc, todas em Lc 1–2 (1,7.18; 2,36). Na LXX a mesma expressão está presente 7x (Gn 18,11; 24,1; Js 13,1 (2x); 23,1.2; 1Rs 1,1).

[120] No nom. fem. sing., refere-se ao sujeito da oração principal (Ana).

[121] R.E. BROWN, El nacimiento del Mesías, 266. Segundo L. DÍEZ MERINO, "Transfondo semítico de Lucas 1-2", 39.66, a expressão deve ser considerada um semitismo traduzido para o grego (בוא בימים).

[122] O verbo ζάω (contraído – ζῶ) é utilizado 140x no NT, especialmente no Corpus Paulinum assim como em Jo (17x); Ap (13x) e Hb (12x). Em Lc-At, aparece 21x (9x em Lc, 12x em At). Chama a atenção que no NT, ζάω seja empregado 61x no particípio. Na obra lucana, isso acontece 10x: 1x no particípio aoristo (2,36) e 9x no particípio presente: 3x em Lc (15,13; 20,38; 24,5) e 6x em At (1,3; 7,38; 9,41; 10,42; 14,15; 20,12).

ANÁLISE LITERÁRIO-ESTRUTURAL

tempo, rege as duas orações subordinadas que a sucedem (v.37bc). A oração começa com a fórmula καὶ αὐτὴ, que é tipicamente lucana.[123] O sujeito αὐτὴ e seu predicativo χήρα ἕως ἐτῶν ὀγδοήκοντα τεσσάρων se referem a Ana. O substantivo ἔτος acompanhado de um adjetivo numeral (ὀγδοήκοντα τεσσάρων) se refere ao substantivo χήρα. Note-se que o substantivo ἔτος + adjetivo numeral aparece, também, em v.36d, onde está acompanhado pelo numeral ἑπτά e se refere aos anos que Ana viveu com um marido (μετὰ ἀνδρὸς); isso o constitui um elemento de coesão dentro de sua descrição.

A proposição do v.37b é uma subordinada relativa explícita. Começa com o pronome relativo nominativo feminino singular (ἣ), o qual ocupa a função de sujeito e se refere ao predicativo do sujeito da oração anterior, χήρα (v.37a). O verbo ἀφίστημι,[124] no indicativo imperfeito, é precedido pela partícula de negação οὐκ, e seu complemento genitivo de lugar é τοῦ ἱεροῦ. Esse substantivo também é empregado na descrição de Simeão (v.27a), com o qual se assinala que os dois personagens estão no Templo e ali se encontram com o menino e seus pais.

A oração subordinada seguinte é explicativa (v.37a), regida pela oração subordinada relativa (v.37b) e construída com o verbo λατρεύω[125] no particípio presente ativo, que, no nom. fem. sing., também se refere a χήρα. A proposição possui dois complementos: o primeiro de instrumento, no dativo (νηστείαις καὶ δεήσεσιν); o segundo, de tempo, no acusativo (νύκτα καὶ ἡμέραν). Note-se que, na sequência da proposição, o complemento de instrumento no dativo aparece antes do verbo, o que dá ênfase aos substantivos que o compõem.

---

[123] Segundo M. ZERWICK, *El griego del Nuevo Testamento*, 94, Lucas emprega frequentemente αὐτὴ – αὐτός no nominativo, em lugar do pronome pessoal de terceira pessoa. Em Lc, para iniciar uma nova proposição, a fórmula καί + αὐτὴ/αὐτός é utilizada cerca de 40x.

[124] O verbo ἀφίστημι é empregado 14x no NT, na obra lucana 10x (4x em Lc; 6x em At).

[125] O verbo λατρεύω aparece 21x no NT. Não ocorre em Jo, tampouco em Mc; 1x em Mt (4,10); 8x na obra lucana: 5x em At; 3x em Lc (1,74; 2,37; 4,8).

2.3.2. Sua ação naquela hora (v.38)

A presença de Ana e suas ações naquele momento específico são descritas na seção C' (v.38abcd). A fórmula temporal "nessa hora" (αὐτῇ τῇ ὥρᾳ), no início do v.38a, tem precisamente a função de chamar a atenção do leitor para o que acontecerá naquela hora determinada. A oração subordinada está construída com o verbo ἐφίστημι[126] no particípio aoristo ativo nom. fem. sing. (o qual se refere a χήρα) e exerce a função de sujeito da oração principal a seguir (v.38b).

A conjunção copulativa καί, presente no início do versículo, coloca a oração principal (v.38b) em coordenação com a nominal anterior (v.37a) e com a principal seguinte (v.38c). O verbo da principal é um *hapax* neotestamentário ἀνθομολογέομαι,[127] conjugado no indicativo imperfeito da terceira pessoa do singular. O sujeito implícito é Ana e o complemento-objeto indireto é τῷ θεῷ. É interessante notar que o substantivo θεός, pela segunda vez ao longo da perícope, é utilizado como complemento-objeto. A primeira vez, no v.28b, como objeto direto (εὐλόγησεν τὸν θεὸν). Em ambos os casos aparece como parte de um predicado construído por um verbo de louvor (εὐλογέω e ἀνθομολογέομαι).

A segunda oração principal (v.38c) é construída com o verbo λαλέω no indicativo imperfeito ativo. O sujeito implícito é Ana, e o complemento preposicional no genitivo (περὶ αὐτοῦ) se refere a Jesus. É a terceira vez, na perícope, que se utiliza a preposição περί associada ao pronome masculino da terceira pessoa do singular αὐτός (no genitivo αὐτοῦ) para referir-se ao menino Jesus.[128] A oração subordinada objetiva indireta (v.38d), regida pela oração principal (v.38c),[129] está construída com o verbo προσδέχομαι no particípio

---

[126] Segundo H. BALZ, "ἐφίστημι", 1709, o verbo é utilizado 21x no NT, 18x em Lc-At (7x em Lc; 11x em At); além disso, aparece em 1Ts 5,3; 2Tm 4,2.4.

[127] O verbo ἀνθομολογέομαι na LXX é pouco utilizado, somente 5x (Dn 4,37; Esd 3,11; Sl 78,13; Eclo 17,27; 20,3).

[128] As 2x anteriores são os vv.27d.33b; nesse último está associado ao verbo λαλέω como no v.38c.

[129] Segundo J.J. O'ROURKE, "The Construction with a Verb of Saying as an Indication of Sources in Luke", 422-423, 11x (ca. de 60% dos casos) em que se utiliza a estrutura verbo "of saving" (exceto εἶπεν y λέγειν +

presente dat. masc. pl., o qual é um particípio substantivado. Está precedido pelo artigo plural (τοῖς) e por um adjetivo com função predicativa (πᾶσιν), ambos no dativo. O verbo προσδέχομαι aparece duas vezes na perícope, em ambos os casos conjugado no particípio presente e acompanhado de complementos no acusativo-genitivo: παράκλησιν τοῦ Ἰσραήλ (v.25d) e λύτρωσιν Ἰερουσαλήμ (v.38d). Os dois complementos são formados por dois elementos que servem de coesão dentro da perícope: Ἰσραήλ que aparece (3x, vv.25d.32b.34c) e Ἰερουσαλήμ (2x, vv.25a.38d).[130]

3. Análise semântica

A análise sintática nos mostrou a riqueza das articulações que formam o texto da perícope. Agora, a análise semântica nos permite conhecer com profundidade o sentido dos termos, expressões e orações que a compõem. Para uma melhor visualização, a título didático, utiliza-se a mesma divisão da perícope em três subunidades.

3.1. A inclusão (vv.22-24.39)

Os vv.22-24.39 formam a introdução e a conclusão de toda a perícope. Nesses versículos, são apresentados o cenário (Templo de Jerusalém)[131] e o fundamento (Lei-Torá de Moisés-do Senhor) sobre os quais se desenvolve toda a narrativa. No judaísmo rabínico, tanto o Templo de Jerusalém como a Torá, estão entre as sete realidades feitas por Deus antes da criação do mundo (*Pes* 54a),[132] concepção que revela o valor e a importância dada a eles.[133]

---

destinatário) no material exclusivo do terceiro evangelho, o destinatário vem no dativo simples.

[130] No v.22c, utiliza-se a forma helênica do nome da cidade: Ἰεροσόλυμα.

[131] J.M. LÓPEZ MAULEÓN, "τὸ Πνεῦμα (τὸ) ἅγιον en san Lucas", 282.

[132] Segundo a Mishná *Pes* 54a, as sete realidades são: a Torá, o arrependimento, o jardim do Éden, a Geena, o trono da Glória, o Templo e o nome do Messias.

[133] F. MANNS, *La preghiera d'Israele al Tempo di Gesù*, 112.

3.1.1. O cenário: a cidade de Jerusalém e o Templo

O texto narra que eles (os pais) fizeram o menino (αὐτὸν) subir (ἀνήγαγον) a Jerusalém (v.22c). Esta viagem tem duas finalidades: apresentá-lo ao Senhor (v.22d) e oferecer um sacrifício (v.24a). Nestes versículos se afirma implicitamente que eles vão ao Templo, o lugar privilegiado da habitação do Senhor em Jerusalém, único lugar na cidade onde se podiam oferecer sacrifícios.

Lucas, muito mais que os demais sinóticos, destaca a importância de Jerusalém.[134] Este destaque deve ser compreendido dentro da concepção enraizada no judaísmo primitivo, alimentada pelas esperanças do AT de que a cidade fosse o lugar central da revelação escatológica de Deus, até onde afluiriam todas as nações (Is 2,2-4; 60; 62; Mq 4,1-4; Zc 2,14; 8,22; Jl 2,5; 4,20; *TestBenj* 9,2; *TestNeft* 8,3).[135] Na realidade, o evangelista demonstra grande interesse por essas tradições de Israel.[136] A marcada presença de Jerusalém[137] (Ἰερουσαλήμ ou Ἰεροσόλυμα),[138] do Templo (ἱερόν)[139] e da "lei dos profetas" (ὁ

---

[134] E. LOHSE, "Σιών", 352. Segundo J. NAVONE, *Themes of St. Luke*, 66, "Jerusalém" é um termo-chave em Lucas.

[135] L. SCHENKE, *La comunidad primitiva*, 27.

[136] P. TREMOLADA, "Tradizione e kerygma nei discorsi apostolici del libro degli Atti", 318.

[137] Segundo L. HARTMAN "Ἰεροσόλυμα; Ἰερουσαλήμ", 1961, as duas formas do nome são tomadas da LXX. No NT, aparece 139x. A maioria se encontra nos evangelhos e At. Em Mc, Mt e Jo, a forma helenística (Ἰεροσόλυμα) é a que aparece mais normalmente. Em Hebreus e Apocalipse, somente se encontra a forma semítica (Ἰερουσαλήμ). Na obra lucana, onde aparece 90x (31x em Lc; 59 em At), é mais difícil observar um uso consequente de ambas as formas, ainda que no evangelho de Lucas predomine a forma Ἰερουσαλήμ.

[138] Segundo I. DE LA POTTERIE, "Les deux noms de Jérusalem dans l'évangile de Luc", 57-70, o evangelista utiliza Ἰερουσαλήμ para designar a cidade santa, o lugar da revelação messiânica e de obra de salvação, enquanto Ἰεροσόλυμα é a cidade profana, mas também a cidade culpável, aquela que não acolheu seu Senhor e por isso recebe a ameaça de ser castigada.

[139] Segundo W. VON MEDING, "Templo (ναός)", 693-694. U. BORSE, "ἱερον", o substantivo ἱερόν aparece 71x no NT, na obra lucana, 39x (14x em Lc; 25x em At).

νόμος καὶ οἱ προφῆται) na sua teologia é sinal dessa característica do autor.[140]

Segundo Lc-At, Jerusalém é o foco de irradiação geográfico-teológica do cristianismo.[141] A cidade é o lugar onde a história salvífico-redentora conhecerá sua plenitude e cumprimento.[142] Se, por um lado, Jerusalém, como a cidade onde perecem os profetas (13,33), é o lugar de rejeição do Messias, de sua paixão e morte (22,1–23,56), por outro é também lugar da ressurreição, das aparições do ressuscitado (24,33-35.36ss) e da ascensão (24,51; At 1,9-11). É em Jerusalém que os discípulos de Jesus devem esperar o cumprimento da promessa do dom do Espírito, onde são revestidos da força do alto (24,49; At 1,4-5); como consequência, é a partir de Jerusalém (24,47-49; At 1,8.12; 2,5) que o anúncio cristão se estenderá aos confins da terra e alcançará todas as nações;[143] além disso, nessa cidade os missionários Paulo e Barnabé recebem a confirmação de sua missão entre os pagãos e a permissão de não submeter os cristãos provenientes do mundo grego-romano à exigência mosaica do rito da circuncisão (At 15,1-33). Tais características exigem que qualquer investigação exegético-teológica de um texto lucano não ignore o interesse geográfico-teológico do autor.[144]

---

[140] J.A. FITZMYER, El Evangelio según Lucas, I, 275-281; G. BERLINGIERI, Il lieto annuncio della nascita e del concepimento del precursore di Gesù, 99; A. SIMÓN MUÑOZ, El Mesías y la hija de Sión, 55; J.M. LÓPEZ MAULEÓN, "τὸ Πνεῦμα (τὸ) ἅγιον en san Lucas", 308-309.

[141] B. CORSANI, "Gerusalemme nell'opera lucana", 20-24, distingue que, em Lc-At, a cidade de Jerusalém é apresentada, ao mesmo tempo, sob dois aspectos: um positivo e outro negativo. Segundo esse autor, as vezes que aparece em sentido negativo, seria um sinal de que Lucas não idealiza nem sacraliza a cidade. Não a idealiza nem como centro simbólico do judaísmo, nem como ponto de partida e centro do cristianismo. Portanto, a importância da cidade estaria condicionada a sua abertura ou rejeição diante da nova revelação e da renovada ação divina realizada em Jesus. Em outras palavras, diante da pessoa e da palavra de Jesus (Lc) e da de seus discípulos (At).

[142] J. NAVONE, Themes of St. Luke, 64.

[143] S. BROWN, Apostasy and Perseverance in the Theology of Luke, 76; A. RODRIGUEZ CARMONA, "La obra de Lucas (Lc-Hch)", 297-298.303.-304; J.A. FITZMYER, El Evangelio según Lucas, I, 275.

[144] A. RODRIGUEZ CARMONA, "La obra de Lucas (Lc–Hch)", 295. Segundo J.A. FITZMYER, El Evangelio según Lucas, I, 274, na obra luca-

Lc é o único dos quatro evangelhos que começa e termina no Templo de Jerusalém. A moldura de seu evangelho está formada, no início, pelo relato de Zacarias que serve ao Senhor no Templo de Jerusalém (1,8-9) e, no final, pelo relato dos onze e demais discípulos que, depois da ascensão de Jesus, retornam a Jerusalém e louvam a Deus no Templo (24,52-53). Tudo no evangelho está direcionado para a meta que é Jerusalém.[145] Quase dois terços da atividade de Jesus, entre o início de seu ministério e sua paixão, se desenvolvem ao longo da viagem[146] realizada com seus discípulos e discípulas (23,49) desde Galileia até Jerusalém (9,51–19,29).[147] Sendo que, quando Jesus chega a Jerusalém, sua atividade se concentra no Templo.[148] Mas, se por um lado Jerusalém é o lugar por

---

na a perspectiva geográfica está diretamente subordinada à intenção teológica do autor; H. HENDRICKX, *Los relatos de la infancia*, 137-138.

[145] A. PUIG I TÀRRECH, "Les voyages à Jerusalem (Lc 9,51; Ac 19,21)", 493-505.

[146] Segundo A. A. RODRÍGUEZ CARMONA, "La obra de Lucas (Lc-Hch)", 297.321-327, o caminho percorrido ao longo da viagem deve ser compreendido, em primeiro lugar, como o caminho próprio "de Jesus" e, em consequência de seu seguimento, como o caminho a ser percorrido pela sua Igreja. Segundo G. SEGALLA, *Evangelo e vangeli*, 180, todos os exegetas modernos estão de acordo sobre a importância teológico-estrutural da subida a Jerusalém (9,51; 13,22; 17,11; 19,28).

[147] B. CORSANI, "Gerusalemme nell'opera lucana", 13. Segundo J.A. FITZMYER, *El Evangelio según Lucas*, I, 277, Lucas tem interesses em apresentar Jesus em movimento desde a Galileia até Jerusalém. Isso é perfeitamente justificável se se tem presente a afirmação lucana de que "não cabe a um profeta morrer fora de Jerusalém" (13,33).

[148] Jesus entra no Templo, expulsa os vendedores e afirma: "Está escrito: minha casa será casa de oração" (19,45-46); diariamente ensinava no Templo (19,47; 20,1); Jesus vê a viúva pobre que lança no tesouro do Templo tudo o que possuía (21,1-2); diante da admiração de seus discípulos pela grandiosidade do Templo, Jesus anuncia sua ruína e destruição (21,5-6); de dia, Jesus ensinava no Templo, de noite dormia no Monte das Oliveiras (21,37); o povo madrugava no Templo para ouvir seus ensinamentos (2,38); os que o prendem no Monte das Oliveiras são guardas do Templo e Jesus declara que durante todos os dias esteve com eles no Templo (22,52-53); depois da ressurreição e ascensão de Jesus, seus discípulos voltam a Jerusalém e louvam a Deus no Templo (24,52-53).

excelência da salvação e redenção, por outro é também o lugar o juízo. Por rejeitar a messianidade de Jesus, a cidade atrai sobre si mesma o juízo e a destruição (13,34). Em Jerusalém, Jesus é submetido ao ódio tradicional contra os profetas (13,33). A paixão de Jesus está estruturada entre duas cenas cujo centro destaca o juízo iminente da cidade; em 19,41-44, Jesus chora por Jerusalém; em 23,27-31, uma multidão o segue, enquanto algumas mulheres choram por Jesus.[149]

A importância teológica da lei, do Templo e de Jerusalém também está sublinhada em Lc 1–2.[150] De fato, os escritos lucanos, em particular Lc 1–2, apresentam uma elaborada síntese do valor e do sentido do Templo na vida cotidiana do povo de Israel.[151] Esses capítulos apresentam uma inclusão que começa e termina com episódios que se desenvolvem no Templo de Jerusalém.[152] Na apresentação (2,22-39), Simeão vai ao Templo movido pelo Espírito (2,25-35) e Ana está no Templo (2,36-38), onde ambos encontram o Menino Messias.[153]

---

[149] J. NAVONE, *Themes of St. Luke*, 65.

[150] C.L. BLOMBERG, "The Law in Luke-Acts", 57; J.M. LÓPEZ MAULEÓN, "τὸ Πνεῦμα (τὸ) ἅγιον en san Lucas", 282.; J.B. TYSON, "The Lukan Infancy Narratives (Luke 1-2)", 46-47.

[151] Segundo P. TREMOLADA, "Tradizione e kerygma nei discorsi apostolici del libro degli Atti", 318, em Lc 1–2 se encontram os relatos que melhor ilustram a visão lucana da tradição judaica existente no tempo de Jesus; R.E. BROWN, *El nacimiento del Mesías*, 368; A. RODRIGUEZ CARMONA, "La obra de Lucas (Lc-Hch)", 296. Segundo J. CABA, *De los Evangelios al Jesús histórico. Introducción a la cristología*, 319, a importância do santuário para a teologia lucana se observa pelo fato de que todos os relatos de Lc 1–2 descritos em Jerusalém se desenvolvem no interior do Templo. O mesmo E. BALLHORN, "Simeon: der Jesaja des Neuen Testaments (Lk 2,21-40)", 70.

[152] Essa inclusão está formada pela cena do anúncio a Zacarias (1,8-22), que está no Santuário (1,8-9), e pelo relato da perda-encontro do menino Jesus no Templo (2,34.46). Note-se que o anúncio a Zacarias ocorre no Santo dos Santos (ναός), o lugar mais sagrado do Templo.

[153] Segundo J. CABA, *De los Evangelios al Jesús histórico*, 319, deve-se observar que existe uma diferença fundamental quanto ao papel que Jerusalém

O evangelista segue fielmente a tradição judaica que, segundo as Escrituras, reconhece a sacralidade do Templo de Jerusalém.[154] É justamente à luz da "piedade do Templo",[155] que Lucas organiza seus relatos da infância, de modo particular a apresentação de Jesus (2,22-39).[156]

Para descrever a viagem a Jerusalém (v.22c), é empregado ἀνάγω, verbo que no NT assume diversos significados.[157] Seu sentido nesta perícope é mais bem compreendido se se faz um paralelo com o uso e o sentido do verbo ἄγω, que também é muito frequente na obra lucana.[158] Em geral, este último é empregado

---

desempenha nos relatos de Mt 1–2, nos quais a cidade é nomeada somente 2x (Mt 2,1.3) e, de passagem, na ocasião da vinda dos magos do Oriente.

[154] O Templo é o lugar para onde sobe todo o povo de Israel (Sl 122,4). É o lugar da oração, das oferendas, dos sacrifícios, onde se cumprem os preceitos da lei do Senhor (1,8-10; 2,22-24.27.39). É o lugar onde os humildes, os pobres, os pecadores recebem a justificação e a salvação (18,9-14); onde Jesus ensina o povo (19,47; 20,1ss), o qual com atenção o escuta diariamente (19,48; 21,38). O Templo é o lugar onde, pela ação do Espírito profético, se revela o plano salvífico de Deus e se manifesta a presença do Messias do Senhor (2,28-32.34-35; At 22,17-18). Além disso, Lucas não omite que o Templo é o lugar-símbolo da resistência a Jesus e a seus discípulos. No Templo, as autoridades religiosas de Israel enfrentam Jesus e tentam acabar com ele (19,47; 20,1-8; 20,9-19); Pedro e João são presos no Templo (At 3,1ss. 4,1-3); Paulo é atacado, quase morto e preso no Templo (At 21,27-33). Segundo C. ROWLAND, "The Temple in the New Testament", 469, a ambiguidade diante do Templo de Jerusalém que se encontra entre os autores do NT está enraizada na mesma ambiguidade existente na tradição judaica.

[155] Segundo R.E. BROWN, *El nacimiento del Mesías*, 473, essa "piedade do Templo" é uma das características da teologia dos *anawim*.

[156] A. VALENTINI, "'Καθαρισμοῦ αὐτῶν' e 'ῥομφαία' (Lc 2,22.35)", 169.

[157] É empregado com o significado de: *fazer subir, apresentar, lançar-se ao mar*. Em At, na maioria dos casos é utilizado como um termo técnico da navegação com o qual se expressa a ideia de levantar âncoras, lançar-se ao mar, zarpar (13,31; 16,11; 18,21; 20,3.13; 21,1.2; 27,2.4.12.21; 28,10.11). Em At 12,4 aparece com o significado de "apresentar ante", enquanto em At 7,41, com o sentido de "apresentar uma oferenda, um sacrifício" (ἀνήγαγον θυσίαν).

[158] O verbo ἄγω aparece 77x no NT; 41x em Lc-At (15x em Lc e 26x em At).

ANÁLISE LITERÁRIO-ESTRUTURAL 109

com o sentido de conduzir, levar.[159] Para ser fiel à ideia presente no v.22c, é necessário distinguir o sentido e o contexto em que aparecem ἀνάγω e ἄγω.[160]

---

[159] Em 4,29, a conotação de conduzir Jesus está presente por meio de ἄγω associada à ideia de movimento até o alto, que é descrita pelo complemento preposicional de lugar que segue o verbo (ἕως ὀφρύος τοῦ ὄρους). Em 4,40, uma vez mais ἄγω é utilizado com a conotação única de *conduzir, levar, trazer*, sem nenhuma ideia de movimento até o alto; note-se que não existe no texto nenhum elemento que acrescente tal conotação.

[160] O texto 4,1-14 (as tentações de Jesus) serve como um bom exemplo para ilustrar a diferença de sentido com que os verbos ἄγω (vv.1.9) e ἀνάγω (v.5) são utilizados na obra lucana. Em 4,1, os verbos empregados são ὑποστρέφω e ἄγω; o primeiro com o sentido de *retornar, regressar* desde o Jordão (ἀπὸ τοῦ Ἰορδάνου); e o segundo para descrever a ação de *ser conduzido, levado* "ao deserto" (ἐν τῇ ἐρήμῳ). Além disso, o prefixo ὑπό, presente no primeiro verbo, transmite a ideia de estar sob algo (debaixo de), no qual, dentro de um contexto de movimento, descreve um regresso que faz subir, quer dizer, partir de um ponto mais baixo. Nesse versículo, Lucas deixa claro que é o Espírito o agente que conduz Jesus. A ideia de *ser conduzido* é descrita pelo verbo ἄγω, enquanto a de *ser elevado do Jordão* é assinalada pelo verbo ὑποστρέφω. Em 4,5, ἀνάγω descreve a ideia de *fazer subir, conduzir para/até* o alto como em 2,22. Em 4,9, ἄγω é utilizado com o sentido de *conduzir*. Note-se bem que em ambos os casos o sujeito de ἀνάγω e de ἄγω é o diabo, e o complemento-objeto (αὐτὸν) se refere a Jesus; no v.5, Jesus é *conduzido para o alto*, onde lhe são mostrados todos os reinos da terra e ali enfrenta a segunda tentação; enquanto no v.9, Jesus é *conduzido* a Jerusalém e colocado sobre o pináculo do Templo, onde enfrenta a terceira tentação. O objetivo do tentador é afastar de Deus, ou seja, provocar uma ruptura de comunhão entre Jesus e Deus, fato que é exatamente contrário ao sentido teológico de ἀνάγω, com o qual se indica um movimento de ascenso que culmina com a revelação de uma experiência profunda de comunhão com Deus. Em 4,5, o evangelista afirma que é o diabo que conduz Jesus até o alto (ἀνάγω) e aparentemente sugere também que é o diabo quem o faz subir ao ponto mais alto sobre o Templo; mas essa ideia deve ser lida em um contexto mais amplo, porque o evangelista já havia descrito o agente que conduz Jesus, o Espírito Santo (4,1) e, além disso, Jesus já havia sido levado e apresentado no lugar mais alto, o Templo, onde na presença do Senhor foi santificado e consagrado (2,22-39). Portanto, Jesus é descrito em perfeita comunhão com Deus, desde muito antes. Por outro lado, na terceira tentação (v.9), existe uma referência a Jerusalém que é assinalada

No v.22c, o autor não somente quer afirmar que o conduziram (ou o levaram) a Jerusalém. Se fosse essa sua intenção, teria utilizado o verbo ἄγω, como o faz em outros episódios de Lc-At. Note-se como ἀνάγω enfatiza a ideia do deslocamento *até o alto*. Essa ideia tem em primeiro lugar uma conotação geográfico-espacial.[161] Mas não se pode ignorar que existe, também, uma conotação teológico-cultual[162] que, arraigada à tradição judaica,[163] contempla em Jerusalém-Sião e no seu Santuário o lugar teológico por excelência; o ponto mais alto para o qual todo o Israel é continuamente convidado a subir (Sl 122).[164]

Na conclusão da perícope (v.39c), para descrever o retorno de Jerusalém à Galileia, o autor utiliza ἐπιστρέφω.[165] Seu sentido na

---

pelo complemento preposicional de lugar (εἰς Ἰερουσαλήμ) igual que no v.2,22. Mas, no v.9, a ideia de ser *conduzido até o alto* não se faz presente pelo verbo ἄγω, mas pela oração principal subseguinte (καὶ ἔστησεν ἐπὶ τὸ πτερύγιον τοῦ ἱεροῦ), onde se faz referência ao pináculo (ponto mais alto) do Templo, sobre o qual, o diabo colocou Jesus. Além disso, a estrutura (ἄγω + εἰς + Ἰερουσαλήμ) aparece 2x em At (9,2; 22,5), onde, à diferença de 4,9, não é acompanhada por algum elemento específico que indique deslocamento até o alto. De fato, nessas duas situações, o movimento descrito "até Jerusalém" tem uma conotação apenas espacial, não possuindo sentido teológico.

[161] Segundo L. ALONSO SCHÖKEL – C. CARNITI, *Salmos*, II, 1465, dado que a Palestina é uma região montanhosa, a vinda do Egito pode ser chamada de "subida"; igualmente a volta da Babilônia.

[162] Segundo J.A. FITZMYER, *El Evangelio según Lucas*, I, 274, nos escritos lucanos a perspectiva geográfica está decididamente subordinada a sua intenção teológica.

[163] Essa tradição foi alimentada, principalmente, pelos Sl 120–134, chamados Salmos graduais ou "das subidas". Segundo L. ALONSO SCHÖKEL – C. CARNITI, *Salmos*, II, 1466, o título mais razoável para esse conjunto de salmos é "cantos da peregrinação".

[164] Segundo S. MUÑOZ IGLESIAS, *Los evangelios de la infancia*, III, 165, o verbo ἀνάγω se caracteriza como o termo clássico para descrever a viagem de subida à cidade Santa (como na raiz עלה).

[165] Segundo S. LÉGASSE, "ἐπιστρέφω", 1540-1543, no NT, ἐπιστρέφω aparece com dois significados. O primeiro, em sentido absoluto de movimento de retorno: *voltar-se, regressar* (intransitivo). Em Lc-At, ἐπιστρέφω é utilizado com o sentido de *regressar* em 2,39; 8,55; 17,4.31; At 15,36; e

obra lucana fica mais claro quando se conhece o significado de outros dois verbos tipicamente lucanos: στρέφω [166] e ὑποστρέφω.[167]

A primeira observação é que στρέφω não parece em Lc 1–2, onde são utilizados ὑποστρέφω (1,56; 2,20.43.45) e ἐπιστρέφω (2,39). A segunda, é que ambos são empregados com o mesmo significado: *regressar, voltar* (de um lugar para o outro). Bem, se o sentido é o mesmo, surge uma pergunta lógica: se ὑποστρέφω aparece 4x em Lc 1–2, por que em 2,39 se emprega ἐπιστρέφω? A resposta poderia ser justamente a intenção do autor de enfatizar a ideia de "subir" até Jerusalém e "descer" de Jerusalém até a Galileia.[168]

O mesmo esquema se repete na perícope da perda e encontro do menino no Templo (2,41-51), onde também é narrada uma viagem

---

com o de *voltar-se* em At (9,40; 16,18). O segundo, *fazer voltar* (transitivo) em sentido "moral", figurado, com o qual se designa o ato de "conversão" religiosa. Esse sentido é limitado no NT, porque com frequência se utiliza o verbo μετανοέω e o substantivo μετάνοια. Na obra lucana, com o sentido de converter-se, ἐπιστρέφω aparece 10x enquanto, que μετανοέω 14x, além disso, o substantivo μετάνοια aparece 11x (5x em Lc; 6x em At). Em At 3,19; 26,20, os verbos μετανοέω e ἐπιστρέφω são utilizados juntos, lado a lado, com o sentido de arrepender-se e converter-se respectivamente. Em Lc 1–2, com o sentido moral de conversão, *fazer voltar* aparece 2x, quando se descreve a missão de João (1,16.17).

[166] O verbo στρέφω é utilizado 21x no NT. Na obra lucana 10x (7x em Lc; 3x em At); as 7x em Lc aparecem com o sentido de *voltar-se, dirigir-se a alguém*. Em todas as passagens é empregado no particípio aoristo passivo; além disso, o sujeito é sempre Jesus; ele se volta ou se dirige: a uma mulher (7,44); a Pedro (22,61); a Tiago e João (9,55); aos seus discípulos (10,23); à multidão (7,9; 14,25); a algumas mulheres de Jerusalém (23,28).

[167] No NT, ὑποστρέφω é empregado 35x. Na obra lucana 32x (21x em Lc; 11x em At). Nas fórmulas: ὑποστρέφω + εἰς + Jerusalém (Ἱεροσόλυμα; Ἱερουσαλήμ) aparece 5x (2,45; 24,33.52; At 1,12; 8,25); ὑποστρέφω + εἰς + τὸν οἶκόν 4x (1,56; 7,10; 8,34; 11,24). Em todas as passagens, é utilizado no sentido de *retornar, regressar*.

[168] Na análise linguístico-sintática (cap. II, 2.1.2), já foi assinalado o paralelismo entre os dois verbos de movimento: ἀνάγω (v.22c) e ἐπιστρέφω (v.39c). Os respectivos prefixos (ἀνά y ἐπι) ajudam na compreensão dos dois movimentos descritos pelas raízes verbais.

a Jerusalém. Os verbos utilizados para descrever os movimentos de ida são: πορεύομαι e ἀναβαίνω (v.41.42), e de retorno são: καταβαίνω e ἔρχομαι (v.51).[169] Note-se a presença dos prefixos (ἀνά e κατά) respectivamente. No início, ἀνά assinala um movimento de *ascensão*, de ida até Jerusalém;[170] no final, κατά indica um movimento de *descenso*, de retorno de Jerusalém até Nazaré, da Galileia.[171]

Por outro lado, a seção central do terceiro evangelho, a grande viagem de Jesus (9,51–19,28[172]), apresentada como uma subida até Jerusalém,[173] é introduzida enfaticamente em 9,51[174] com uma expressão temporal[175] semelhante à encontrada em 2,22. Note-se, além disso, a presença do prefixo ἀνά que compõe o substantivo ἀνάλημψις (assunção).[176] O mesmo ocorre na conclusão dessa seção (19,28), onde, antes da entrada solene na cidade (9,24-40), com o emprego de ἀναβαίνω se destaca a ideia da subida até Jerusalém.

---

[169] Segundo A. VALENTINI, "Approcci esegetici a Lc 2,41-52", 344, estes verbos formam uma espécie de inclusão em forma de quiasmo.

[170] A fórmula verbo de movimento (com o prefixo ἀνά) + εἰς + Jerusalém (Ἱεροσόλυμα; Ἱερουσαλήμ) é comum no NT. Com ἀναβαίνω aparece em Mt 20,18; Mc 10,33; Lc 18,31; 19,28; Jo 2,13; At 15,2; 21,15; 24,11; 25,1; Gl 2,1; com ἀνέρχομαι em Gl 1,17.18.

[171] A importância dos prefixos ἀνά e κατά para descrever um movimento de ida (a) e de retorno (de) Jerusalém-Templo pode ser observada no relato do publicano e do fariseu (18,10-14), no qual são utilizados ἀναβαίνω (v.10) e καταβαίνω (v.14).

[172] Existe divergência entre os exegetas quanto à extensão dessa seção. Alguns a veem concluída no v.27 ou v.28. Outros no v.44 ou v.46. H. SCHÜRMANN, *Il Vangelo di Luca*, II, 49-50, apresenta os autores que sustentam cada uma das posições.

[173] I. DE LA POTTERIE, "Les deux noms de Jérusalen dans l'évangile de Luc", 63.

[174] F. BOVON, *El Evangelio según san Lucas*, II, 40.

[175] Ἐν τῷ συμπληροῦσθαι τὰς ἡμέρας τῆς ἀναλήμψεως αὐτοῦ.

[176] Segundo J.A. FITZMYER, *El Evangelio según Lucas*, III, 179 e H. SCHÜRMANN, *Il vangelo di Luca*, I, 31.37.39, com este substantivo se descreve o conjunto dos acontecimentos que se cumprem em Jerusalém, o evento pascal da paixão, morte, ressurreição e ascensão que é lido teologicamente como a exaltação messiânica de Jesus.

3.1.2. O fundamento: a lei (de Moisés = do Senhor)

A narrativa começa destacando que se cumpriu um tempo determinado. A ênfase é assinalada pela oração subordinada temporal (v.22a) que precede a oração principal (v.22c). Com o verbo πίμπλημι empregado em sentido temporal,[177] declara-se que quando se cumpriram os dias da purificação, κατὰ τὸν νόμον Μωϋσέως,[178] seus pais o fizeram subir a Jerusalém. Note-se bem, o agente que fixa este cumprimento é a Lei de Moisés.

De modo semelhante, o autor conclui a narrativa, no v.39a, com o verbo τελέω,[179] que é empregado com o significado de

---

[177] Na obra lucana, πίμπλημι é utilizado com dois sentidos: temporal (cumprimento de um tempo) e de estado (pessoa ou objeto cheio de algo). Em Lc 1–2, com sentido temporal, πίμπλημι aparece 5x (1,23.57; 2,6.21.22), nas quais o agente que determina o cumprimento do tempo pode ser: uma lei natural (final de uma gravidez – 1,57; 2,6); uma lei humana (turno dos sacerdotes – 1,23); ou a lei do Senhor (circuncisão, purificação da mãe, resgate do primogênito – 2,21.22.23). Quando usado no primeiro sentido, encontra-se na expressão temporal: πίμπλημι (no aoristo passivo) + um termo de tempo [αἱ] ἡμέραι / ὁ χρόνος + um complemento (substantivo ou verbo no infinitivo) no genitivo. Com o segundo sentido, em Lc 1–2, aparece 3x (1,15.41.67), nas quais é usado especificamente para falar de pessoas que estão cheias do Espírito: João o será desde o ventre materno (1,15); Isabel, ao ouvir a saudação de Maria, exclamou em alta voz cheia do Espírito (1,41); Zacarias profetiza e canta porque está cheio dos Espírito (1,67). Em 1,41.67, πίμπλημι no indicativo aoristo enfatiza que as declarações de Isabel e de Zacarias descritas na sequencia dos respectivos textos (vv.42-45; vv.68-79) são consequência de que eles *foram cheios do* Espírito e, por isso, profetizam sob seu influxo. No resto da obra lucana, também é utilizado para expressar que uma pessoa está cheia de algum sentimento: de ira (4,28), de medo (5,26), de assombro (At 3,10), de ciúme (At 5,17; 13,45). Em At 19,29, é usado para afirmar que a cidade (de Éfeso) se encheu de confusão; e em Lucas 21,22, é utilizada com o sentido de cumprimento das Escrituras.

[178] L.M. PASINYA, *La notion de nomos dans le Pentateuque grec*, 194-198, apresenta uma síntese de como Flávio Josefo utiliza o singular *nómos* e o plural *nomói*, entre os quais, para designar a Bíblia ou o Pentateuco. Em *Vit* 134, τοὺς νόμους Μωϋσέως, designa claramente o livro da *Torá*.

[179] O verbo τελέω significa primeiramente *terminar, acabar, concluir*; com esse sentido é utilizado em Mt (7,28; 10,23; 11,1; 13,53; 19,1; 26,1);

A APRESENTAÇÃO DE JESUS NO TEMPLO

cumprir todo, κατὰ τὸν νόμον κυρίου.[180] A ênfase de que a ação, para a qual eles subiram ao Templo, foi toda realizada segundo a Lei do Senhor reforça a identificação de que a Lei de Moisés é a Lei do Senhor. Além disso, ao afirmar que tudo foi plenamente realizado, o autor pode concluir a narrativa.

---

[180] 2Tm 4,7; Ap 11,7; 2x assume o significado de *pagar tributos* (Mt 17,24; Rm 13,6); na voz passiva significa *acabar-se, terminar-se, finalizar-se* (Ap 20,3.5.7.). Além disso, τελέω é utilizado com o significado de *cumprir* um preceito, a lei (Rm 2,27), *cumprir* a lei, um mandamento (Sl 2,28); *cumpram-se* as palavras de Deus (Ap 17,17); ou ainda com o sentido de *cumprir* a Escritura (tudo o que foi escrito sobre Jesus (Jo 19,28.30). Em Lc-At, o "cumprimento" se refere à vida de Jesus, mais especificamente sobre aquilo que *foi escrito* (existe aqui uma relação direta entre os verbos e τελέω) a respeito de sua paixão, morte e ressurreição; diz Jesus: "Estamos subindo a Jerusalém e se *cumprirão* todas as coisas que *foram escritas* pelos profetas sobre o Filho do Homem [...]; será entregue aos gentios [...], o matarão [...] e ao terceiro dia será levantado" (18,31-33). "O escrito se *deve cumprir* (δεῖ τελεσθῆναι) em mim" (22,37); e dizem seus discípulos: "E quando se cumpriram (ὡς δὲ ἐτέλεσαν) *todas as coisas escritas* sobre ele, baixando-o do madeiro, puseram-no na tumba, mas Deus o levantou dentre os mortos" (At 13,29-30). Dentro dessa perspectiva, o texto de 12,50 merece uma atenção especial; segundo Lucas, Jesus afirma sobre si mesmo: "com batismo, tenho que ser batizado. E como passo angústia até que cumpra!" (βάπτισμα δὲ ἔχω βαπτισθῆναι, καὶ πῶς συνέχομαι ἕως ὅτου τελεσθῇ). Os estudiosos da obra lucana estão de acordo em que existe uma real dificuldade quanto à interpretação do verbo συνέχω em 12,50. Segundo H. KÖSTER, "συνέχω", 220-226.228-235, essa dificuldade se justifica porque já na LXX, onde συνέχω aparece 48x, este traduz dezesseis palavras hebraicas diferentes. Portanto, são muitos os sentidos com os quais συνέχω é utilizado na LXX. O problema se repete no NT, onde o verbo aparece 12x (9x em Lc-At) e é utilizado dentro de um amplo campo semântico. Segundo F. BOVON, *El evangelio según san Lucas*, II, 429-431, o perigo, a prova de fogo, a paixão e a morte, à qual deve ser submetido Jesus, é apresentada e comparada a um batismo. Além disso, J.A. FITZMYER, *El Evangelio según Lucas*, III, 501-502, comenta as opiniões de Bultmann, que define "o batismo como o martírio de Jesus", e de Cullmann, que fala explicitamente de "sua morte", mas sugere que tais interpretações supõem uma leitura retrospectiva do mistério de Jesus, que vê nas palavras de Jesus mais do que querem dizer em seu contexto original.

O substantivo νόμος aparece 5x na apresentação de Jesus.[181] Esta incidência indica o papel de destaque que a Lei exerce nessa perícope. De fato, a lei mosaica desempenha um papel importante em Lc-At.[182] Por isso, para compreender o sentido do termo νόμος em 2,22-24, é necessário conhecer o sentido característico com que é empregado no conjunto da obra lucana.[183]

No NT, νόμος foi assimilado a partir de seu emprego na LXX.[184] Portanto, para sua correta compreensão nos escritos neotestamentários, deve-se ter presente o trabalho hermenêutico e o deslocamento semântico que houve na LXX,[185] quando os tradutores alexandrinos utilizaram o termo νόμος como equivalente ao hebraico Torá.[186] Segundo Pasinya, em seu estudo sobre

---

[181] Segundo H. HÜBNER, "νόμος", 422, o substantivo νόμος aparece 195x no NT. A grande maioria em Paulo (119x), principalmente em Rm (72x) e Gl (32x). Nos evangelhos: Mt (8x); Jo (15x); em Mc não aparece. Na obra lucana é empregado 26x (9x em Lc; 17x em At).

[182] C.J. BLOMBERG, "The Law in Luke-Acts", 54-55.

[183] Sugerimos C.J. BLOMBERG, "The Law in Luke-Acts", 55-80, como um excelente estudo de síntese sobre este tema.

[184] Segundo H. HÜBNER, "νόμος", 422, νόμος deriva etimologicamente de νέμω (assinar). Por isso, seu significado original é o assinado; Segundo H.H. ESSER, "Ley (νόμος)", 807, o termo aparece umas 430x na LXX, cerca de 200x sem termo hebraico correspondente; nas restantes, a tradução predominante é torá, além disso dat (16x) e hoq huqqá (12x). Em muitas das passagens onde torá é traduzida por nómos não significa de nenhuma maneira lei. Em sua origem, torá (principalmente no singular) designava um ensinamento, uma instrução dada por Deus.

[185] Segundo H. HÜBNER, "νόμος", 423.

[186] Há opiniões diversas entre os exegetas sobre as motivações e os objetivos que levaram os escritores alexandrinos do AT a utilizar nómos como equivalente a torá. Segundo P. CARBONE – G. RIZZI, Le Scritture ai tempi di Gesù, 70, provavelmente torá (instrução, ensinamento) não foi traduzido na LXX por seu natural equivalente διδαχή, mas sim por νόμος (prescrição, lei) para acentuar o caráter legal do caminho da aliança. Mas H. HÜBNER, "νόμος", 423-424, sustenta uma opinião contrária: se torá se concebe como a instrução recebida por Israel já dentro do pacto e a salvação não se obtém pela observância dos preceitos da torá, então esta não possuía no início o caráter legalista que adquiriu séculos mais tarde dentro do judaísmo rabínico.

a relação lexicográfica *torá-nómos* no Pentateuco grego, essa tradução corresponde fielmente ao sentido mais profundo do termo *Torá*.[187] Somente alguns séculos mais tarde, no contexto do Império Romano, é que a tradução de νόμος pelo termo latino *Lex* não corresponde mais ao sentido original da *Torá*. De fato, essa tradução produziu um grave mal-entendido nos meios cristãos, onde o sentido do termo foi reduzido a um aspecto puramente legal.[188]

Por outro lado, os textos sagrados testemunham o valor da Torá e a colocam como o ponto central da vida e da piedade de Israel. Um paradigmático exemplo dessa devoção israelita ao dom da revelação divina é, sem dúvida, o Salmo 119(118);[189] seus versículos expressam como no judaísmo do segundo tem-

---

[187] L.M. PASINYA, *La notion de nomos dans le Pentateuque grec*, investigou a evolução semântica dos termos *torá-nómos* nos ambientes judaico e grego, respectivamente. Na conclusão geral (pp. 201-205) afirma que o termo *nómos* no mundo grego antigo era compreendido como a manifestação de Zeus, o símbolo da *Polis*, do *Kosmos*, ao mesmo tempo em que a encarnação de *Basileus*. Por suas dimensões divinas, políticas, cósmicas e reais, *nómos* teria se tornado o cardo, em torno do qual girava toda a vida da sociedade grega, as relações do mundo, dos deuses com os humanos, assim como dos humanos entre si e desses com o Universo. De acordo com as fontes, o autor se diz autorizado a crer que os tradutores da LXX teriam conhecimento de todas estas dimensões do termo *nómos*. Por outro lado, nos ambientes judaicos da Palestina, *Torá* é um termo que em Israel designa o conjunto de referências que comandam as relações dos homens com Deus e destes entre si. De modo que esta é na verdade, a palavra que em seu uso múltiplo, resume Aliança e sintetiza toda a religião de Israel. O que o leva a concluir que existe na época da tradução do Pentateuco grego uma semelhança profunda entre a semântica de ambos os termos, em ambas as culturas. De modo que é perfeitamente compreensível por que *Torá* na maioria das vezes foi traduzido por *nómos*, visto que este termo era o que melhor podia transmitir e refletir todas as conotações da palavra *torá*.

[188] L.M. PASINYA, *La notion de nomos dans le Pentateuque grec*, 202, afirma: "No pentateuco grego, *nomos* não quer dizer 'lei' no sentido jurídico e político que essa palavra tinha nos séculos V e IV antes de nossa era".

[189] R. RENDTORFF, *Introduzione all'Antico Testamento*, 322-323, destaca a importância dos Salmos da *torá* (1 e 119) quando trata da formação

plo, alguns séculos antes da era cristã, já havia se desenvolvido uma verdadeira veneração pela Torá.[190] Semelhante realidade se encontra no judaísmo rabínico; a literatura rabínica explicita a centralidade e o valor inestimável da Torá.[191] É dentro desse contexto da piedade judaica que a *nómos* deve ser compreendida em Lc-At e, principalmente, em Lc 1–2,[192] onde se entrevê uma nítida influência de grupos judeu-cristãos que mantiveram uma estreita conexão com a *Torá* e o Templo.

3.1.3. Os objetivos da subida: apresentar e oferecer

Os verbos no infinitivo aoristo (παραστῆσαι, δοῦναι) que aparecem nas duas orações subordinadas finais (vv.22d.24a) indicam os dois objetivos da viagem de subida a Jerusalém. No v.22d, παρίστημι,[193]

---

das coleções que compõem o livro dos Salmos. O autor afirma que esses salmos formam a moldura da grande coleção de Sl 1–119.

[190] Segundo Y. VAINSTEIN, *El ciclo del año judío*, 191-192, e A.C. AVRIL – D. MAISSONNEUVE, *As Festas Judaicas*, 50-61, quando Israel no início de nossa era, na festa de *Shavuot*, celebra o grande dom da *Torá*, dá testemunho de que a reconhece como o maior dom recebido do Senhor. Segundo R. BLOCH, "Écriture et Tradition dans le Judaïsme. Aperçus sur l'origine du Midrash", 9-11, a bênção que se recita na sinagoga antes da leitura litúrgica da Torá: "Bendito sejais, Senhor nosso Deus, rei do Universo, Tu que nos escolheste dentre todos os povos e nos deste a *Torá*, Bendito sejais Tu, Senhor, Tu que nos deste a *Torá*" é um testemunho permanente da devoção judaica às Escrituras; id., "Écriture et Tradition dans le Judaïsme. Aperçus sur l'origine du Midrash", 10.12; no judaísmo do segundo Templo, a *Torá* é compreendida como o fruto por excelência da aliança do Sinai, é a plenitude da páscoa. Por isso, quem vive segundo seus mandamentos permanece fiel à aliança. Segundo M. RODRÍGUEZ RUIZ, "Sigue en vigor la Alianza Del pueblo judío? Respuesta del Nuevo Testamento", 395, tal mentalidade gerou na fé judaica a compreensão de que Aliança e *Torá* são inseparáveis.

[191] F. MANNS, *La preghiera d'Israele al tempo di Gesù*, 112, recorda que *TB* inclui a *Torá* entre as sete realidades existentes desde antes da criação do mundo (*Pes 54a*).

[192] C.L. BLOMBERG, "The Law in Luke-Acts", 54.57.

[193] Segundo A. SAND, "παρίστημι", 790-793, é um verbo que, no NT, possui amplo espectro de significados; por isso em cada passagem é preciso levar

que não foi escolhido pelo autor sem uma intenção, assume o significado de *ser apresentado ante* τῷ Κυρίῳ (o Senhor). Seu sentido é nitidamente teológico.[194] A ação descrita possui, em seu contexto, um marcado caráter cultural-litúrgico,[195] como sucede duas vezes em Rm (6,13; 12,1), onde o complemento de παρίστημι também se refere a Deus (τῷ Θεῷ).[196] No v.24a, δίδωμι é empregado com o sentido de *oferecer*.[197] Em geral, na obra lucana, com diversas formulações construídas com δίδωμι, destaca-se a ação

---

em conta o contexto. Quando é utilizado na voz ativa e em sentido transitivo, significa *preparar, por a disposição*; em sentido intransitivo, significa *colocar-se ao lado, aproximar-se de* alguém. Quando é empregado na forma substantivada, significa *estar ao lado, estar presente* (Lc 19,24; At 1,10; 4,10; 23,24). Em Lc-At, é utilizado para designar: *apresentar* (incluir) provas contra (At 24,13); *apresentar-se, chegar-se a alguém* em At (4,26; 9,39; 27,23); *apresentar-se ante* em At (1,3; 9,41.23.33; 27.24).

[194] G. SCHNEIDER, *Das Evangelium nach Lukas*, I, 71.

[195] Segundo K. MUNZER, "παρίστημι",478-480, esse verbo é utilizado na LXX para assinalar o estado dos anjos (Jó 1,6) e dos mártires (4Mac 17,18) que "estão diante de Deus". Além disso, pode significar a eleição do profeta (1Rs 17,1) e do sacerdote (Dt 10,6; 18,5.7) onde παρίστημι está em paralelismo com o verbo λειτουργέω (servir). No NT, de modo particular em 2,22, παρίστημι teria certa relação com ἁγιάζω à luz de Ex 13,2. Segundo J. DANIÉLOU, *I vangeli dell'infanzia*, 99-100, com base no uso de παρίστημι para descrever como os sacerdotes e os levitas "estão diante do Santuário" (Dt 17,12; 18,5), o evangelista o escolheu com uma intenção bastante clara: dar ao texto um caráter sacerdotal. Essa ideia é desenvolvida em Hebreus, onde se apresenta Jesus como o sumo sacerdote da nova aliança.

[196] S. MUÑOZ IGLESIAS, *Los evangelios de la infancia*, III, 165-166; J. Daniélou, *I vangeli dell'infanzia*, 100.

[197] Segundo W. POPKES, "δίδωμι", 970, é o verbo mais utilizado no NT para designar o processo pelo qual um sujeito transmite voluntariamente algo a alguém, de modo que aquilo fique à disposição do receptor. Devido a sua extensa utilização, é muito importante conhecer as diferentes origens das figuras de dicção que formam a base do verbo; disso dependerá em grande parte seu significado. Por exemplo, do hebraico procedem as combinações de *dar* + fruto, dízimos, documento de divórcio, sinais e prodígios, chuva, vida. São de origem grega as combinações *dar* + espaço, resposta, opinião, castigo, paz, impostos, ocasião, recompensa.

divina de *doar, dar, oferecer* algo livremente.[198] Mas, no v.24a, Deus não é o doador mas sim o receptor. Os pais de Jesus se deslocam a Jerusalém para *oferecer* um sacrifício (θυσίαν).

As duas finalidades da viagem são justificadas segundo o que está escrito (γέγραπται) e segundo o dito (τὸ εἰρημένον) na Lei do Senhor. Os verbos γράφω e λέγω[199] são utilizados dentro de uma estrutura de: perfeito + complemento [ἐν (τῷ) νόμῳ κυρίου],[200] com a qual expressa a autoridade e a vigência atual *do que está escrito e dito.*[201] Em 2,23a, γράφω é indicativo perfeito e ratifica a autoridade e validez da prescrição da lei do Senhor a respeito do resgate dos primogênitos em Israel (Ex 13,2). De modo análogo, em 2,24b, λέγω no particípio perfeito ratifica a atualidade do preceito referente à oferenda pela purificação ritual da mãe, quarenta dias depois do parto (Lv 12,8): ζεῦγος τρυγόνων η δύο νοσσοὺς περιστερῶν (v.24c).

O preceito do Êxodo que se refere aos primogênitos é descrito por meio dos verbos διανοίγω[202] e καλέω.[203] O primeiro é tipi-

---

[198] Alguns exemplos: 11,13; 12,32; At 4,12.29; 5,31; 7,5.8; 20,32.

[199] O verbo λέγω possui um amplo campo semântico; seu significado principal no NT é *dizer*. A partir dessa conotação, pode assumir os significados de *perguntar, responder, ordenar* e *afirmar*. Na perícope 2,22-39, é empregado três vezes: "Conforme o dito na lei do Senhor" (v.24b); "Simeão disse [...]" (v.28c), "Simeão disse a Maria, a mãe dele [...]" (v.34b).

[200] Em geral, essa estrutura é utilizada para fazer referência a uma passagem determinada das Escrituras, a qual serve de fundamento para confirmar, sob a autoridade divina, o ensinamento que transmite.

[201] H. HÜBNER, "γράφω", 788.

[202] O uso do verbo διανοίγω é bastante reduzido no NT, se comparado com ἀνοίγω, cujo significado é *abrir*. Esse último aparece 77x no NT (11x em Mt; 1x em Mc; 6x em Lc; 11x em Jo; 16x em At; 5x em Paulo; 27x em Ap).

[203] Segundo J. ECKERT, "καλέω", 2166-2169, o verbo aparece no NT, em primeiro lugar, sem especial sentido teológico, com o significado de *chamar, fazer vir a alguém* (Mc 3,31; Mt 2,7; 20,8; At 4,18; 24,2). Algumas vezes, é utilizado como o sentido de convidar (1Cor 10,27; Jo 2,2; Lc 7,39; Ap 19,9). Além disso, seguindo o grego clássico e a LXX, assume o significado de *chamar, dar um nome*, empregado na voz passiva, com frequência dentro da fórmula [particípio + o nome ou sobrenome dado a um personagem]. Com essa conotação, καλέω é utilizado em sentido

camente lucano.[204] Seu significado literal é *abrir completamente*.[205] No v.23b, é empregado dentro de um hebraísmo (πᾶν ἄρσην διανοῖγον μήτραν).[206] O segundo, καλέω (v.23c), é utilizado no sentido teológico[207] para reafirmar a santidade do menino, atri-

---

teológico com o objetivo de, a partir da imposição de um nome, revelar a identidade e, consequentemente, a missão confiada por Deus a um personagem específico. A natureza da vocação da pessoa vem expressa, ao menos em parte, pelo significado do nome que a pessoa recebe direta ou indiretamente de Deus; em alguns casos revela, também, o lugar que essa ocupa ante Deus e na história da salvação. Em Lc 1–2, com o sentido de dar um nome é empregado 7x; 4x referindo-se a João: o anjo diz a Zacarias "o chamarás João" (1,13); o chamaram com o nome de seu pai Zacarias (1,59); tentativa rejeitada por sua mãe que afirma "será chamado João" (1,60), fato confirmado pelo pai (1,63); outras vezes se refere a Jesus, o anjo diz à mãe: "O chamarás com o nome de Jesus" (1,31); "o chamaram com o nome de Jesus como fora chamado pelo anjo antes de sua concepção" (2,21).

[204] No NT, a única vez que διανοίγω se encontra fora da obra lucana é em Mc 7,34, onde é empregado para descrever a ação (de Jesus) de sarar, de *abrir completamente os ouvidos*. O objetivo é assinalar a perfeição da ação realizada por Jesus.

[205] É interessante notar que, nos demais textos lucanos, διανοίγω aparece com dois sentidos distintos. Em 24,31, é empregado para descrever a ação de *abrir completamente os olhos* com a conotação de abrir a inteligência, de reconhecer alguém em plenitude. Em 24,32.45 e At 17,2-3, é utilizado na fórmula "διανοίγω + τὰς γραφάς" para descrever a ação de *abrir completamente as Escrituras*, com a conotação de explicar seu sentido mais profundo, de interpretá-las corretamente, de dar-lhes sua justa compreensão. Note-se que os dois significados estão diretamente relacionados ao mistério de Cristo morto e ressuscitado. No primeiro caso, quando os olhos dos discípulos a caminho de Emaús são abertos, eles reconhecem a presença de Jesus ressuscitado que caminhava e comia com eles. No segundo caso, afirma-se que a interpretação correta das Escrituras revela aos discípulos o verdadeiro sentido da paixão, morte e ressurreição de Jesus.

[206] Tradução grega (LXX) para a expressão hebraica כָּל־בְּכוֹר פֶּטֶר כָּל־רֶחֶם (TM), cujo significado é "todo primeiro nascido que abre o útero". Note--se que na LXX se fala de *todo macho*, enquanto na TM de *todo primeiro nascido*.

[207] Com esse sentido, é utilizado mais três vezes em Lc 1–2. Para revelar a identidade do filho de Maria, "ele será chamado filho do Altíssimo"

buto que, dentro do contexto de Lc 1–2, se revela um aspecto fundamental de sua identidade. Esta santidade já foi proclamada pelo anjo (1,35) e é posteriormente confirmada por um "espírito de demônio impuro" (4,34). Dessa forma, o menino primogênito recebe o mesmo atributo com o qual, no *Magnificat* (1,49), foi caracterizado o nome do Senhor (ἅγιον τὸ ὄνομα αὐτοῦ), o Potente (ὁ δυνατός). Note-se que, ao ser chamado santo, o menino participa da santidade do Senhor de Israel, o mesmo que seus profetas (1,70) e seus anjos (9,26).[208]

3.2. Os personagens (vv.25-38)

A caracterização dos personagens que se encontram com o menino Jesus no Templo é muito rica em seus detalhes. O estudo desses detalhes é fundamental para compreender o alcance exegético-teológico dos dois encontros.

Os dois personagens são introduzidos na perícope por meio de uma estrutura similar que emprega o verbo εἰμί (vv.25a.36a) no indicativo imperfeito: καὶ ἰδοὺ ἄνθρωπος ἦν ἐν Ἰερουσαλὴμ (v.25a); καὶ ἦν Ἅννα προφῆτις (v.36a).[209]

3.2.1. Simeão (vv.25-35)

A expressão "καὶ ἰδοὺ"[210] chama a atenção para a descrição do primeiro personagem que estava em Jerusalém, um homem (ἄνθρωπος) justo e piedoso (δίκαιος καὶ εὐλαβὴς), que esperava a consolação de Israel (παράκλησιν τοῦ Ἰσραήλ), cujo nome era Simeão; o Espírito Santo estava sobre ele (πνεῦμα ἦν ἅγιον ἐπ᾽

(1,32) e "será chamado santo, filho de Deus" (1,35); como também a identidade do filho de Zacarias, "tu, menino, serás chamado profeta do Altíssimo" (1,76).

[208] Além disso, em At 3,14, os adjetivos ἅγιος e δίκαιος são utilizados juntos para qualificar Jesus, o Messias rejeitado pelas autoridades judaicas.

[209] Essa mesma estrutura é utilizada duas vezes em At (9,10; 9,36), em ambos os casos os dois personagens descritos (Ananias e Tabita) são respectivamente caracterizados como discípulo/a (μαθητής; μαθήτρια).

[210] A mesma expressão é empregada em 14,2 (καὶ ἰδοὺ ἄνθρωπός...) e em 19,2 (καὶ ἰδοὺ ἀνὴρ ὀνόματι καλούμενος Ζακχαῖος...) para introduzir uma nova perícope e um novo personagem.

αὐτόν) e lhe havia revelado (καὶ ἦν αὐτῷ κεχρηματισμένον) não ver a morte antes que visse o Messias do Senhor (μὴ ἰδεῖν θάνατον πρὶν [η] αν ἴδη τὸν Χριστὸν κυρίου).

O nome[211] Simeão (שִׁמְעוֹן – Συμεών) tem sua origem etimológica na raiz hebraica שׁמע, que significa *escutar, ouvir, por atenção, aceitar* (uma proposta), *ser informado, saber, submeter-se, ser dócil* (obediente),[212] cujo significado é "escutou".[213] Na sequência, v.25c, o personagem é caracterizado por uma significativa combinação dos adjetivos atributivos: δίκαιος e εὐλαβής.

Na LXX, em geral, os tradutores utilizaram palavras com a raiz "δίκαιο-" como equivalentes à raiz hebraica צדק e seus derivados. Mas o extenso (complexo e rico),[214] campo semântico apresentado por צדק fez com que essa correspondência não fosse exclusiva. Em muitos casos, sua interpretação exigia a utilização de diferentes raízes gregas; onde o TM utiliza צַדִּיק (*saddîq*), os paralelos da LXX empregam predominantemente o termo δίκαιος.[215] Na maioria das vezes se refere a pessoas (humanos ou a Deus); quando é um atributo humano descreve aqueles que cumprem seus deveres diante de Deus, dentro da comunidade teocrática e, em tal relação, são justos com respeito ao exigido por Deus.[216]

---

[211] Segundo C.R. SOUZA, *Palavra, Parábola, uma aventura no mundo da linguagem*, 208, quando se estuda um texto das Escrituras, é necessário prestar atenção aos nomes próprios (pessoas e lugares) e valorizar seu significado, porque eles são, sobretudo, sinais ou chaves de interpretação. De fato, como parte integrante dos textos, o sentido dos nomes auxilia sua compreensão. Segundo A. DEL AGUA PÉREZ, *El método midrásico*, 37, um dos objetivos práticos da exegese etimológica *derásica* é, justamente, buscar um sentido para os nomes próprios encontrados nas Escrituras e até sugerir novos sentidos, substituindo um conteúdo semântico por outro mais atual, quando isso se faz necessário.

[212] L. ALONSO SCHÖKEL, *Diccionario bíblico hebreo-español*, 774-776.

[213] R. MEYNET, *Il Vangelo secondo Luca*, 115. Segundo H. Schürmann, *Il vangelo di Luca*, I, 247, n. 189, seu significado seria *acolher*.

[214] D.J. REIMER, "צדק",766; G. Schrenk, "δικαιοσύνη", 1245.

[215] Segundo E. HATCH – H. REDPATH, *A Concordance to the Septuagint*, I, 330-332, na LXX, o δίκαιος é utilizado ca. de 400x, das quais 189x traduz o adjetivo צַדִּיק.

[216] G. SCHRENK, "δίκαιος", 1220.

O צַדִּיק vive de acordo com a aliança, é fiel à comunhão com o Senhor.[217] Sua importante conotação ético-religiosa se compreende melhor quando se conhecem os termos a ele contrapostos: ἄδικος (Pr 12,17; 29,27); ἁμαρτωλός (Sl 124,3; Tb 4,17); ἀσεβής (Gn 18,23; Pr 10,28; 10,7; Sb 3,10); παράνομος (Jo 17,8; Pr 3,32). Diante de tal realidade, observa-se por que a figura dos justos é tão exaltada e glorificada: a raiz dos justos não será removida (Pr 12,3); a via dos justos é como a luz da aurora que se aperfeiçoa como o dia que chega a seu esplendor (Pr 4,18).

No NT, δίκαιος aparece 79x, em geral, em nom. masc. pl. (δίκαιοι),[218] onde é utilizado com um conteúdo e sentido largamente influenciado pelo AT,[219] referindo-se na maioria das vezes a pessoas humanas.[220]

Na obra lucana, δίκαιος é utilizado 17x (11x em Lc; 6x em At); 3x em Lc 1–2 (1,6.17; 2,25), onde aparece sempre em sentido positivo,[221] com o qual se indica uma vida exemplar e reta diante

---

[217] H.J. KRAUS, *Teología de los Salmos*, 207.

[218] No NT, os antônimos de δίκαιος são: ἀπειθής (desobediente) em 1,17; ἁμαρτωλοί (pecadores) em 5,32 e par. (Mc 2,17; Mt 9,13); ἄδικοι (iníquos) em Mt 5,45; e πονηροί (malvados) em Mt 13,49. Além disso, é empregado lado a lado com: προφῆται (profetas) em Mt 13,17; com ἅγιος (santo) em At 3,14; e com εὐλαβής (piedoso) em 2,25.

[219] G. SCHRENK, "δίκαιος", 1227.

[220] G. SCHNEIDER, "δίκαιος", 981.

[221] Enquanto, em Lc 3–24, δίκαιος aparece sob uma dupla perspectiva: uma positiva (quando a pessoa é reconhecida justa diante de Deus e diante dos homens); e outra negativa (quando alguém pretende ou simula ser justo sem realmente ser). Em sentido positivo, o justo é apresentado como o ápice da perfeição, como um modelo de vida a ser alcançado, em linha de continuidade com o que já foi descrito em Lc 1–2. De fato, em 14,14 se declara: "Aquele que faz o bem aos pobres, aos excluídos, receberá a recompensa na ressurreição dos justos" (ἐν τῇ ἀναστάσει τῶν δικαιων); note-se que aqui se apresenta a questão de que serão os justos que ressuscitarão; em 23,47, o soldado romano reconhece que Jesus morto na cruz era um homem justo: "Ὄντως ὁ ἄνθρωπος οὗτος δίκαιος ἦν..." enquanto nos outros sinóticos se utiliza a expressão *filho de Deus*: (Mc 15,39 Ἀληθῶς οὗτος ὁ ἄνθρωπος υἱὸς θεοῦ ἦν; Mt 27,54: Ἀληθῶς θεοῦ υἱὸς ἦν οὗτος); em 23,50-51, a descrição de José de Arimateia é muito

de Deus e dos homens. Entre aqueles que recebem esse atributo, está Jesus, chamado "o santo e justo" (At 3,14) e "o justo" (At 7,52).[222] Zacarias e Isabel (1,6) são chamados δίκαιοι ἐναντίον τοῦ θεου, porque "eles viviam"[223] todos os mandamentos e ordens do Senhor irrepreensivelmente.[224] Em 1,17, João recebe a missão de preparar um povo bem disposto ao Senhor, isto é, "fazer voltar (reconduzir) os corações dos desobedientes à prudência (sabedoria, pensamento) dos justos". Sua missão será, portanto, estender a todo o povo eleito aquela experiência de obediência e retidão vivida por seus pais; como são justos Zacarias e Isabel, assim deverá ser todo o povo do Senhor.

O adjetivo εὐλαβής aparece, no NT, somente na obra lucana (2,25; At 2,5; 8,2; 22,12), onde é utilizado com o significado de

---

semelhante àquela de Simeão, "um homem bom e justo..." que esperava o Reino de Deus (ἀνὴρ ἀγαθὸς καὶ δίκαιος... ὃς προσεδέχετο τὴν βασιλείαν τοῦ θεοῦ). Por outro lado, no sentido negativo aparece 4x: 5,30-32 e 15,1-7, onde os opositores de Jesus (os fariseus e os escribas) o criticam por comer e beber com pecadores e publicanos (5,30) e o desaprovam por sua ação de receber pecadores e de comer com eles (15,2). A primeira controvérsia gera a afirmação explícita de Jesus: "Eu não vim chamar os justos, mas sim os pecadores, à conversão" (5,32). Na segunda, Jesus lhes conta a parábola da ovelha perdida, que se conclui com a afirmação "no céu haverá mais alegria por um pecador que se converta, que por noventa e nove justos que não têm necessidade de conversão" (15,7); em 18,9-14, com a parábola do fariseu e do publicano, Jesus declara que alguns, por considerarem-se justos, depreciam os demais e que esse orgulho os impede de orar com humildade; por isso, esses estão menos aptos a receber a justificação proveniente do Senhor (18,14); em 20,20-25, Jesus é observado e interrogado por alguns que pareciam ser justos, que têm por objetivo surpreendê-lo em alguma palavra pela qual poderia ser entregue ao poder e à autoridade do governador romano (20,20).

[222] Segundo G. SCHERENK, "δίκαιος", 1223, a ideia do rei davídico como o messias justo já está presente no AT, sobretudo em Jr 23,5; Zc 9,9.

[223] O verbo empregado é πορεύω (na voz média e passiva πορεύομαι) cujo sentido é: *ir, dirigir-se, percorrer, viver, andar, comportar-se, levar uma existência*.

[224] Segundo J.A. FITZMYER, *El Evangelio según Lucas*, IV, 169, os justos são os fiéis seguidores da Lei de Moisés, porque δίκαιοι se refere a uma conduta ética regulada pela legislação mosaica.

piedoso para designar a pessoa praticante da piedade judaica, que consiste em uma fiel observância da lei.[225] Na LXX, é empregado 3x (Lv 15,31;[226] Mq 7,2; Eclo 11,17[227]).

No v.25d, προσδέχομαι,[228] como vimos na análise linguístico--sintática, se refere ao sujeito, o homem (Simeão) justo e piedoso.[229] Nos escritos lucanos, προσδέχομαι aparece 7x; em todas elas,[230] exceto em 15,2,[231] é utilizado no sentido específico de *esperar/aguardar*; em todos os casos, exceto em At (23,21; 24,15) é empregado para assinalar a *expectativa* messiânica. Em Lc, essa conotação é destacada em três ocasiões por meio de três diferentes complementos:[232] παράκλησιν τοῦ Ἰσραήλ (2,25),[233] λύτρωσιν Ἰερουσαλήμ (2,38); τὴν βασιλείαν τοῦ θεου (23,51).

---

[225] R. BULTMANN, "εὐλαβής", 1147.

[226] Segundo J.A. NAUDE, "נזר", 73, em Lv 15,31 (TM) aparece a raiz נזר (em Hi.), que é utilizada para denotar o ato de reter-se (afastar-se) de coisas que mancham ou que contaminam; enquanto na LXX se utiliza εὐλαβής (no ac. masc. pl.) com o significado de "cautos" ou "precavidos diante de".

[227] O adjetivo aparece somente em alguns manuscritos.

[228] Segundo W. GRUNDMAN, "δέχομαι", 887, o verbo προσδέχομαι pode ser traduzido com diversos significados: *aceitar, acolher, receber, tomar (agarrar), levantar, esperar, aguardar*. Segundo A. PALZKILL, "προσδέχομαι", 1164-1165, no NT, προσδέχομαι é utilizado sobretudo no sentido de *esperar, aguardar*; quando é utilizado com o sentido de *receber* (*a alguém*) significa *oferecer hospitalidade*; na LXX, traduz diversas raízes hebraicas: רצה (ser aceitável), קבל (receber; tomar), לקח (aceitar), נשא (suplicar; pedir), שבר – יחל (esperar; aguardar); das 35x em que aparece, somente 2x (Jó 29,23; Rt 1,13) é empregado no último sentido. Segundo E. Hatch – H. Redpath, *A Concordance to the Septuagint*, Ii-Iii, 1212-1213, em Jó 29,23 a TM usa a raiz יחל, enquanto em Rt 1,13, a raiz é שבר.

[229] Capítulo II, 2.2.1.

[230] Lc (2,25.38; 12,36; 23,51) e At (23,21; 24,15).

[231] Onde aparece em sentido de *receber, acolher*.

[232] A. PALZKILL, "προσδέχομαι", 1165.

[233] H.L. STRACK – P. BILLERBECK, *Kommentar zum Neuen Testament aus Talmud und Midrasch*, II, 124, afirma que essa fórmula é uma expressão para designar o cumprimento da esperança messiânica. Segundo J. DANIÉLOU, *I vangeli dell'infanzia*, 102, a consolação de Israel é uma expressão tipicamente semita com a qual se indica a vinda escatológica

O verbo εἰμί, no v.25e, é empregado em combinação com a preposição ἐπι e serve para assinalar um aspecto determinante na vida de Simeão: "O Espírito Santo estava sobre ele" (πνεῦμα ἦν ἅγιον ἐπ᾽ αὐτόν).[234] Em seguida, aparece uma estrutura perifrásica, καὶ ἦν αὐτῷ κεχρηματισμένον ὑπὸ τοῦ πνεύματος τοῦ ἁγίου (v.26a), a qual nesse caso específico, tem a função de enfatizar o sentido do verbo χρηματίζω, ou seja, a ideia da revelação-instrução que foi comunicada a Simeão pelo Espírito Santo.[235] Note-se como a voz passiva destaca a ação divina,[236] a iniciativa livre de Deus que, por meio do Espírito, revela a Simeão que verá o Messias antes de morrer.

A importância da ação do Espírito Santo em Lc-At foi destacada por diversos autores.[237] Esta afirmação vale de modo

---

de Deus. Essa se desenvolveu no judaísmo tardio e sua base se encontra no Trito-Isaías (62,1; 66,8).

[234] H.L. STRACK – P. BILLERBECK, *Kommentar zum Neuen Testament*, II, 126-127, no AT a fórmula רוּחַ קֹדֶשׁ "espírito de santidade", em Sl 51,13; Is 63,10.11, do ponto de vista material, não é diferente das fórmulas אֱלֹהִים רוּחַ "Espírito de Deus" (Gn 41,38; Ex 31,3; Nm 24,2) e רוּחַ יהוה "Espírito do Senhor" (1Sm 16,13.14). Em grego, é frequente a fórmula "τὸ πνεῦμα (τὸ) ἅγιον".

[235] J.B. SHELTON, *Mighty in word and deed: the role of the Holy Spirit in Luke-Acts*, 23-24, em geral, nas Escrituras, χρηματίζω expressa uma instrução divina.

[236] H. BALZ, "χρηματίζω", 2104-2105, na LXX não conhece o uso de χρηματίζω na voz passiva, enquanto, das 9x que aparece no NT, 8x são na voz passiva, exatamente com o sentido de receber uma instrução ou revelação.

[237] Esse tema apresenta uma extensa bibliografia. Citamos a seguir algumas obras e artigos: H. VON BAER, *Der Heilige Gest in den Lukasschriften*; G.W. LAMPE, "The holy spirit in the Wrintings of St Luke", 159-200; A. GEORGE, "L'esprit saint dans l'ouvré de Luc", 500-542; E. RASCO, "Spirito e istituzione nell'opera lucana", 301-322; M.A. CHEVALLIER, "Luc et l'esprit saint", 1-16; O. MAINVILLE, *L'esprit dans l'ouvré de Luc*; J.B. SHELTON, *Mighty in Word and Deed. The Role of the roly Spirit in Luke-Acts*; B. PREE, "Lo Spirito Santo nell'opera lucana", 5-172; P. TREMOLADA "Lo Spirito Santo e le Scritture nell'opera lucana", 229-250; J.M. LOPES MAULEON, "τὸ Πνεῦμα (τὸ) ἅγιον en san Lucas", 273-370.

ANÁLISE LITERÁRIO-ESTRUTURAL

particular para Lc 1–2, onde a expressão πνεῦμα ἅγιον aparece 6x (1,15.35.41.67; 2,25.26).[238] Em 2,22-39, a revelação comunicada pelo Espírito está centralizada no verbo ὁράω e em seu complemento-objeto: "Não ver a morte[239] antes que visse o Cristo do Senhor" (v.26bc). A ideia desenvolvida no v.26 se relaciona diretamente com o v.30, onde, pela terceira vez, se emprega ὁράω. A relação está em que no v.26 é assinalada a expectativa messiânica judaica, enquanto no v.30 se transmite o anúncio cristão: a salvação é contemplada, vista no Messias Jesus.[240]

O sentido original da fórmula "o ungido do Senhor" (τὸν Χριστὸν Κυρίου) utilizada como complemento-objeto (v.26c) deve ser buscado na LXX e na evolução da(s) concepção(ões) messiânica(s) existente(s) no judaísmo do segundo Templo.[241] O termo χριστός aparece 49x na LXX, quase sempre é acompanhado de um complemento: o ungido do Senhor (χριστός κυρίου); *dele* (χριστός αὐτοῦ); de ti (χριστός σου), as quais sempre se referem a uma figura real.[242] Em geral, a expressão "ungido do Senhor" aparece na LXX como tradução do hebraico משיח יהוה.[243]

O tema do messianismo no judaísmo, tanto nas Sagradas Escrituras como na literatura extrabíblica, é complexo e plural.

---

[238] Segundo H. VON BAER, *Der Heilige Geist in den Lukasschriften*, 54, a não utilização das fórmulas "πνεῦμα θεοῦ" e "πνεῦμα κυρίου" seria um sinal de que, em Lucas 1–2, o uso linguístico referente ao termo πνεῦμα não faz referência ao AT, mas mais a At.

[239] Em Hb 11,5, emprega-se a mesma expressão "não ver a morte" (μὴ ἰδεῖν θάνατον) com o mesmo sentido encontrado em 2,26b. Segundo M.-J. LAGRANGE, *Évangile selon saint Luc*, 85, trata-se de uma "expressão semítica" que corrobora o primitivismo do texto lucano. Segundo A. SIMÓN MUÑOZ, *El Mesías y la hija de Sión*, 69, a expressão "ver a morte" é muito frequente no judaísmo.

[240] Segundo H. VON BAER, *Der Heilige Geist in den Lukasschriften*, 49, essa conexão do Espírito profético diante da visão do menino Jesus é inaugurada, em Lc 1–2, quando João, ainda não nascido, cheio do Espírito, reconhece o filho de Deus e, pela boca de Isabel, saúda o seu Senhor.

[241] J. GNILKA, *I primi cristiani. Origini e inizio della chiesa*, 274.287; F. Hesse, "χρίω", 856-890.

[242] A.S. VAN DER WOUDE, "χρίω", 893.

[243] Em 1Sm 24,7.11.16.23; 2Sm 1,14.16; 2,5; 19,1; 2Cr 22,7; 2Mac 3,30.

Durante a história de Israel, segundo as épocas e ambientes, este adquiriu formas variadas.[244] Essa realidade levou os estudiosos cristãos a produzir tão extensa e variada bibliografia, que é impossível de ser reproduzida aqui.[245]

---

[244] É importante ter presente a reflexão existente no judaísmo sobre as correntes e concepções messiânicas ao longo da história de Israel. De modo particular aquelas que fazem referência à fase final do período do segundo Templo, época que coincide com o surgimento do cristianismo como um movimento messiânico no seio do judaísmo. Segundo W.S. GREEN – J. SILVERSTEIN, "Messiah", 874-888, antes de advogar por uma completa variedade de concepções messiânicas, deve-se afirmar que a associação judaísmo-messias existente no mundo ocidental se deve muito mais a uma propaganda e/ou interpretação cristã do judaísmo e suas Escrituras sagradas, que à realidade nua e crua que estas contêm, porque em muitos escritos judaicos se atribui ao conceito messias pouca ou nenhuma importância. Um estudo comparativo revela que o termo messias aparece 38x na Bíblia hebraica e em torno de 350x no NT. Quando é utilizado na Bíblia Hebraica, este é aplicado 2x aos patriarcas; 6x ao sumo sacerdote; 1x a Ciro, Rei da Pérsia; 29x a um rei israelita (primeiro Saul, depois Davi ou a qualquer monarca davídico). Em seus respectivos contextos, o termo denota uma investidura, uma unção de poder e liderança usualmente usada por Deus. Mas nunca se refere a uma figura escatológica. Nos textos de Qumrã, são descritos dois messias, um davídico e um sacerdotal, o que não necessariamente seriam figuras escatológicas. Além disso, em Qumrã, o termo é aplicado aos profetas. Por sua vez, nos escritos judaicos pseudoepígrafos há uma grande variedade de acepções. Nos Salmos de Salomão 17, o messias não recebe nem características escatológicas nem apocalípticas, mas sim um idealizado rei davídico, sábio e mestre. Em 1Enoque 37-71, aparece 2x, onde não denota um rei, mas sim uma figura celestial transcendente. Em 2Baruc aparece 5x; o termo se aplica primariamente a um guerreiro, um assassino dos inimigos de Israel. Enquanto, nos textos legais da Mishná, messias se refere a um sacerdote ungido, e a ideia de um messias redentor era insignificante.

[245] Segundo O. CULLMANN, *Christologie du Nouveau Testament*, 97-98, no tempo de Jesus não existia no judaísmo uma concepção clara e sólida do Messias. E os cristãos têm o costume de falar do Messias judaico como se fosse uma figura bem conhecida, com contornos rigorosamente delineados. No entanto, uma coisa é segura: todos esperavam um redentor com características nacionais judaicas. Tal expectativa assumiu os conteúdos mais diversos, dependendo do lugar e do grupo que a professava. H. CAZELLES,

No NT, segundo a perspectiva da história das tradições, todos os textos em que aparece Χριστός possuem uma conexão com a tradição do AT e do judaísmo. Não existe nenhuma influência secundária da linguagem helênica, onde nunca se aplica este termo a pessoas. Mas existe uma séria interrogação a ser lançada: quais tradições do AT e do judaísmo tiveram influência decisiva no desenvolvimento da cristologia?[246]

Na obra lucana, o termo χριστός é empregado 38x (12x em Lc, 26x em At).[247] Nas 12x em que aparece em Lc, Χριστός é utilizado como título, enquanto em 15x em At[248] Χριστός se torna parte do nome de Jesus.[249]

Le Messie de la Bible. Christologie de l'Ancien Testament, apresenta um estudo dentro da perspectiva do messias-rei. O autor parte da concepção sacra da figura do rei no Antigo Oriente e a segue pelos textos do AT. Por sua vez, P. GRELOT, *La speranza ebraica al tempo di Gesù*, parte da constatação de que o fenômeno messiânico no judaísmo não é unívoco. Por isso, prefere usar a fórmula genérica "esperança judaica". Por uma opção metodológico-teológica, restringiu o campo de sua pesquisa, concentrando-se na figura do Messias como "mediador da salvação". Como resultado, destaca que os cristãos da primeira geração aplicaram a Jesus a ideia do messianismo judaico, mas a transformaram, de modo que estivesse livre de toda e qualquer conotação político-nacionalista-temporal. Os cristãos rejeitaram e se afastaram da ideia de um messias-rei político e se concentraram no anúncio de Jesus, o Messias, enfatizando o aspecto salvífico-escatológico-universal de sua missão. P. SACCHI, *Historia del Judaísmo en la época del segundo Tiemplo*, 406-436, apresenta uma excelente síntese sobre as diferentes concepções messiânicas ao longo do período do segundo Templo.

[246] F. HAHN, "Χριστός", 2140.

[247] Segundo F. HAHN, "Χριστός", 2120-2121, o termo χριστός é o adjetivo do verbo χρίω, cujo significado é *untar, ungir*. Fora da LXX, do NT e dos escritos influenciados por eles, χριστός nunca se aplica a pessoas. No NT, refere-se exclusivamente a pessoas e se emprega como a tradução de Μεσσίας. Essa se refere a Jesus de Nazaré como o Messias já chegado (Jo 1,41) ou ao Messias esperado (Jo 4,25). No NT, aparece 531x: nos evangelhos (7x em Mc; 16x em Mt; 19x em Jo); 383x no *Corpus Paulinum*.

[248] At 2,38; 3,6.29; 4,10; 5,42; 8,12; 9,34; 10,36.48; 11,17; 15,26; 16,18; 17,3; 24,24; 28,31.

[249] Segundo R.F. O'TOOLE, *Luke's Presentation of Jesus: A Christology*, 113-114, em Lc-At, o título Χριστός deve ser estudado e relacionado

Em Lc 1–2, Χριστός aparece mais 2x: "Nasceu hoje um salvador, o qual é o Cristo Senhor" (2,11); "não veria a morte antes que visse o Cristo do Senhor" (2,26). Observe-se que nas duas passagens Χριστός está associado ao termo Κύριος. Mas há uma diferença; em 2,11, ambos os termos aparecem no nominativo, como aposição, neste caso, Χριστὸς Κύριος[250] é o predicativo do sujeito da oração subordinada relativa que se refere a σωτήρ, ao qual, por sua vez, é o sujeito da subordinada objetiva que a procede. Existe aqui uma identificação direta entre os títulos Χριστός -Κύριος e, além disso, dos dois com o título Σωτήρ. Enquanto em 2,26, Κύριος aparece dentro de um genitivo de especificação. Simeão não verá qualquer Cristo, mas verá o "Cristo do Senhor" (τὸν χριστὸν κυρίου).

Depois de concluir a descrição do personagem (vv.25-26), o autor informa a seus leitores que Simeão se desloca até o Templo (εἰς τὸ ἱερόν). Para descrever esse movimento, emprega o verbo ἔρχομαι[251] com o sentido absoluto de vir (v.27a). Importante é

---

com a linhagem davídica de Jesus (pp. 114-140). Segundo J. GNILKA, *I primi cristiani*, 278, como a práxis linguística greco-romana não conhece o uso contemporâneo de um nome duplo, no NT, o termo "Cristo" dentro da fórmula "Jesus Cristo" não deve ser considerado como um nome próprio, mas deve antes ser tomado em seu valor semântico original: o ungido que significa literalmente cristo/*mašiah*. Por isso, a fórmula "Jesus Cristo" é principalmente uma profissão de fé.

[250] Segundo R. LAURENTIN, *Structure et Théologie de Luc I-II*, 128-129 e L. LEGRAND, "L'évangile aux bergers. Essai sur le genre littéraire de Luc II, 8-20", 166, sugeriu-se, sempre a partir de um original semítico, que a fórmula "Χριστὸς Κύριος" seria um erro de tradução; segundo esta hipótese, o texto original teria sido מְשִׁיחַ יְהֹוָה e Lucas o teria entendido como uma aposição. Os dois autores rejeitam a ideia de que o evangelista teria cometido algum erro de tradução e sustentam que Lucas utilizou a expressão de modo intencional; além disso, ambos assinalam que se a hipótese de um original hebraico for correta; assim mesmo seria muito estranho que houvesse cometido tal erro, porque, em 2,26, Lucas emprega "τὸν χριστὸν Κυρίου".

[251] Segundo T. SCHRAMM, "ἔρχομαι", 1589, esse verbo significa *vir* e *ir*. Muitas vezes seu significado é mais específico por meio de preposições como εἰς, ἀπο, πρὸς e outras. Nos escritos bíblicos, serve para expressar

observar que Simeão foi conduzido ao Templo sob a ação do Espírito (ἐν τῷ πνεύματι). O mesmo Espírito Santo (πνεῦμα ἅγιον) que estava sobre ele (v.25d), o qual havia lhe revelado que não morreria sem antes ver o Messias do Senhor (v.26abc).

É a primeira vez na perícope que aparece explicitamente ἱερόν (v.27a); este substantivo se refere ao Templo em geral,[252] especialmente aos átrios exteriores (das mulheres e dos gentios). O termo ἱερόν se distingue de ναός, que é empregado 4x em Lc (1,9.21.22; 23,45);[253] por meio dele, faz-se referência a uma área específica do Templo, aquela reconhecida como a habitação divina, o "santo dos santos", a área exclusiva aos sacerdotes.[254]

Com a presença de Simeão no Templo, o autor pode agora narrar seu encontro com o menino e seus pais (vv.27-35). Mas, antes de tudo, por meio do verbo εἰσάγω,[255] no infinitivo aoristo,[256] precedido por ἐν τῷ com seu sentido temporal, chama-se a atenção para o ingresso do menino no Templo: "Quando introduziam [...] o menino Jesus" (v.27b). Os pais o introduzem "para eles fazerem (τοῦ ποιῆσαι αὐτοὺς)".[257] (v.27c). O verbo

---

a ideia religiosa do Senhor que vem, a vinda de Deus. A utilização de ἔρχομαι no NT corresponde ao uso do grego profano e ao da LXX.

[252] Na obra lucana, é usado 39x (14x em Lc, 25x em At); em Lc 1–2 é utilizado 3x (2,27.37.46).

[253] A. CASALEGNO, *Gesù e il tempio. Studio redazionale su Luca-Atti*, 43, a distinção entre os dois termos nem sempre é feita rigorosamente no NT. No entanto, Lucas em seu evangelho parece usar os dois termos com maior propriedade e distinção.

[254] G. BIGUZZI, *Il Tempio di Gerusalemme nel Vangelo di Marco. Studio di analisi della redazione*, 110-111; J.A. FITZMYER, *El Evangelio según Lucas*, II, 257; F. BOVON, *El evangelio según san Lucas*, I, 205; além disso, Lucas, no discurso de Estêvão (At 7,2-53) usa 3x o termo οἶκος (At 7,46.47.49) para referir-se ao Templo como habitação de Deus.

[255] Segundo H. BALZ, "εἰσάγω", 1218, o verbo εἰσάγω, típico lucano, é utilizado no NT com o significado de *fazer entrar, levar, trazer, introduzir*; na obra lucana aparece principalmente com o sentido de *introduzir, fazer entrar*.

[256] Note-se que o infinitivo aoristo destaca a ação do verbo εἰσάγω (introduzir).

[257] Segundo W. RADL, "ποιέω",1042-1043, em geral o verbo ποιέω, no NT, é utilizado para designar três aspectos da ação divina: criadora, histórica e escatológica. De modo particular, em Lc-At, é utilizado para des-

ποιέω,[258] também no infinitivo aoristo, associado a ἐθίζω[259] (no particípio perfeito[260]), se encontra em uma expressão típica hebraica: "Fazer algo segundo o costume da Lei".[261] Com isso, o evangelista insiste pela terceira vez na perícope, como já o havia assinalado em v.23a.24b, que tudo está sendo realizado sob o desígnio da lei (v.27d).[262]

No v.28, o encontro de Simeão com o menino é assinalado por meio do verbo δέχομαι. Este verbo, no NT, em geral, é utilizado com o sentido de *aceitar, receber ou acolher* uma pessoa. É frequente a ideia de uma boa acolhida, a qual em sentido teológico pode designar a aceitação da mensagem evangélica (2Cor 7,15; Cl 4,10; Hb 11,31).

---

tacar que ao longo da história de Israel, no *Benedictus*, Zacarias canta a visita de Deus que *faz* redenção a seu povo (1,68); Deus *fez* grandes obras (At 7,36), descreve-se sua ação por meio dos apóstolos, Pedro e João (At 3,12; 4,7), Estêvão (At 6,8) Felipe (At 8,6), Paulo e Barnabé (At 14.11.27; 15,4.12.17; 19.11).

[258] As 5x em que aparece em Lc 1, ποιέω destaca o fazer de Deus, no qual é sempre sujeito: o Senhor *fez remover* a humilhação de Isabel (v.25); disse Maria: o Poderoso *fez* grandes coisas em mim (v.49); o Senhor *fez proezas* com seu braço (v.51); canta Zacarias no *Benedictus*: o Senhor é bendito porque *fez redenção* ao seu povo (v.68); o Senhor *fez misericórdia* com nossos pais (v.72).

[259] Segundo H. BALZ, "ἐθίζω", 1157, o verbo no particípio é utilizado como substantivo com o significado de "*o acostumado*".

[260] No tempo perfeito reafirma a vigência da lei sobre ele (περὶ αὐτοῦ).

[261] Segundo W. RADL, "ποιέω", 1046, a expressão destaca uma das tarefas mais nobres que um judeu podia realizar, o "trabalhar segundo o costume da lei" é justamente o que fazem os pais de Jesus no Templo (Lc 2,27).

[262] Note-se que, comparados os vv.23a.24b.27d, o complemento em cada uma das orações, com pequenas alterações, é basicamente o mesmo: ἐν νόμῳ κυρίου (v.23a); ἐν τῷ νόμῳ κυρίου (v.24b); τοῦ νόμου (v.27d). Os três verbos são distintos: γράφω (indicativo perfeito passivo – no v.23a); λέγω (particípio passivo – no v.24b); ἐθίζω (particípio perfeito passivo – em v.27d), mas todos no perfeito passivo; dentro do contexto e do sentido em que são empregados, devem ser considerados sinônimos entre si, de modo que: "segundo está escrito na lei do Senhor" corresponde a "segundo o dito na lei do Senhor" que, por sua vez, corresponde a "segundo o acostumado na lei acerca dele."

A imagem do encontro transmitida pelo texto é de uma beleza ímpar: Simeão acolhe o menino Jesus em seus braços e bendiz a Deus (v.28 ab) pelo dom recebido. O verbo utilizado é εὐλογέω,[263] cujo emprego no NT reflete de diversos modos a base semítica transmitida na LXX,[264] entre os quais se destacam dois: (1) Deus possui o poder de abençoar;[265] (2) o ser humano deve louvar, bendizer e agradecer a Deus.

Em Lc-At, Jesus por 5x é o sujeito de εὐλογέω: ele *abençoa* os cinco pães e dois peixes (9,16); *abençoa* o pão (24,30), *abençoa* seus discípulos (24,50.51); Deus, levantando seu Filho, o envia a *abençoar* o povo (At 3,26). Outros sujeitos são: os discípulos que *bendizem* a Deus no Templo (24,53). Em Lc 1–2, εὐλογέω aparece 3x: Zacarias que bendiz a Deus (1,64); e as 2x que aparece em 2,22-39, onde o sujeito é Simeão: o qual bendiz a Deus (2,28b) e abençoa os pais do menino (2,34a).

3.2.1.1. O Hino (vv.29-32) + v.33

No *Nunc dimittis*, é a primeira vez, em Lc 1–2, que Deus aparece como o destinatário de uma oração. Os oráculos de Gabriel, o grito profético de Isabel, Maria no *Magnificat*, Zacarias no *Benedictus* e os anjos na *Gloria*, todos falaram de Deus na terceira pessoa. Simeão se dirige a Deus na segunda pessoa.[266]

---

[263] Segundo H.W. BEYER, "εὐλογέω", 1152, o significado literal de εὐλογέω em grego clássico é *falar bem* e pode ser aplicado segundo dois aspectos: usar uma bela (boa) linguagem ou falar bem de alguém. Além disso, o conceito de bênção tem um lugar muito limitado no mundo grego clássico, ao ponto de não assumir uma forma conceitual bem definida. Segundo H. PATSCH, "εὐλογέω", 1666, na LXX, o verbo aparece mais de 400x, nas quais, em geral, é utilizado para traduzir a raiz ברכ (*abençoar*).

[264] H.W. BEYER, "εὐλογέω", 1169-1179.

[265] Como fonte inesgotável de bênção, Deus pode transmitir esse poder a quem ele deseje. No NT, Jesus recebe e manifesta o poder de abençoar (pessoas e coisas).

[266] M. COLERIDGE, *Nueva lectura de la infancia de Jesús*, 172.

O hino começa com o advérbio temporal νῦν, que remarca a importância daquele momento particular, agora.[267] Em seguida, ἀπολύω é empregado como um eufemismo para expressar a ideia *de deixar morrer* (v.29a).[268]

A oração principal *"agora liberta* teu servo [...] em paz" (v.29ab) e a subordinada causal "porque meus olhos viram tua salvação" (v.30), a partir do verbo ὁράω, estão relacionadas com o que havia sido revelado pelo Espírito Santo a Simeão (v.26bc). Por isso, devem ser interpretadas em conjunto.

Um elemento importante no hino de Simeão é o emprego do substantivo δεσπότης.[269] Na LXX, o verbo δεσπόζω é utilizado 6x[270] com o significado de: *ser Senhor, ter completo poder sobre*; enquanto o substantivo aparece 56x, mas somente 22x apresenta um termo análogo no texto hebraico;[271] sua distribuição sugere

---

[267] J.A. FITZMYER, *El Evangelio según Lucas*, II, 258. Segundo R.E. BROWN, *El nacimiento del Mesías*, 477, n. 36, o νῦν enfático expressa a ideia de promessa cumprida.

[268] Segundo G. SCHNEIDER, "ἀπολύω", 420-421, esse verbo faz parte do campo semântico de *soltar, libertar*. Em sentido mais geral, significa *deixar em liberdade, pôr em liberdade* (Mt 15,28; 18,27; Lc 6,37; 13,12), por isso diversas vezes é usado para referir-se à libertação dos cativos (At 3,13; 5,40; 16,35.36; 26,32; 28,18). Em sentido de *deixar ir, despachar*, é utilizado como um termo para designar o divórcio (Mc 10,2.11; Mt 19,3.8.9; Lc 16,18). Em Mt 1,19, refere-se à intenção de José com relação a Maria: "Despedi-la em segredo".

[269] Segundo K.H. RENGSTORF, "δεσπότης", 852-853, no grego clássico, o substantivo δεσπότης é utilizado em sentido sociológico, com o qual se descreve algum tipo de domínio ou de poder, o qual podia ser exercido: (1) pelo cabeça da família; (2) pelo senhor de escravos (com a conotação, no NT, é utilizado 4x: em Tt 2,9; 1Tm 6,1.2; 1Pd 2,18); (3) pelo soberano absoluto (dentro dessa perspectiva, o imperador romano, recebia o título de δεσπότης). Mas, sobretudo, é utilizado para caracterizar os deuses que, em sua potência, gozavam de especial liberdade diante dos humanos.

[270] 1Cr 29,11; Sl 21,29; 58,14; 65,7; 88,10; 102,19.

[271] Segundo E. HATCH – H. REDPATH, *A concordance to the Septuagint*, I, 292, quando δεσπότης possui um correspondente em TM, em quase todas as situações traduz אֲדֹנָי e אָדוֹן. Segundo I.H. MARSHAL, *Luke: historian and theologian*, 104, no Pentateuco, δεσπότης é utilizado somente 2x (Gn

que o termo não era familiar à mentalidade bíblica primitiva, mas foi sendo assimilado com o passar dos séculos. Seu emprego mais frequente se encontra nos livros mais recentes, particularmente em Dn (9,8.16.17.19). Fato que revela uma influência helenística progressiva na concepção bíblica de Deus. Esta realidade pode ser comprovada pelo seu emprego nos escritos de Flávio Josefo.[272]

No NT, δεσπότης aparece 10x; é utilizado 3x para referir-se a Deus (2,29; At 4,24; Ap 6,10); 2x como um título dado a Jesus (Jd 4; 2Pd 2,1). Cabe notar que nas 3x que se refere a Deus é utilizado no vocativo (δέσποτα) e se encontra em um contexto litúrgico-hínico (2,29;[273] At 4,24; Ap 6,10). De modo particular em At 4,24, a comunidade judaico-cristã de Jerusalém o emprega com o sentido de exaltar a ação potente de Deus na criação: "δέσποτα, tu que fizeste o céu e a terra, o mar e tudo o que há neles".[274] Isso induz a pensar que, quando Simeão utiliza δέσποτα para referir-se a Deus (v.29a) e em seguida identifica o menino

---

15,2.8); em ambos os casos corresponde a uma interpretação de אדני יהוה e serve para pôr em evidência a onipotência divina, o senhorio absoluto de Deus. Segundo K.H. RENGSTORF, "δεσπότης", 854-855, nos demais livros da LXX, δεσπότης é usado mais de 50x, sendo a metade delas sob a forma vocativa δέσποτα ou na locução "δέσποτα κύριε" como um apóstrofo de Deus.

[272] Segundo K.H. RENGSTORF, "δεσπότης", 857-860. Segundo S. ZEITLIN, "The Liturgy of the first night of passover", 442-443, a presença do termo δεσπότης em *Antiguidades Judaicas* e *Guerra Judaica* revela que Flávio Josefo substitui κύριος por δεσπότης. Provavelmente depois que a linguagem do NT identificou Jesus como κύριος e os rabinos, para referirem-se a Deus, passaram a evitar o uso de palavras como *Jehovah* e *Adonai*, substituindo-as por *Makom* e *Único Santo bendito seja ele*. O mesmo afirma J.B. FISCHER, "The term ΔΕΣΠΟΤΗΣ in Josephus", 132-138.

[273] A utilização de δέσποτα para referir-se a Deus em 2,29 chama ainda mais a atenção se se tem presente que Κύριος aparece 5x em 2,22-39 (27x em Lc 1–2).

[274] Segundo R.E. BROWN, *El nacimiento del Mesías*, 459, a utilização do mesmo termo na oração da comunidade cristã de Jerusalém poderia indicar o *Sitz im Leben* do hino de Simeão. O mesmo pensa B.J. KOET, "Simeons Worte (Lk 2,29-32.34c-35) und Israels Geschick", 1552.

como a salvação (v.30), o autor está destacando a potência divina que salva os povos.

Por outro lado, como em At 4,24,[275] δεσπότης está em perfeita relação com o termo δοῦλος (v.29a),[276] que é utilizado para caracterizar a condição de Simeão diante de seu Senhor; termo que sugere o respeito e a reverência do judeu piedoso diante de Deus.[277] Convém ainda observar que, em Lc 1–2, o termo feminino δούλη é aplicado 2x a Maria (1,38.48); em ambos os casos com a mesma conotação utilizada na descrição de Simeão.[278]

O autor identifica o fato de que os olhos de Simeão (οἱ ὀφθαλμοί μου) tenham visto a salvação (v.30a) como o motivo pelo qual este bendiz a Deus (v.28b) e também o motivo pelo qual pode *agora ser libertado* (v.29a) em paz (ἐν εἰρήνῃ).[279] O complemento preposicional modal *segundo a palavra divina* (κατὰ τὸ ῥῆμά σου) destaca a ideia de que tudo foi realizado segundo o desígnio divino.

O substantivo ῥῆμα aparece 68x no NT. Na obra lucana se encontra 33x (19x em Lc; 14x em At), 9x em Lc 1–2. Portanto, é um

---

[275] J. DUPONT, *Études sur les Actes des Apôtres*, 522.

[276] Segundo A. WEISER, "δουλεύω", 1060-1067, o termo δοῦλος aparece 124x no NT. Na obra lucana, o termo no sing. e pl. (masc. e fem.) aparece 32x (28x em Lc; 4x em At). Nos sinóticos, em geral, é empregado nas parábolas de Jesus. Nos textos neotestamentários as palavras com a raiz "δουλ-" servem para designar as relações de dependência e de serviço nos diferentes âmbitos: (1) na realidade social; (2) no sentido religioso diante de Deus.

[277] Segundo S. MUÑOZ IGLESIAS, *Los evangelios de la infancia*, I, 301, em 2,29 não tem a carga sociológica que encerra o termo no grego clássico. Segundo B.J. KOET, "Simeons Worte (Lk 2,29-32.34c-35) und Israels Geschick", 1552, sua melhor tradução é "amo" e constitui o correlativo apropriado à maneira como é designado Simeão: "servo" (δοῦλος).

[278] Segundo A. WEISER, "δουλεύω", 1062, a ideia de distinguir personagens importantes da história de Israel como um(a) servo(a) do Senhor é muito frequente no AT e está perfeitamente de acordo com a convicção judaica de que Deus é o Senhor absoluto.

[279] Este complemento preposicional modal esclarece o sentido com que é utilizado o verbo ἀπολύω. Na cultura judaica, é comum a ideia de que os justos que serviram ao Senhor com fidelidade recebam a alegria de viver em paz com seus antepassados (Gn 15,15).

termo tipicamente lucano.[280] O termo possui dois significados: *coisa* e *palavra*. Por isso em certos casos é o sinônimo de λόγος.[281] Com o sentido de palavra, aparece quase sempre em Lc (1,38; 2,29.50; 5,5; 9,45; 22,61; 24,8.11);[282] no entanto, para referir-se à palavra de Deus aparece somente no caso de Simeão (2,29b) e de João Batista (3,2).

O objeto da visão de Simeão é assinalado no v.30a, a salvação, ou melhor, a salvação de ti (τὸ σωτήριόν σου).[283] O evangelista identifica diretamente o menino acolhido nos braços de Simeão como a salvação do Senhor de Israel.

No v.31, o verbo ἑτοιμάζω, *preparar*,[284] assinala um aspecto fundamental da obra lucana, a salvação que foi preparada pelo Deus de Israel diante de todos os povos (πρόσωπον πάντων τῶν

---

[280] P. GRELOT, "Le cantique de Siméon (Lc 2,29-32)", 501.

[281] W. RADL, "ῥῆμα", 1307-1308.

[282] W. RADL, "ῥῆμα", 1310, em At, com exceção de 11,16 e 16,38, ῥῆμα é utilizado para referir-se à palavra pronunciada pelos testemunhos de Jesus.

[283] Nos evangelhos, σωτήριον é um termo exclusivamente lucano; aparece fora de Lc-At somente em Ef 6,17. É interessante notar que, tanto em 3,6 como em At 28,28, é utilizado seguido de genitivo (τοῦ θεοῦ), com o qual se qualifica de quem provém a salvação.

[284] Segundo S. SOLLE, "Preparado, disposto" (ἕτοιμος", 402-403), o campo semântico de ἑτοιμάζω gira em torno da ideia pura e simples de *preparar* algo ou a si mesmo; na voz ativa significa: *preparar, preparar-se, estabelecer, deixar pronto*, enquanto na passiva: *estar preparado, estar pronto, decidido*. Segundo W. GRUNDMANN, "ἕτοιμος", 1015-1016, somente no grego bíblico adquiriu um valor religioso, seja na LXX, onde em geral traduz a raiz כון, seja no NT. Na LXX, ἑτοιμάζω é empregado basicamente com dois significados: (1) para definir o ser e a natureza eterna de Deus: "O Senhor preparou (estabeleceu) seu trono no céu" (Sl 102,19); "nos céus estabelecerás tua fidelidade" (Sl 88,3); (2) para designar a ação providencial de Deus ao longo da história de Israel, por meio da qual se afirma que o Senhor preparou para seu povo uma terra, os reis, a salvação. No NT, ἑτοιμάζω é empregado no segundo sentido; a salvação preparada por Deus em Jesus, o Messias-Cristo, é o centro do anúncio cristão e é apresentada sob dois aspectos: (1) a salvação presente, já manifestada (2,31); (2) a salvação final, a qual exige de todo fiel uma reposta à ação salvífica divina. Por isso, todo servo é exortado por Jesus a preparar-se de um modo ativo e vigilante para o retorno do Senhor, como quem se dispõe para Deus e orienta toda a existência para ele (12,20.40.47).

λαῶν).[285] Esta percepção identifica o plano fundamental de Deus, ordenado à salvação universal.[286] É dentro dessa perspectiva de preparação salvífica que se deve compreender a utilização de Is 40,3-4 nos Sinóticos, para descrever a missão de João Batista. O qual anuncia a necessidade de preparar o caminho do Senhor para a vinda do Messias (Mt 3,3; Mc 1,3; Lc 3,4-5). Em Lc 1–2, este aspecto da missão de João é destacado nas palavras de Gabriel (1,17) e no *Benedictus* (1,76).

No v.32, por meio de uma aposição,[287] a salvação é descrita como uma luz (φῶς) que desempenhará uma dupla ação: diante dos gentios e diante de Israel; para (εἰς) revelação dos gentios (ἀποκάλυψιν ἐθνῶν)[288] e glória de teu povo Israel (καὶ δόξαν λαοῦ σου Ἰσραήλ).[289] Além disso, note-se que λαός[290] se

---

[285] Segundo P. GRELOT, "Le cantique de Siméon (Luc II, 29-32)", 502, a associação do verbo ἑτοιμάζω com σωτήριον é única em seu gênero.

[286] J.A. FITZMYER, *El Evangelio según Lucas*, I, 300-301; J. DUPONT, "Le profezie del veccchio Simeone (Lc 2,25-35)", 135-140.

[287] Alguns autores, entre eles: M.-J. LAGRANGE, *Évangile selon saint Luc*, 86-87, sustentam que há no texto duas aposições em vez de uma. Os substantivos φῶς e δόξα estariam em paralelismo.

[288] Segundo, M.-J. LAGRANGE, *Évangile selon saint Luc*, 87, ainda que ἀποκάλυψις signifique ordinariamente ação de descobrir, o sentido de instrução se impõe neste versículo. A expressão talvez seja difícil de ser analisada, mas a ideia é clara: trata-se de uma luz que dissipa as trevas e ilumina as nações.

[289] Segundo L.H. BROCKINGTON, "The Septuagintal Background to the New Testament use de ΔοΞα", 3-4, o substantivo δόξα possui quatro conotações no NT, as quais apresentam uma relação direta com seu emprego na LXX: (1) a concepção de resplender, luminosidade; (2) o poder e a atividade operativa de Deus; (3) o poder salvífico de Deus; (4) a concepção de imagem, forma do rosto de Deus. No *Nunc dimittis*, seu emprego se enquadraria dentro da primeira conotação. Além disso, J.J. KILGALLEN, "Jesus, Savior, the Glory of your People", 309-310, afirma que, nas Escrituras, antes de tudo, a glória é um atributo divino e está associado a seu nome, e a seu trono. Por isso, a criação, o ser humano e Israel são convidados a reconhecer sua glória e a dar-lhe glória (Sl 18,1; 23,8; 28,1-2.9; 56,6.12; 71,19; 72,29; Ne 9,5; 1Cor 16,24.27.28.29).

[290] Segundo E. LIPINSKI, "עם", 823-824, no TM, o termo עם está em conexão direta com o povo de Israel; de fato, a assembleia religiosa e cultual dos fiéis do Senhor (Yhwh) é chamada frequentemente de "povo de

encontra em uma estrutura no genitivo que assinala a possessão do Senhor.[291]

Diante de todas essas palavras de Simeão, a reação dos pais do menino é descrita por meio da estrutura perifrásica καὶ ἦν ὁ πατὴρ αὐτοῦ καὶ ἡ μήτηρ θαυμάζοντες (v.33a). Em Lc 1–2 θαυμάζω,[292] é utilizado 4x (1,21.63; 2,18.33), sempre com o sentido de estar *admirado*, *maravilhado*.[293] No v.33, o pai e a mãe de Jesus se *admiraram* com as coisas que *eram faladas* sobre ele (ἐπὶ τοῖς λαλουμένοις περὶ αὐτοῦ). Convém destacar a combinação entre θαυμάζω e λαλέω que também está presente em 2,18. Em

---

Deus" (עַם יְהוָה) ou simplesmente "o povo" (הָעָם). Em geral, é empregado com sufixos (meu, teu, seu) que se referem ao Senhor (Ex 3,7; 5,1; 18,1; Dt 32,9). Mas também se deve observar que o termo עם pode designar um povo estrangeiro (Cush em Is 18,2; Egito em Is 30,5) ou no plural (עַמִּים), os povos estrangeiros em contraposição a Israel (Is 2,3; 8,9; 12,4). Além disso, segundo H. BIETENHARD, "Povo (λαός)", 442-445, na LXX, em geral, o termo hebraico עם é traduzido por λαός; portanto, com esse termo se entende a comunidade nacional israelita, enquanto para designar os demais povos e nações se emprega ἔθνη. Quando se faz referência a Israel como a propriedade particular do Senhor, utiliza-se a fórmula (λαός θεοῦ). No NT, λαός aparece 140x; mais da metade se encontram nos escritos lucanos (36x em Lc; 48x em At). Somente 8x no plural, entre elas 3x na obra lucana (2,31; At 4,25.27). O sentido de λαός fica mais claro quando se estudam os textos onde aparece paralelo a ἔθνος (ἔθνη); por exemplo em 2,32.

[291] Essa mesma ideia é transmitida em 1,68, onde Zacarias canta, em terceira pessoa, que "o Senhor Deus de Israel visitou e resgatou seu povo (τῷ λαῷ αὐτοῦ)".

[292] Segundo F. ANNEN, "θαυμάζω", 1883, este verbo, por sua raiz, está relacionado a θεάομαι (*contemplar*) e designa um assombro que é originado pela contemplação de algo. Em geral, tanto no grego profano como na LXX, designa a reação das pessoas diante de uma ação ou manifestação divina. Quase sempre pode ser traduzido no português por *maravilhar-se* ou *assombrar-se*. Por seu significado, os autores sagrados podem utilizá-lo como um recurso literário para chamar a atenção dos leitores para um acontecimento particular e, sobretudo, para o mistério divino neste revelado.

[293] Esquema semelhante se identifica em 24,12,41, onde se descreve a reação de assombro que Pedro e os onze tiveram diante da ressurreição de Jesus.

ambos os casos, a ação descrita pelo verbo θαυμάζω é uma consequência direta do verbo λαλέω.

Em 2,22-39, λαλέω é empregado 2x (vv.33b.38c), com o sentido de *falar, dizer*.[294] Convém observar que, em ambos os casos, o verbo se refere a Jesus; os pais de Jesus se admiram das coisas *faladas* περὶ αὐτοῦ (v.33) e Ana *falava* a todos περὶ αὐτοῦ (v.38).

3.2.1.2. O oráculo a Maria (vv.34-35)

No v.34ab, repete-se a combinação dos verbos εὐλογέω e λέγω; a mesma estrutura que introduz o primeiro dito de Simeão (vv.29-32) se utiliza para introduzir as palavras dirigidas exclusivamente à mãe do menino (vv.34cde.35ab).[295] Este oráculo pode ser dividido em duas partes: a primeira se refere a Jesus (v.34de); a segunda à mãe (v.35ab). No início do conjunto, a partícula ἰδού (v.34c) chama a atenção para todo o oráculo.

Simeão abençoa os pais de Jesus (αὐτοὺς). Note-se que em Lc 1–2 Maria aparece 2x associada ao verbo εὐλογέω – em 1,42 (εὐλογημένη σὺ) e em 2,34 (εὐλόγησεν αὐτοὺς). Na sequência imediata de os ambos versículos, faz-se referência explícita a sua maternidade: ἵνα ἔλθῃ ἡ μήτηρ τοῦ κυρίου μου πρὸς ἐμέ (1,43); καὶ εἶπεν πρὸς Μαριὰμ τὴν μητέρα αὐτοῦ (2,34b). Desse modo, a mãe do Senhor é identificada com a mãe dele (Jesus).[296]

---

[294] Segundo H. HÜBNER, "λαλέω", 2-3, em sua origem este verbo era onomatopeico e seu significado *balbuciar*; referia-se aos sons emitidos pelas criancinhas. Mas, no grego clássico, λαλέω é sinônimo de λέγω. No NT, λαλέω é utilizado com o sentido de *falar, dizer, ser capaz de falar*. No sentido de "ser capaz de falar", está presente quando se descreve a situação de algum mudo que recebe a capacidade de comunicar-se pelo uso da voz (Mt 9,33 // Lc 11,14; Mc 7,37; Mt 12,22; Mt 15,31).

[295] Segundo A. VALENTINI, "Approcci esegetici a Lc 2,41-52", 355, a posição privilegiada da mãe em confronto com o pai é típica de Lc 1–2. Este recurso literário é confirmado em 2,51b, onde se encontra o mesmo sujeito de 2,48b.

[296] Lucas é o autor no NT que mais se refere à mãe de Jesus. Seu nome Maria aparece 12x em Lc 1–2 (1,27.30.34.38.39.41.46.56; 2,5.16.19.34) e 7x é chamada "a mãe de Jesus" (1,43; 2,33.34.48.51; 8,19.20).

ANÁLISE LITERÁRIO-ESTRUTURAL | 141

No v.34d, quando Simeão fala de Jesus, o verbo κεῖμαι[297] é empregado com o sentido teológico de *estar posto para* (designado para, destinado para). A narrativa adquire caráter dramático quando afirma que a presença futura desde menino (o messias) será decisiva para todo o povo: ele *está posto* para a queda e levantamento de muitos em Israel.

Em Lc 1–2, κεῖμαι aparece 2x no relato do nascimento de Jesus em Belém, mais precisamente no anúncio aos pastores (2,8-20); o verbo se refere ao sinal (σημεῖον) que o anjo lhes deu: "Encontrareis o recém-nascido (Jesus) *posto* em uma manjedoura" (2,12); eles vieram com toda a pressa e o encontraram como o anjo lhes havia falado *posto* na manjedoura (2,16). Além disso, no final do evangelho, em 23,53, κεῖμαι é empregado na sepultura de Jesus.[298] Onde são narradas as diversas ações de José de Arimateia.[299] Este, depois de pedir a Pilatos o corpo de Jesus, descendo-o da cruz, o envolveu em um lençol e o colocou (ἔθηκεν – τίθημι) em um sepulcro cavado na rocha "no qual ainda ninguém *havia sido posto*" (οὗ οὐκ ἦν οὐδεὶς οὔπω κείμενος).

No v.34, σημεῖον é associado a ἀντιλέγω, que na obra lucana é utilizado com seu sentido clássico de *contradizer, colocar-se contra*.[300] Note-se que em geral, nos evangelhos e em At, o substan-

---

[297] O verbo κεῖμαι tem como conotação principal: *estar deixado* ou *tombado* (pessoas ou coisas), *estar situado, encontrar-se, existir, achar-se*. Seu significado teológico mais importante é *estar destinado para, estar designado para*. Este sentido se encontra em Fl 1,16, onde Paulo está destinado para a defesa do Evangelho, e em 1Ts 3,3, onde a comunidade está destinada a sofrer tribulações escatológicas.

[298] Em 23,53, κεῖμαι é utilizado no particípio presente + εἰμί (ἦν) dentro de uma estrutura perifrástica.

[299] É interessante notar que a descrição de José de Arimateia (23,50.51b) é similar à de Simeão (2,25abcd).

[300] Com este sentido, ἀντιλέγω é empregado 4x em At (4,14; 13,45; 28,19.22); na primeira (At 4,14) se assinala a impotência do Sinédrio em contradizer o poder e a autenticidade da ação dos apóstolos que haviam curado um homem em nome de Jesus; note-se que, na sequência do mesmo relato (v.16), também é empregado o substantivo σημεῖον, diante do qual os opositores dos apóstolos se declaram sem forças para negá-lo; na

tivo σημεῖον significa um sinal (visível) por meio do qual se reconhece alguém ou uma coisa.[301] Mas, nesse caso, deve-se observar que o sinal é a própria pessoa, é o menino Jesus, a respeito do qual se anuncia um futuro marcado pelo conflito e a contradição. Além disso, o caráter dramático do futuro do menino descrito no v.34de se prolonga com as palavras que se referem a Maria (v.35a); onde διέρχομαι,[302] utilizado com o significado de *transpassar*, conecta ψυχή[303] e ῥομφαία.

---

segunda (13,45), durante a missão de Paulo e Barnabé, em Antioquia da Pisídia, ἀντιλέγω é utilizado para descrever a reação de oposição e rejeição que, por inveja, os judeus tiveram diante do anúncio da Palavra de Deus dirigida aos gentios da cidade; na terceira (28,19), para descobrir a atitude de oposição que as autoridades judaicas tiveram diante da libertação de Paulo por parte da autoridade romana; e, na quarta (28,22), para relatar a situação de oposição vivida pelo "partido" cristão que, segundo os judeus residentes em Roma, sofre oposição (contradição) em todos os lugares.

[301] O. BETZ, "σημεῖον", 1394. Segundo O. HOFIUS, "Milagro (σημεῖον)", 89-93, o uso linguístico de σημεῖον foi tomado da LXX. Mas é importante observar que o sentido com que é utilizado em 2,34 vem alimentado da concepção veterotestamentária de que o profeta é um sinal do Senhor.

[302] Segundo U. BUSSE, "διέρχομαι", 976, esse verbo pode ser traduzido no português de diversas formas. Como o prefixo δια-, expressa não apenas a ideia de "através de" mas também a de "completude", sendo que a tradução mais apropriada será definida contextualmente em cada situação. No NT, é empregado com o significado simples de *passar* de um lugar a outro (8,22; 11,24; 17,11; Mc 4,35), *passar* entre pessoas (4,30), *atravessar*, *passar* por uma cidade (19,1), *passar* por um lugar (19,4; Mc 10,25; Mt 19,24), *passar* por lugares (11,24; Mt 12,43). Διέρχομαι é utilizado, de modo particular, em Lc-At, como um termo técnico para designar a atividade missionária (de *percorrer* aldeias, regiões, povoados, cidades e territórios) realizada por Jesus (At 10,38), pelos apóstolos (9,6) e por Paulo (At 20,25).

[303] Segundo G. HARDER, "Alma (ψυχή)", 97-98, no NT, como na LXX, ψυχή é a sede da vida ou a vida mesma. Um exemplo é a sentença de Jesus: "Quem quer salvar sua vida (τὴν ψυχὴν αὐτοῦ σῶσαι) a perderá, mas quem perder sua vida (ἀπολέσει τὴν ψυχὴν αὐτοῦ) por causa de mim e do evangelho a salvará" (Mc 8,35 par.). Além disso, ψυχή compreende todo o ser "natural" e a vida humana, aquilo pelo que se preocupa e se fatiga constantemente; também pode ser empregado com o significado de *vida*

O substantivo ψυχή aparece 14x em Lc.[304] As 2x que é empregado em Lc 1–2 se referem a Maria; a mesma ψυχή que engrandece o Senhor (1,46) é aquela que será transpassada por uma espada (2,35). Um elemento importante neste último versículo é a combinação dos dois pronomes. O pronome da segunda pessoa do singular (σοῦ) acompanhado do demonstrativo αὐτῆς que, em função predicativa, enfatiza o genitivo do primeiro e equivale a "de ti mesma".[305]

Quanto a ῥομφαία, existe uma realidade muito mais complexa. O termo aparece 7x no NT, 6x em Ap (1,6; 2,12.16; 6,8; 19,15.21).[306] A única vez que se encontra fora do Apocalipse é em Lc 2,35. Além disso, no NT se utiliza 29x o termo sinônimo: μάχαιρα; na obra lucana aparece 7x, 5x em Lc (21,24; 22,36.38.49.52) e 2x em At (12,2; 16,27), onde se utiliza em sentido absoluto para designar a arma mesma, objeto de guerra ou violência.

No v.35b, a ação descrita por ἀποκαλύπτω é uma consequência direta de διέρχομαι (v.35a). Neste caso, ἀποκαλύπτω, é empregado

---

do homem interior, algo como a própria pessoa, a personalidade, com as diversas potencialidades da alma (2Cor 1,23; 1Ts 2,8; Mt 26,38 par.).

[304] O emprego de ψυχή é muito importante em Lc 3–24. O termo aparece em perícopes relacionadas a questões centrais e decisivas: ser um verdadeiro discípulo de Jesus (9,24; 14,26); amar a Deus e ao próximo para herdar a vida eterna (10,25-28), onde faz referência a Lv 19,18; o verdadeiro sentido da vida (12,19.20.22.23); em ganhar ou perder a vida (17,33; 21.19). Por essa razão, pode iluminar a compreensão de 2,35a. Além disso, em At 4,32, é utilizado para caracterizar o ser mesmo da comunidade cristã de Jerusalém: a comunidade dos crentes, "era coração e alma única" (ἦν καρδία καὶ ψυχὴ μία).

[305] M.J. LAGRANGE, *Évangile selon saint Luc*, 89. Segundo J.A. FITZMYER, *El Evangelio según san Lucas*, II, 261, essa expressão destaca o destino individual de Maria.

[306] Segundo A. SIMÓN MUÑOZ, *El Mesías y la hija de Sión*, 212-213, nas 6x que ῥομφαία aparece em Ap (1,6; 2,12.16; 6,8; 19,15.21), o termo não se relaciona com a ideia de perscrutar os pensamentos, mas sim com a de castigar (ferir, exterminar ou matar). Essa conotação dificulta qualquer interpretação diretamente relacionada a 2,35a.

em seu significado mais comum: *revelar*;[307] onde os pensamentos de muitos corações (διαλογισμοί ἐκ πολλῶν καρδιῶν) aparecem como seu sujeito.

O substantivo διαλογισμός aparece 14x no NT; entre elas 6x em Lc (2,35; 5,22; 6,8; 9,46; 24,38)[308] onde assume o significado de *reflexão, pensamento, consideração ou discussão*. Em Mt 15,19 (par. Mc 7,21), afirma-se que do coração humano (ἐκ τῆς καρδίας τῶν ἀνθρώπων) provêm os maus pensamentos (οἱ διαλδ γισμοὶ οἱ κακοὶ ἐκπορεύονται). Em Mt e Mc, estes versículos estão dentro do contexto da discussão com os escribas e fariseus sobre as tradições de pureza e impureza. Chama atenção que esta perícope é omitida em Lc.

Dentro do mesmo campo semântico, o verbo διαλογίζομαι, no NT, aparece somente nos Sinóticos.[309] Em geral, seu significado é *refletir, considerar, pensar, raciocinar, discutir, conversar, falar entre si*. No NT, do mesmo modo em que no grego clássico e na LXX, esta raiz quase sempre possui uma conotação negativa.[310]

Deve-se ressaltar que, como em 2,35b, διαλογίζομαι e διαλογισμός em Lc 3,15; 5,21-22; 9,46-47; 24,38 estão associados

---

[307] Segundo T. HOLTZ, "ἀποκαλύπτω", 391, esse verbo é empregado no NT, com o significado de *revelar, manifestar*. Mas esse não se refere tanto a desvelar algo que anteriormente estava oculto, mas sim a revelar uma realidade que, por sua natureza, estava velada até então. Dentro dessa perspectiva, pode ser utilizado no sentido apocalíptico como aparece em 17,30, onde se afirma que o Filho do homem, ainda oculto, *será revelado* "por Deus", ou seja, será manifestado publicamente a todos. Em 17,30, ἀποκαλύπτω é utilizado no indicativo presente passivo, onde o agente da passiva, Deus, não está explícito no texto.

[308] Diversas vezes διαλογισμός é empregado no plural. Em Lucas, sucede 4x (2,35; 5,22; 6,8; 24,38); o mesmo em 1Cor 3,20; Rm 1,21; 14,1; Fl 2,14; Tg 2,4).

[309] 3x em Mt; 7x em Mc; 6x em Lc.

[310] D. FÜRST, "Pensar, reflexionar, (διαλογίζομαι)", 329; Segundo G. PETZKE, "διαλογίζομαι", 930, na maioria dos casos, o verbo é empregado para descrever deliberações dos adversários de Jesus (Mc 2,6.8 par. Lc 5,21; Mc 11,31 par. Mt 21,25) ou reflexões dos discípulos (Mc 8,16 par. Mt 16,7) que são conhecidas por Jesus.

ao substantivo καρδία.[311] Em 3,15, διαλογίζομαι é utilizado no particípio presente e está acompanhado do complemento preposicional de lugar (ἐν ταῖς καρδίαις αὐτῶν). O motivo que provoca reflexões nos corações do povo é uma pergunta sobre quem seria o Cristo esperado: nesse caso, essa interrogação emerge a partir do testemunho mesmo de João Batista.

Em 5,21, os pensamentos dos escribas e dos fariseus são provocados pelo comportamento de Jesus que perdoa pecados. Eles perguntam sobre a autoridade e a identidade de Jesus: Quem é este que blasfema? Quem pode perdoar os pecados senão somente Deus? Em 5,22, Jesus, conhecendo seus pensamentos (τοὺς διαλογισμοὺς αὐτῶν), reage diante deles e lhes responde dizendo: Que pensais em vossos corações? (Τί διαλογίζεσθε ἐν ταῖς καρδίαις ὑμῶν).

Em 9,46-47, os discípulos de Jesus entraram em uma discussão (διαλογισμός) sobre quem seria o maior entre eles. Então, Jesus, conhecendo a discussão de seus corações, tomou um menino e os admoestou instruindo-os sobre o valor da humildade. Na parábola dos vinhateiros homicidas (20,9-19), afirma-se que "discutem entre si: Este é o herdeiro, matemo-lo" (v.14). O comportamento descrito por Jesus na parábola se refere aos escribas e sumos sacerdotes. Em 24,38, Jesus ressuscitado constata a

---

[311] Segundo T. SORG, "Corazón, (καρδία)", 339-341, no AT, em sentido metafórico, o substantivo לב (TM)/καρδία (LXX) é utilizado para descrever a sede da vida intelectual e espiritual do ser humano, sua natureza interior. O coração é a sede das emoções: da alegria (Dt 19,6) ou da dor (Jr 4,19), da tranquilidade (Pr 14,30) ou da excitação (Dt 19,6). O coração é ainda a sede do entendimento e do conhecimento, das forças racionais, como também das visões e fantasias (Jr 14,14). Mas o desatino (Pr 10,20) e os maus pensamentos também agem no coração. Além disso, é no coração que a conversão a Deus tem lugar (Sl 51,10.17; Jl 2,12). No NT, o emprego de καρδία coincide com sua utilização no AT; destaca-se a compreensão do coração como a sede da dúvida e da impiedade, assim como da fé e da obediência. Mas o significado de καρδία como o centro da vida interior, da personalidade e do lugar no qual Deus se revela ao ser humano, é muito mais enfatizado no NT que no AT.

incredulidade de seus discípulos e lhes pergunta: "Por que estais perturbados?" e: "Por que emergem (estes) pensamentos em vosso coração?".

Em Lc 1–2, διαλογίζομαι é empregado em 1,29, onde Maria é sujeito. Ela *pensa* (se interroga em seu interior) sobre o sentido da saudação que o anjo lhe acaba de dirigir.

Em relação ao emprego de καρδία, seu sentido nos escritos lucanos pode ser mais bem compreendido a partir de At 7,30-41, onde se afirma que os membros do povo, aos pés da montanha santa, com "seu coração voltado para o Egito", rejeitaram o Senhor que os havia feito sair da escravidão e ofereceram sacrifício (ἀνήγαγον θυσίαν) a um ídolo construído por suas próprias mãos. Esta é a trágica afirmação de que o coração do povo eleito havia rejeitado ao verdadeiro Deus.[312] Além disso, não deixa de ser curiosa a presença de ἀνάγω (no indicativo aoristo), o mesmo verbo utilizado em 2,2.

3.2.2. Ana (vv.36-38)

O segundo personagem é introduzido no relato com o verbo εἰμί no imperfeito (v.36a); onde, depois de dar seu nome, Ana,[313]

---

[312] Na sequência do texto (At 7,42-43), as infidelidades e os sacrifícios aos ídolos que se sucederam na história de Israel são apontados como os motivos pelos quais o Senhor os deportou à Babilônia.

[313] Ana = חנה (feminino de חֵן = favor, graça, dom), nome próprio que significa "a favorecida" ou "a agraciada". Segundo J.A. FITZMYER, *El Evangelio según Lucas*, II, 263, o nome da profetisa nos remete, por analogia, a Ana, a mãe de Samuel, e aos relatos de 1Sm 1–2, que, segundo grande número de estudiosos, são identificados como um substrato escriturístico muito presente nos relatos de Lc 1–2. Ana, esposa de Elcana (אלקנה), que significa: Deus compra, resgata, adquire por direito (אל = Deus + קנה = raiz do verbo comprar no sentido de resgatar, de ter direito a aquisição), era estéril (1Sm 1,5), razão pela qual é descrita como uma mulher triste e humilhada (1Sm 1,6-7). Naquele dia, no santuário de *Silo*, vivendo em estado de amargura, em meio a abundantes lágrimas, orou diante do Senhor (v.10) e fez uma promessa com a esperança de que se tornaria mãe (v.11). No início, o sacerdote Eli a vê como uma mulher bêbada (1Sm 1,14), mas Ana se descreve como uma mulher atribulada em espírito

o autor a caracteriza como uma profetisa (προφῆτις)[314] pertencente à família de Fanuel da tribo de Aser (v.36ab).

Segundo Giannarelli, quando se estuda o papel da profecia feminina nos primeiros séculos do cristianismo e se analisa, de

---

que derrama sua vida ante a ação do Senhor (1Sm 1,15-16). Então, Eli invoca ao Senhor para que ela possa receber o que acaba de suplicar e a despede em paz (1Sm 1,17). Sua palavra se confirma: "Elcana conheceu sua esposa Ana e o Senhor se recordou dela" (1Sm 1,19). Ana, libertada de um estado de esterilidade, humilhação e amargura, torna-se uma mulher agraciada, favorecida (significado etimológico de seu nome) por haver concebido e dado à luz um menino (1Sm 1,20). Ela é feliz porque o Senhor escutou sua oração, viu a amargura e se recordou dela. Aqui as ações de "escutar o lamento", "ver o sofrimento" e "recordar-se" podem ser lidas como uma alusão ao Êxodo: Deus escutou suas queixas e lembrou-se (זכר) do pacto feito com Abraão, Isaac e Jacó (Ex 2,24). O Senhor que resgata (אלקנה) se recorda (זכר) de Ana-Israel e a liberta da amargura e sofrimento (serviço/esterilidade).

[314] Segundo F. SCHNIDER, "προφήτης", 1229, esse substantivo é empregado 144x no NT, sendo mais frequente em Mt (37x) e na obra lucana (29x em Lc; 30x em At). Segundo J. JEREMIAS, "נביא", 22-24, o termo נביא aparece 315x no AT. A raiz etimológica de נביא / נביאה (προφήτης / προφῆτις) não é conhecida com segurança, a ponto de não existir um consenso entre os especialistas. Por isso, seu sentido e significado mais conhecido "porta-voz autorizado ou oficial" não vem tanto à luz a partir da etimologia, mas deriva de seu uso geral, principalmente de três textos do Pentateuco (Ex 7,1-2; Nm 12,1-2; Dt 18,13-22). Destacamos dois: (A) Ex 7,1-2: "O Senhor disse a Moisés: olha, faço-te um deus para o Faraó, e Aarão, teu irmão, será 'teu profeta' (נביאך)". Essa é a resposta do Senhor a Moisés diante de sua objeção de que não podia ser o porta-voz autorizado ante os filhos de Israel e o Faraó (Ex 6,28-30). Daí que Aarão foi constituído pelo Senhor o profeta/nabi (נביא) de Moisés, aquele que fala no lugar de. (B) Dt 18,13-22. Esse texto faz um anúncio formal, por meio de Moisés, de que o Senhor instituirá um ofício, um serviço de profeta/nabi (נביא) em meio do povo, depois da morte de Moisés e da entrada na Terra da promessa: "Suscitarei um profeta como tu dentre teus irmãos. Colocarei minhas palavras em sua boca e lhes dirá o que eu o mandar"(v.18). Na sequência, existe uma exortação ao povo para que dê ouvidos ao profeta, que fala em nome do Senhor (v.19) e o texto conclui com alguns critérios para identificar a verdade das palavras do profeta e discernir se este é um falso ou um verdadeiro profeta do Senhor (v.21-22).

---

148 | A APRESENTAÇÃO DE JESUS NO TEMPLO

modo particular, o lugar e o papel ocupado por Ana (a única mulher apresentada explícita e positivamente como profeta no NT) nos comentários exegético-teológicos dos séculos III-IV, observa-se que seu carisma profético é ignorado, silenciado ou fica relegado ao plano secundário e dependente da figura de Simeão. Em contrapartida, são destacados diversos aspectos da vida de Ana, entre eles o fato de ser casada uma só vez (sua castidade e extensa viuvez), sua prática de jejuar e sua oração constante, sua ancianidade e, a partir dessa, sua sabedoria.[315]

No v.36c, προβαίνω é empregado em sentido temporal (= *estar avançado em*). Com esse sentido, o verbo aparece 3x em Lc, todas elas em Lc 1–2; refere-se ao casal Isabel e Zacarias "προβεβηκότες ἐν ταῖς ἡμέραις αὐτῶν ἦσαν" (1,7); somente a Isabel "ἡ γυνή μου προβεβηκυῖα ἐν ταῖς ἡμέραις" (1,18);[316] e à profetisa Ana (2,36). Se se leva em conta que esta última viveu somente sete anos de matrimônio, pode-se observar que, na realidade, a declaração de sua idade avançada deseja mais que nada destacar seu longo período de viuvez (v.3,7a).

No v.36d, ζάω é empregado como em todo o NT, com o significado de *viver*. Com este verbo se descreve o tempo que Ana viveu com um homem (μετὰ ἀνδρὸς), sete anos (ἔτη ἑπτὰ) depois de (desde) sua virgindade (ἀπὸ τῆς παρθενίας αὐτῆς).

No v.37a, a oração pronominal descreve o estado de vida em que se encontra Ana: "Viúva até oitenta e quatro anos" (καὶ αὐτὴ χήρα ἕως ἐτῶν ὀγδοήκοντα τεσσάρων). Esta afirmação conclui a primeira parte da descrição de Ana, onde se apresentam os três estados de vida que experimentou a profetisa: virgem, esposa e viúva. No v.37b, por meio do pronome relativo ἣ que se refere

---

[315] E. GIANNARELLI, "Fra profezia ignorata e profezia nascota: la storia esegetica di Anna (2,36-38)", 73-88, cita entre outros: Tertuliano (*De ieiunio* VIII,1; *De monogamia* VIII); Orígenes (*Omelia XVII in Lucam*); Cipriano (*De dominica oratione* 36) e Ambrósio (*Comentario al evangelio de Lucas* 62; *Di viduis* 4,21).

[316] Em 1,7.18, é descrita a idade avançada de Zacarias e Isabel, explicitando-se a incapacidade natural do casal de gerar filhos, o que consequentemente ressalta a intervenção divina na concepção de João.

ao substantivo viúva (χήρα), o evangelista descreve o modo como Ana vivia seu estado de viuvez: ela não se apartava do Templo; com jejuns e orações, servia (ao Senhor) noite e dia (v.37c).

O verbo ἀφίστημι[317] é empregado 4x em Lc; no sentido positivo (*apartar-se de*) aparece 3x (4,13; 8,13; 13,27), enquanto, em sentido negativo (*não apartar-se de*) somente em 2,37b. Note-se que nas quatro ocasiões ἀφίστημι é utilizado dentro de um contexto de fidelidade ou infidelidade diante de Deus.

De fato, no v.37b, ἀφίστημι acompanhado da partícula οὐκ é empregado para enfatizar a fidelidade da profetisa. A afirmação "*não se apartava do Templo*" tem o objetivo de assinalar que ela não se apartava do único Senhor do Templo, daquele que habita e santifica o Templo (Sl 132,13). Este comportamento recorda o convite do salmista feito a todo Israel: "Entrai, adoremos, prostremo-nos de joelhos ante o Senhor que nos fez" (Sl 95,6).

No v.37c, descreve-se o tipo de serviço realizado por Ana no Templo. O evangelista utiliza o verbo λατρεύω. Na LXX, esta raiz traduz שׁרת, cujo significado é *servir*;[318] em geral, é empregada com a conotação de *adorar, prestar culto* a Deus. No NT, λατρεύω é utilizado com o mesmo sentido da LXX;[319] aparece 8x na obra lucana: 3x em Lc (1,74; 2,37; 4,8) e 5x em At (7,7.42; 24,14; 26,7; 27,23).

A primeira citação de Lc é parte do *Benedictus* (1,68-79), onde se louva a ação misericordiosa do Senhor em favor de Israel. O Senhor, recordando-se de sua aliança e do juramento feito a Abraão, liberta Israel de seus inimigos para que o sirva em sua presença todos os dias. Este serviço se cumprirá pela prática da justiça e da santidade (1,74). A terceira se encontra nas tentações

---

[317] Segundo H. BALZ, "ἀφίστημι", 550, esse verbo é utilizado 20x na LXX, onde é com frequência um termo para designar a apostasia diante de Deus (Dt 32,15; Jr 3,14). Em geral traduz a raiz hebraica מוש/מיש que segundo L. ALONSO SCHÖKEL, *Diccionario bíblico hebreo-español*, 412-413, significa *afastar-se, separar-se, retirar-se, apartar-se, desviar-se e apostatar*.

[318] T.E. FRETHEIM, "שׁרת", 29-31.

[319] H. BALZ, "λατρεύω", 29-31.

de Jesus (4,1-13); a resposta de Jesus diante da segunda tentação (v.8) faz referência a Dt 6,13.[320]

Note-se que nos textos lucanos se reforça o chamado que Israel recebeu do Senhor. Sua vocação consiste em servir a seu único Senhor. É sob esta perspectiva que deve ser interpretado o serviço prestado por Ana no Templo (v.37bc). Ela serve ao Senhor noite e dia, com jejuns e orações (νηστείαις καὶ δεήσεσιν).[321]

Dentro da perspectiva do serviço permanente de Israel, o discurso de defesa de Paulo diante do rei Agripa (At 26,2-23) merece uma atenção especial. Para referir-se ao serviço das doze tribos, Lucas utiliza o verbo λατρεύω + os substantivos noite e dia (νύκτα καὶ ἡμέραν). Segundo a afirmação de Paulo, "as doze tribos, com ardor, noite e dia serviram ao Senhor na esperança que fosse cumprida a promessa feita a nossos pais" (At 26,6-7). Cabe destacar que o serviço permanente e cuidadoso das tribos de Israel, dentro de todo o contexto do discurso de Paulo, está relacionado

---

[320] Essa passagem de Dt faz parte da oração diária do *Shemá*, na qual se recorda a Israel sua fé no Deus único, o Senhor que o tirou do Egito com mão forte e o conduziu à terra da promessa, e deu preceitos, leis e mandamentos para guiá-lo por um caminho reto, motivos pelos quais Israel o adoraria e lhe prestaria culto todos os dias, de geração em geração.

[321] Nas Escrituras, existem muitos exemplos em que a prática do jejum acompanha a oração; em casos particulares, está associado à oração penitencial de confissão de pecados (Dn 9,3-19). Além disso, o jejum era praticado em ocasião de luto e, em casos de grande tristeza, podia chegar a durar sete dias (1Sm 31,13); quando se devia tomar uma decisão difícil ou enfrentar uma situação particular: é o caso da rainha Ester que solicita a seu povo que jejue por ela, porque se apresentaria diante do rei, para tentar reverter o decreto de Amã (Est 4,16); Neemias jejuou ao tomar conhecimento da situação de calamidade em que se encontrava Jerusalém (Ne 1,4). Praticava-se o jejum por uma pessoa que estivesse sofrendo de alguma enfermidade: é o que fez Davi por seu filho com Betsabeia (2Sm 12,16ss). Quando o exército babilônico acercou-se a Jerusalém, no ano 604, o rei Joaquim proclamou um jejum (Jr 36,9); Joel, quando profetiza "o dia do Senhor", incentiva o povo a converter-se, jejuar e a convocar uma assembleia solene (Jl 1,14; 2,15). Um relato clássico da misericórdia do Senhor é o caso de Nínive que, ao ouvir o anúncio de Jonas, fez penitência e praticou o jejum (Jn 3,5-10).

à esperança judaica, a ressurreição dos mortos. Essa esperança, segundo Lucas, conhece seu cumprimento na vida de Jesus, o Messias morto e ressuscitado (At 26,23).[322] Portanto, está relacionada à expectativa messiânica, a mesma ideia presente no relato de Ana.

No v.38a, destaca-se a singularidade daquele momento: a expressão "naquela hora" ou literalmente "a mesma hora" (αὐτῇ τῇ ὥρᾳ) é utilizada 9x na obra lucana.[323] Nas Escrituras, esta expressão pode ser empregada em dois sentidos: (1) como um simples recurso temporal; (2) com uma conotação salvífico-escatológica por meio da qual se destaca a presença do Messias, a hora da graça e da manifestação do Senhor.[324]

Na sequência do v.38a, ἐφίστημι é utilizado com o sentido absoluto de *chegar perto, aproximar-se*.[325] Com esse recurso, o autor coloca a profetisa no centro da cena. Tendo-se aproximado, ela pode entrar em contato com o menino; é o que se narra na sequência (v.38bc).

No v.38b, Lucas empregou ἀνθομολογέομαι, um *hapax* neotestamentário. Esse verbo, na LXX, aparece somente 6x, e, nas únicas 2x que apresenta um correspondente no TM, traduz as raízes ידה[326] (Sl 79,13) e שבח[327] (Dn 4,34). No v.38b, é utilizado na expressão ἀνθωμολογεῖτο τῷ θεῷ com o sentido muito perto daquele da LXX.[328]

---

[322] D. MARGUERAT, *A primeira história do cristianismo. Os Atos dos Apóstolos*, 220.

[323] R.E. BROWN, *El nacimiento del Mesías*, 463.

[324] H. GIESEN, "ὥρα", 2198-2201.

[325] Segundo H. BALZ, "ἐφίστημι", 1709.

[326] Segundo L. ALONSO SCHÖKEL, *Diccionario bíblico hebreo-español*, 305, em Hi. essa raiz é empregada com o sentido de: *reconhecer, proclamar, louvar, celebrar, agradecer*. No TM, aparece ca. de 110x, principalmente nos Salmos, onde com frequência recebe como complemento o tetragrama (יהוה); em diversas ocasiões não se distingue facilmente entre dois de seus significados: *louvar e agradecer*.

[327] Segundo L. ALONSO SCHÖKEL, *Diccionario bíblico hebreo-español*, 743, em Pi. essa raiz tem uma conotação de louvar. No TM, aparece 12x, em Sl 117,1; 147,12 é utilizado em paralelo à raiz הלל.

[328] O. MICHEL, "ὁμολογέω", 598.

No v.38c, afirma-se que Ana falava sobre ele (ἐλάλει περὶ αὐ 'τοῦ). Os destinatários de suas palavras são todos os que esperavam o resgate de Jerusalém (πᾶσιν τοῖς προσδεχομένοις λύτρωσιν Ἰερουσαλήμ). É verdade que o verbo λαλέω aparece no NT em diversos contextos, onde pode assumir significados muito distintos. Mas, especialmente "em Jo, Hb, e Lc, existe a tendência de associá-lo à ideia de revelação e de proclamação da palavra de Deus".[329]

O substantivo λύτρωσις aparece 3x no NT, 2x em Lc 1–2 (1,68; 2,38). Em Hb 9,12, λύτρωσις é acompanhado do adjetivo αἰώνιος e é utilizado para declarar que, mediante seu próprio sangue, Jesus entrou uma vez por todas no "santo dos santos", e obteve o eterno resgate (αἰωνίαν λύτρωσιν); desse modo, os efeitos da obra regastadora de Jesus são definidos como um acontecimento de salvação singular, único e que supera todo o provisório.[330] Em 1,68, Zacarias "bendiz o Senhor, Deus de Israel, porque visitou e resgatou a seu povo". A expressão literal originária do hebraico seria "fez o resgate a seu povo" (ἐποίησεν λύτρωσιν τῷ λαῷ αὐτοῦ).

O verbo λυτρόω é utilizado somente 3x no NT[331] (24,21; Tt 2,14; 1Pd 1,18[332]). Na LXX, é empregada 118x, onde traduz a raiz hebraica גאל, a qual, em geral, aparece no particípio ativo *qal* na qualidade de substantivo (*go'el*) com o significado de *resgatador, redentor*.[333] Sua utilização emerge em dois contextos distin-

---

[329] G.C. BOTTINI, *Introduzione all'opera di Luca. Aspetti teologici*, 86.

[330] K. KERTELGE, "λύτρον", 100-101.

[331] Segundo K. KERTELGE, "λύτρον", 99-100, no NT, o verbo λυτρόω aparece somente na voz alta e na voz passiva; a primeira, com a conotação de conseguir a liberdade mediante o pagamento de resgate, a segunda com a ideia de ser redimido mediante o pagamento de um resgate.

[332] Segundo K. KERTELGE, "λύτρον", 100, afirma que em Tt 2,14 e 1Pd 1,18-19, a imagem do pagamento de um resgate pressupõe a interpretação do cristianismo primitivo sobre a morte de Jesus. No texto de 1Pd, faz-se referência explícita ao sangue de Jesus, distinguindo-o como superior a qualquer outro metal de grande valor, seja esse ouro ou prata.

[333] Segundo H. RINGREN, "גאל", 1805-1806, o substantivo *go'el* é traduzido literalmente por: o que redime, o que resgata, o que liberta, o que

tos: na vida jurídico-social e no âmbito religioso.[334] Na realidade, seu emprego está relacionado a quatro situações básicas que podem ser encontradas no Pentateuco (*Torá*) e definem um tipo de ação que, por direito e dever, correspondia ao *go'el* (Lv 25,25.47-54; Nm 35,19-21; Dt 25,5-10). É a partir do uso comum na vida cotidiana de Israel que se compreende por que *go'el* se tornou um termo aplicado ao Senhor Deus.

Dentro de uma perspectiva neotestamentaria, principalmente em um estudo sobre Lc 1–2, merece destaque a utilização do termo no Dêutero-Isaías, onde *go'el* é aplicado 17x ao Senhor Deus de Israel[335]

Por outro lado, no NT, chama a atenção que Lucas seja o único evangelista que utiliza a raiz λυτρόω. Isso ocorre na perícope dos discípulos de Emaús (24,13-35), onde serve para descrever as esperanças que eles haviam depositado em Jesus: "Nós esperávamos que ele fosse aquele que resgataria a Israel" (24,21). Note-se que λυτρόω é utilizado para expressar o esperado resgate que

---

protege. Seu emprego ao longo dos séculos fez com que se tornasse um nome próprio.

[334] Segundo R.L. HUBBARD, "גאל", 790-794, a raiz גאל (e seus respectivos derivados) aparece: 44x na *Torá*; 36x nos *Profetas* e 38x nos *Escritos*. Os livros onde o termo é mais frequente são: Levítico (31x), Dêutero-Isaías (24x) e Rute (23x). Segundo L. ALONSO SCHÖKEL, *Diccionario bíblico hebreo-español*, 143-144, seu significado *é resgatar, redimir, recobrar, recuperar, reclamar, responder em lugar de/por*. "Note-se em português a presença reiterada do morfema 're', que corresponde a um traço significativo do original e indica que se restabelece uma situação jurídica perturbada". Seu significado original é *resgatar, redimir, recobrar, recuperar, reclamar, responder em lugar de/por*.

[335] Segundo R.L. HUBBARD, "גאל", 792-793 e H. RINGGREN, "גאל", 1813-1814, em Is 40–66, o Senhor Deus de Israel é apresentado como o *go'el* por excelência, onde Israel é o objeto de seu resgate. Segundo C. WEINER, *O deutero-Isaías. O profeta do novo Êxodo*, 87, quando se aplica o termo *go'el* ao Senhor, deseja-se em outras palavras afirmar que este último é considerado um parente próximo de Israel (esposo). Por essa razão, ele está obrigado, por seu dever sagrado, a intervir em seus negócios; essa concepção alimenta a fé de Israel de que o poder do Senhor será sempre mobilizado para salvar seu povo.

se consumaria na era messiânica"[336] Esta mesma ideia é descrita pelo substantivo λύτρωσις em 1,68; 2,38 e Hb 9,12.[337]

4. Análise pragmática

O prólogo de Lc (1,1-4) apresenta de modo explícito a intenção e o objetivo central com que foi escrita a obra. Lucas declara que, depois de haver realizado uma longa investigação, decidiu escrever a seu interlocutor (excelentíssimo Teófilo) com a finalidade de adverti-lo quanto à solidez (verdade) das palavras nas quais havia sido instruído (ἵνα ἐπιγνῷς περὶ ὧν κατηχήθης λόγων τὴν ἀσφάλειαν).[338]

A análise da função específica que 1,5–2,52 desempenha no conjunto de Lc-At, deve ter presente o objetivo geral do autor descrito no prólogo.[339] Por consequência, pode-se afirmar que estes relatos foram escritos (e/ou inseridos na obra lucana) com o objetivo de transmitir, a partir do anúncio de sua concepção e nascimento, um sólido ensinamento sobre a identidade de Jesus.

4.1. O complexo contexto do "cristianismo" nos séculos I-II

Se se examina a história das origens do "cristianismo" e o contexto judaico no qual foi gerado, são identificados, já no século

---

[336] R.E. BROWN, El nacimiento del Mesías, 463.

[337] Em seu discurso escatológico, Lucas utiliza o substantivo ἀπολύτρωσις: "Vossa redenção está próxima" (21,28). Em todo o NT, ἀπολύτρωσις aparece 10x (7x em Paulo, 2x em Hb). O termo tem um sentido propriamente escatológico em Rm 8,23; Ef 1,14; 4,30. Nos evangelhos, aparece somente em 21,28. Lucas emprega um vocabulário mais próximo à LXX quando descreve Moisés como o resgatador (λυτρωτής) de Israel (At 7,35) e quando anuncia em Lc 1–2 o resgate de Israel (1,68) e de Jerusalém (2,38) oferecido por meio de Jesus.

[338] H. SCHÜRMANN, Il vangelo di Luca, I, 91-96, em seu estudo sobre o prólogo (1,1-4) apresenta uma excelente análise sobre o objetivo do evangelista.

[339] J.A. FITZMYER, El Evangelio según Lucas, I, 30; W. EGGER, Metodología del Nuevo Testamento. Introduzione allo Studio del Nuevo Testamento, 148.

I, dois importantes aspectos que marcaram de forma decisiva o desenvolvimento e a expansão posterior do anúncio cristão:

1. a divisão interna do povo de Israel diante da identidade messiânica de Jesus;
2. O número crescente de "cristãos" provenientes da gentilidade.[340]

O entrelaçamento desses dois aspectos, no final do primeiro século e ao longo do segundo, conduziu a uma progressiva consolidação de um "cristianismo" cada vez "mais" helênico e "menos" judaico.[341]

---

[340] No caso dos escritos lucanos, estes dois elementos podem ser tomados como consumados, em maior ou menor grau, dependendo da geração cristã à qual se considere haver pertencido Lucas, à segunda ou à terceira. Segundo E. RASCO, *La teología de Lucas*, 152; P. TREMOLADA, "Lo Spirito Santo e le Scritture nell'opera lucana", 244, Lucas pertenceu à segunda geração cristã, enquanto, segundo H. CONZELMANN, *Luke's Place in the Development of Early Chistianity*, 305, Lucas faz uma qualitativa distinção entre os três estados da tradição: testemunhos oculares, coletores e sua própria composição final (1,1-4). Com essa distinção, Lucas se situa como um membro da terceira geração; de fato, ao definir seu próprio lugar dentro da cadeia de transmissão evangélica, apresentando-se como um servo da tradição, Lucas reflete a natureza da tradição.

[341] Segundo J.A. FITZMYER, *Jewish Christianity in Acts in Light of the Qumran Scrolls*, 234-240, na primeira geração (ca. 30-60 d.C.), o grupo predominante na comunidade cristã de Jerusalém, tanto sobre o aspecto cultural como sobre o religioso, era composto por judeus. Eles celebram as festas das "semanas" (At 2,1); observavam o Sábado (At 1,12); um de seus líderes, Tiago, confere importância ao Templo de Jerusalém por um tempo considerável (At 21,8-26); Deus é explicitamente chamado "o Deus de Abraão, Isaac e Jacó, o Deus de nossos pais" (At 3,13). Esses judeus cristãos são aqueles que, começando por Jerusalém e passando pela Judeia, Samaria e Galileia, testemunharam sua fé em Jesus, Senhor e Messias (At 1,8; 8,9; 9,31). Com efeito, em At 1–9, descreve-se um quadro de uma igreja predominantemente judaico-cristã. Dentro desse conjunto, é importante destacar que Saulo, para cumprir seu objetivo de aprisionar os adeptos do "caminho", se dirige às sinagogas de Damasco (At 9,2). Além disso, observa-se que Paulo, depois de sua prolongada missão entre os gentios a pedido de Tiago, se submete ao rito de purificação no Tem-

No NT, os conflitos e tensões, a mútua aceitação e a busca de *koinonia* entre os diferentes grupos de seguidores de Jesus são descritos, de modo particular, em algumas das cartas paulinas (Gl; 1 e 2Cor)[342] e em At.[343] Estes escritos revelam que a convivência entre os diversos grupos de "judeu-cristãos" e os cristãos provenientes dos gentios foi tudo, menos homogênea. Note-se bem que a relação entre Israel e os gentios dentro da "igreja cristã" é a questão central do autor de Lc-At; tanto é assim que esse problema permanecerá aberto até o final da obra lucana.[344]

De fato, esta complexa realidade presente na segunda metade do primeiro século se acentuou ao longo do segundo século.[345] Testemunha-o São Justino em seu *Diálogo com Trifão* (§ 47), onde identifica seis grupos entre os "judeu-cristãos" e "etno-cristãos", que de distinguiam quanto à recíproca aceitação e busca de

---

plo (At 21,23-26). Este exemplo nos indica que, pelo menos até cerca de 58 d.C., as práticas judaicas de piedade faziam parte do caminho cristão.

[342] A. PITTA, "Gli avversari giudei-cristiani di Paolo", 103-119, apresenta a dificuldade que existe em identificar com exatidão quem eram os adversários de Paulo.

[343] Segundo At, a primeira tensão na comunidade de Jerusalém foi motivada pela pouca assistência dada às viúvas helenistas diante daquela oferecida às viúvas judias. Esse fato produziu um conflito entre helenistas e judeus (At 6,1). O segundo conflito põe em questão a prática missionária inaugurada por Pedro, que admite o primeiro gentio (Cornélio e sua família) na comunidade (At 11,1-18). O terceiro conflito, consequência do segundo, se encontra na questão sobre a imposição ou não da observância da lei Mosaica aos gentios batizados; esse problema provocou a reunião apostólica de Jerusalém (At 15,1-35). Segundo A. BARBI, "Koinonia, soluzione dei conflitti e rapporti tra le chiese: um aspetto dell'ecclesiologia degli Atti", 100-108, Lucas, em At, está preocupado não tanto em descobrir as causas dos conflitos, mas mais em destacar as soluções encontradas pela comunidade apostólica.

[344] V. FUSCO, *Da Paulo a Luca. Studi su Luca-Atti*, I, 35-36.

[345] Segundo M. PESCE, "Sul concetto di giudeo-cristianesimo", 39-41, a realidade histórica era bastante complexa, pouco definida e cheia de tensões. Por isso, deve-se ter presente que, nesse momento, ainda não se pode falar de "cristianismo normativo" ou de uma "grande Igreja".

Koinonia,[346] a qual se concentrava sob dois aspectos: o falar entre si e o comer juntos.[347]

4.2. O plano teológico lucano em Lc 2,22-39

Como foi assinalado no Capítulo I, em Lc 1–2, Jesus é apresentado em paralelismo progressivo com João.[348] Esse recurso literário expressa a superioridade do primeiro sobre o segundo. A qual é explicitada pela identidade e missão de cada um deles: Jesus é o esperado Messias-Cristo de Israel (2,11), enquanto João

---

[346] Segundo S. GIUSTINO, *Dialogo con Trifone*, 186-187, os seis grupos seriam: (1) judeus crentes em Jesus-Messias que seguiam seus ensinamentos e ao mesmo tempo observavam integralmente a lei mosaica (com ênfase na circuncisão, no repouso sabático e na observância dos preceitos); além disso, não exigiam que os gentios cristãos observassem integralmente a lei mosaica, porque entendiam que para eles não era critério essencial de salvação; esses judeus aceitavam a *koinonia* com os chamados "cristãos" de segundo grupo. (2) Gentios crentes em Jesus o Cristo, não observavam a lei mosaica, mas estavam abertos à *koinonia* com o primeiro grupo. (3) Gentios cristãos que não observavam a lei mosaica e rejeitavam a *koinonia* com os judeus cristãos do primeiro grupo. (4) Judeus crentes em Jesus-Messias que observavam integralmente a lei mosaica, mas, ao mesmo tempo, impunham aos cristãos gentios a observância da lei; por esse motivo, tinham dificuldade de viver a *koinonia* com aqueles que não observavam a lei mosaica. (5) Gentios que, em um primeiro momento, haviam professado a fé na messianidade de Jesus, mas depois haviam passado à observância da lei mosaica e acabaram por renegar sua fé em Jesus. (6) Judeus descendentes de Abraão, observantes da lei mosaica, não crentes em Jesus Messias, os quais, nas sinagogas, condenavam aqueles que professavam a messianidade de Jesus. Além disso, G. GIANOTTO, "Gli sviluppi del giudeo-cristianesimo", 187-200, destaca a complexidade da questão, acrescentando que, segundo São Justino (in *Dialogo con Trifone*, § 48), diante da fé na divindade de Jesus, existia uma divisão entre os judeus crentes em sua messianidade.

[347] I.H. MARSHALL, *Luke: Historian and Theologian*, 183, afirma que, segundo o ponto de vista judaico, a questão da "mesa comum" foi o grande problema que criou tensão na convivência entre os judeus cristãos e cristãos provenientes da gentilidade.

[348] Capítulo I, 2.1.

recebe a importante,[349] mas subordinada missão de ser precursor (1,17). Além disso, toda a instrução está imersa em uma atmosfera carregada de júbilo, alegria e louvor ao Deus de Israel, porque ele cumpriu suas promessas feitas a Abraão (e a sua descendência) e manifestou sua misericórdia (1,71-73.78).[350]

O autor insiste em transmitir que o cumprimento das promessas messiânicas, realizado na pessoa-missão de Jesus está em perfeita sintonia com as Escrituras (*Torá*, Profetas e Salmos).[351] Por isso, como os pais do menino, Simeão e Ana são modelos da vida judaica.[352] Eles são fiéis representantes dos judeus piedosos que desejavam o cumprimento das promessas messiânicas. Com isso, o autor reafirma a seus leitores que a fidelidade ao judaísmo não é de forma alguma contrária à aceitação de Jesus Messias.[353] Ao contrário, é uma consequência natural da fé judaica enraizada nas Escrituras.

Na realidade, Lucas acentua a continuidade intrínseca, lógica e perfeitamente legítima entre o judaísmo e a proclamação cristã.[354] Por isso, Lucas convida aqueles que esperavam o cumprimento das promessas – a consolação de Israel (2,25) e o resgate de Jerusalém (2,38) – a seguir o exemplo de Simeão e Ana e, assim, reconhecer em Jesus a plena realização da salvação divina.

---

[349] Segundo I.H. MARSHALL, *Luke: Historian and Theologian*, 145, a importância de João é explicitamente descrita em 7,26, onde é proclamado o maior entre todos os profetas.

[350] S. VAN DEN EYNDE, "Children of the Promise, On the ΔΙΑΘΗΚΉ -Promise to Abraham in LK 1,72 and Acts 3,25", 469-482.

[351] Lc 24,44.

[352] J.B. SHELTON, *Mighty in World and Deed: the Role of the Holy Spirit in Luke-Acts*, 24.

[353] R.E. BROWN, *Introduzione al Nuevo Testamento*, Brescia 2001, 332-333; E. BALLHORN, "Simeon: der Jesaja des Neuen Testaments (Lk 2,21-40)", 75.

[354] J.A. FITZMYER, *El evangelio según Lucas*, I, 31-33. Segundo id., *Los Hechos de los Apóstoles*, I, 105.108, Lucas tem interesse em acentuar a conexão e continuação entre judaísmo e cristianismo. Tal interesse se vê por meio do uso que faz das Escrituras para interpretar o acontecimento de Cristo.

ANÁLISE LITERÁRIO-ESTRUTURAL

Deve-se recordar também que a perícope 2,22-39, goza de uma importância significativa dentro de Lc 1–2 e do conjunto de Lc-At. De fato, é a primeira vez, na obra lucana, que Jesus se encontra no santuário de Jerusalém, o lugar escolhido por Deus para habitar em meio a seu povo. Esse cenário reforça o caráter teológico de toda a perícope, fato que qualifica os testemunhos de Simeão (vv.25-35) e de Ana (vv.36-38).

4.2.1. Lc 2,22-39 e a salvação de Israel

Diante do conteúdo dessa perícope, emergem algumas perguntas específicas:

- Por que o autor insiste em que tudo foi realizado segundo a *Torá*?

- Por que a preocupação de transladar toda a família para o Templo de Jerusalém?

- Com qual objetivo Simeão se dirige ao Templo naquele momento?

- Por que Ana se aproxima naquela mesma hora?

- Qual é o papel desempenhado por estes dois personagens?

- Qual é a revelação transmitida pelo hino de Simeão?

- Quais são o significado e o alcance das palavras de Simeão dirigidas exclusivamente a Maria?

- Qual o sentido da extensa e detalhada descrição de Ana, a profetisa?

- Qual é o sentido teológico do anúncio de Ana?

Os vv.22-24.39, como inclusão inicial e final, destacam as estreitas relações dos pais de Jesus com duas realidades sagradas do judaísmo: a lei de Moisés e o Templo de Jerusalém.[355] Além disso, os vv.23-24 têm o objetivo de declarar que o menino Jesus, con-

---

[355] E. SCHWEIZER, *Il vangelo secondo Luca*, 61.

cebido pelo poder o Espírito (1,35), é santo e pertence ao Senhor Deus de Israel (v.23c). A estrita observância da *Torá* do Senhor por parte dos pais de Jesus provoca o deslocamento do menino ao Templo,[356] onde se desvela sua identidade messiânica e as consequências de sua missão diante de Israel e aos gentios.[357]

O encontro com Simeão permite ao evangelista, em primeiro lugar, confirmar o anúncio do anjo aos pastores de Belém: o menino Jesus é o Cristo Senhor (2,11; 2,26); em segundo lugar, oferece-lhe a possibilidade de assinalar algumas características da messianidade de Jesus: ele é a salvação preparada por Deus diante de todos os povos (2,30-31); ele é luz para revelação dos gentios e glória de seu povo Israel (2,32). Em seguida, no encontro com Ana, apresenta-se a renovação da aliança e, ao mesmo tempo, destacam-se a restauração de Israel e o resgate de Jerusalém (2,36-38).

Por outro lado, não se pode ignorar que a atmosfera de alegria, tão marcante nos vv.25-33.36-38, é abruptamente interrompida por um anúncio dramático: diante de Jesus haverá uma trágica divisão. Não serão todos em Israel que o reconhecerão e o acolherão como Messias! Ele está posto para a queda e o levantamento de muitos de Israel, ele será um sinal de contradição (v.34). Jesus é o Messias rejeitado por uns e acolhido por outros. Por sua vez, não é menos dramático o anúncio da associação de Maria na missão de seu filho Messias (v.35).

4.2.2. Lc 2,22-39 e a salvação dos gentios

Não é difícil imaginar como os cristãos provenientes da gentilidade assistiram estupefatos à rejeição de Jesus Messias-Cristo por uma parte considerável do povo eleito de Israel.[358] Os di-

---

[356] G.P. CARRAS, "Observant Jews in the Store of Luke-Acts", 704-705.

[357] Segundo E.E. ELLIS, *The Gospel of Luke*, 10, o tema principal do terceiro evangelho é apresentar a natureza messiânica de Jesus e sua missão universal.

[358] Segundo K.P. DONFRIED, "Attempts at Understanding the Propose of Luke-Acts: Christology ante the Salvation of the Gentiles", 112-122,

versos grupos de gentios cristãos daquela geração necessitavam responder a algumas perguntas:

- Como explicar teologicamente a rejeição dos destinatários privilegiados das promessas?[359]

- Como compreender o acesso livre dos gentios aos benefícios da salvação-redenção que haviam sido prometidos a Israel, a Abraão e à sua descendência?

O autor sagrado, em busca de respostas concretas, conecta diretamente o anúncio da salvação dos gentios à experiência histórico-religiosa de Israel. A teologia lucana destaca as raízes judaicas do plano salvífico universal e reconhece o lugar privilegiado de Israel diante dos gentios. Por esse motivo, Lucas insiste em apresentar Jesus, desde seu nascimento, como um membro enraizado nas sagradas tradições de Israel.[360]

A partir dessa raiz judaica, o autor pode destacar que Jesus é fonte de salvação também para os gentios (2,31-32). A declaração de Simeão em seu hino é a explícita convicção lucana de que os gentios foram associados, por vontade e designo divino, à salvação que vem por meio dos judeus.[361] Os gentios são, também, iluminados pela ação salvífica do Senhor Deus de Israel, que é manifestada em Jesus, seu Cristo.[362] Essa afirmação assume cará-

---

a meta lucana teria sido legitimar a missão entre os gentios diante de um auditório majoritariamente judaico-cristão. Por outro lado, R.F. O'TOOLE, "Reflections on Luke's Treatment of the Jews in Luke-Acts", 552, sustenta que Lucas se dirige a comunidades confundidas e desiludidas diante do fato de que grande parte do povo eleito não havia abraçado o cristianismo. Então, o evangelista teria sentido a necessidade de explicar esse fenômeno.

[359] Segundo A. GEORGE, "Israel dans l'ouvré de Luc", 481, a contraposição da rejeição do Messias por uma parte considerável do povo de Israel marcou profundamente o pensamento cristão primitivo.

[360] J.A. FITZMYER, *Los hechos de los Apóstoles*, I, 105; J. JERVELL, *The Theology of the Acts of the Apostles*, 29-30.

[361] I.H. MARSHALL, *Luke: Historian and Theologian*, 105.

[362] I.H. MARSHALL, *Luke: Historian and Theologian*, 183, dentro dessa perspectiva, o derramamento do Espírito sobre Cornélio e sua família

ter irrefutável quando é proferida por um judeu justo e piedoso, sobre o qual está o Espírito do Senhor (2,25).[363] Além disso, por meio do substrato veterotestamentário do *Nunc dimittis*, o autor recorda que o acesso dos gentios à salvação é o cumprimento de uma promessa dirigida a Abraão de que, por meio de Israel, sua descendência, seriam benditas todas as nações.[364]

Este último objetivo da perícope poderia ser interpretado como uma forte reação da comunidade lucana diante de alguns grupos judeu-cristãos que, ao longo da segunda metade do primeiro século, colocavam obstáculos à livre incorporação dos gentios batizados como membros plenos das comunidades cristãs.

---

constitui uma declaração explícita de que Deus aceitou os gentios. Eles foram reconhecidos como membros do único povo de Deus.

[363] J. JERVELL, *The Theology of the Acts of the Apostles*, 47.

[364] E.L. MBILIZI, *D'Israel aux nations*, 15; S. VAN DEN EYNDE "Children of the promise. On the ΔΙΑΘΗΚΗ-Promise to Abraham in Lk 1,72 and Acts 3,25", 476-477.

3

ANÁLISE EXEGÉTICO-TEOLÓGICA DE Lc 2,22-39

1. A inclusão (vv.22-24.39)

Como foi assinalada no Capítulo II, a perícope (2,22-39) apresenta uma inclusão (vv.22-24.39) que corrobora sua unidade.[1] Essa inclusão está formada por dois elementos: a fórmula [νόμος + genitivo][2] e o deslocamento geográfico-espacial.[3]

O autor intercala estes elementos para introduzir e concluir a perícope, cuja trama central, descrita nos vv.25-38, desenrola-se no santuário de Jerusalém, lugar onde o menino apresentado é dado a conhecer como o Messias do Senhor, a salvação preparada diante de todos os povos, a luz para a revelação dos gentios e a glória do povo de Israel, posto para a queda e o levantamento de muitos em Israel, sinal de contradição e o resgatador de Jerusalém.

A perfeita continuidade entre os vv.22-24.39 nos leva a sustentar que eles constituíam originariamente uma sequência. Por

---

[1] F. BOVON, *El Evangelio según san Lucas*, I, 197; W. Radl, *Der Ursprung Jesu*, 210; J.M. LÓPEZ MAULEÓN, "τὸ Πνεῦμα (τὸ) ἅγιον en san Lucas", 308-309; R.A. CULPEPPER, "The Gospel of Luke", 73.

[2] Essa aparece 3x na inclusão inicial (vv.22b.23a.24b) e 1x na final (v.39b).

[3] Movimento que está composto pela subida até Jerusalém, a permanência no Templo (onde se desenvolvem os encontros com Simeão e Ana) e a descida até Nazaré na Galileia. Segundo A. VALENTINI, "La rivelazione di Ges dodicenne al Tempio (Lc 2,41-52)", 266, esta estrutura da inclusão é uma forma de estribilho tipicamente lucano que é frequente nas narrativas da infância.

essa razão, a seguir apresentamos o recorte da inclusão inicial + a inclusão final. Por ora, excluímos os vv.25-35 + vv.36-38, que correspondem às duas subunidades internas da perícope canônica.

Como se pode observar no esquema, o texto dá um forte acento à obediência da lei; além disso, é evidente a intenção de sustentar o conteúdo da mensagem com o recurso explícito das Escrituras. No entanto, detendo-se nos textos citados, observa-se que as Escrituras foram adaptadas; o autor as utilizou de forma livre.[4]

1.1. A referência às Escrituras

22	a	καὶ ὅτε ἐπλήσθησαν αἱ ἡμέραι τοῦ καθαρισμοῦ αὐτῶν	A
	b	κατὰ τὸν νόμον Μωϋσέως,	B
	c	ἀνήγαγον αὐτὸν εἰς Ἱεροσόλυμα	C
	d	παραστῆσαι τῷ κυρίῳ,	D
23	a	καθὼς γέγραπται ἐν νόμῳ κυρίου	E
	b	ὅτι πᾶν ἄρσεν διανοῖγον μήτραν	F
	c	ἅγιον τῷ κυρίῳ κληθήσεται	G
24	a	καὶ τοῦ δοῦναι θυσίαν	D1
	b	κατὰ τὸ εἰρημένον ἐν τῷ νόμῳ κυρίου,	E1
	c	ζεῦγος τρυγόνων η δύο νοσσοὺς περιστερῶν	F1
39	a	καὶ ὡς ἐτέλεσαν πάντα τὰ	A1
	b	κατὰ τὸν νόμον Κυρίου	B1
	c	ἐπέστρεψαν εἰς τὴν Γαλιλαίαν εἰς Ναζαρέθ	C1

Em nenhum lugar da tradição religiosa de Israel se exigia que o resgate do primogênito se realizasse no Templo e muito menos se requeria a presença do menino para o cumprimento do preceito.[5]

---

[4] S. MUÑOZ IGLESIAS, *Los evangelios de la infancia*, III, 162. M. COLERIDGE, *Nueva lectura de la infancia de Jesús*, 164, n. 2. Segundo J. DANIÉLOU, *I vangeli dell'infanzia*, 61, um dos aspectos que caracterizam a utilização do AT nos ambientes cristãos é justamente esta liberdade com que os textos são adaptados às novas realidades e aos objetivos teológicos que desejam ser alcançados na elaboração dos escritos cristãos.

[5] M.-J. LAGRANGE, *Évangile selon saint Luc*, 81; S. MUÑOZ IGLESIAS, *Los evangelios de la infancia*, III, 164.

Quanto à purificação da mãe, a lei mencionava o costume de ir ao santuário,[6] mas não exigia sua presença e tampouco a do filho.[7] Na realidade, os pais do primogênito eram livres para cumprir esses preceitos onde lhes parecesse melhor.

No entanto, esta não obrigatoriedade de ir a Jerusalém serve a Lucas como um motivo para indicar que os pais do menino não somente eram observantes da lei mas também piedosos diante da sacralidade do Templo e da cidade de Jerusalém. Esse comportamento fica mais bem demonstrado se se tem Ne 10,37, onde se afirma que a ação de levar (φέρω) os primogênitos (τὰ πρωτότοκα υἱῶν ἡμῶν) ao Templo (εἰς οἶκον κυρίου) era reconhecida em Israel como um sinal de especial devoção e fidelidade à lei. De fato, pode-se observar que o perfil dos pais de Jesus vai muito mais além de simples observantes dos preceitos religiosos, a intenção do evangelista é apresentá-los como extremamente fiéis e devotos à lei.[8]

Diante dessa realidade sobre os costumes religiosos da família judaica, surgem inevitavelmente algumas questões:

- Por que e com qual objetivo o evangelista teria optado explicitamente por relatar o deslocamento geográfico-espacial dos pais com seu primogênito?

- Os dois preceitos que, ordinariamente, são independentes entre si, teriam sido colocados lado a lado como um

---

[6] Segundo H.L. STRACK – P. BILLERBECK, *Kommentar zum Neuen Testament*, II, 119-120, nos tempos do NT esse rito tinha lugar na porta de Nicanor, entrada oriental do pátio das mulheres.

[7] F. BOVON, *El Evangelio según san Lucas*, I, 203.

[8] M. COLERIDGE, *Nueva lectura de la infancia de Jesús*, 163.188. Segundo A. SIMÓN MUÑOZ, *El Mesías y la hija de Sión*, 57, não há dúvida de que Maria e José são descritos como fiéis cumpridores da lei de Deus, penetrados da piedade mais autêntica de Israel. R.E. BROWN – K.P. DONFRIED – J.A. FITZMYER – J. REUMANN, *María en el Nuevo Testamento*, 156-157, a obediência de Maria e José já havia sido ilustrada na narrativa da circuncisão do menino e da imposição do nome ao oitavo dia (2,21). Essa é confirmada na perícope sucessiva (2,41-52), onde os pais obedecem à prática cultural subindo a Jerusalém para celebrar a festa anual da Páscoa. Eles vão ao Templo dentro da mesma atmosfera de piedade diante da lei.

recurso literário para chegar ao objetivo principal que é descrever a manifestação do menino no Templo?

Um aspecto é evidente: o autor se vale de duas importantes exigências prescritas na lei para favorecer o deslocamento ascendente (geográfico-teológico) dos pais com seu filho até o Templo de Jerusalém,[9] lugar onde se revela com maior concretude, a identidade do menino e as consequências de sua missão.[10]

A seguir, apresenta-se um estudo sobre as referências da lei citadas nos vv.22a.23bc.24c quanto à purificação da parturiente (Lv 12,1-8) e à consagração-resgate dos primogênitos (Ex 13,1-2.11-16). Essas referências, de fato, não correspondem literalmente à LXX.[11] Vale, portanto, a afirmação de Schürmann: na realidade, ninguém sabe com segurança qual(ais) era(m) o(s) texto(s) grego(s) das Escrituras que o autor teve à disposição.[12]

1.1.1. Quanto à purificação da mãe

Os preceitos sobre as parturientes se encontram no Lv 12,1-8.[13] Os vv.4.6.8. são aqueles que mais diretamente se relacionam

---

[9]   Segundo R.E. BROWN, *El nacimiento del Mesías*, 470, o evangelista não havia tido um conhecimento muito exato dos costumes judaicos e até teria confundido os preceitos da purificação da parturiente e os do regaste dos primogênitos. Não estamos de acordo com essas afirmações e sustentamos que o autor utilizou intencionalmente as duas práticas comuns da vida familiar judaica para elaborar sua narrativa, que está carregada de elementos teológicos referentes à identidade e à missão do menino primogênito apresentado no Templo.

[10] S. MUÑOZ IGLESIAS, *Los evangelios de la infancia*, I, 294.

[11] K.J. THOMAS, "Torah Citations in the Synoptics", 91.

[12] H. SCHÜRMANN, *Il vangelo di Luca*, I, 277-278.

[13] No v.2, determina-se o tempo de impureza quando nasce um varão; no v.3, estabelece-se que a circuncisão deve ser realizada no oitavo dia; no v.4, as mães são objeto de proibições: elas não podiam tocar objetos sagrados, nem entrar nos lugares sagrados até que se completassem os dias da purificação, ou seja, os trinta e três dias posteriores à circuncisão do filho; o v.5 se refere ao tempo de purificação quando nascia uma menina; o v.6 especifica o que deve ser levado ao sacerdote (um cordeiro para o holocausto e uma pomba para o sacrifício expiatório; o v.7 estabelece

com o texto lucano. Quando os vv.4.6. são analisados em paralelo com Lc 2,22a, observa-se uma expressão temporal, com a qual se faz referência a um cumprimento de tempo que está presente nos três versículos. No v.4 é utilizado o verbo πληρόω; no v.6, a ideia é assinalada por ἀναπληρόω; enquanto em 2,22a se emprega πίμπλημι.[14] Tomando-os lado a lado, visualiza-se melhor as semelhanças e as diferenças existentes:

Lv 12,4: "... ἕως αν πληρωθῶσιν αἱ ἡμέραι καθάρσεως αὐτῆς".
Lv 12,6: "... καὶ ὅταν ἀναπληρωθῶσιν αἱ ἡμέραι καθάρσεως αὐτῆς".
Lc 2,22a: "... καὶ ὅτε ἐπλήσθησαν αἱ ἡμέραι τοῦ καθαρισμοῦ αὐτῶν".

Note-se que o texto lucano começa com um fato já consumado. Esta ideia é assinalada pelo verbo πίμπλημι no indicativo aoristo: "quando se cumpriram os dias", enquanto, em Lv 12,4.6, os verbos estão no subjuntivo aoristo. Além disso, segundo v.4, depois da circuncisão do filho, a mãe devia cumprir trinta e três dias de purificação. Durante esse período, ela estava impedida de entrar em qualquer lugar santo. Lucas afirma explicitamente que esse tempo de purificação já se cumpriu. Logo que esse obstáculo legal de acesso ao santuário foi removido, o evangelista pode deslocar os pais, afirmando que fizeram subir o menino a Jerusalém (v.22a) e o fizeram entrar no Templo (v.27b).

O estudo paralelo desses versículos revela duas significativas diferenças. Primeiro, a substituição de κάθαρσις por καθαρισμός. Segundo, a questão já levantada na crítica textual sobre o pronome genitivo plural αὐτῶν.[15]

---

que o sacerdote é quem deve oferecer o sacrifício ao Senhor; o v.8 dá a possibilidade, aos que não têm meios para comprar um cordeiro, de oferecer em seu lugar duas pombas, um para o holocausto e outro para o sacrifício expiatório. Note-se que sem dúvida Lv 12,1-3 é utilizado com substrato escriturístico nos dois textos lucanos (1,59; 2,21).

[14] Como já foi assinalado na análise linguístico-sintática, πίμπλημι adquire importância no texto lucano porque, das 24x em que aparece em todo o NT, 22x se encontram na obra lucana (13x em Lc; 9x em At). Em Lc 1–2, πίμπλημι é utilizado 8x (1,15.23.41.57.67; 2,6.21.22).

[15] Segundo W. BAUER, *A Greek-English Lexicon of the New Testament and Other Early Christian Literature*, 387, com o pronome no plural,

Quanto à primeira questão, deve-se observar que os termos καθαρισμός e κάθαρσις são sinônimos; na LXX, καθαρισμός aparece 18x e κάθαρσις apenas 4x (Lv 12,4.6; Jr 32,29; Ez 15,4). Por outro lado, κάθαρσις não é utilizado no NT, enquanto καθαρισμός é empregado 7x; 2x em Lc (2,22; 5,14 par. Mc 1,44).

Nos dois textos lucanos, καθαρισμός aparece dentro de uma estrutura semelhante, cujo sentido é análogo. Em 5,14, refere-se à purificação legal de um leproso, quando Jesus, depois de curá-lo, lhe diz que se mostre ao sacerdote e lhe leve a oferenda, segundo ordena a lei de Moisés. Nas duas ocasiões, καθαρισμός está associado à figura de Moisés, onde é recordado como o legislador, como aquele que recebeu da parte do Senhor os preceitos que deveriam ser observados pelo povo da aliança. Note-se que os dois ritos de purificação são definidos "segundo a lei de Moisés" (2,22)[16] e "segundo ordenou Moisés" (5,14).[17]

Em relação à segunda questão sobre o uso do pronome αὐτῶν, uma das explicações plausíveis é oferecida pelos autores que defendem um original hebraico para Lc 1–2. Segundo

---

o autor estaria incluindo José na purificação: "Talvez seja um uso coloquial para relatar a presença de José no processo". R. LAURENTIN, *I vangeli dell'infanzia di Cristo*, 102-104, admite que αὐτῶν poderia em princípio referir-se a José e Maria já que José está envolvido na viagem para Jerusalém; mas, ao mesmo tempo, assinala que a purificação se refería ao sangue da mãe, motivo que não permite incluí-lo nesse pronome. Segundo M. PÉREZ FERNÁNDEZ, *Tradiciones Mesiánicas en el Targum Palestinense*, 97-101, o Tg PsJ de Gn 49,1 se distingue de seus paralelos no Tg Neofiti e Tg Palestinense ao acrescentar que, quando Jacó chamou seus filhos para reunirem-se em torno dele a fim de que ele lhes revelasse os tempos escondidos e os segredos...., eles recebem a exortação de primeiro purificar-se de suas impurezas para que estivessem aptos a receber a revelação. Segundo E. CORTÈS, *Los discursos de Adiós de Gn 49 a Jn 10-17* (cap. IV e pp. 470-481), o tema da purificação pertence ao gênero literário testamental. O autor identifica a purificação como uma condição prévia e necessária para a revelação que virá em seguida.

[16] Segundo M.-J. LAGRANGE, *Évangile selon Saint Luc*, 82, Lucas escolheu καθαρισμός pensando em Maria, mas também em Jesus, porque na LXX κάθαρσις é um termo técnico para referir-se à mulher que deu à luz.

[17] Além disso, em At 21,26, para assinalar outro ato de purificação ritual no Templo, Lucas utiliza o termo ἁγνισμός (da raiz ἁγνίζω).

García Pérez-Herranz Marco, a explicação "é muito simples": o texto grego de 2,22a "καὶ ὅτε ἐπλήσθησαν αἱ ἡμέραι τοῦ καθαρι σ μοῦ αὐτῶν" revela como fundo um clássico exemplo hebraico, onde se utiliza o sufixo pessoal com valor de artigo, como ocorre também em Gn 34,24; desse modo, o texto grego oferece uma tradução servil, sem levar em conta o sentido original do texto hebraico.[18]

A respeito do tipo de oferenda, no v.6 observa-se a presença do verbo προσφέρω (no futuro do indicativo) para designar a ação de levar a oferenda para o sacrifício, mediante a qual o sacerdote declara que a mãe se encontra em estado de pureza legal (vv.7-8). No v.6b, determina-se o lugar aonde a mulher deve levar sua oferenda ao sacerdote: à porta da *tenda do encontro*.[19] No v.8, prescreve-se um sacrifício alternativo para os mais pobres: "o cordeiro e a pomba" podem ser substituídos por "duas pombas ou duas rolas". Comparando:

Lv 12,8: "καὶ λήμψεται δύο τρυγόνας η δύονεοσσοὺς περιστερῶν".

---

[18]   J.M. GARCÍA PÈREZ – M. HERRANZ MARCO, *La infancia de Jesús según Lucas*, 88. Por outro lado, S. MUÑOZ IGLESIAS, *Los evangelios da infância* III, 175-177, partindo da hipótese de um texto hebraico subjacente para Lc 1–2, diz estar de acordo com F.X. ZORREL, *Lexicum graecum Novi Testamenti*, col. 632, que oferece outra solução para o mesmo problema. Segundo Zorrel, "o pronome αὐτῶν não determina a καθαρισμοῦ, ou seja, não se trata da *purificação deles* (sejam quem forem); na realidade, αὐτῶν equivaleria a um dativo com o qual se indicam os afetados pela expressão temporal". Por sua vez, completa Muñoz Iglesias: "sugiro que αὐτῶν fora um sufixo masculino de terceira pessoa do plural (בה) acrescentado a ἡμέραι ou a καθαρισμοῦ, mas equivalente, na realidade, a um dativo regido pelo verbo. Assim também em Jr 25,34 e Sf 3,10".

[19]   Na história das instituições religiosas de Israel, a "tenda do encontro" corresponde ao futuro Templo de Jerusalém. Com esse desenvolvimento de Jerusalém e sua progressiva centralidade como a capital político-religiosa, primeiro do reino unificado e depois do reino de Judá, o Templo foi ocupando um lugar sempre mais destacado no universo religioso dos israelitas. Séculos mais tarde, depois do retorno do Exílio da Babilônia, também o segundo Templo foi concebido como o lugar central do universo religioso do judaísmo.

Lc 2,24ac: "καὶ τοῦ δοῦναι θυσίαν... ζεῦγος τρυγόνων ἠδύονοσσοὺς περιστερῶν".

Em Lv 12,8, utiliza-se λαμβάνω e 2x o adjetivo cardinal δύο.[20] No texto lucano é empregado δίδωμι com o complemento no acusativo (θυσίαν). Ao descrever o sacrifício, o autor substitui o primeiro adjetivo cardinal por ζεῦγος e preserva o segundo como aparece em Lv 5,11. Em Lv 12,8, afirma-se que os pobres poderiam apresentar esta oferenda ao sacerdote pela purificação da mãe.[21] A partir do contexto lucano, deduz-se que o sacrifício apresentado pelos pais de Jesus corresponde exatamente a esta prescrição levítica.[22] Mas note-se que, em Lv 5,7b.11b; 12,8b, os textos descrevem a realização de dois sacrifícios, o primeiro é expiatório (pelo pecado da mãe) e o segundo é um holocausto. Lucas omite totalmente essa distinção. O autor cristão afirma tão somente que os pais sobem a Jerusalém para "oferecer um sacrifício, segundo o dito na lei do Senhor, um par de rolas ou duas pombas" (v.24abc), sem precisar o tipo de sacrifício realizado. A ideia de um sacrifício de expiação pelo pecado da mãe desaparece por completo.[23]

Diante desse panorama, emergem novas perguntas: Por que Lucas não fala de expiação e elimina qualquer referência ao pecado da mãe? Qual é sua intenção ao não tocar este ponto? Por trás dessas omissões, poder-se-ia entrever a existência de uma motivação teológica cristã? A resposta mais provável é que Lucas concentra sua narrativa na figura do menino; seu objetivo é a revelação da identidade e missão de Jesus, e a figura da mãe é utilizada como instrumento que aponta para o menino.

---

[20] Em Lv 5,7, δύο aparece 2x.
[21] J.E. HARTLEY, *Leviticus*, 170.
[22] R.E. BROWN, *El nacimiento del Mesías*, 469.
[23] O texto lucano omite também a ação de um sacerdote. Essa omissão é bastante compreensível, já que, segundo M. NOTH, *Levítico*, 124, os sacrifícios no Templo, de acordo com as prescrições da lei, eram reservados exclusivamente aos sacerdotes.

1.1.2. Quanto ao resgate dos primogênitos[24]

O preceito referente aos primogênitos se encontra em Ex 13,2.12.13.15. Esses versículos descrevem, com algumas variações, a exigência de santificar (consagrar) todo primogênito (todo o que abre o útero) ao Senhor. Em Ex 13,14-16, apresenta a razão dessa consagração: os filhos de Israel devem "regastar" (verbo λυτρόω) seus primogênitos, humanos e animais, para fazer memória da páscoa, a noite da libertação do Egito. Naquela noite, os primogênitos de Israel foram preservados da morte, enquanto os primogênitos do Egito, animais e humanos, foram mortos pelo anjo do Senhor (Ex 12,12-13.29). O sentido teológico de fundo é a ideia da pertença; se o povo já pertencia ao Senhor por haver sido libertado do Egito, os primogênitos lhe pertencem duplamente, porque foram preservados da morte:[25]

> Ex 13,2: ...ἁγίασόν μοι πᾶν πρωτότοκον πρωτογενὲς διανοῖγον πᾶσαν μήτραν ἐν τοῖς υἱοῖς Ισραηλ ἀπὸ ἀνθρώπου ἕως κτήνους ἐμοί ἐστιν.
> Ex 13,12: ...καὶ ἀφελεῖς πᾶν διανοῖγον μήτραν τὰ ἀρσενικά τῷ κυρίῳ... τὰ ἀρσενικά ἁγιάσεις τῷ κυρίῳ.
> Ex 13,13b: ...πᾶν πρωτότοκον ἀνθρώπου τῶν υἱῶν σουλυτρώσῃ.
> Ex 13,15b: ...καὶ πᾶν πρωτότοκον τῶν υἱῶν μου λυτρώσομαι.
> Lc 2,23bc: ...ὅτι πᾶν ἄρσεν διανοῖγον μήτραν ἅγιον τῷ κυρίῳ κληθήσεται.

Segundo Ex 13,2.12, todo primogênito deve ser santificado. O sentido de fundo, formulado com ἀφαιρέω, é *separar para, sacar a parte* (v.12a); esse conceito é destacado pelo verbo ἁγιάζω, que acrescenta a *ideia de fazer santo, consagrar* (vv.2a.12b). Em ambos os casos, o complemento no dativo se refere ao Senhor; no v.12 é assinalado explicitamente (τῷ κυρίῳ) enquanto no v.2 se emprega o pronome da primeira pessoa do singular (μοι).

---

[24] Segundo H.L. STRACK – P. BILLERECK, *Kommentar zuum Neuen Testament*, II, 120, o resgate dos primogênitos foi instituído depois que os levitas foram designados para o serviço permanente no santuário, e o resgate podia ser pago em qualquer lugar diante de qualquer sacerdote.

[25] T. STRAMARE, "Sanctus Domino vocabitur (Lc. 2,23)", 25.

Os verbos ἀφαιρέω e ἁγιάζω não aparecem nos vv.13b.15b; em ambos os casos se utiliza λυτρόω (no futuro do modo indicativo), com uma diferença: no v.13b conjugado na segundo pessoa do singular ("tu resgatarás"); no v.15b, na primeira singular ("eu resgatarei"); além disso, o sujeito no v.13b é o fiel israelita, enquanto no v.15b é o Senhor.

Em 2,23 não são utilizados os verbos ἀφαιρέω, ἁγιάζω e λυτρόω; no entanto, se emprega καλέω.[26] Esta substituição parece importante para compreender o sentido do texto lucano, mais ainda se se tem presente que καλέω é muito frequente em Lc 1–2.[27] Convém destacar também que a ideia de "santificação" não desaparece no texto lucano; ela se mantém pelo adjetivo ἅγιος, que se refere ao primogênito, sujeito que sofre a ação de καλέω (na voz passiva). O complemento no dativo se refere ao Senhor (τῷ Κυρίῳ) como em Ex 13,12.

Quando se compara Lc 2,23bc com Ex 13.12.12.13b.15b, nota-se que na primeira parte da citação "ὅτι πᾶν ἄρσεν διανοῖγον μήτραν" (v.23b) existe semelhança textual entre eles; neste caso, se se parte das hipóteses de que a LXX serviu de substrato, poder-se-ia afirmar que o autor cristão não modificou substancialmente o texto citado.

No entanto, na segunda parte "ἅγιον τῷ κυρίῳ κληθήσεται" (v.23c) observa-se um importante trabalho de redação. A omissão de ἀφαιρέω, ἁγιάζω, λυτρόω e a utilização de καλέω assinalam uma modificação significativa do texto citado. Esta diferença não pode ser considerada uma simples casualidade. Na realidade, existe uma intenção cristológica associada a 1,35.[28]

---

[26] Segundo J. ECKERT, "καλέω", 2166-2167, esse verbo aparece em quase todos os escritos do NT. Em geral, é utilizado com genitivo no sentido de *chamar alguém* ou na voz passiva no sentido de *ser chamado, chamar-se*, pelo nome. De modo particular, na obra lucana, καλέω é usado 59x (18x em At; 41x em Lc), entre as quais 14x em Lc 1–2.

[27] Das 14x em que o verbo aparece em Lc 1–2, 6x se refere a Jesus (1,31.32.35; 2.21[2x].23); outras 6x em João (1,13.59.60.61.62.76); 1x a Isabel (1,36) e 1x à cidade de Belém (2,4).

[28] R. MEYNET, *Il Vangelo secondo Luca*, 113; M. MIYOSHI, "Jesu Darstellung oder Reinigung im Tempel unter Berucksichtigung von 'Nunc dimittis' LK II, 22-38",95.

A importância dessa alteração se faz mais evidente se se tem presente que, no esquema estrutural da inclusão (apresentado nas pp.134-136), o v.23c corresponde ao centro do texto lucano.[29] Além disso, deve-se notar que, no v.23c, associado ao verbo καλέω se mantém o dado da santificação (consagração) do primogênito, assinalada pelo adjetivo ἅγιος,[30] e não mais pelo verbo ἁγιάζω, que foi omitido. Essa associação constitui, como já foi mencionado, o ponto central da inclusão, onde se expressa o dado teológico central: a santidade do menino apresentado no Templo.

Além disso, nos vv.22-24.39, a ideia do resgate do primogênito se perde totalmente. O evangelista não dá mais informações sobre a realização desse preceito da lei. Isso não ocorre somente pela ausência do verbo λυτρόω, mas também porque não se faz referências ao pagamento exigido em Nm 18,15.16.[31] Mas deve-se notar que a ideia do resgate não está ausente em 2,25-38; ela reaparece na conclusão do relato da profetisa Ana (v.38), na qual se utiliza o substantivo λύτρωσις.[32]

De fato, como foi assinalado anteriormente, a afirmação central da inclusão (vv.22-24.39) não recai sobre a purificação da mãe nem sobre o resgate do menino. Na realidade, o texto converge para a santidade do menino (v.23c). Esta centralidade estrutural indica a importância teológica e este dado poderia ser a pista principal para compreender a composição canônica de Lc 2,22-39.

A título de conclusão, deve-se reconhecer que as prescrições sobre a purificação da parturiente (Lv 12,4.6.8) e sobre o resgate dos primogênitos (Ex 13,12-13) são o substrato veterotestamentário de 2,22-24. No entanto, como foi demonstrado, esses textos

---

[29] Segmento G.

[30] Segundo O. MAINVILLE, "Le Messianisme de Jesús. Le rapport annonce/accomplissement entre Lc 1,35 et Ac 2,33", 324, o termo ἅγιος é utilizado em Lc-At como título substantivado para referir-se a Cristo ressuscitado: "O Santo que irá nascer será chamado filho de Deus" (1,35).

[31] N. VISSER, "De veertig voldragen. Waarom Hanna trekken van Judit meekreeg", 166.

[32] M. MIYOSHI, "Jesu Darstellung oder Reinigung im Tempel unter Berucksichtingung von 'Nunc dimittis' Lk Ii,22-38", 95.

foram utilizados de forma livre.[33] Isso significa que o autor se permitiu interpretar os textos sagrados, reelaborando-os segundo suas intenções teológicas. É evidente que o objetivo do autor não é comentar as Escrituras em si mesmas, mas sim anunciar Jesus, o Messias, à luz das Escrituras. Para alcançar esse objetivo, o autor desenvolve todo um trabalho hermenêutico sobre o qual fundamenta sua intenção de revelar aos leitores o dado central do querigma cristão.

Segundo nossa opinião, é dentro dessa perspectiva que se deve compreender a razão de ser e o conteúdo teológico dos relatos de Simeão (vv.25-35) e de Ana (vv.36-38). Lucas teria inserido essas duas composições em meio ao provável texto pré-existente (2,22-24.39), transformando-o em uma inclusão inicial (vv.22-24) e final (v.39) para toda a perícope.

2. Simeão (vv.25-35)

2.1. Sua descrição

"Καὶ ἰδοὺ ἄνθρωπος ἦν ἐν Ἰερουσαλὴμ ᾧ ὄνομα Συμεών..." (v.25ab)

O primeiro personagem que se encontra com os pais (e seu filho) no Templo de Jerusalém é descrito como um homem (ἄνθρωπος), seu domicílio era Jerusalém (Ἰερουσαλήμ) e seu nome Συμεών. A significativa combinação de atributos δίκαιος (justo) e εὐλαβής (piedoso, temeroso a Deus) o caracteriza como um homem de piedade qualificada.

O nome Simeão era muito frequente entre os judeus da Palestina.[34] Apesar de algumas tentativas para determinar a identidade

---

[33] L. VENARD, "Citations de l'Ancien Testament dans le Nouveau Testament", 37-38; D.L. BOCK, *Proclamation from Prophecy and Pattern. Lucan Old Testament Christology*, 39.

[34] J.A. FITZMYER, *El Evangelio según Lucas*, II, 255; H. SCHÜRMANN, *Il vangelo di Luca*, I, 247, n. 189.

histórica do personagem,[35] o texto lucano somente nos permite afirmar que era alguém desconhecido.[36] No entanto, deve-se notar que o significado do nome se adéqua perfeitamente ao contexto do relato.[37] A presença da raiz שׁמע, substrato do nome (שִׁמְעוֹן – Συμεών),[38] já no início da descrição do personagem deve ser destacada.[39]

---

[35] Segundo A. CUTLER, "Does The Simeon of Luke 2 refer to Simeon the Son of Hillel?", 29-35, o personagem lucano seria identificado como Simeão filho de Hillel e pai de Gamaliel, o Velho. Esse fato, sem dúvida, não pode ser comprovado e não tem nenhum fundamento no texto lucano. Por outro lado, no Proto-evangelho de Tiago 24,3-4 (apócrifo neotestamentário) Simeão é descrito como o sumo sacerdote sucessor de Zacarias. Além disso, seguramente este não é o elemento mais importante a ser estudado e destacado nesta perícope.

[36] H.L. STRACK – P. BILLERBECK, *Kommentar zuum Neuen Testament* II, 124.

[37] H. SCHÜRMANN, *Il vangelo di Luca*, I, 247, n. 189.

[38] Capítulo II,3.2.1.

[39] Segundo G. KITTEL, "ἀκούω", 589, no judaísmo, existe a consciência de que, para responder de modo positivo às exigências da Aliança e realizar o caminho de vida, segundo os mandamentos e preceitos da Torá, é fundamental, essencial e decisivo escutar a Deus, sua palavra, sua vontade. Essa consciência judaica se expressa, de modo inequívoco, por meio da oração do שְׁמַע יִשְׂרָאֵל "escuta Israel", a cotidiana profissão de fé do povo eleito. Os autores reconhecem que é difícil determinar com exatidão o extenso processo por meio do qual se formou e se desenvolveu o Shemá ao longo do judaísmo do segundo Templo. JOSEPHUS, F. *Antiquitates Judaicae*, IV.212; trad. inglesa, *Josephus in Nine Volumes*, IV, LCL, descreve que o costume de rezar o Shemá, duas vezes ao dia, ao entardecer e amanhecer, remonta em suas origens aos tempos de Moisés. Mas, segundo L. JACOBS, "Shema, reading of", 1379-1374, um dado é seguro: essa oração estava consolidada, já no primeiro século da era cristã, como uma prática comum do judaísmo, porque o modo como essa devia ser recitada foi objeto de debate entre as escolas de Hillel e Shamai. Segundo E. SCHURER, *Storia del Popolo Giudaico al Tempo di Gesù Cristo*, II, 547, a antiguidade do costume de recitar o Shemá (Dt 6,4-9; 11,13-21; Nm 15,37-41) e sua obrigatoriedade são evidentes quando se leem as prescrições da Mixná (*Tam* 5,1), onde se afirma que no Templo os sacerdotes recitavam as três partes do Shemá depois de dizer os dez mandamentos. Essa prática pressupõe seu uso antes do ano 70 d.C. Essa oração devia (deve) ser recitada duas vezes ao dia: ao amanhecer e ao entardecer. Por

ANÁLISE EXEGÉTICO-TEOLÓGICA DE LC 2,22-39

Essa raiz orienta o sentido do relato e atiça a atenção dos leitores para a revelação que será descrita nos versículos subsequentes. De fato, a importância teológica de שׁמע é percebida se se tem presente que "ouvir" representa a forma essencial por meio da qual a religião bíblica conhece e toma contato com a revelação divina.[40]

"...καὶ ὁ ἄνθρωπος οὗτος δίκαιος καὶ εὐλαβὴς προσδεχόμενος παράκλησιν τοῦ Ἰσραήλ..." (v.25cd)

A inteireza do personagem é destacada, no v.25c, quando Simeão é descrito com os adjetivos δίκαιος e εὐλαβής. Esta combinação é muito particular por dois motivos: (1) é a única vez que aparece nas Escrituras (tanto no NT como na LXX); (2) o adjetivo εὐλαβής, no NT, é um termo exclusivo de Lucas.[41]

É interessante observar que o número elevado de justos é uma característica em Lc 1–2.[42] É provável que essa presença tenha

---

sua vez, é importante observar que, em ambos os momentos, o judaísmo celebra ao Senhor como fonte de luz, a nova luz da criação renovada. J.H. HERTZ, *Daily Prayer Book*, 108-129, descreve como o Shemá recitado na manhã é precedido por duas bênçãos. A primeira exalta ao Senhor Deus como aquele que forma a luz: "Bendito sejas Tu, Senhor Deus do Universo, que formas a luz e crias as trevas"; a segunda exalta a função iluminadora da Torá: "Ilumina nossos olhos na tua Torá", enquanto pela tarde é precedida de uma bênção na qual se afirma: "Tua palavra traz o crepúsculo da tarde". A partir desse dado de fé, Israel implora que muito cedo todos possam ver o esplendor da luz que o Senhor fará brilhar sobre a terra e particularmente em Sião.

[40] G. KITTEL, "ἀκούω", 583; C. AUGUSTIN, "Ascoltare", 96.

[41] Capítulo II, 3.2.1, nas 4x, εὐλαβής é empregado para assinalar uma característica humana com a qual se descrevem pessoas que possuem uma especial sensibilidade diante do sagrado. Além disso, o verbo εὐλαβέομαι (*ser devoto*) aparece somente 1x (em Hb 11,7) e está associado a outros dois verbos, χρηματίζω, βλέπω e ao substantivo σωτηρία; esse conjunto traz à luz a trágica divisão entre os salvos e os condenados no tempo de Noé, ideia que de certa forma também está presente no segundo oráculo de Simeão, onde se anuncia a existência de muitos caídos e levantados em Israel (2,34).

[42] Segundo H. SEEBASS, "Justicia (δικαιοσύνη)", 795, o grupo de palavras do campo semântico δίκαιο tem grande importância em Lucas, de modo

por objetivo destacar uma nova atitude, um novo comportamento do povo eleito diante de Deus. Essa ideia se torna mais evidente se se recorda que, segundo as Escrituras, os justos são assinalados como os íntimos do Senhor. Motivo pelo qual eles têm a capacidade afinada de discernir a presença divina.[43]

Dentro dessa perspectiva, a presença de um personagem justo e piedoso no momento da apresentação de Jesus no Templo adquire um sentido teológico qualificado. O homem justo desempenha um papel decisivo para discernir, anunciar e celebrar a presença do "Messias de Senhor" no Templo.

Essa ideia é reforçada se se tem presente que um traço característico de comportamento dos justos é a espera da realização das promessas divinas.[44] Por isso, a expectativa messiânica de Israel emerge com a mais perfeita naturalidade na descrição de Simeão. O personagem encarna o desejo de salvação e redenção de seu povo Israel.[45] O evangelista destaca o objeto de sua expectativa. Simeão "esperava a consolação de Israel" (v.25d). Note-se que Lucas é o único entre os evangelistas que utiliza três verbos distintos (προσδοκάω[46]

---

particular em Lc 1–2, sobretudo porque, através dele (entre outros), o cristianismo podia ser apresentado como uma continuação legítima do judaísmo.

[43] Segundo G. SCHERENK, "δίκαιος", 1224, esse pensamento é central em Enoc etíope (38,2; 53,6), onde a justiça é a contrassenha da época messiânica. Por isso, a revelação na futura idade da salvação é recebida especialmente pelos justos, cuja observância da lei recebe as maiores promessas.

[44] J. VAN DER PLOEG, "L'esperance dans l'Ancien Testament", 494-495.

[45] Segundo P. GRELOT, *La speranza hebraica al tempo di Gesù*, 261, a expectativa messiânica estava presente em todos os ambientes do judaísmo, exceto no partido dos saduceus. Segundo R.E. BROWN, *O nacimiento del Mesías*, 463, a expectativa messiânica deve ser entendida como libertação messiânica.

[46] Προσδοκάω aparece 16x no NT, 2x em Mt; 6x em Lc (1,21; 3,15; 7,19.20; 8,40; 12,46); 5x em At (3,5; 10,24; 27,33; 28,6[2x]); e 3x em 2Pd. Se se detém nas passagens lucanas, observa-se que o verbo é empregado em sentido absoluto de esperar algo ou alguém: o povo espera Zacarias (1,21); o povo que está na expectativa se pergunta se João não seria o Messias (3,15); João envia dois de seus discípulos a

e ἐλπίζω[47] e προσδέχομαι) para descrever a ideia de *esperar, aguardar.*[48]

Por que Lucas escolheu προσδέχομαι para assinalar a expectativa messiânica na apresentação de Jesus? A razão pode estar em seu duplo significado: *esperar e receber.*[49] A associação das duas conotações transmite com mais precisão a atitude que Lucas deseja estimular em seus destinatários quanto à expectativa messiânica. Essa não se encerra na ideia pura e simples de esperar a chegada do Messias, mas se estende e alcança sua plenitude quando gera uma atitude de sincera acolhida do Messias. Nada mais natural supor que, depois de um prolongado tempo de espera, a presença do Messias provocasse uma resposta positiva naqueles que com tenacidade alimentaram essa expectativa. A combinação dos dois sentidos de προσδέχομαι é axiomática na atitude de Simeão; sua expectativa o impele a acolher ao Messias revelado.

Jesus para perguntar-lhe se ele é aquele que devia vir ou se ainda deveriam esperar outro (7,19.20); Jesus é recebido em meio à população porque todos o estão esperando (8,40); Jesus adverte os discípulos de que o amo chegará no dia e na hora em que o servo menos o espera (12,46); o pobre homem espera receber algo dos discípulos (At 3,5); Cornélio espera Pedro (At 10,24); os marinheiros ficam até catorze dias esperando sem comer nada (At 27,33); 2x para descrever a espera dos nativos (28,6).

[47] O verbo ἐλπίζω aparece 31x no NT; sua maior frequência é em Paulo (15x); 1x em Mt; 1x em Jo; 3x em Lc (6,34; 23,8; 24,21); 2x em At (24,26; 26,7). Em Lucas, utiliza-se o sentido de esperar alguma retribuição (6,34); Herodes esperava ver Jesus fazer algum milagre (23,8); os discípulos no caminho de Emaús dizem ao peregrino: "Nós esperávamos que ele redimisse/resgatasse a Israel" (24,21); Félix esperava receber o dinheiro de Paulo (At 24,26); Paulo explica a Festo o motivo pelo qual está preso, ele esperava, como as doze tribos de Israel, a realização da promessa, a ressurreição dos mortos (At 26,7).

[48] Mt utiliza ἐλπίζω (12,21) e προσδοκάω (11,3; 24,50); Mc somente usa προσδέχομαι (15,43); enquanto Jo somente ἐλπίζω (5,45).

[49] W. GRUNDAMNN "δέχομαι", 885-886; W. GROSSOUW, "L'espérance dans le Nouveau Testament", 513.

"...καὶ πνεῦμα ἦν ἅγιον ἐπ' αὐτόν... καὶ ἦν αὐτῷ κεχρηματισμένον ὑπὸ τοῦ πνεύματος τοῦ ἁγίου μὴ ἰδεῖν θάνατον πρὶν αν ἴδῃ τὸν Χριστὸν κυρίου..." (vv.25e-26abc).

Por outro lado, o relato está profundamente marcado pela ação do Espírito. As expressões relativas a Simeão de que o Espírito Santo estava sobre ele,[50] de que lhe havia comunicado uma revelação e de que o conduziu ao Templo destacam o protagonismo desempenhado pelo Espírito no encontro de Israel com o Messias do Senhor.[51] Esse protagonismo do Espírito outorga ao sucessivo anúncio profético de Simeão um caráter de incontestável veracidade.[52]

---

[50] O imperfeito εἰμί (ἦν) descreve que o Espírito estava continuamente sobre Simeão. Essa ideia raramente aparece no AT (Gn 41,38; Dn 4,8; Nm 11,17). Segundo J.B. SHELTON, *Mighty in Word and deed: the role of the Holy Spirit in Luke-Acts*, 23, essa ideia não somente indica a capacidade profética de Simeão, mas também confirma seu caráter permanente de devoção.

[51] A. CASALEGNO, *Gesù e il tempio*, 61. Segundo E. BALLHORN, "Simeão: der Jesaja des Neuen Testaments (Lk 2,21-40)", 72, deve-se recordar que esse encontro somente é possível graças à dupla ação divina, por meio da Lei e do Espírito; ambos revelam sua vontade e seu desígnio salvífico. Os pais de Jesus são guiados pela Lei ao Templo, enquanto Simeão é conduzido pelo Espírito. Note-se que a Lei vivida na cotidianidade e a ação extraordinária do Espírito são os instrumentos divinos, por meio dos quais é revelada a sua salvação.

[52] G.W.H. LAMPE, "The Holy Spirit in the Writings of St. Luke", 161. H. SCHÜRMANN, *Il vangelo di Luca*, I, 245. Segundo H.L. STRACK – P. BILLERBECK, *Kommentar zum Neuen Testament*, II, 128-129, em Israel inicialmente, o espírito da profecia era de todo o povo. Não somente os pais e as mães (antepassados) vinham no Espírito Santo, mas todos os piedosos e justos, graças a seu dom profético, tomavam conhecimento e participavam dos segredos de Deus. Em geral, pode-se dizer que os israelitas nos tempos antigos gozavam da condução e da guia do Espírito Santo, que habitava neles. Isso até o momento em que, depois do pecado do bezerro de ouro, lhes foi dado um anjo como guia. No tempo seguinte, o Espírito Santo da profecia estava somente naqueles que Deus escolhia em momentos ou situações particulares para dar a conhecer a seu povo sua vontade. Entre eles se encontram, em primeiro lugar, os verdadeiros e próprios profetas, mas também personagens como Davi, Salomão e,

A revelação concedida pelo Espírito a Simeão se concentra no verbo ὁράω, que contrapõe *o não ver a morte* (v.26b) antes *de ver o Messias do Senhor* (v.26b).[53] Essa dupla presença prepara com cuidado ímpar a cena seguinte e lança os fundamentos para a declaração central do *Nunc dimittis:*[54] "Meus olhos viram tua salvação" (v.30a).[55]

A promessa de *ver o Messias do Senhor* apresenta um salto teológico importante no conjunto da história da Salvação. De fato, ao longo do AT observa-se como o desejo de "ver o rosto de Deus" é o desejo profundo dos amigos de Deus (Sl 27,8s).[56]

Talvez, em todo o AT, o exemplo mais clássico e paradigmático seja a experiência de Moisés. Este suplicou: "Mostra-me tua glória" (Ex 33,18), e na resposta dada por Deus se colocam em paralelo a glória do Senhor e o rosto de Deus, onde se declara que o rosto de Deus, ou seja, sua glória, não poderá ser visto por Moisés (Ex 33,20-23); mas, ao mesmo tempo, a réplica do Senhor contém uma promessa (Ex 33,19), que consiste em fazer passar sua presença, a proclamação de seu nome e a declaração de seus títulos.[57] Em outras palavras, a promessa contém a revelação da

---

enfim, o sumo sacerdote em funções. Assim ocorreu até a destruição do primeiro Templo. Naquele período, com a morte dos últimos profetas (Ageu, Zacarias e Malaquias), o Espírito profético em Israel desapareceu e passou-se a esperar que todo o povo recebesse novamente o Espírito da profecia somente nos tempos messiânicos da salvação. Por outro lado, segundo os mestres de Israel, o Espírito se perpetuou em Israel por meio da função sacerdotal.

53 Segundo E. BALLHORN, "Simeão: der Jesaja des Neuen Testaments (Lk 2,21-40)", 71, o Espírito revela a dimensão messiânica de Jesus e abre os olhos de Simeão para a ação salvífica de Deus, que se faz presente por intermédio de seu Messias.

54 L. SABOURIN, *Il vangelo di Luca*, 99.

55 Segundo G. MARCONI, "Il bambino da vedere", 641-642, o verbo ὁράω adquire uma importância fundamental na perícope. Sua utilização está direcionada para o "ὁ Χριστός κυρίου" o qual nos vv.30-32, é chamado σωτήριον, φῶς, δόξαν.

56 A. VALENTINI, "Il volto di Cristo nel Nuovo Testamento", 487.

57 H. SIMIAN-YOFRE, "Il volto di Dio clemente e misericordioso. Esodo 32-34", 483.

identidade divina por meio de seus atributos: "Deus compassivo e clemente, tardio para a ira, pleno de misericórdia e verdade" (Ex 34,6).

Essa experiência de Moisés pode servir de modelo para compreender o texto de Lc 2,26.30-32. Onde a promessa de ver o Messias do Senhor (v.26) está associada à revelação de sua identidade (vv.30-32). Além disso, deve-se destacar que a apresentação da identidade de Jesus por meio da fórmula "ὁ Χριστός κυρίου" acentua o caráter cristológico de toda a perícope.[58]

2.2. Sua ida ao Templo

"...καὶ ἦλθεν ἐν τῷ πνεύματι εἰς τὸ ἱερόν καὶ ἐν τῷ εἰσαγαγεῖν τοὺς γονεῖς τὸ παιδίον Ἰησοῦν τοῦ ποιῆσαι αὐτοὺς κατὰ τὸ εἰθισμένον τοῦ νόμου περὶ αὐτοῦ..." (vv.27abcd).

A partir do v.27, todo o relato converge explicitamente para o Templo (τὸ ἱερόν). A fórmula ἐν τῷ πνεύματι (v.27a) sugere uma ação divina singular na vida de Simeão;[59] não se trata, como descreve no v.25e, de uma assistência comum do Espírito.[60] A expressão que indica direção e inspiração assinala o agente que conduz Simeão ao Templo (v.27a) e o inspira a falar (vv.28bc.34ab).[61]

O Templo de Jerusalém, lugar privilegiado da presença divina, foi escolhido por Lucas como o ambiente propício no qual se

---

[58] F. BOVON, *El evangelio según san Lucas*, I, 208. Segundo A. VALENTINI, "Il volto di Cristo nel Nuovo Testamento", 506, Χριστος e Κύριος, são os dois títulos fundamentais da teologia lucana. Para obter mais informações sobre o uso do termo Κύριος aplicado a Jesus no evangelho de Lucas, sugerimos I. DE LA POTTERIE, "Lê titre Κύριος appliqué a Jésus dans l'évangile de Luc", 117-146.

[59] Com a mesma expressão se descreve a ação do Espírito que conduz Jesus até o deserto (4,1).

[60] J. DANIELOU, *I vangeli dell'infanzia*, 107.

[61] J.B. SHELTON, *Mighty in Word and deed: the role of the Holy Spirit in Luke-Acts*, 24.

dá a conhecer a messianidade de Jesus;[62] fato que qualifica essa revelação com o mais alto valor teológico.[63]

O encontro com Simeão está precedido pela ação dos pais que introduzem o menino Jesus no Templo, onde eles cumprirão, segundo o costume da Torá, aquilo que se refere a ele (v.27). Convém destacar que não se diz nada mais sobre a purificação da mãe, algo que deveria ser esperado se se tem presente a informação introdutória da perícope (v.22a). A partir de então, todo o relato converge para o menino Jesus (τὸ παιδίον Ἰησοῦν).[64] Ele é introduzido no Templo (v.27b); a ele se referem os preceitos cumpridos pelos seus pais (v.27d); ele é tomado nos braços (v.28a); ele é a razão pela qual Simeão bendiz a Deus (v.28b); dele se profetizará (vv.29-32.34-35).

"...καὶ αὐτὸς ἐδέξατο αὐτὸ εἰς τὰς ἀγκάλας..." (v.28a)

O gesto de ser acolhido nos braços (v.28a) configura a perfeição do encontro entre Simeão e Jesus; descreve a harmonia entre a expectativa da promessa e o cumprimento da esperança;[65] entre o desejo de consolidação e a manifestação de salvação que, naquele momento, é contemplada, proclamada e celebrada (v.28b).

---

[62] Segundo R.C. TANNEHILL, *The narrative unity of Luke-Acts*, I, 38, dentro de uma perspectiva de unidade narrativa é importante observar como Lucas enfatiza o lugar onde se desenvolvem os episódios relatados. A apresentação no Templo de Jerusalém seria apenas um desses exemplos; o mesmo vale para a sinagoga de Nazaré (4,16-30); o Templo e as câmaras do Sinédrio (At 3–4); o Areópago de Atenas (At 17,16-34). Segundo K. BERGER, "Das Canticum Simeonis (Lk 2,29-32)", 37, a cena é ambientada no Templo, porque para Lucas esse lugar será o nexo e a base de legitimação para os cristãos em sua relação com o judaísmo.

[63] H. SCHÜRMANN, *Il vangelo di Luca*, I, 245.

[64] T. STRAMARE, "La presentazione di Gesù al Tiempo (Lc 2,22-40). Evento parole intrinsecamente connessi", 64, recorda que a figura central da perícope é Jesus. As ações realizadas pelos pais do menino e os dois testemunhos de Simeão e Ana estão em conexão direta e a serviço do personagem central que é Jesus, apresentado no Templo.

[65] F. BOVON, *El evangelio según san Lucas*, I, 206.

2.2.1. Seu Hino a Deus

"...καὶ εὐλόγησεν τὸν θεὸν καὶ εἶπεν..." (v.28bc)

No conjunto de Lc 1–2, no hino de Simeão (vv.29-32), utiliza-se pela primeira vez um discurso direto a Deus. Gabriel nos anúncios da concepção de João e de Jesus, Isabel em seu grito profético dirigido à mãe do Senhor, Maria no *Magnificat*, Zacarias no *Benedictus* e os anjos no *Glória*, todos falam de Deus, exaltam suas ações e intervenções salvíficas, mas sempre se referem ao Senhor na terceira pessoa. Agora, Simeão em sua oração se dirige ao Senhor na segunda pessoa.[66]

Como já foi assinalado, Simeão é um homem sobre o qual se dá uma ação particular do Espírito.[67] Essa característica oferece a chave de leitura do *Nunc dimittis*. Simeão pronuncia uma oração profética[68] onde são revelados alguns aspectos da identidade do menino apresentado no Templo.[69]

"...Νῦν ἀπολύεις τὸν δοῦλόν σου, δέσποτα, κατὰ τὸ ῥῆμά σου ἐν εἰρήνῃ ὅτι εἶδον οἱ ὀφθαλμοί μου τὸ σωτήριόν σου..." (v.29ab)

No início do hino (v.29ab), Simeão reconhecendo-se um servo diante do Senhor[70] afirma que, agora, pode ser despedido em

---

[66] M. COLERIDGE, *Nueva lectura de la infancia de Jesús*, 172.

[67] A. GEORGE, *Études sur l'ouvré de Luc*, 61, dentro do paralelismo dos oráculos proféticos sobre João (*Benedictus*) e sobre Jesus (*Nunc dimittis*) destaca que os autores (Zacarias e Simeão) são inspirados pelo Espírito (1,67; 2,25-27).

[68] De fato, segundo K.D. LITWAK, *Echoes of Scriptures in Luke-Acts. Telling the History of God's People Intertextually*, 190, a tradição bíblica faz uma forte associação entre o Espírito e os profetas. H. HENDRICKX, *Los relatos de la infancia*, 136.

[69] Segundo M. COLLERIDGE, *Nueva Lectura de la infancia de Jesús*, 172, o evangelista no *Nunc dimittis* não fala tanto de Jesus, mas mais sobre aquilo que Deus está fazendo por intermédio de Jesus.

[70] Segundo H. SCHÜRMANN, *Il vangelo di Luca*, I, 249, n. 200, essa imagem provém dos piedosos do AT, para os quais a vida é como um serviço na "justiça" (v.25).

paz (νῦν ἀπολύεις τὸν δοῦλόν σου... ἐν εἰρήνῃ). Essa afirmação somente é possível graças ao cumprimento da "palavra" "κατὰ τὸ ῥῆμά σου" (v.29b) que, na realidade, é uma confirmação daquilo que lhe havia sido revelado por meio de Espírito Santo (v.26a).

A identificação direta da visão da salvação (v.30a), por meio do cumprimento da promessa de ver o Cristo do Senhor (v.26c) no menino Jesus acolhido nos braços de Simeão (v.28a), destaca o caráter soteriológico da cristologia lucana.[71]

Por outro lado, ainda que a declaração do *Nunc dimittis*, "meus olhos viram tua salvação" (v.30), possa sugerir que essa experiência seja um privilégio concedido somente a Simeão,[72] isso não traduz o pensamento do autor. De fato, a teologia lucana é explicitada na segunda parte do hino, quando os destinatários da salvação são ampliados (vv.31-32).

Essa reflexão também pode ser aplicada aos discípulos de Jesus, os quais são chamados bem-aventurados porque viram e escutaram aquilo que muitos profetas e reis desejaram ver e escutar (10,21-24).[73] Mas, em Lc 3–24, na descrição da missão de João (3,1-20), a afirmação de que "toda carne verá a salvação de Deus" (3,6) é o anúncio que melhor destaca o alcance soteriológico universal da missão do Messias. Com efeito, essa missão não terá limites; portanto, não será privilégio de poucos, nem somente de Israel.

---

[71] F. BOVON, *El evangelio según san Lucas*, I, 208.

[72] Segundo H.L. STRACK – P. BILLERBECK, *Kommentar zun Neuen Testament*, II, 139, o dom concedido a Simeão estaria relacionado a seu caminhar na justiça; em outras palavras, seu caminhar na via reta o capacitou e o preparou para receber o dom de "ver a salvação de Deus".

[73] Segundo K. BERGER, "Das Canticum Simeonis (Lk 2,29-32)", 34, na tradição judaica é muito difundida a ideia de que são bem-aventurados aqueles que em vida entraram no tempo messiânico. Isso porque somente naqueles dias se poderá obter a salvação pelo contato pessoal, vendo o Messias ou por viver os dias de seu senhorio: "Felizes os que nascerem naqueles dias, para ver a salvação de Israel quando Deus congregue suas tribos" (SalSa 17,44); "Felizes os que nascerem naqueles dias, para ver a salvação do Senhor" (SalSa 18,6).

A expressão "τὸ σωτήριόν σου"[74] presente em Is 40,5 (LXX) é chave para relacionar a profecia de Simeão (2,30-32a) e o anúncio de João Batista (3,6)[75] com a última declaração de Paulo (At 28,28).[76] A relação desses três anúncios confirma que a salvação é enviada a todos os povos.[77]

"ὃ ἡτοίμασας κατὰ πρόσωπον πάντων τῶν λαῶν" φῶς εἰς ἀποκάλυψιν ἐθνῶν καὶ δόξαν λαοῦ σου 'Ισραήλ" (vv.31-32ab)

Na sequência (v.31), a identificação de Jesus com a salvação[78] preparada por Deus "diante de todos os povos" (πρόσωπον πάντων τῶν λαῶν) remete ao Dêutero-Isaías: Is 40,5 (LXX);[79] Is

---

[74] Segundo S. MUÑOZ IGLESIAS, *Los evangelios de la infancia*, I, 124.302, essa é uma fórmula comum no AT para indicar as obras salvíficas de Deus, em particular a do Messias.

[75] Deve-se recordar que a citação de Is 40,3-4 utilizada para descrever o ministério de João se encontra nos três Sinóticos. Mas somente Lc a estende até o v.5.

[76] P. GRELOT, "Le cantique de Simeón (Luc, II, 29-32)", 502.504-505; W. RADL, "Die Beziehungen der Vorgeschichte zur Apostelgeschishte. Dargestelt an Lk 2,22-39", 304. Segundo I.H. MARSHALL, *Luke: Historian and Theologian*, 191, o anúncio de Simeão, confirmado por João Batista no início de sua missão (3,6; Is 40,5), é corroborado em At 15,11, onde Pedro declara que tanto judeus como gentios são aceitos por Deus; todos conhecerão a salvação por meio da graça do Senhor.

[77] W.S. KURZ, *Reading Luke-Acts*, n. 9; O. DA SPINETOLI, "Qualche riflessione su 'la salvezza nell'opera lucana (Vangelo e Atti)", 275.

[78] Segundo L.D. CHRUPCALA, *Gesú Cristo, la salvezza e il regno di Dio. Per una discussione sull'unitá tematica dell'opera lucana*, 151, para Lucas a salvação não é uma palavra ou uma ideia abstrata, mas sim uma pessoa concreta: Jesus de Nazaré, o Messias, o salvador dos homens, o único doador da salvação (2,11; At 4,12; 15,11). Segundo G. SEGALA, *Evangelo e vangeli*, 253, Lucas, entre os Sinóticos, é o que mais aplica o título de salvador a Jesus (1,47; 2,11; At 5,31; 13,23); além disso, a salvação é atribuída a ele (1,69.71.77; 2,30; 19,9), assim como a ação de salvar (17x). Dentro dessa perspectiva, compreende-se melhor a afirmação de M.-J. LAGRANGE, *Évangile selon Saint Luc*, 63: "O terceiro evangelho poderia ser resumido em uma frase: Jesus Cristo é o salvador dos homens".

[79] O TM não coincide com a LXX, que apresenta uma versão mais extensa. O primeiro afirma que "a glória do Senhor se revelará e toda carne a

52,9-10.[80] Além disso, o anúncio da salvação como φῶς (v.32) remete ao Trito-Isaías, de modo particular a Is 60,1-3 (LXX);[81] de fato, o profeta convida: "Levanta-te Jerusalém, pois a luz e a glória do Senhor vêm sobre ti; porque as trevas cobrem a terra, a obscuridade está sobre os povos (ἔθνη), mas o Senhor brilha sobre ti, e sua glória se vê sobre ti; caminharão os reis à tua luz, e os povos ao teu esplendor"[82] (Is 60,1-3). Esse oráculo anuncia a presença da luz e da glória do Senhor em Jerusalém e a participação dos povos nela.[83]

Lucas assume a teologia do Dêutero e Trito-Isaías quando afirma que o esplendor da luz salvífica se estenderá sobre dois "campos" que inicialmente estavam separados;[84] ela iluminará,

---

verá", enquanto na segunda acrescenta que "toda carne verá a salvação de Deus" (τὸ σωτήριον τοῦ θεοῦ).

[80] R.E. BROWN, El nacimiento del Mesías, 478-479; A. DEL AGUA PEREZ, El método midrásico, 128; U. ELLERMANN, "Jesus, das Licht der Volker".

[81] H.L. TRACK – Billerbeck, Kommentar zun Neuen Testament, II, 139; F. BOVON, El evangelio según san Lucas, I, 210. Segundo S. MUÑOZ IGLESIAS, Los evangelios de la infancia, I, 310, além de Is 60,1-3, Lucas teria utilizado também Is 2,1-4 e Mq 4,1-3. Por outro lado, U. KELLERMANN, "Jesus, das Licht der Volker", 13, não está de acordo com que 2,32 faça referência a Is 60,1-3. O autor sustenta que existe uma diferença fundamental no modo como se realiza a participação dos gentios na luz que resplandece em Sião; em Is 60,3, descreve-se uma peregrinação dos povos até ela, de modo que são "os povos que migram até à luz e os reis até seu esplendor"; enquanto nos cantos do Servo a luz caminha até os gentios (Is 42,5-7; 49,6).

[82] No v.3, o TM inverte a sequência dos termos מלכים (reis) e גוים (povos).

[83] L.H. BROCKIGTON, "The Septuagintal Background to the New Testament use of Δοξα", na realidade, o hino de Simeão coloca os termos σωτήριον, φῶς e δόξα, como sinônimos, fato que revela duas características da salvação preparada por Deus. Segundo, G.I. VLKOVÁ, Cambiare la luce in tenebre e le tenebre in luce. Uno studio tematico dell'alternarsi tra la luce e le tenebre nel libro di Isaia, 186, esse oráculo convida os crentes (a casa de Jacó ou a cidade de Jerusalém) a tomar consciência do privilégio da luz, símbolo da própria presença do Senhor que brilha sobre ela.

[84] Segundo E. BALLHORN, "Simeon: der Jesaja des Neuen Testaments (Lk 2,21-40)", 76, Lucas faz com que o profeta Isaías adquira uma nova for-

de forma distinta, os gentios (ἔθνη) e Israel (λαός).[85] Mas essa ação salvífica diferenciada tem como objetivo formar o único povo de Deus;[86] dessa forma, aqueles que até então eram chamados ἔθνη passarão a ser parte do único λαός.[87] A conversão dos gentios, portanto, não substitui Israel nem tampouco exclui os judeus, mas os soma a eles.[88] A partir de então, o Israel messiânico, o povo eleito, é composto de um núcleo originário hebraico e uma crescente maioria de gentios.[89]

A luz da salvação, o Messias do Senhor, revelará os gentios (v.32a). Como havia já sido profetizado: "Na montanha (de Sião), o Senhor preparará um banquete para todos os povos; o Senhor destruirá o véu que cobre a todos os povos e o pano que tapa todas as nações; nesse dia se dirá: aqui está o nosso Deus em quem esperávamos; celebremos e exultemos sua salvação" (Is 25,6-7.9); aí está a missão do Servo que é destinado a ser "a luz das nações" (Is 42,6; 49,6).[90]

---

ma, ou seja, partindo de sua mensagem, interpreta Jesus como o Cristo de Israel e de todos os povos. Portanto, Simeão personifica a vitalidade e a força da promessa da palavra de Deus. Sua declaração é: aquilo que desde sempre foi um desígnio divino, agora, em Jesus Messias, tornou-se atual, a partir de seu povo Israel, todos os povos da terra participam de sua salvação.

[85] A. SIMON MUÑOZ, "Cristo, Luz dos gentíos. Puntualizaciones sobre Lc 2,32", 35.

[86] J. JERVELL, The Theology of the Acts of the Apostles, 22-23; J. DUPONT, "Le profezie del vecchio Simeone (Lc 2,25-35)", 141.

[87] H. SCHÜRMANN, Il vangelo di Luca, I, 250.

[88] J. JERVELL, The Theology of the Acts of the Apostles, 85; E. SCHWEIZER, Il vangelo secondo Luca, 64; V. FUSCO, Da Paulo a Luca. Studi su Luca-Atti, II, 365-366.

[89] O. DA SPINETOLI, "Qualche riflessione su 'la salvezza' nell'opera lucana (Vangelo e Atti)", 271.

[90] H. SCHÜRMANN, Il vangelo di Luca, I, 250, n. 250; R.E. BROWN, El nacimiento del Mesías, 478-479; S. MUÑOZ IGLESIAS, Los evangelios de la infancia, I, 309; A. DEL AGUA PÉREZ, El método midrásico, 128; J.A. FITZMYER, El Evangelio según Lucas, II, 259; U. KELLERMANN, "Jesus, das licht der Volver", 12. Segundo B.J. KOET, "Simeons Worte (Lk 2,29-32.34c-35) und Israels Geschick", 1555, as palavras de que a

No contexto de Lc 1–2, a afirmação de que a salvação foi preparada por Deus diante de todos os povos (vv.30.31.32a) é algo notável; até esse ponto, o acento estava todo posto no cumprimento da salvação de Israel (1.17.33.54.68; 2,10-11.25).[91] Agora, associando os termos σωτήριον, ἔθνη e λαός, o evangelista introduz um aspecto fundamental de sua obra (Lc 24,47; At 1,8): a salvação para todos os povos (v.31a).[92]

Em At, esse anúncio aos gentios será desenvolvido de modo extenso e amplo.[93] Na reunião apostólica de Jerusalém (At 15,4-21), São Tiago confirma o pronunciamento de Pedro que dizia: " Deus escolheu entre os gentios (ἔθνη – ἐθνῶν) um povo (λαός) que levasse seu nome" (v.14); declaração que confirmava o anúncio dos antigos profetas (vv.15-18).[94] Segundo Lucas, essa ação salvífica do Messias segue a corrente profética que não vê Israel como o centro dos povos de modo exclusivo, mas sim de modo inclusivo.[95]

---

salvação será como luz para revelação dos pagãos e para a glória de Israel recordam o papel do Servo do Senhor, em Is 42,6 e Is 49,6. Além disso, pelo conteúdo de Lc 2,31-32 e de todo o contexto de Lc 1–2, onde se fazem tantas afirmações positivas sobre a esperança e a salvação de Israel, segundo Koet, deve-se considerar que o substrato bíblico de Lc 1–2 seja provavelmente Is 42 e Is 49.

[91] H. SCHÜRMANN, *Il vangelo di Luca*, I, 252; F. BOVON, *El evangelio según san Lucas*, I, 209. Mas, segundo M-J. LAGRANGE, *Évangile selon saint Luc*, 87, a ideia da iluminação dos gentios já anunciava que "o sol que vem do alto iluminará os que estão nas trevas" (1,79), as trevas sendo comparadas a um véu que a luz faz desaparecer. O mesmo A. SIMON MUÑOZ, "Cristo, luz dos gentios. Puntualizaciones sobre Lc 2,32", 34.

[92] B.J. KOET, "Simeons Worte (Lk 2,29-32.34c-35) und Israels Geschick", 1554.

[93] J. DUPONT, "Le salut des gentils et la signification théologique du livre des Actes", 135-136.

[94] Segundo o próprio texto lucano, em At 15,16-17, essa declaração de Tiago é confirmada com a citação em Am 9,11ss. Segundo R.E. BROWN, *El nacimiento del Mesías*, 479-480, de modo particular se cumpre Zc 2,14-15, onde se diz a Jerusalém: "Alegra-te, jovem de Sião, que eu venho habitar em ti – oráculo do Senhor. Aquele dia se incorporarão ao Senhor muitos povos e serão povo meu".

[95] K. BERGER, "Das Canticum Simeonis (Lk 2:29-32)", 36; U. KELLER-MANN, "Jesus, das Licht der Volker", 24.

Além disso, a missão de Paulo em At é caracterizada dentro da mesma perspectiva; o Senhor o mandou dizendo-lhe: "Coloquei-te para luz dos gentios a fim de que sejas para salvação até os extremos da terra" (At 13,47); e, ainda, o apóstolo deverá abrir os olhos dos gentios para que eles voltem das trevas à luz de Deus (At 26,18). Portanto, pode-se afirmar que a missão paulina estende a missão salvífica do Messias. Em outras palavras, Paulo tem um importante papel no cumprimento do primeiro oráculo de Simeão (vv.31-32a).[96]

Como não poderia deixar de ser, a ação salvífica da luz do Messias terá incidência sobre Israel. A salvação foi preparada em Israel; o salvador, o Messias e Senhor, nasceu para vós e será causa de grande alegria para todo o λαός-Israel (2,10); segundo At 3,26, foi enviado "em primeiro lugar a vós" (ὑμῖν πρῶτον).[97] Portanto, existe um primado histórico-salvífico de Israel que deve ser cumprido.[98] Por isso, o Messias do Senhor iluminará o povo da aliança; sua ação e presença lhe comunicaram a plenitude da glória do Senhor (v.32b).[99] Em certo sentido, pode-se afirmar que, agora, se reflete em Israel aquela mesma glória do Senhor que se refletia no rosto de Moisés (Ex 34,29-35).[100]

A ação salvífica da luz messiânica que glorificará Israel remete a Is 46,13 (LXX).[101] Essa ação se cumprirá porque Israel foi fiel

---

[96] R.C. TANNEHILL, *The Narrative Unity of Lule-Acts*, I, 38.

[97] O. DA SPINETOLI, "Qualche riflessione su 'la salvezza' nell'opera lucana (Vangelo e Atti)", 271.

[98] H. SCHÜRMANN, *Il vangelo di Luca*, I, 250-251, os povos não somente serão anexados ao povo herdeiro das promessas messiânicas, mas também participarão da δόξα de Israel; U. KELLERMANN, "Jesus, das Licht der Volker", 13.

[99] Segundo J.J. KILGALLEN, "Jesús, Savior, The Glory of Your People Israel", 308-321, a relação entre a glória de Deus e Israel é muito frequente nas Escrituras. Mas essa relação se concentra, de modo particular, nos oráculos proféticos sobre a restauração da glória do Senhor em Jerusalém-Sião.

[100] F. BOVON, *El evangelio según san Lucas*, I, 210.

[101] R.E. BROWN, *El nacimiento del Mesías*, 478; A. DEL AGUA PEREZ, *El método midrasico*, 128; U. KELLERMANN, "Jesus, das Licht der Volker", 13.

a sua vocação, acolheu a salvação e, posteriormente, comunicou a todos os povos a luz de seu Messias-Salvador (Is 49,6); por meio de Israel e de seu Messias-servo, todos os povos conhecerão a salvação de Deus.[102] Note-se bem que a luz das nações está conectada à extensão da salvação.[103] Por isso, todos os povos que serão tocados por essa luz contemplarão a salvação e, além disso, reconhecerão a glória e a primazia de Israel.[104] Com efeito, o Messias-servo, agora Salvador de todas as nações, será motivo de glória e orgulho para Israel.[105] Cumpre-se, assim, a promessa feita a Abraão de que, por meio de sua descendência, seriam abençoados todos os povos da terra (Gn 22,18).

Além disso, quando Lucas descreve a ação salvífica do Messias como luz, sua teologia poderia estar influenciada pela recitação cotidiana do *Shemá,* de modo particular pela primeira das bênçãos que a precedem pela manhã,[106] onde se diz:

> Bendito és tu, ó Senhor nosso Deus, rei do Universo. Tu fixas os ciclos de luz e de trevas, tu ordenas toda a criação, tu fazes brilhar a luz sobre a terra; tua bendição, tua misericórdia radiante, está sobre seus habitantes. Em tua bondade, a obra da criação é continuamente renovada dia a dia... Oh! Faz brilhar uma nova luz sobre Sião; que todos nós possamos, logo, ser dignos de ver seu esplendor. Bendito és Tu, ó Senhor! Criador dos corpos celestes.[107]

---

[102] H. SCHÜRMANN, *Il vangelo di Luca,* I, 250-251; A. GEORGE, *Études sur l'ouvré de Luc,* 317; P. GRELOT, "Le cantique de Simeon (Luc, II, 29-32)", 505; A. SIMÓN MUÑOZ, "Cristo, luz de los gentiles. Puntualizaciones sobre Lc 2,32", 35; O. DA SPINETOLI, "Qualche riflessione su 'la salvezza' nell'opera lucana (Vangelo e Atti)", 275.

[103] G.I. VLKOVÁ, *Cambiare la luce in tenebre e le tenebre in luce,* 183-184.

[104] U. KELLERMANN, "Jesus, das Licht der Volker", 13.

[105] F. BOVON, *El evangelio según san Lucas,* I, 210; J. DUPONT, "Le profezie del vecchio Simeone (Lc 2,25-35)", 140.

[106] É introduzida por uma celebração de Deus, como criador do mundo. Segundo o judaísmo, Deus diariamente cria um mundo ordenado, um mundo ordenado em bondade. Isso é fundamental para a criação. Enquanto a recitação do *Shemá* varia ligeiramente manhã e noite, adaptando a mensagem ao momento do dia, a criação do mundo ordenado não varia.

[107] J. NEUSER, "Liturgy of Judaism: The Shema", 816-818.

Note-se bem: todo judeu piedoso suplicava (suplica ainda hoje) a graça de contemplar a nova luz que resplandece em Sião. A descrição de Simeão – como justo e piedoso – se insere dentro do mesmo contexto, como um representante desse desejo de todo Israel. A apresentação lucana do Messias do Senhor como uma luz que resplandece em Sião, no Templo, para iluminar aos gentios e ao povo da aliança (v.32b), pode ser perfeitamente uma resposta à súplica de Israel presente na oração matutina do *Shemá*.

Para concluir, deve-se notar que, até este ponto de sua obra, Lucas não faz nenhuma referência à divisão do povo judeu nem à rejeição do Messias por uma parte de Israel.[108] Esse tema será objeto do segundo oráculo de Simeão (vv.34cde-35).

2.2.2. Seu anúncio a Maria

"...καὶ εὐλόγησεν αὐτοὺς Συμεὼν καὶ εἶπεν πρὸς Μαριὰμ τὴν μητέρα αὐτοῦ" (v.34ab)

Inicialmente, deve-se recordar que, assim como o primeiro oráculo de Simeão (vv.29-32), também o segundo (vv.34cde-35) está precedido por uma bendição (v.34a).[109]

A partícula ἰδού (Olha!), no v.34c, assinala a mudança de tom em relação ao oráculo anterior.[110] Com efeito, se até este ponto em Lc 1–2 somente haviam sido anunciadas maravilhas sobre Jesus e sua missão, as últimas palavras de Simeão lançam uma sombra sobre o caminho de Jesus e de Maria[111]

---

[108] F. BOVON, *El evangelio según san Lucas*, I, 210-211.

[109] B.J. KOET, "Simeons Worte (Lk 2,29-32.34c-35) und Israels Geschick", 1557, sustenta que esse paralelo indica uma correspondência entre os dois oráculos.

[110] R.E. BROWN, *El nacimiento del Mesías*, 481.

[111] K. STOCK, *Maria, la madre del Signore nel Nuevo Testamento*, 81; J.A. FITZMYER, *El Evangelio según Lucas*, II, 248. Segundo B.J. KOET, "Simeons Worte (Lk 2,29-32.34c-35) und Israels Geschick", 1557, o leitor não deve se deixar levar ou enganar pela tendência negativa das palavras de Simeão, porque na tradição bíblica uma bênção significa revelar o futuro positivo e negativo de uma pessoa bendita (Gn 27,27-29; 49,5-7).

Análise exegético-teológica de Lc 2,22-39

"...Ἰδοὺ οὗτος κεῖται εἰς πτῶσιν καὶ ἀνάστασιν πολλῶν ἐν τῷ Ἰσραὴλ καὶ εἰς σημεῖον ἀντιλεγόμενον ..." (v.34cde)

O segundo anúncio de Simeão está composto por quatro orações, as quais estão entrelaçadas de forma hábil. A mensagem central desse segundo oráculo descreve a controvertida missão que este menino cumprirá em Israel[112] e assinala a estreita relação entre o futuro da mãe e de seu filho.[113] Em uma única visão, Simeão contempla o futuro de Jesus e o de sua mãe. A associação é tão perfeita, que a profecia de Maria esclarece e completa o que Simeão profetizou sobre Jesus.[114] Esse pensamento lucano revela que, no plano salvífico de Deus, o sofrimento e o lugar de Maria na história da salvação estão intimamente associados ao sofrimento e ao lugar do Messias e que ambos foram previstos por Deus.[115]

Na primeira parte de seu oráculo, Simeão afirma que este (menino) "será posto para a queda e o levantamento de muitos de Israel e como um sinal de contradição" (v.34dc). Existe uma relação direta entre esse (o menino) "que está posto" (κεῖται) e o "sinal de contradição" (σημεῖον ἀντιλεγόμενον).

A conexão entre κεῖμαι e σημεῖον aparece também em 2,12; além disso, κεῖμαι é utilizado uma segunda vez no anúncio do nascimento de Jesus aos pastores de Belém (2,16) e uma terceira na sepultura de Jesus (23,53). Em 2,12, o sinal dado pelo anjo se refere ao próprio recém-nascido "posto em uma manjedoura"

---

[112] J. DANIELOU, *I vangeli della infancia*, 107.

[113] De fato, em 2,22-39, até o v.34a, Maria sempre aparece associada ao pai do menino. Todas as ações nas que ela está envolvida se encontram na terceira pessoa do plural. Eles, os pais, o fizeram subir de Jerusalém (v.22), o introduziram no Templo (v.27b), cumpriram os preceitos da Lei sobre o menino (v.27cd), se maravilharam das coisas ditas sobre ele (v.33. ab), receberam a bênção de Simeão (v.34a). No v.34b, Simeão se dirige somente a Maria, mas suas palavras proféticas se referem ao menino (vv.34cde) e a ela (v.35); Maria associada a seu filho passará a compartilhar sua missão e seu futuro.

[114] A. FEUILLET, "L'epreuve prédite à Marie par le vieillard Siméon (Luc. II, 35a)", 249.254.

[115] A. FEUILLET, "L'epreuve prédite à Marie par le vieillard Siméon (Luc. II,35a)", 252.

(κείμενον ἐν φάτνῃ); existe aí uma identificação direta entre o sinal e o menino nascido.[116]

Em 11,29-32, σημεῖον é utilizado 4x; Jesus afirma que àquela geração perversa que busca um *sinal* não lhe será dado um *sinal* senão o *sinal* de Jonas (v.29), porque, assim como Jonas foi um *sinal* para os ninivitas, o Filho do Homem o será também para essa geração (v.30). Na sequência, os ninivitas se levantarão no juízo contra aquela geração e a condenarão, porque estes se arrependeram por causa da pregação de Jonas e "aqui está alguém mais que Jonas" (v.32).[117]

No relato da sepultura de Jesus, é interessante notar a diferença entre o texto lucano e os demais sinóticos. Quando se narra a colocação do corpo de Jesus na tumba, Mc 15,46 e Mt 27,60 utilizam somente o verbo τίθημι (ἔθηκεν). Lucas segue, por um lado, a tradição sinótica empregando τίθημι mas, em seguida, acrescenta o verbo κεῖμαι (23,53);[118] dessa forma, o texto afirma que o corpo de Jesus foi colocado em uma tumba cavada na rocha e foi colocado ali onde ainda ninguém havia sido posto. Pode-se observar que κεῖμαι é utilizado para destacar o sinal mais concreto que sela a morte do Messias.

Se se leva em conta que tanto este detalhe da sepultura de Jesus (23,53b) como o anúncio aos pastores (2,12.16) e o oráculo a Maria (2,34c) são exclusivos de Lucas, pode-se ao menos

---

[116] Segundo J.A. FITZMYER, *El Evangelio según Lucas*, II, 261, é provável que na aplicação a Jesus do termo σημεῖον exista um eco de Is 8,18a.

[117] Nos textos paralelos de Mc e Mt, existem algumas diferenças significativas. Em Marcos, os fariseus se acercaram a Jesus com o objetivo de colocá-lo à prova. Por isso, eles pedem um sinal do céu; Jesus lhes responde perguntando: "Por que esta geração busca um sinal? Pois nunca será dado um sinal" (Mc 8,11-12). Note-se que o texto termina sem fazer referência a Jonas. Em Mateus, os escribas e fariseus querem ver um sinal. Jesus responde: "Uma geração malvada e adúltera busca um sinal, mas não lhes será dado um sinal senão o de Jonas, o profeta. Como Jonas esteve três dias e três noites, no ventre do monstro marinho, assim estará o Filho do Homem no coração da terra três dias e três noites" (Mt 12,38-40; Mt 16,1-4).

[118] Como já foi indicado, no NT, κεῖμαι é um verbo exclusivamente lucano.

suspeitar que existia uma relação entre eles. Convém evidenciar que nos três textos se utiliza κεῖμαι relacionado a Jesus; em todos eles se afirma que Jesus "está posto". Em 2,12.16, o mesmo Jesus está posto como sinal, fato que permitirá aos pastores identificá-lo como o salvador nascido, Messias e Senhor. De modo semelhante, em 2,34c, Jesus, aquele que havia sido identificado como o Messias do Senhor (2,26c), salvação (2,30) e luz (2,32a), será posto para a queda e o levantamento de muitos de Israel; o que explica por que o sinal será de contradição. Em 23,53, Jesus é posto na tumba; o Messias crucificado e morto é agora sepultado.

Essa particularidade da messianidade de Jesus, somada a sua ressurreição, se transformou em um sinal de divisão para Israel. Quem poderia crer que um homem crucificado, morto e sepultado seria o Messias de Israel? Até seus discípulos, os quais haviam depositado sua esperança e confiança nele, tinham lido sua morte como o sinal mais concreto de que, na realidade, ele não era o redentor de Israel (24,19-21).

Segundo Lucas, diante de Jesus morto e ressuscitado muitos cairão e se levantarão em Israel. É o que se relata em At; muitos acreditaram em Israel (At 21,20; 28,40) e tantos outros não acreditaram (At 28,25). A relação é também direta; a queda significa não crer em Jesus Messias morto e ressuscitado, enquanto o levantamento corresponde a acreditar nele. Essa é a crise desencadeada no seio de Israel com a morte e ressurreição de Jesus.[119] A presença ressuscitada de Jesus obrigará seus compatriotas a pronunciarem-se a favor ou contra ele. Assim, aparecerão as opções profundas dos corações, a fé que acolhe ou a incredulidade que rejeita.[120] Esse mesmo ensinamento é explicitado em 12,32, onde se descreve que, em uma família, por causa do nome de Jesus, sucederá a divisão de uns contra outros.[121]

---

[119] B.J. KOET, "Simeons Worte (Lk 2,29-32.34c-35) und Israels Geschick", 1564.

[120] A. GEORGE, *L'annonce du salud de Dieu*, 181.

[121] J. DUPONT, "Le profezie del vecchio Simeone 9 Lc 2,25-35)", 141.

Por outro lado, cabe fazer notar que a queda e o levantamento (de muitos) devem ser lidos em íntima conexão com a história da salvação de Israel. Onde aqueles que caíram terão sempre a oportunidade de levantar-se, porque a esperança estará sempre aberta. Lucas tem diante de si um único Israel que cai e se levanta, como ocorreu outras vezes em sua história;[122] além disso, deve-se destacar que a última palavra é de levantamento e não de queda.

Em Lc-At, o emprego de ἀντιλέγω está associado a duas ideias correlacionadas: a morte e a ressurreição. Em 20,27, é utilizado para referir-se aos saduceus, "os quais se opõem à ressurreição" (οἱ ἀντιλέγοντες ἀνάστασιν). Em 21,15, os discípulos poderão resistir àqueles que se lhes opõem e que os entregarão à morte por causa do nome de Jesus. Em At 13,45, os judeus rejeitam a pregação de Paulo, que se concentra no anúncio da ressurreição de Jesus; ainda em At os judeus de Roma desejam saber a opinião de Paulo sobre "o partido" (dos cristãos) que sofre oposição em todos os lugares (28,22). Além disso, nos At, a ressurreição é apresentada como a esperança de Israel (2,25-31; 23,6; 24,14ss; 26,6-8).[123]

O paradoxal da experiência de Israel está justamente aí, aquele que seria a esperança das doze tribos de Israel se transforma em um sinal de contradição, ou seja, naquele que divide e que, portanto, faz cair e levantar.[124]

O texto lucano que pode favorecer a compreensão dessa divisão provocada pela missão do Messias é de 12,49-51ss, onde Jesus explicita dois aspectos de sua missão: (1) ele veio para trazer não a paz mas sim o fogo e a divisão; (2) ele tem que ser batizado com um batismo e "está obcecado"[125] enquanto não se cumpra (τελέω). Como se pode ver, esse anúncio de Jesus confir-

---

[122] E. SCHWEIZER, *Il vangelo secondo Luca*, 63.

[123] B.J. KOET, "Simeons Worte (Lk 2,29-32.34c-35) und Israels Geschick", 1563-1564.

[124] Dentro dessa perspectiva, diversos autores apresentam a pedra do tropeço (Is 8,14) como o substrato veterotestamentário de 2,34c.

[125] Segundo J.A. FITZMYER, *El Evangelio según Lucas*, III, 502, diversos autores preferem a tradução: "Que estou angustiado!", que talvez seja

ma alguns temas desenvolvidos no segundo oráculo de Simeão (2,34b-35). A imagem do fogo destaca o caráter dramático da missão de Jesus;[126] além disso, a divisão[127] é apresentada também aqui como uma consequência da presença e da atividade de Jesus.

"...καὶ σοῦ [δὲ] αὐτῆς τὴν ψυχὴν διελεύσεται ῥομφαία, ὅπως αν ἀποκαλυφθῶσιν ἐκ πολλῶν καρδιῶν διαλογισμοί..." (v.35ab)

Quanto à ῥομφαία que atravessará a ψυχή de Maria (v.35a), pode-se perguntar: Por que Simeão se dirige a Maria desse modo? Que coisa significa realmente a palavra espada? Segundo Lagrange, a pergunta-chave é: onde estava Maria, ao lado de seu filho ou contra ele?[128]

A resposta à pergunta de Lagrange é óbvia. Maria, a muito favorecida (1,28), a serva do Senhor (1,38), a mãe do Senhor (1,43), a bendita entre as mulheres (1,42), a bem-aventurada crente (1,45), somente pode estar ao lado de seu filho. Essa resposta oferece o fundamento para interpretar a imagem de Maria transpassada pela espada.

De fato, a profecia de Simeão coloca Maria ao lado de seu filho de forma incontestável. Ela se encontra estreitamente unida ao Messias que será posto como um sinal de contradição,[129] ou seja, Maria compartilhará da rejeição do Messias. Ela, a serva do Senhor (1,38), participará do futuro do servo Messias que, por meio dos sofrimentos,[130] será constituído luz para a revelação dos gentios e glória de Israel.

---

menos exata, mas se adapta melhor quando relacionada com o episódio do Getsêmani.

[126] Segundo J.A. FITZMYER, *El Evangelio según Lucas*, III; 497-498.501, o fogo se refere ao batismo com que Jesus batizará seus discípulos (3,16), mas antes ele mesmo passará pela prova do batismo de fogo.

[127] F. BOVON, *El Evangelio según san Lucas*, II, 421, no acento no v.51 recai sobre o termo διαμερισμός (divisão).

[128] M.-J. LAGRANGE, *Évangile selon saint Luc*, 89.

[129] A. VALENTINI, "Il secondo annuncio a Maria", 298; id., "'Καθαρισμοῦ αὐτῶν' e 'ῥομφαία' (Lc 2,22.35)", 185.

[130] Segundo H.L. STRACK – P. BILLERBECK, *Kommentar zum Neuen Testament*, II, 140, com as palavras "a espada atravessará tua vida", difi-

O testemunho do Messias, em primeiro lugar, dividirá Israel; muitos em Israel cairão e se levantarão. O sofrimento da divisão do povo eleito, depositário das promessas, é identificado e encarnado no sofrimento de Maria. Dentro desse contexto, pode-se afirmar que o destino pessoal de Maria estaria conectado com o futuro de Israel. Esse fato não seria uma novidade em Lc 1–2, porque Lucas já o tinha manifestado no *Magnificat*, onde Maria vê relacionado seu futuro pessoal (1,46-50) com o futuro de Israel (1,54ss).[131] Portanto, Maria poderia ser pensada como um representante de Israel.[132]

Além disso, como o cantou Simeão em seu primeiro oráculo (2,31-32), a missão do Messias ultrapassa as fronteiras de Israel. Então, se Maria está associada a seu filho e ao futuro de Israel, sua experiência também ultrapassará essas fronteiras. Essa realidade também pode ser comprovada na experiência dos discípulos.

Com efeito, Lucas, depois do evento pascal, relata que os discípulos de Jesus receberam o mandato missionário (24,47; At 1,8); a ação salvífica do Messias rejeitado por parte de seu povo Israel será anunciada a todos os povos a partir de Jerusalém. Mas essa mesma experiência de rejeição se prolongará na vida dos discípulos de Jesus (At 9,1.4) e na vida das comunidades cristãs que também sofrerão oposição (At 28,22). Dentro dessa perspectiva futura, pode-se pensar que Lucas, por meio das palavras de Simeão, tenha antecipado na figura de Maria a participação dos discípulos e das comunidades cristãs na rejeição e nos sofrimentos de seu mestre.[133]

---

cilmente Simeão pensou na morte do Messias, mas havia pensado nos sofrimentos que golpeariam o Messias por causa do pecado de Israel.

[131] Segundo B.J. KOET, "Simeons Worte (Lk 2,29-32.34c-35) und Israels Geschick", 1564.

[132] Segundo A. GEORGE, *Études sur l'ouvré de Luc*, 450, Maria aparece aqui em seu papel de mãe, mas sobretudo de crente. Pois nesse oráculo sua fé toma toda uma dimensão de busca e de orientação em meio à dificuldade da noite de dor e de sofrimento.

[133] W.J. HARRINGTN, *Luke: Gracious Theologian*, 37; A. VALENTINI, "Il secondo annuncio a Maria", 298; id., "'Καθαρισμοῦ αὐτῶν' e 'ρομφαία' (Lc 2,22-35)", 185-186; id., *Maria secondo la Scriture*, 184-189.

No v.35b, a conjugação final ὅπως marca a intenção divina que está presente na ação da espada. Deus havia decidido que os corações deveriam ser manifestados; aqueles retos reconheceriam o Messias, os demais estariam entre aqueles que se oporiam a ele.[134]

Em relação à interpretação de διαλογισμός, deve-se reconhecer que não está clara. Em Lc, esse termo aparece sempre com conotação pejorativa (5,22; 6,8; 9,46-47; 24,38).[135] Mas, em 2,35, pode ser lido com um sentido neutro; essa interpretação, dentro do contexto imediato (vv.34-35), encontra sua razão de ser. Note-se que, se diante do Messias Jesus todos (em Israel) são chamados a posicionar-se, os pensamentos revelados "em muitos corações" poderão ser favoráveis ou contrários a ele. Por isso, esses pensamentos não podem ser lidos aqui como exclusivamente negativos.[136]

3. Ana (vv.36-38)

Quando se examina com atenção o relato de Ana (2,36-38), é impossível não observar a riqueza de detalhes com os quais foi composta sua descrição. Figueras sustenta que "a série de detalhes sobre o passado e o presente da vida de Ana nos remete ao substrato bíblico sobre o qual Lucas construiu o perfil dessa figura um tanto misteriosa".[137]

Segundo Giannarelli, o aspecto fundamental da ação desempenhada por Ana no conjunto da perícope é seu testemunho, o qual, apesar de não ser explícito, se encontra em perfeita

---

[134] M.-J. LAGRANGE, *Évangile selon saint Luc*, 89.

[135] F. BOVON, *El Evangelio según san Lucas*, I, 215.

[136] S. MUÑOZ IGLESIAS, *Los evangelios de la infancia*, III, 192-193; F. BOVON, *El Evangelio según san Lucas*, I, 215. Com efeito, A. FEUILLET, "L'épreuve prédite à Marie par le vieillard Siméon (Luc. II, 35a)", 252, afirma que a maioria dos exegetas se inclina pela segunda interpretação.

[137] P. FIGUEIRAS, "Siméon et Anne, ou le Témoignage de la Loi et des Prophètes", 93.

continuidade com o testemunho de Simeão, com a adoração dos anjos e a contemplação dos pastores.[138]

Por outro lado, segundo Muñoz Iglesias, a prolixa descrição de Ana contrasta com o silêncio de seu testemunho; e devido aos muitos testemunhos sobre Jesus em Lc 1–2, o seu não seria necessário.[139] Por sua vez, afirma Bovon, "Lucas decepciona seus leitores quando não diz nada sobre o conteúdo das orações e das palavras de Ana; por isso, eu me inclino a atribuir ao episódio da profetisa a função de coro final, já que o peso teológico repousa no encontro milagroso do ancião Simeão com o pequeno Messias".[140] Não pensa diferente Galbiati, que justifica sua opção de concentrar sua investigação sobre a pessoa de Simeão com a afirmação de que "a presença de Ana não acrescenta nada".[141] Diante dessas afirmações, nossa posição é frontalmente contrária, como será demonstrado a seguir.

Na descrição da profetisa Ana (vv.36-38), percebe-se um procedimento *derásico* fundamentado na reutilização das Escrituras para compor um novo relato unitário.[142]

3.1. Sua origem

"Καὶ ἦν Ἄννα προφῆτις..." (v.36a)

Na primeira aposição, dá-se a Ana o atributo de profetisa (προφῆτις); esse termo feminino aparece somente 2x no NT (2,26; Ap 2,20),[143] enquanto נביאה (feminino נביא) é empregado 6x no AT.

---

[138] E. GIANNARELLI, "Fra profezia ignorata e profezia nascota: la storia esegetica di Anna (Lc 2,36-38)", 78.88.

[139] S. MUÑOZ IGLESIAS, *Los evangelios de la infancia*, III, 208.201.

[140] F. BOVON, *El Evangelio según san Lucas*, I, 198-199.

[141] E. GALBIATI, "La presentazione al Tempio", 29.

[142] A. DEL AGUA PEREZ, *El método midrásico*, 130. Segundo R.E. BROWN, *El nacimiento del Mesías*, 521, em Lc 1–2, é muito marcado o recurso das Escrituras, o qual é perceptível por uma série de alusões, de modo particular em 2,22-39.

[143] Em At 21,8-9, descreve-se, na comunidade de Cesareia, a presença de quatro virgens, filhas de Felipe, que possuíam o dom de profetizar. Nesse

Em quatro ocasiões, designa três importantes mulheres da história de Israel: Miriam (Ex 15,20);[144] Débora (Jz 4,4);[145] Hulda (2Rs 22,14; 2Cr 34,22).[146] As outras duas são figuras de menor

---

caso, não é usado o substantivo προφῆτις, mas sim o verbo προφητεύω (no particípio presente).

[144] Em Ex 15,20: "Miriam, a profetisa, irmã de Aarão," celebra a glória do Senhor, sua ação poderosa, depois que os filhos de Israel passaram o mar e contemplaram o aniquilamento do exército do Faraó sob as águas. Então, algumas mulheres se associaram a Maria para cantar a libertação de seu povo. No livro do Êxodo, essa perícope se insere no contexto do resgate e de libertação das tribos de Israel, que haviam celebrado a noite da páscoa do Senhor na terra do Egito. Não é demais recordar que, no judaísmo, a travessia do mar sempre foi compreendida como uma extensão da noite pascal, a qual conhece sua plenitude na montanha do Sinai, onde o Senhor, por meio de Moisés, realizou uma aliança com os filhos de Israel. Pode-se notar que a figura de Maria, profetisa, está diretamente relacionada ao resgate de Israel, à páscoa do Senhor e à realização da aliança.

[145] Em Jz 4,4; "Débora, profetisa, casada com Lapidot, governava por então a Israel". Como profetisa, o Espírito do Senhor está sobre ela. Por isso, comunica a Barac a palavra do Senhor, exortando-o a comandar as tribos que deveriam guerrear para liberar os caminhos que estavam fechados (Jz 5,6). Depois da vitória militar, Débora celebra (canta) a força do Senhor que libertou das mãos de seus inimigos as tribos que se apresentaram à convocação do Senhor (Jz 5,1ss).

[146] Em 2Rs 22,1–23-30, encontram-se os relatos referentes a Josias, rei de Judá. Durante seu reinado, enquanto se realizavam os trabalhos da restauração no Templo de Jerusalém, foi encontrado "o livro da *Torá*" (2Rs 22,8). Esse livro foi lido na presença de Josias, que, ao escutá-lo, rasgou suas vestimentas (2Rs 22,10-11); em seguida, o rei ordenou ao sumo sacerdote que averiguasse qual era a vontade do Senhor com respeito ao encontro. Dentro de tal contexto foi consultada a profetisa Hulda: "Foram ver a profetisa Hulda" (2Rs 22,14). Ela anuncia desolação e maldição para Jerusalém e seus habitantes por causa da infidelidade do povo diante da aliança; mas ao rei dá uma palavra de consolação: ele não presenciará a desgraça porque ao escutar as palavras do livro se humilhou diante do Senhor (2Rs 22,15-20). Essas palavras teriam sido o impulso para a reforma religiosa de Josias, o qual, com seus sacerdotes, profetas e todo o povo de Judá-Jerusalém, depois de haver escutado atentamente todas as palavras daquele livro, renovou a aliança com o Senhor no Templo de Jerusalém (2Rs 23,1-3). Portanto, a figura da profetisa Hulda está relacionada com a renovação da aliança no Templo.

importância: a esposa de Isaías (Is 8,3)[147] e Noadias, a falsa profetisa que se opôs a Neemias, na ocasião da reconstrução das muralhas de Jerusalém (Ne 6,14).[148]

As ações proféticas de Miriam, Débora e Hulda são exercidas dentro de um contexto relacionado à aliança (ou a sua renovação). Elas celebram com júbilo alguma ação de libertação ou de resgate operada pelo Senhor em favor de Israel. Essas figuras proféticas femininas e seus respectivos contextos lançam luzes sobre o personagem lucano.[149] A regra hermenêutica de analogia,[150] a partir do vocábulo comum נביאה (προφῆτις), nos permite associar entre si essas figuras proféticas.[151] Portanto, dentro de uma perspectiva *derásica*, poder-se-ia dizer que Ana reatualiza a figura das profetisas do AT. Ela rende graças a Deus e fala do "menino" que resgata Jerusalém (v.38bcd). Esse acontecimento salvífico-redentor em favor daqueles que o esperavam constitui seu anúncio profético; é a razão de sua profecia.

O conceito de profeta-profetisa, como um(a) porta-voz autorizado(a) da palavra do Senhor, exige ter presente que a ação

---

[147] E. GIANNARELLI, "Fra profezia ignorata e profezia nascota: la storia esegetica di Anna (Lc 2,36-38)", 71, ela é associada ao carisma do marido.

[148] Segundo H.L. STRACK – P. BILLERBECK, *Kommentar zum Neuen Testament*, II, 140, segundo a tradição rabínica, profetizaram em Israel 48 profetas e 7 profetisas. São elas: Sara, Miriam, Débora, Ana, Abigail, Hulda e Ester (Meguilah 14a Bar).

[149] M.-J. LAGRANGE, *Évangile selon saint Luc*, 90.

[150] A. DEL AGUA PEREZ, *El método midrásico*, 55-56, citando I. Heinemann, explica: esse tipo de analogia na exegese judaica antiga consiste em que dois personagens, dois objetos da Bíblia, se correspondem por sinais externos e sensíveis. Nesse tipo de analogia, não se trata tanto de relações de sentido ou causa, mas mais de analogias sensíveis ou externas, em que dois personagens bíblicos ostentem uma mesma palavra. BASTA, P., *Gezerah Shawah, Sotoria, forme e metodi dell'analogia biblica*.

[151] Segundo R.A. CULPEPPER, "The Gospel of Luke", 72, como uma profetisa, Ana continua a tradição das profetisas do AT: Miriam (Ex 15,20); Débora (Jz 4,4); Hulda (2Rs 22,14); a esposa de Isaías (Is 8,3); além disso, antecipa o papel das profetisas na Igreja primitiva (At 2,17; 21,9; 1Cor 11,5).

profética por excelência está relacionada à *palavra*;[152] portanto, aos verbos *falar/dizer* (אמר/דבר; λαλέω/λέγω) e a seus análogos: *proclamar, anunciar, exortar* etc.

Com efeito, nas Escrituras, a palavra profética é com frequência introduzida pela expressão "assim fala o Senhor".[153] No entanto, a ação profética de *falar* não está exclusivamente associada à ação verbal. Em diversas ocasiões, o anúncio profético é comunicado por meio de sinais, alegorias, parábolas, símbolos, nomes,[154] ou inclusive pela vida do profeta. No último caso, a vida do homem ou da mulher de Deus se faz palavra, sinal ou testemunho profético. Alguns exemplos desse último tipo são encontrados em Os 1-3;[155] Is 7-8;[156] Jr 16,1-9; Ez 24,15-25.[157] Sem dúvida, salta aos olhos que não se registre sequer uma palavra de Ana. Isso permite suspeitar que seu anúncio profético

---

[152] Segundo G. VON RAD, *Teologia dell'Antico Testamento*, II, 104, a palavra do Senhor é fundamento da existência do profeta. Por isso, ela é o pressuposto, o conteúdo de toda e qualquer mensagem profética.

[153] R. RENDTORFF, *Introduzione all'Antico Testamento*, 162.

[154] Segundo J. DE F. FARIA, "Denúncia, solução e esperança nos profetas", 29-35, o significado do nome de um profeta faz parte de seu anúncio profético. O nome nos revela, ao menos, uma parte de seu programa profético: Elias (O Senhor é Deus); Amós (O Senhor é forte); Miqueias (Quem é como o Senhor?); Isaías (O Senhor é salvação); Jeremias (O Senhor exalta, faz nascer, é sublime); Zacarias (O Senhor é salvação); Joel (O Senhor é Deus).

[155] G. VON RAD, *Teologia dell'Antico Testamento*, II, 168-170, a ação simbólica do matrimônio de Oseias com uma prostituta e os nomes de seus filhos e filhas da "prostituição" (Os 1,1,2-5) constituem a denúncia da iniquidade e das infidelidades das elites de Israel e de Judá (caps. 4-7). Essa ação profética é somente parte da mensagem do profeta, mas, se se considera a perícope que se relaciona diretamente com ela (Os 2,4-23), se encontram todos os temas característicos do profeta.

[156] Segundo J.S. CROATTO, "Composição e querigma do livro de Isaías", 49, no primeiro Isaías, o nome do profeta (ישעיהו = o Senhor é salvação) e os nomes de seus filhos: o primeiro, em Is 7,3 (שאר ישוב = um resto voltará) e o segundo, em Is 8,1-3 (מהר שלל חש בז = pronto ao saque), se convertem em palavras que geraram mensagens de juízo e libertação, ao mesmo tempo em que sintetizam a mensagem de todo o livro.

[157] R. RENDTORFF, *Introduzione all'Antico Testamento*, 160.

esteja implícito na descrição de sua vida: passado e presente. De fato, Ana se enquadra no último tipo de figura profética. Lucas afirma que ela é profetisa, apresenta sua vida e conclui o relato dando a conhecer sobre quem (περὶ αὐτοῦ) e a quem (πᾶσιν τοῖς προσδεχομένοις λύτρωσιν Ἰερουσαλήμ) ela falava (ἐλάλει).

Por outro lado, é importante observar que, em Lc 1–2, aparecem outras duas mulheres (Maria e Isabel), que falam, louvam, exclamam, glorificam, se alegram e anunciam. De fato, Lucas destaca que ambas estão cheias do Espírito, mas nenhuma delas é chamada de profetisa. Ana é a única que recebe explicitamente esse atributo.[158]

"...θυγάτηρ Φανουήλ, ἐκ φυλῆς Ἀσήρ..." (v.36[b])

Os nomes presentes em sua descrição nos podem ajudar a compreender o testemunho profético de Ana.[159] Ela é "filha de Fanuel" [פנואל = *Peniel* – פני (o rosto de) + אל (Deus) = o rosto de Deus). Esse termo é um topônimo;[160] aparece em Gn 32,31-32, Jz 8,8; 1Rs 12,25 e é traduzido na LXX por εἶδος θεοῦ (rosto de Deus). Note-se que, em Gn 32,31, se explica seu significado: "àquele lugar, Jacó chamou *Peniel* porque disse 'vi Deus cara a cara e saí vivo'"[161]

Dentro desse contexto, poder-se-ia pensar que Lucas fez uma alusão à experiência do patriarca Jacó-Israel (ישראל – as doze tribos, o povo da aliança) que, em *Fanuel* – פנואל, "*viu o rosto do*

---

[158] N. VISSER, "Der veertig volgragen. Vaarom Hanna trekken van Judit meekreeg", 181, esse atributo profético de Ana a coloca em conexão direta com Simeão. Ela emerge revestida da autoridade profética que qualifica seu testemunho, do mesmo modo que o espírito profético qualificou o testemunho de Simeão.

[159] P. FIGUEIRAS, "Siméon et Anne, ou le Témoignage de la Loi et des Prophètes", 95-96.

[160] Segundo L. LUCCI, "La Figlia di Sion sullo sfondo delle cultura extra-bibliche", 260, na Bíblia hebraica, a expressão "bat + nome geográfico" aparece sobretudo em lamentos coletivos.

[161] Com efeito segundo, H.L. STRACK – P. BILLERBECK, *Kommentar zum Neuen Testament*, II, 140, o nome significa quem está diante de Deus ou vê o rosto de Deus. O mesmo recorda R. BAUCKHAM, "Anna of the Tribe of Asher", 94-95.

Senhor e saiu vivo";[162] do mesmo modo, Ana (filha de Fanuel) vê "o rosto do Senhor" e confirma o testemunho de Simeão. Com efeito, ela profetiza a presença do "rosto do Senhor" no menino que, naquela hora, está presente no Templo.

Em seguida, o texto lucano afirma que Ana é proveniente da tribo de Aser (אשר). Segundo Brown, essa informação é desconcertante porque, em sua grande maioria, os israelitas de Jerusalém eram provenientes das tribos de Judá, Benjamim ou Levi, e as recordações genealógicas pertenciam a essas tribos.[163] Aser, nome do oitavo filho de Jacó, era também uma das dez tribos do norte.[164] Segundo Gn 30,13, o significado de אשר é: que felicidade!;[165] note-se que este se enquadra perfeitamente na atmosfera de júbilo e alegria presente em Lc 1–2.[166] Além disso, é interessante observar que, na bênção de Moisés, a tribo de Aser ocupa o último lugar (Dt 33,24-25).[167]

Com efeito, a tribo de אשר parece não ter desempenhado um papel importante na história de Israel. No entanto, a referência a Aser poderia conectar a figura profética de Ana àquela de Elias – "o homem de Deus" (1Rs 17,1–2Rs 2,12) –, porque seu território corresponde exatamente à região onde este último desenvolve seu ministério profético.[168] Com isso, qualifica-se o testemunho profético de Ana.

---

[162] P. FIGUEIRAS, "Siméon et Anne, ou le Témoignage de la Loi et des Prophètes",95.

[163] R.E. BROWN, *El nacimiento del Mesías*, 462.

[164] Segundo Js 19,24-31; Jz 1,31-32 e 1Rs 4,16, o território original da tribo de Aser era, nas montanhas ocidentais da Galileia, uma faixa de terra a noroeste da Palestina contigua à costa Fenícia com os territórios de Neftali e Zabulon a leste e a sudoeste; nessa região, além do monte Carmelo, estavam situadas a cidade de Tiro e, mais ao norte, de Sarepta de Sidônia.

[165] Da raiz אשר (felicitar, congratular, saudar).

[166] S. ZEDDA, "La gioia in Lc 1–2.3-24 e nel libro degli Tai. Termini e contesto anticotestamentario", 153-165.

[167] J.A. FITZMYER, *El Evangelio según Lucas*, II, 264.

[168] P. FIGUEIRAS, "Siméon et Anne, ou le Témoignage de la Loi et des Prophètes", 95-96, recorda que o profeta Elias personifica todos os profetas do AT.

Por outro lado, a referência a uma tribo do norte traz à luz outro aspecto a ser considerado: a questão da unidade de Israel e da restauração do reino davídico. Não é a primeira vez nas Escrituras que a utilização dos nomes das tribos do norte são utilizados para recompor a unidade original de Israel; tal procedimento redacional aparece em 1Cr 9,3; onde, ao lado de Judá e Benjamim, são citados Efraim e Manassés.[169]

Esse elemento da unidade de Israel, como sinal do cumprimento da promessa de Deus, se enquadra dentro da sequência lógica de toda a perícope da apresentação de Jesus (2,22-39). Na primeira parte, no relato de Simeão (2,25-35) se afirma que o Messias será instrumento de salvação (vv.30-32), mas também de uma trágica divisão em Israel (vv.34-35). Segundo Lucas, essa situação deve ser sanada; assim o prometeu e anunciou o anjo: o filho nascido de Maria receberá o trono de Davi seu pai, e reinará sobre a casa de Jacó para sempre (1,32-33). Note-se que a restauração de Israel se refere à unidade da casa de Jacó; isso equivale a dizer que todo o Israel, o povo eleito, conhecerá a salvação e o resgate oferecido pelo filho de Davi, o Messias de Israel.[170]

3.2. Seu estado de vida

"...αὕτη προβεβηκυῖα ἐν ἡμέραις πολλαῖς, ζήσασα μετὰ ἀνδρὸς ἔτη ἑπτὰ ἀπὸ τῆς παρθενίας αὐτῆς καὶ αὐτὴ χήρα ἕως ἐτῶν ὀγδοήκοντα τεσσάρων" (vv.36cd.37a)

A descrição de Ana se encontra em um contexto de prolongada espera pelo cumprimento de uma promessa do Senhor. Ana é "avançada em muitos dias" (προβεβηκυῖα ἐν ἡμέραις πολλαῖς) e, como Simeão, o piedoso e justo que esperava a consolação de Israel "προσδεχόμενος παράκλησιν τοῦ Ἰσραήλ" (2,25), ela

---

[169] R. BAUCKHAM, "Anna of the Tribe of Asher", 85-87.

[170] R. DI SEGNI, "Aspetti della concezione mesiánica presso gli ebrei con particolare riferimento alla persona di Ges di Nazaret", 136, destaca que um elemento fundamental da fé judaica é que o Messias reconstruirá a unidade de Israel.

ANÁLISE EXEGÉTICO-TEOLÓGICA DE LC 2,22-39

compartilha sua experiência com aqueles que esperavam o resgate de Jerusalém "προσδεχομένοις λύτρωσιν Ἰερουσαλήμ" (v.38).

O substantivo λύτρωσις – גאולה (resgate, libertação ou redenção) nos remete à renovação da aliança entre o Senhor e Israel. Com efeito, as Escrituras, em especial, em alguns textos proféticos, sustentam que o Senhor selaria com seu povo uma aliança eterna.[171] Para ilustrar essa aliança, os profetas utilizaram diferentes imagens simbólicas;[172] entre elas o matrimônio celebrado entre esposo e esposa.[173]

A partir da figura da aliança como matrimônio, poder-se-ia interpretar a detalhada descrição de Ana. Lucas afirma que ela esteve casada por sete anos depois de sua virgindade: "ζήσασα μετὰ ἀνδρὸς ἔτη ἑπτα ἀπὸ τῆς παρθενίας αὐτῆς..." (v.36d); e que ficou viúva por um prolongado tempo (portanto, sem ser recasada), até os oitenta e quatro anos "...καὶ αὐτὴ χήρα ἕως ἐτῶν ὀγδοήκοντα τεσσάρων..." (v.37b).

Poderíamos pensar que o retrato de Ana (virgem, casada e viúva) seria a personificação de Jerusalém[174] (metáfora de todo

---

[171] Jr 31,31-33; 32,38-40; Is 4,2-6; Ez 37,26-28; Jl 2,27; Os 2,21-22.

[172] A vinha e seu dono (Is 5,1-7); a mãe lactante e seu filho (Is 49,15;66,10), a oliveira e seu dono (Jr 11,17); o oleiro e seu vaso (Jr 18,3-6); o cinturão de linho sobre o corpo (Jr 13,11); o pai e seu filho (Os 11,1-4).

[173] A. BORGHINO, La "Nuova Alleanza" in Is 54. Analisi esegetico-teologica, 192-197 e R. INFANTE, Lo sposo e la sposa. Percorsi di analisi simbolica tra Sacra Scrittura e cristianísimo delle origini, 9-65, apresentam uma excelente síntese sobre a simbologia nupcial-matrimonial como figura da aliança entre o Senhor e Israel, nos profetas; ambos os autores destacam o Dêutero e o Trito-Isaías. O mesmo E. FRANCO, "Gerusalemme in Is. 40-66. Archetipo materno e simbolismo sponsale nel contesto dell'alleanza eterna", 143-152.

[174] Segundo A. FITZGERALD, "Btwl and Bt as Titles for Capital Cities", 182, no AT, os termos בתולה e בת são utilizados para personificar nações ou cidades capitais no contexto onde elas estão a ponto de sofrer ou já estão sofrendo um desastre. A intenção literária é bastante clara: o autor pretende enfatizar o anterior estado de glória em contraposição com o presente estado de calamidade e sofrimento; desse modo, vem manifestado o desejo de levantar simpatia pela cidade ou nação a qual se está

Israel).[175] Ela, deixando sua virgindade, havia se casado com o Senhor; mas, devido a sua infidelidade, a aliança se rompeu e então foi submetida a um estado de viuvez, como se seu marido estivesse morto.[176] Desse modo, a experiência paradigmática de Jerusalém estaria sendo reproduzida na vida de Ana. Note-se que, segundo o Dêutero e o Trito-Isaías, o estado de viuvez de Jerusalém não é perpétuo,[177] portanto, a esperança anunciada a

---

referindo. De fato, a violência realizada contra uma jovem mãe é mais apropriada para levantar simpatia que a violência descrita em termos impessoais.

[175] R. MEYNET, *Il Vangelo secongo Lucas*, 119.

[176] Como consequência da infidelidade à aliança (Lm 1,5.8.18a; 3,42; 4,4; 5,16) dentro de um contexto de calamidade, tragédia e luto, Lm descreve Jerusalém como uma mulher viúva (אלמנה/χήρα) e solitária. Aquela que havia sido "a virgem filha de Jerusalém, de Judá, a filha de Sião" (Lm 1,6; 2,1.4.8.10.13.18; 4,22) não goza mais da liberdade de seus tempos de casada; agora, viúva está submetida a trabalhos forçados (Lm 1,1). Segundo V. MORLA, *Lamentaciones*, 26, a imagem de viúva aplicada a Sião surpreende por sua aparente ousadia. Como é possível dar por morto o Senhor Deus eterno? Segundo o autor, dentro do contexto histórico em que esta metáfora se encontra, essa pode ser entendida como uma hipérbole forçada ou como uma consequência deduzível de uma mal-entendida compreensão teológica da aliança de sua versão davídica. Por outro lado, L. LUCCI, "La figlia di Sion sullo sfondo delle culture extra-bibliche", 281-286, recorda que os termos אלמנה e בתולה também são utilizados no Dêutero-Isaías como metáforas da Babilônia. Essa cidade é comparada a uma mulher jovem e virgem, terna e delicada (Is 47,1). Mas, pela falta de compaixão com que tratou Judá, ela não permanecerá por muito tempo neste estado (Is 47,6). Diante de seus pensamentos soberbos – "serei senhora para sempre jamais" (Is 47,7) e "eu e ninguém mais, não ficarei viúva, não perderei a meus filhos" (Is 47,8) –, o profeta a adverte: "Nosso redentor, que se chama o Senhor dos exércitos, o Santo de Israel diz..." (Is 47,4) à Babilônia: "As duas coisas te sucederão [...], viuvez e perda de filhos te chegarão de uma vez" (Is 47,9). Para quem deseja mais informações sobre o tema sugerimos o artigo de M. FRANZAMANN, "The City as Woman: the case of Babylon in Isaiah 47", 1-19.

[177] P.D. HANSON, *Isaia 40-66*, 186-187; A. TOSATO, "Sul significado dei termini biblici 'almanâ, 'almanut ('vedova', 'vedovanza')", 209.

Jerusalém, que em meio a sua viuvez esperou seu *go'el* (Is 54,4-5; Is 62,4-5),[178] corresponderia também à expectativa de Ana.

Por outro lado, nos vv.36d.37a, Lucas utiliza dois numerais: sete anos de matrimônio e oitenta e quatro de viuvez (ou de idade),[179] os quais podem ser lidos, também, dentro de uma perspectiva simbólico-teológica.[180] Nas Escrituras, o número sete e seus múltiplos apresentam um valor marcadamente simbólico, o que exige por parte dos exegetas uma atenção especial.[181] Esse numeral aparece centenas de vezes nas Escrituras, fato que não permite uma análise exaustiva de todos os textos.[182] No NT, de

---

[178] Segundo J.S. CROATO, "Composição e querigma do livro de Isaías", 44, a esperança da restauração e do resgate de Jerusalém se encontra também em Isaías (1–39), no Dêutero (Is 40—55) e no Trito (Is 56—66); de fato na abertura do Dêutero-Isaías, o grito programático do profeta é um grito de consolação, resgate e redenção (Is 40,1-2). Jerusalém não se recordará mais de sua solteirice, nem do desprezo de sua viuvez (Is 54,4), porque o Senhor a toma novamente por esposa (Is 54,5). Se, por um pouco de tempo, ela foi abandonada, agora o Senhor a chama de esposa mais uma vez (Is 54,6s). O Senhor de Israel, seu redentor, é o esposo que a resgata (Is 54,5.8b). O estado de repúdio e de divórcio, ou seja, de ruptura da aliança não é definitivo. Por isso, o profeta pergunta: "Onde está a ata de repúdio com que despedi a vossa mãe?" (Is 50,1). Se não há carta de divórcio é porque a ruptura não é definitiva, a aliança será restaurada mais uma vez (Is 54,10b).

[179] J.A. FITZMYER, *El Evangelio según Lucas*, II, 264-265.

[180] Sobre a simbologia teológica dos números sugerimos C. CORSATO, *La "Expositio evangelio secundum Lucas" di sant'Ambrogio. Ermeneutica, simbologia, fonti*, 73 e U. VANNI, *L'Apocalisse. Ermeneutica, esegesi teologia*, 52-54, onde se apresenta uma boa síntese bibliográfica sobre o tema.

[181] C. CORSATO, *La "Expositio evangelio secundum Lucas" di sant'Ambrogio. Ermeneutica, simbologia, fonti*, 73 –119, descreve como Santo Ambrósio interpreta alegórico-teologicamente os números utilizados no evangelho de Lucas.

[182] Sua importância pode ser notada por meio de algumas passagens: o pacto entre Abraão e Abimelec é selado por meio da doação de sete ovelhas (Gn 21,28-32); Jacó trabalhou sete + sete anos para receber Raquel por esposa (Gn 29,18.27); os pães ázimos devem ser comidos por sete dias (Ex 23,15); Moisés sobe a montanha para receber os preceitos do Senhor

modo particular no Apocalipse,[183] seguindo a tradição judaica, atribui-se ao número sete o sentido de perfeição, plenitude e totalidade.[184] Com efeito, nos evangelhos, afirma-se que se deve perdoar sete vezes sete (17,4; Mt 18,21s); de Madalena saem sete demônios (8,2); os sete irmãos que um depois do outro se casaram com a mesma mulher para cumprir a lei do levirato (Mt 22,23); Jesus envia setenta (e dois)[185] discípulos (10,1ss).

O aspecto que toca mais de perto nosso estudo é a utilização do número sete no sentido de um período de tempo completo, pleno e perfeito.[186] Na descrição de Ana, se está claro que ela

---

com setenta anciãos de Israel (Ex 24,1); as roupas de um sacerdote devem ser consagradas por sete dias (Ex 29,30).

[183] U. VANNI, *L'Apocalisse. Ermeneutica, esegesi teologia*, 52-53. As sete estrelas, sete candelabros e sete igrejas (Ap 1,20;, os sete selos (Ap 6,1); as sete trombetas do juízo (Ap 8,2); os sete flagelos (Ap 15,6.8; 21,9); as sete taças da ira (Ap 16,1; 17,1; 21,9).

[184] P.P. JENSON, "שׁבע", 37; U. VANNI, *L'Apocalisse*, 53; C. CORSATO, *La "Expositio evangelio secundum Lucas" di sant'Ambrogio. Ermeneutica, simbologia, fonti*, 90-95.

[185] Com respeito à questão da crítica textual de Lc 10,1 (setenta ou setenta e dois discípulos), sugerimos o comentário com bibliografia de J.A. FITZMYER, *El Evangelio según Lucas*, III, 208-210.

[186] C.R. SOUZA, *Palabra, Parábola, uma aventura no mundo da linguagem*, 213. Alguns exemplos: o sétimo dia – de todas as festividades descritas na Torá, somente o *Shabbat* é mencionado no Decálogo (Ex 20,8-11) – principal solenidade judaica (Ex 23,12; 31,13-18; 34,21; 35,2; Lv 23,3; Dt 5,13-17); sete dias de núpcias (Gn 29,27; Jz 14,12.17); sete dias de luto pela morte de um(a) grande personagem (Gn 50,10; Jd 16,24); por um período de sete dias como extensão da Páscoa, celebra a festa dos pães ázimos (Ex 12,15.19; 25,15; 34,18; Lv 23,6.34; Nm 28,17.24; Dt 16,13-15); sete semanas – depois da Páscoa se celebra a festa de Pentecostes, da colheita ou das Semanas, também chamada *Shavuót* (Ex 23,16; Lv 28,9-15; Dt 16,9-10); o sétimo ano – o ano sabático (Lv 25,3-4; Ex 23,10-11; Dt 15,1); sete anos (Dn 9,24.25.26.27); sete semanas de oito anos ou sete vezes sete anos – o cálculo para a celebração do ano jubilar (Lv 25,8-11); setenta períodos de sete anos e\ou setenta anos de cativeiro (Dn 9,2; Jr 25,11-12; 29,10); e para concluir recordemos que a celebração da Páscoa ocorre no décimo quarto (7+7) dia do primeiro mês (*Nisan*) do ano judaico.

viveu sete anos casada, "ζήσασα μετὰ ἀνδρὸς ἔτη ἑπτα", o mesmo não se pode afirmar sobre seus 84 anos. Esses anos se referem a sua viuvez ou ao total de sua vida? Segundo Elliott,[187] Brown[188] e Fitzmyer,[189] *a priori* nenhuma das duas possibilidades deve ser descartada, porque o texto lucano não define a questão.

A primeira possibilidade é que, até então, Ana houvesse vivido viúva por 84 anos; esses, somados aos sete de matrimônio, mais os anos de sua virgindade que, segundo Wilcox[190] e Brown,[191] seriam em torno a 12, totalizariam 103 anos de vida (84+7+12); enquanto, segundo Elliott[192] e Schweizer,[193] o tempo razoável de sua virgindade seria em torno de 14 anos, o que elevaria sua idade para 105 anos (84+7+14), número que também é múltiplo de sete.

A segunda possibilidade é que Ana tivesse no total 84 anos de idade, dos quais, sete anos casada e 77 entre virgindade e viuvez. Esse raciocínio reforça a ideia de uma interpretação simbólica do número 84. Como sugerem Sahlin[194] e Elliott,[195] esse é o resultado da multiplicação de dois importantes números teológicos: sete e doze.[196]

---

[187] J.K. ELLIOTT, "Anna's age (Luke 2:36-37)", 100.

[188] R.E. BROWN, *El nacimiento del Mesías*, 462-463.

[189] J.A. FITZMYER, *El Evangelio según Lucas*, III, 265.

[190] M. WILCOX, "Luke 2,36-38 Anna bat Phanuel, of the Tribe of Asher, a Prophetess... A Study in Midrash in Material Special to Luke", 1575.

[191] R.E. BROWN, *El nacimiento del Mesías*, 462-463.

[192] J.K. ELLIOTT, "Anna's age (Luke 2:36-37)", 100.

[193] E. SCHWEIZER, *Il vangelo secondo Luca*, 64.

[194] H. SAHLIN, *Der Messias und das Gottesvolk: Studium zur protolukanischen Theologie*, 284.

[195] J.K. ELLIOTT, "Anna's age (Luke 2:36-37)", 100.

[196] U. VANNI, *L'Apocalisse*. 54. E.D. SCHMITZ, "δώδεκα", 186, nas Escrituras, o número doze de refere às tribos históricas de Israel (aos doze filhos de Jacó), ao povo de Deus. Portanto, sua utilização remete ao passado histórico do povo, mas também ao futuro, para designar o povo escatológico. De fato, esta é a ideia que apresenta no NT, de modo particular, o Apocalipse, quando descreve o número dos marcados, o qual corresponde a um múltiplo de doze: 144.000, sendo 12.000 de cada uma das doze tribos de Israel (Ap 7,4-8) que, somados à multidão incontável proveniente de todas as demais nações que lavaram seus trajes no sangue

As duas possibilidades colocam Ana em paralelo com Judite da tribo de Simeão, esposa de Manasses.[197] Ela também era avançada em idade: tinha 105 anos, tinha sido casada uma só vez e permaneceu viúva por um prolongado tempo (Jt 16,21-23). Judite cantou a libertação de Israel (Jd 16,1-17) e rendeu graças ao Senhor pela ação poderosa que tinha operado por seu intermédio (Jt 13,1-16).

Lucas teria utilizado, por recurso *derásico*, a descrição de Judite (Jt 8,1-8) para construir e enriquecer seu relato.[198] Judite, a heroína, cujo nome significa "a judia", pode ser lida como personificação do judaísmo e de Jerusalém. Aquela que depois de viver uma experiência concreta da libertação rende graças ao Senhor com um canto de louvor (Jt 15,14–16,17).[199] O mesmo sucede no relato lucano, onde Ana personifica Israel-Jerusalém.[200]

Por outro lado, a presença do número sete, as orações de Ana e seus jejuns nos remetem a Dn 9, onde temos um relato profético-apocalíptico que busca uma nova interpretação para os setenta anos de cativeiro anunciados em Jr 25,11-14.[201] Daniel, lendo as profecias de Jeremias (Dn 9,2-3), se dirige ao Senhor com ora-

---

do Cordeiro (Ap 7,14), compõem o povo dos redimidos, os que servem a Deus noite e dia em seu Templo. Estes vivem diante do trono de Deus e do Cordeiro (Ap 7,15). Essa conotação remete ao cumprimento, à plenitude da (nova) aliança.

[197] E. SCHWEIZER, *Il vangelo secondo Luca*, 64, A. DEL AGUA PÉREZ, *El método midrásico*, 130; R. PERVO, "Israel's Heritage and Claims upon the Genre(s) of Luke and Acts", 140; N. VISSER, "De veertig voldragen. Waarom Hanna trekken van Judit meekreeg", 167.170-171.

[198] M. WILCOX, "Luke 2,36-38 Anna bat Phanuel, of the Tribe of Asher, a Prophetess... A Study in Midrash in Material Special to Luke", 1572; N. VISSER, "De veertig voldragen. Waarom Hanna trekken van Judit meekreeg", 167.171-172.

[199] R.E. BROWN, *El nacimiento del Mesías*, 488, recorda que o livro de Judite, resultado da piedade judaica do século II a.C., descreve como Deus libertou seu povo por intermédio dos débeis e humildes.

[200] L. LUCCI, "La Figlia di Sion sullo sfondo delle cultura extra-bibliche", 262.

[201] Segundo P. GRELOT, *O livro de Daniel*, 28, estes anos já haviam sido aplicados ao fim do cativeiro babilônico (2Cr 36,21; Esd 1,1).

ções, jejuns e cinzas (Dn 9,3).[202] A resposta divina à oração de Daniel se conhece por meio de Gabriel,[203] que se apresenta como um anjo intérprete; ele explica a Daniel que as setenta semanas[204] são necessárias para fazer parar a transgressão, dar fim aos pecados, expiar a iniquidade, trazer a justiça eterna, selar a visão, a profecia, e consagrar o lugar Santíssimo (Dn 9,21-22).

Em síntese, as "setenta semanas" correspondem a um período de expectativa pelo cumprimento das promessas do Senhor. Com efeito, as experiências de Daniel (Israel) e de Ana se enquadram dentro de um contexto de expectativa por uma intervenção divina; além disso, em ambas as situações os jejuns e as orações emergem como um sinal de penitência enquanto se espera o cumprimento da promessa de Deus em favor de seu povo.

3.3. Seu serviço permanente

"...ἢ οὐκ ἀφίστατο τοῦ ἱεροῦ νηστείαις καὶ δεήσεσιν λατρεύουσα νύκτα καὶ ἡμέραν..." (v.37bc)

O verbo ἀφίστημι, na LXX, é frequentemente utilizado como um termo técnico para designar a apostasia diante de Deus (Dt 32,15; Jr 3,14).[205] Essa conotação ajuda a compreender em que

---

[202] Em sua súplica, Daniel reconhece os benefícios de Deus, em favor de seu povo; em particular recorda a experiência libertadora do Êxodo e a fidelidade do Senhor em sua aliança; confessa os pecados da nação à luz dos profetas (Dn 9,10) e da *Torá* de Moisés (Dn 9,11.13); faz penitência porque a nação não ouviu a voz do Senhor e mereceu os castigos recebidos. Sua grande intercessão em favor de Jerusalém se conclui com uma exclamação: "Atua sem tardar, Deus meu, por tua honra" (Dn 9,19).

[203] Segundo J. DANIELOU, *I vangeli dell'infanzia*, 29, é muito possível que Lucas tenha se inspirado em Daniel para narrar a anunciação de Jesus. Isso se refere de modo particular ao nome do anjo, Gabriel. De fato, na passagem "paralela" se fala de "ἄγγελος κυρίου" (Mt 1,20), sem dizer seu nome; note-se que em toda a Escritura, antes de Lc, Gabriel aparece somente em Dn 8,16; 9,21.

[204] J.G. BALDWIN, *Daniel, introdução e comentário*, 182-188, apresenta uma síntese das principais interpretações e aplicações que foram dadas "às setenta semanas" ao longo dos séculos no judaísmo e no cristianismo.

[205] H. BALZ, "ἀφίστημι", 550.

sentido Lucas utilizou o verbo na frase "não se afastava do Templo" (v.37b); onde servia "com jejuns e orações, noite e dia" (v.37c).

É interessante recordar que, nas Escrituras, a ação de não afastar-se, não distanciar-se, é atribuída ao Senhor que "não se separava dos israelitas guiando-os noite e dia" (Ex 13,21-22). Essa imagem descreve a fidelidade do Senhor diante de seu povo.[206] O mesmo se afirma de Josué, que "não se afastava do santuário" (Ex 33,11), onde servia o Senhor com fidelidade enquanto Moisés não estava presente.[207] Pode-se suspeitar que exista um substrato

---

[206] Em Ex 13,21-22, a narrativa da presença do Senhor junto aos israelitas que caminhavam pelo deserto rumo à terra da promessa; segundo o texto, a presença do Senhor não se separava (לֹא־יָמִישׁ) do povo e se manifestava por meio dos sinais: a coluna de nuvem (durante o dia) e a coluna de fogo (durante a noite). Essa perícope reafirma a fé de Israel: o Senhor não se separava, nem se distanciava de seu povo; de fato, sua presença os conduzia sempre, noite e dia.

[207] Em Ex 33,11, enquanto Moisés não voltava ao acampamento, Josué, seu servo, filho de Nun, "não se separava da tenda". Note-se a presença do verbo, לֹא יָמִישׁ (não se separava) e o particípio substantivado + sufixo na terceira pessoa masc. sing. (מְשָׁרְתוֹ = o servidor ou assistente dele) da raiz שׁרת, cujo significado é *servir, assistir, cuidar, desempenhar* uma função (ministério ou ofício) no santuário, prestar serviço (a Deus) no santuário. A função de ser o principal assistente de Moisés é descrita em outros textos (Ex 24,13; Js 1,1). O mesmo papel desempenhou Eliseu junto a Elias (1Rs 19,21) e Samuel junto ao sacerdote Eli no santuário de Silo (1Sm 2,11.18; 3,1). Segundo T.E. FRETHEIN, "שׁרת", 256-257, a raiz שׁרת (servir) aparece 20x no AT sob a forma de particípio substantivado, para designar "ministro" e "servo". Esse verbo se distingue da raiz mais comum (עבד) pelo fato de que, frequentemente, שׁרת designa uma categoria superior de serviço, enquanto עבד se refere ao trabalho servil. A partir do serviço "na tenda" (séculos mais tarde no Templo), essa raiz foi progressivamente aplicada aos levitas e sacerdotes. Com efeito, a tradição cronista afirma que a função dos levitas consistia em servir ao Senhor no santuário por meio do canto, da adoração e do louvor (1Cr 6,17; 16,4.37). O sacerdote tinha a responsabilidade solene de representar o povo ante o Senhor. Por intermédio desse ministério Israel tinha acesso ao Senhor. Mas o Trito-Isaías, dentro do contexto de restauração de Jerusalém (cap. 60) e da presença do ungido do Senhor, anuncia que, nesse novo tempo de Israel, "vós os chamareis sacerdotes do Senhor e ministros de nosso

comum entre Ex 13,21-22 e Ex 33,11, o qual, por meio de um procedimento *derásico*, se observa em Lc 2,37bc.[208]

Em Ana, cumprem-se as convocações para o culto (serviço) fiel que anunciavam as profecias do Trito-Isaías: "Vós os chamareis sacerdotes do Senhor e ministros do nosso Deus" (Is 61,6), chamada que será estendida a todas as nações (Is 66,18-20; Zc 8,22-23). A permanência de Ana no Templo é qualificada pelos jejuns e orações (νηστείαις καὶ δεήσεσιν).[209] Essa prática constante a fez perseverar na expectativa de que Deus finalmente cumpra seu resgate, ou seja, o resgate de Jerusalém (v.38).[210]

O verbo λατρεύω (tradução de עבד), que significa *servir*, é utilizado 8x na obra lucana[211] (3x em Lc;[212] 5x em At) com a cono-

---

Deus" (Is 61,6), de modo que se cumprirá o chamado divino: "Sereis um povo sagrado, um povo sacerdotal" (Ex 19,6).

[208] Esse procedimento incluiria, também, os temas encontrados no Trito-Isaías (caps. 60-62) os quais são interpretados dentro do novo contexto de anúncio da chegada do Messias do Senhor, ideia que está presente em Lc 4,17-21; 7,19-22; 9,20; 22,67; 23,2.35.39; 24.26.46 e de modo particular em Lc 2,11.26.

[209] Cabe fazer notar que, em Lc, as práticas de esmola, oração e jejum são descritas por meio de três viúvas. Elas são apresentadas à comunidade como exemplos da perfeita piedade judaico-cristã. A primeira, Ana, é modelo da prática de jejum e da oração (2,37). A segunda, a viúva da parábola que sem cessar noite e dia pede justiça diante do juiz injusto; ela emerge como modelo de persistência; com efeito, Jesus se vale de seu exemplo para exortar seus discípulos à oração permanente (18,1-8). A terceira, a viúva pobre que, ao depositar sua oferenda no tesouro do Templo, foi elogiada por Jesus. Ela é apresentada como um modelo de quem oferece a esmola perfeita, porque, em sua pobreza, oferece tudo o que possui para viver (21,1-5).

[210] R. MEYNET, *Il Vangelo secondo Luca*, 120.

[211] Segundo S. VAN DEN EYNDE, "Chidren of the Promisse. On the ΔIΆ ΘΗΚΗ-Promisse to Abraham in Lk 1,72 and Acts 3,25", 471, no NT, esse motivo do serviço a Deus descrito pelo verbo λατρεύω é tipicamente lucano.

[212] A primeira passagem (1,74) é parte do *Benedictus* (1,68-79), onde se reconhece a ação misericordiosa do Senhor em favor de seu povo Israel. Segundo Zacarias, o Senhor se recordou de sua aliança e do juramento feito a Abraão, liberta Israel de seus inimigos para que esse o sirva em sua

tação de adorar, prestar culto a Deus.[213] É dentro desse contexto que se encontra o testemunho de adoração e culto da profetisa. Ela serve com fidelidade ao Senhor; ele é o único esposo a quem Israel/Jerusalém, noite e dia, deveria prestar culto.

O serviço permanente de Ana, que noite e dia não se separava do Templo, pode ser lido em conexão com algumas passagens do Apocalipse. Onde o autor sagrado utiliza λατρεύω: "Por isso estão diante do trono de Deus e o servem dia e noite em seu santuário" (Ap 7,15); "E o trono de Deus e do Cordeiro está nela (a cidade) e seus servos o servirão, verão seu rosto, e seu nome estará sobre suas frontes, noite já não haverá e não terão mais necessidade de luz de lâmpada nem da luz do sol, pois o Senhor Deus iluminará sobre eles" (Ap 22,3-5).[214]

3.4. Sua ação naquela hora

O relato de Ana se conclui com a descrição de uma tripla ação: "*Aproximando-se, exaltava* a Deus e *falava* sobre ele a todos os que estavam esperando o resgate de Jerusalém" (v.38).

---

presença todos os dias. Lucas afirma que Israel servirá a seu Senhor todos os dias; esse serviço de culto e adoração se caracterizará pela prática da justiça e da vida de santidade (1,75). A segunda passagem (4,8) se encontra na perícope das tentações de Jesus (4,1-13), onde diante da segunda tentação, para a resposta de Jesus, o evangelista recorre a Dt 6,13. Esse texto recorda a Israel seu compromisso de adorar e servir a Deus, o único Deus que o resgatou do Egito com mão forte, o conduziu à terra da promessa e lhe deu seus preceitos, leis e mandamentos para guiá-lo por um caminho reto.

[213] H. BALZ, "λατρεύω", 30-31.

[214] As duas passagens se encontram em um contexto de vitória sobre as tribulações, dores e sofrimentos vividos pelos mártires que lavaram seus trajes no sangue do Cordeiro. Por isso, eles participam da páscoa definitiva, a nova e eterna aliança. São eles os que servem dia e noite diante do trono do Senhor e do Cordeiro; os que constituem o povo sacerdotal, a nação santa chamada a servir a seu Senhor (Ex 19,6). Como profetizou o Trito-Isaías: "Todos serão chamados sacerdotes de Deus e ministros do Senhor" (Is 61,6). O culto de adoração desse povo é perfeito, porque é a luz do Senhor a que os mantém diante de seu trono.

"...καὶ αὐτῇ τῇ ὥρα ἐπιστᾶσα..." (v.38a)

O verbo ἐφίστημι é utilizado 21x no NT, 18x na obra lucana (7x em Lc; 11x em At).[215] Em geral, na LXX, este verbo grego traduz as raízes hebraicas נגש e קרב, que em vários contextos podem ser empregados como sinônimos,[216] cujos significados são *acercar-se, aproximar-se, alegrar-se, alcançar, acudir, atacar, estar junto a, estar presente, ser iminente.* Seu emprego mais comum descreve uma *aproximação cultual* diante do Senhor, para realizar algum sacrifício ou fazer alguma oferenda; também apresenta uma conotação sexual, do *noivo que se aproxima à noiva* e vice-versa.[217]

A raiz נגש é utilizada para descrever a aproximação diante de uma pessoa de posição mais elevada com todo o respeito que se deve (Gn 43,19; 45,4; 2Rs 5,13). Essa conotação reflete a fé de Israel; onde os homens e mulheres devem aproximar-se a Deus, visto com juiz e rei em sua qualidade de grande e santo salvador-resgatador. Por isso, o termo é utilizado em um contexto de adoração pública.

No entanto, diversas vezes se afirma que para aproximar-se adequadamente do Senhor é necessário passar por uma purificação.[218] Esse estado, a partir do qual se pode receber o perdão dos pecados pessoais ou nacionais (Dn 9,3-4), poderia ser alcançado por meio de jejuns e orações.

A descrição de Ana pode ser lida a partir dessa perspectiva, onde a purificação prévia é uma condição necessária para aproximar-se do Senhor. Seus jejuns e orações (νηστείαις καὶ δεήσεσιν) estariam carregados de um caráter penitencial de purificação. Então, depois de purificada, Ana tem a oportunidade de aproximar-se

---

[215] H. BALZ, "ἐφίστημι", 1709.

[216] Segundo J. KÜLEWEIN, "קרב", 850-851, a raiz קרב está orientada somente à relação espacial (ou temporal): enquanto נגש é um verbo de movimento que não se emprega em sentido temporal, senão apenas em sentido translatício.

[217] L. ALONSO SCHÖKEL, *Diccionario bíblico hebreo-español*, 478; J. KUHLEWIN, "קרב", 850-852.

[218] Ex 19,22; 20,20-21; 30,20-21.

do Senhor. Esse contexto remete à conotação esponsal da aliança dentro da qual se utiliza o verbo ἐφίστημι. Portanto, Ana poderia ser lida como figura de Jerusalém-Israel, aquela que esperava perseverante o momento no qual lhe seria permitido aproximar-se do Senhor, quando seria renovada a aliança por meio do menino que, naquela hora, é apresentado no Templo.

Por outro lado, em 20,1-2, Lucas narra que os sumos sacerdotes, os escribas e os anciãos, certo dia, se aproximaram de Jesus enquanto ele ensinava o povo no Templo e lhe perguntaram: "Dize-nos com que autoridade tu realizas todas essas coisas ou quem te deu essa autoridade?" Essa interrogação revela o conflito entre os personagens. Esse conflito se concluirá com a rejeição de Jesus por parte de seus opositores. Esse comportamento é exatamente oposto à acolhida que Simeão e Ana deram a Jesus. Sem ignorar um detalhe significativo, ambos os episódios, tanto a rejeição como a acolhida de Jesus, ocorrem no Templo de Jerusalém.

A comparação entre as duas perícopes lucanas revela um paralelismo antitético a partir dos verbos: ἐφίστημι (aproximar-se) e ἀφίστημι (afastar-se). Ana não se apartava do Templo, onde efetivamente pode aproximar-se do resgatador. Em contrapartida, o grupo dos opositores de Jesus se aproxima para desafiá-lo e, em seguida, afastar-se dele, rejeitando-o.[219]

Em Lucas merecem atenção especial os dois discursos de Jesus proferidos no interior do Templo. O primeiro sobre a ruína de Jerusalém (21,6.12-24); o segundo sobre os tempos escatológicos (21,7-11.25-36). Esses discursos têm como antessala a perícope da oferenda da viúva pobre junto ao tesouro do Templo (21,1-4). Adverte Jesus: "Estai alerta para que vosso coração não fique pesado [...] e se aproxime (ἐφίστημι) sobre vós repentinamente aquele dia com um laço [...], pois ele virá sobre todos os habitantes da terra" (21,34-35). Dentro de uma perspectiva escatológico-apocalíptica, o dia do Senhor se aproxima. Por essa razão,

---

[219] Esse comportamento dos sumos sacerdotes, dos escribas e dos anciãos tinha sido adiantado no primeiro anúncio da paixão-morte-ressurreição de Jesus (9,22).

emerge a exortação à vigilância. Em certo sentido, é o mesmo contexto em que se encontra Ana. Seus jejuns e orações expressam sua vigilância e seu desejo de permanecer fiel ao Senhor do Templo, aquele que se aproxima e vem para resgatar.

"...ἀνθωμολογεῖτο τῷ θεῷ ..." (v.38b)

No v.38b, ἀνθομολογέομαι é um *hapax legomenon* neotestamentário. Na LXX,[220] esse verbo é utilizado com o sentido de *render graças, exaltar e louvar* o Senhor por seus feitos grandiosos em momentos cruciais da história de Israel; de modo particular por aqueles feitos de libertação e restauração relacionados com Jerusalém e seu santuário. Dentro desse contexto, por alusão e analogia de textos, pode-se afirmar que Lucas emprega ἀνθομολογέομαι para descrever um grito de louvor e ação de graças a Deus pelo resgate de Jerusalém, cujo conteúdo, nesse caso específico, fala do cumprimento escatológico.[221]

Note-se que Lucas, poderia ter utilizado εὐχαριστέω, verbo que emprega 4x em seu evangelho (17,16; 18,11; 22.17.19) e 2x em At (27,35; 28,15), cujo significado é análogo a ἀνθομολογέομαι. Se o evangelista, em 2,38, opta por ἀνθομολογέομαι, fá-lo motivado pelo seu uso veterotestamentário, com a intenção específica de relacionar este momento particular de ação de graças com outros momentos-chave da história de Judá-Jerusalém.[222]

---

[220] Dn 4,37 (4,34); Esd 3,11; Eclo 17,27; 20,3; Sl 78,13.

[221] O. MICHEL, "ὁμολογέω", 598-599.

[222] Note-se que Dn 4; Esd 3 e Sl 78(79) parecem ter alguma conexão com Lc 2,38 e seu contexto. No primeiro texto, Dn 4, o rei Nabucodonosor é exortado a reconhecer o poder do Altíssimo que reina sobre todos os homens (Dn 4,22.29 ou 4,25.32). Isso ocorre no momento em que, completado o tempo marcado, recupera sua consciência e passa a exaltar e louvar ao rei do céu, porque suas obras são verdadeiras, e justos seus caminhos (Dn 4,34 ou 37). No segundo, Esd 3, encontram-se as narrativas do início da reconstrução do Templo de Jerusalém e o restabelecimento do culto depois do retorno do Exílio; de fato, todo o povo se reuniu como um só homem em Jerusalém para reconstruir o altar do Senhor de Israel, para ali oferecer sacrifícios como prescreve a *Torá* de Moisés (vv.1-2). Com o

"...καὶ ἐλάλει περὶ αὐτοῦ πᾶσιν τοῖς προσδεχομένοις λύτρωσιν Ἰερουσαλήμ" (v.38cd)

No v.38cd, Lucas descreve que o motivo pelo qual, naquela hora, Ana rende graças a Deus é a presença do Messias do Senhor no Templo. Ela falava sobre ele (ἐλάλει περὶ αὐτοῦ) a todos os que com expectativa aguardavam (τοῖς προσδεχομένοις)[223] o resgate de Jerusalém (λύτρωσιν Ἰερουσαλήμ).

O verbo λυτρόομαι aparece no NT somente em voz média (conseguir a liberdade mediante o pagamento de um resgate) e em voz passiva (ser redimido mediante o pagamento de um resgate).[224] Lucas é o único evangelista que o utiliza; em 24,13-33, na perícope dos discípulos no caminho de Emaús, onde expressa a opinião explícita dos dois discípulos quanto à identidade de Jesus, aquele que "iria redimir-resgatar a Israel" (v.21). Note-se que λυτρόομαι é utilizado para assinalar o esperado resgate que se consumaria na era messiânica.[225]

---

fim dos trabalhos de reconstrução dos fundamentos do Templo, os sacerdotes e os levitas convocaram todo o povo para entoar "louvor e ação de graças ao Senhor, porque bom é, porque sua misericórdia dura para sempre sobre Israel" (vv.10-11); com efeito, muitos dos anciãos que haviam conhecido o primeiro Templo choravam em alta voz! Outros gritavam de júbilo e alegria! (v.12). No terceiro, Sl 78(79), encontra-se uma nova lamentação nacional motivada pela profanação e destruição do santuário, pela destruição de Jerusalém e pela morte de grande parte da população sob o exército de Nabucodonosor em 587 a.C.; os vv.1-5 têm relação direta com Lm 1,1-10, em seguida há um pedido de compaixão e clemência, onde se suplica o perdão dos pecados (vv.8-9). O salmista conclui seu lamento-súplica com um compromisso de fidelidade (o nome do povo) diante do Senhor: "Nós, povo teu, ovelhas de teu pasto, te daremos graças sempre, e de geração em geração proclamaremos sua glória" (v.13).

[223] A pergunta já levantada no relato de Simeão serve também aqui. Se Lucas utiliza três raízes distintas para expressar a ideia de *esperar*, por que teria empregado προσδέχομαι para descrever a espera\expectativa messiânica? Nesse caso, a razão poderia ser encontrada em um dos textos em que προσδέχομαι é utilizado na LXX com o significado de esperar/aguardar.

[224] K. KERTELGE, "λύτρον", 99-100.

[225] R.E. BROWN, *El nacimiento del Mesías*, 463.

O substantivo λύτρωσις é utilizado 2x em Lc 1–2; a primeira no início do hino de Zacarias: "Bendito seja o Senhor Deus de Israel porque visitou e fez *resgate* de seu povo" (1,68); a segunda, na apresentação: "Falava dele a todos os que esperavam o *resgate* de Jerusalém" (2,38), onde Ana anuncia Jesus como salvador escatológico.[226] Além disso, é importante notar que, em Hb 9,12, se fala de um "resgate eterno" para definir a obra de Jesus Cristo, com um singular acontecimento de salvação.[227]

Por outro lado, cabe recordar que Lucas inicia os relatos do ministério público de Jesus com uma declaração sobre o cumprimento das Escrituras: "Hoje, na vossa presença, se cumpriu a Escritura" (4,21). O ungido pelo Espírito proclama o ano da graça do Senhor! Tempo de libertação para os cativos, de luz para os cegos, de liberdade para os oprimidos, de anúncio da boa notícia aos pobres (4,18-19).

No relato de Ana, Lucas anuncia que o tempo de viuvez a que foi submetido Jerusalém se concluiu. O menino primogênito, o Messias do Senhor, apresentado por seus pais no santuário, realiza o resgate e a restauração de Jerusalém. Aquele que, em princípio, havia feito subir a Jerusalém para que, segundo as prescrições da *Torá* do Senhor, fosse resgatado (vv.23-24), no final é revelado no Templo como o agente por excelência do resgate de Jerusalém (v.38d).

O resgate de Jerusalém já se iniciou, pois o Senhor, o resgatador, está nela, ou melhor, em seu santuário. Mas, ao mesmo tempo, tende para a consumação definitiva. Portanto, inaugura-se um novo tempo no qual se cumprem as promessas: "O Senhor consola seu povo, resgata a Jerusalém" (Is 52,9); "O que te fez te toma por esposa; seu nome é Senhor dos exércitos. Teu redentor é o santo de Israel" (Is 54,5); "Dizei à cidade de Sião: Olha para teu salvador que chega [...]; chamar-se-ão povo santo, redimidos do Senhor; a ti te chamarão 'a buscada', 'cidade não abandonada'" (Is 62,11-12).[228]

---

[226] G. FRIEDRICH, "προφήτης", 586.

[227] K. KERTELGE, "λύτρον", 100-101.

[228] Segundo S. ZEDDA, "La gioia in Lc 1–2.3-24, e nel libro degli Atti", 162, no relato de Ana, existe uma conexão acentuada com o Dêutero e

Cabe fazer notar que, no Dêutero-Isaías, a figura do redentor vem associada diretamente à santidade de Deus;[229] é o Santo de Israel aquele que resgatará Jerusalém (Is 54). Do mesmo modo, essa associação é destacada em 2,22-39. Com efeito, Lucas reelaborou a citação Ex 13,12-13.15, como foi assinalado no início desse capítulo.[230] Jesus, o menino primogênito apresentado no Templo, "será chamado santo" (2,23c). Essa afirmação é justamente o segmento central de 2,22-24.39. O trabalho da redação do evangelista aparece como um importante elemento teológico que explica a substituição do verbo *resgatar* (λυτρόω) pelo adjetivo substantivado "santo" (ἅγιος) e o deslocamento da ideia do *resgate* (λύτρωσις) para o final da perícope (2,38).

A teologia lucana afirma que a presença do "menino" é, na realidade, a presença renovada do Senhor no meio de seu povo de Israel. O Senhor Deus resgatou Jerusalém por meio de seu Messias, Jesus morto e ressuscitado, porque deu início à restauração de seu povo (λαός). A aliança entre o Senhor e Israel conhece a plenitude nele e se realiza sob o sinal anunciado pelo profeta Jeremias: "Dias virão em que firmarei com a comunidade de Israel e com a comunidade de Judá uma nova aliança" (Jr 31,31).

Mas essa renovação da aliança, segundo Lucas, se realiza sob a tensão dos dois aspectos fundamentais da escatologia.[231] O primeiro se concentra no aspecto histórico do acontecimento salvífico já realizado: a missão de Jesus, o Messias morto-ressuscitado. O segundo tende à consumação total, onde o resgate de Jerusalém será definitivo, quando os povos contemplarão a glória do Senhor que brilhará sobre Israel restaurado.[232]

---

o Trito-Isaías. Essa conexão se faz evidente quando em Lucas emerge o alegre anúncio da salvação e do resgate de Jerusalém (Is 52,7-10; Is 60), tema que é explícito no v.38d.

[229] A. BORGHINO, La *"nuova Alleanza"*, in Is 54, 185-186.
[230] Capítulo III, 1.1.2.
[231] G. SEGALA, *Panoramas del Nuevo Testamento*, 430-431.
[232] V. FUSCO, *Da Paulo a Luca. Studi du Luca-Atti*, II, 319-320.

4

ALGUNS CONTATOS ENTRE
Lc 2,22-39 e Lc-At

Este capítulo tem por objetivo demonstrar que o conteúdo teológico de 2,22-39, um vértice no conjunto 1,5-22, apresenta um esboço do esquema histórico-salvífico de Lc-At.

Baseados nos estudos críticos das últimas décadas que confirmaram a unidade de Lc-At e reforçaram a tese de que estes livros devem ser estudados em conjunto,[1] nossa análise se realiza em dois níveis: (1) a partir do contexto imediato de 2,22-39, em sua relação com o conteúdo teológico de Lc 1–2; (2) dentro do contexto geral da obra lucana, em sua relação com Lc 3–24 e com At.

1. A relação teológica com Lc 1–2

Tal como apresentamos no *status quaestionis*, existe consenso entre os estudiosos no sentido que os relatos de Lc 1–2 são essencialmente cristológicos. Por essa razão, nossa investigação teológica terá como ponto de convergência a cristologia lucana.

1.1. O cumprimento das promessas messiânicas

O ambiente religioso judaico, de modo especial seu talante litúrgico-cúltico, é destacado nos relatos lucanos da infância. O autor entende que este contexto é o terreno propício, o mais natural, no qual se cumprem as promessas messiânico-escatológicas.[2]

---

[1] W.W. GASQUE, *The History of Criticism of the Acts of the Apostles*, 309.
[2] L. SCHENKE, *La comunidad primitiva*, 47.

O acento dado à observância da Lei, à sacralidade do Templo, à centralidade de Jerusalém e à oração de louvor reforça essa perspectiva litúrgico-cúltica em Lc 1–2.

De fato, o louvor tem o objetivo de exaltar a grandeza da obra salvífica operada por Deus. Zacarias, Isabel, Maria, os anjos, os pastores, Simeão e Ana participam e, ao mesmo tempo, testemunham o plano salvífico preparado por Deus desde sempre, em favor de Israel e de todos os povos. Esse plano, segundo Lucas, se cumpre, no tempo presente, por meio da concepção, nascimento, identidade e missão dos meninos: João, o batista, e Jesus, o filho de Deus, o salvador, o Messias do Senhor. Entre eles, o acento recai, obviamente, sobre a vida e a missão de Jesus.[3]

Quanto a Jesus, na perícope do anúncio a Maria (1,26-38), o anjo apresenta a identidade do menino que deve nascer: o messiânico filho do Altíssimo e semente de Davi (1,32) não é outro senão o Filho divino (1,35).[4] Do mesmo modo, no anúncio aos pastores (2,8-14), sua identidade messiânica é destacada: "Na cidade de Davi, nasceu-vos hoje um salvador, o Messias Senhor" (2,11). Note-se que essa identidade messiânica está diretamente associada à cidade de Davi (2,11). O mesmo menino Messias, contemplado pelos pastores, é aquele Messias do Senhor esperado e acolhido por Simeão (2,26).

Nas últimas duas perícopes de Lc 1–2, os pais de Jesus são apresentados como irrepreensíveis diante dos preceitos da Lei (2,22-24.27.39); do mesmo modo, durante as festas pascais observam a peregrinação anual a Jerusalém (2,41-42). Mas, na realidade, esta identificação de José e Maria aparece pela primeira vez em 2,21, por ocasião da circuncisão de seu primogênito.[5] Ali, o autor não assinala somente a fidelidade de José e Maria aos preceitos da Lei, mas também sua obediência às palavras do anjo: "Conceberás, darás à luz um filho e o chamarás seu nome

---

[3]   S. VAN DEN EYNDE, "Children of the Promise. On the ΔΙΑΘΗΚΉ -Promise to Abraham in Lk 1,72 and Acts 3,25", 478-479.

[4]   O. CULLMANN, *Christologie du Nouveau Testament*, 285-287.

[5]   J.B. GREEN, *La teologia del vangelo di Luca*, 69.

de Jesus" (1,31).[6] Note-se que, dentro do esquema lucano dos paralelismos, com uma análoga descrição, são apresentados os justos Zacarias e Isabel (1,6); que observam o preceito da circuncisão de seu filho no oitavo dia do nascimento e, além disso, obedecem ao anjo do Senhor (1,13), dando ao menino o nome de João (1,59-63).

Cabe fazer notar que essa observância tem o objetivo de descrever um comportamento particular dentro de Israel. Segundo Lc 1–2, os israelitas fiéis são aqueles que alimentam a expectativa salvífico-messiânica. Por isso, sua fidelidade revela a firme esperança na ação salvífica de Deus.

A esperança de Israel, como já assinalamos, é central em 2,22-39. Simeão esperava a consolação de Israel (2,25), o que equivale a dizer que ele estava marcado pela expectativa do Messias do Senhor. Sob a ação do Espírito, ele vai ao Templo, onde contempla o cumprimento da promessa que lhe havia sido revelada: o Messias do Senhor, a salvação, a glória de Israel está presente (2,26.29-32).[7]

O cumprimento dessa mesma promessa havia sido anunciado aos pastores de Belém; o Salvador está presente (2,11), seu nascimento é assinalado como motivo "de grande alegria para *todo o povo* (παντὶ τῷ λαῷ)" (2,10). É justamente essa alegria que é destacada no relato da apresentação no Templo. Segundo Lucas, o dom de ver o Messias do Senhor e a graça de acolhê-lo em seus braços (2,28a) fazem brotar em Simeão uma explosão de louvor (2,28b).

Semelhante é a experiência de Ana, que celebra (2,38b) e fala do Messias àqueles que esperavam o resgate de Jerusalém (2,38cd), o qual também havia sido assinalado no hino de Zacarias (1,68). Do mesmo modo, o reconhecimento da ação salvífica de Deus em favor de Israel está presente no hino de Maria (1,46.54-55).[8]

---

[6] E. SCHWEIZER, *Il vangelo secondo Luca*, 61.

[7] J. DUPONT, "Le profezie del vecchio Simeone (Lc 2,25-35)", 140.

[8] A. GEORGE, *Études sur l'ouvré de Luc*, 317. Segundo A. VALENTINI, *Maria secondo le Scritture*, 138-139, no hino mariano existe uma dupla característica, que não depende somente de que a primeira parte (vv.46-50)

Portanto, pode-se observar que, no conjunto de Lc 1–2, a somatória de testemunhos confirma que o louvor não está baseado no cumprimento de uma promessa ou uma revelação pessoal, mas se refere à esperança de todo o Israel, o λαός de Deus.

No entanto, é importante observar que, quanto à expectativa da salvação, o *Nunc dimittis* vai muito mais além que o *Benedictus*; existe, na realidade, uma evolução interna em Lc 1–2.[9] De fato, a salvação mencionada em 1,70-71.76-78 é anunciada em um tempo futuro que se aproxima, enquanto no hino de Simeão a salvação é celebrada *agora* em Jesus.[10] Além disso, o *agora* (νῦν) do *Nunc dimittis* está em paralelo e em estreita conexão com a expressão *na mesma hora* (αὐτῇ τῇ ὥρᾳ) do relato de Ana (2,38a).[11] Ambos os personagens celebram, no momento presente, a alegria da salvação-redenção oferecida por meio de Jesus a todo Israel-Jerusalém. Ambas as experiências confirmam o anúncio aos pastores: "Hoje (σήμερον) vos nasceu um salvador que é o Cristo Senhor" (1,11).

A distinção entre a expectativa da salvação futura e a salvação realizada é remarcada em 10,23-24, onde Lucas insiste na particularidade do tempo presente, no hoje (σήμερον) e na salvação; mais claramente, no aspecto salvífico da presença de Jesus. Por isso, o evangelista recorda que muitos profetas e reis, ao longo da história de Israel, haviam desejado ver e escutar aquilo que os discípulos de Jesus, agora, têm o privilégio de ver e escutar.[12]

Outro aspecto associado à libertação-resgate (λύτρωσις) de Israel é a utilização de ἐπισκέπτομαι.[13] As 3x que este verbo é em-

---

comece no singular e a segunda (vv.50-55) se apresente no plural. Na realidade, o rol de Maria deriva de um aspecto mais significativo: Maria encarna o destino da comunidade à qual pertence e emerge como sua porta-voz. Nela, concentra-se a experiência de todo o povo da aliança que, diante de Deus, celebra a salvação que foi oferecida.

9   M. COLERIDGE, *Nueva lectura de la infancia de Jesús*, 173-174.

10   H. HENDRICKX, *Los relatos de la infancia*, 140; G.J. STEYN, "Soteriological Perspectives in Luke's Gospel", 74-75.94.

11   N. VISSER, "Hier is meer dan Jozua. Over de opdracht van Jezus in de tempel en zijn ontmoeting met Simeon en Hanna", 141.

12   G. ROSSÉ, "La crono-teologia lucana", 122-123.

13   O verbo ἐπισκέπτομαι é tipicamente lucano. No NT, aparece 11x, das quais 2x em Mt (25,36.43), 1x em Hb (2,6), 1x em Tg (1,27); na obra

pregado em Lc (1,68.78; 7,16) se refere à visita divina, o que equivale a uma intervenção particular de Deus em favor de seu povo. Mas o mais interessante é que, no NT, somente em Lc é usado com a conotação de "visitar com clemência".[14] Segundo Remaud, o verbo ἐπισκέπτομαι, no conjunto de Lc 1–2, emerge como uma chave secreta para assinalar os tempos da redenção de Israel.[15]

Em relação à marcada ação do Espírito Santo, note-se que o Espírito que estava sobre Simeão (2,25), que lhe havia revelado não ver a morte antes que visse o Cristo do Senhor (2,26), não é outro Espírito senão o profético.[16] É justamente esse Espírito que encheu João desde o ventre materno (1,15) e lhe deu o poder profético (1,17), que encheu Isabel e a fez falar (1,41ss), que deu a Zacarias a capacidade de profetizar (1,67ss). Este mesmo Espírito deu aos discípulos a força, o poder de testemunhar Jesus morto e ressuscitado (At 1,8; At 4,33[17]); o mesmo que Jesus enviou a Paulo (At 9,17). Simeão, conduzido ao Templo por esse Espírito, pronuncia suas bênçãos e fala dirigindo-se a Deus (vv.29-32) e a Maria (vv.34-35), onde seus ditos revelam a ação salvífica de Deus e de seu Ungido.

Além disso, no primeiro dito de Simeão (vv.30-32), o anúncio de que Deus preparou a salvação também para os gentios é

---

lucana é empregado 7x: em Lc (1,68.78; 7,16) e em At (6,3; 7,23; 15,14.36).

[14] J. ROHDE, "ἐπισκέπτομαι", 1520-1522. Pensamento similar se observa em At 15,14, onde se declara que o Deus de Israel também visitou os gentios. Escolheu-os para levar seu Nome concedendo-lhes participação no único povo de Deus. Esta ideia reforça o esquema teológico de Lc-At, que coloca os gentios ao lado dos judeus como destinatários das promessas divinas.

[15] M. REMAUD, *Évangile et tradition rabbinique*, Bruxelles 2003, 63-64.

[16] P. FIGUERAS, "Syméon et Anne, ou le témoignage de la Loi et des Prophètes", 89.

[17] Segundo G. FRIEDRICH, "δύναμις", 1087, 1520, o substantivo δύναμις é um termo preferido por Lucas (15x em Lc; 10x em At). Com frequência, esse vem associado ao Espírito. Com efeito, ambos os termos atuam como sinônimos (Lc 1,17.35; At 6,5-8; At 10,38).

algo notável no contexto de Lc 1–2, justamente porque até então o acento era todo posto no cumprimento da salvação de Israel (1.17.33.54.68; 2,10-11.25.39). Agora, o autor acrescenta um dado fundamental que caracterizará, principalmente, a segunda parte de sua obra: segundo o desígnio do Senhor, a salvação está destinada a todos os povos (2,32a).[18]

1.2. Maria, a mãe de Jesus

Não é de estranhar-se que Maria seja tratada como uma figura importante dentro de um estudo exegético-teológico de uma perícope lucana. Com efeito, Lucas concede à mãe de Jesus um lugar teológico privilegiado nas narrativas da infância; característica teológico-literária que foi destacada por diversos autores.[19] Por isso, aqui não fazemos outra coisa que apresentar uma breve síntese desse lugar teológico ocupado por Maria em Lc-At, a partir do segundo oráculo de Simeão (2,34b-35).

Tal como apresentamos no Capítulo III, no 2,34b-35, o autor sagrado tem a intenção de remarcar o rol ocupado por Maria diante da missão de seu filho Messias, o sinal de contradição.[20] É importante observar que o segundo oráculo de Simeão assinala a estreita relação de Maria com a missão do Messias; relação que, dentro do contexto imediato, também significa colocar Maria em conexão com a questão da divisão do povo de Israel diante da messianidade de Jesus.

Além disso, se recordarmos que a experiência trágica de Israel diante do Messias suscitou no "cristianismo" nascente um problema teológico não menos espinhoso, ao qual, em Lc-At, recebe

---

[18] Segundo B.J. KOET, "Simeons Worte (Lk 2,29-32.34c-35) und Israels Geschick", 1553-1554 e M. Navarro Puerto, "Las apóstoles y sus hechos. Mujeres en los Hechos de los Apóstoles", 200, com este esquema, o evangelista afirma que os gentios têm acesso a essa salvação que é oferecida por meio de Israel (Is 49,6).

[19] Segundo M. PERRONI, "Le donne e Maria madre di Gesù in Luca", 127, o conjunto de Lc 1–2 contribuiu decisivamente na elaboração da estrutura de fundo da mariologia cristológica da tradição patrística sucessiva.

[20] Capítulo III, 2.2.2.

um amplo espaço (o lugar ocupado por Israel no plano histórico-
-salvífico), então poderemos advertir também a necessidade de
examinar como a figura de Maria se relaciona com esse problema
central da teologia lucana.

1.2.1. A discípula ouvinte da palavra do Senhor

Maria aparece pela primeira vez, segundo Lc 1–2, no relato
da anunciação (1,26-38), onde é descrita como "cheia de graça"
(v.28a). Essa imagem é completada em seguida por outras duas
declarações: "O Senhor está *contigo* (μετὰ σοῦ)!" (v.28b)[21] e "o
Espírito Santo virá *sobre ti* (ἐπὶ σέ)" (1,35). O conjunto dessas
três afirmações coloca o acento teológico sobre dois aspectos
da ação divina: sua livre iniciativa e sua estreita aproximação
a Maria. Além disso, a percepção da vida de Maria em estreita
comunhão com Deus prepara o terreno para a revelação de sua
vocação. Por isso, Maria é convidada a participar e a colaborar
na realização do plano salvífico divino.[22] Note-se que essa imagem de Maria corresponde perfeitamente àquela que é anunciada
por Simeão, em 2,34b-35.

Além disso, na sequência da anunciação, destaca-se a resposta
de Maria, seu livre beneplácito diante da proposta divina (1,38).
De fato, a estreita aproximação divina e a positiva acolhida da
palavra de Deus por parte de Maria permitiram que ela se tornasse a mãe do "filho do Altíssimo" (1,32), do "filho de Deus"
(1,35). Desse modo, uma vez mais, o encontro entre a ação divina

---

[21] Segundo S. MUÑOZ IGLESIAS, *Los evangelios de la infancia*, II, 158-
159, essa expressão ocorre mais de 50x na Bíblia. 24x aparece pronunciada por Deus mesmo ou por seus mensageiros, quase sempre no contexto de investidura para uma missão (Ex 3,12; 4,12; Dt 1,23; Js 1,5.9;
Jz 6,12.16; 2Sm 7,9; 1Cor 17,8; Jr 1,8.19; 15,20; Mt 28,20); sempre
prometendo sua assistência a pessoas (Gn 26,24; 31,3; At 8,10); ou seu
povo (Is 41,10; 43,2.5; Jr 30,10s; 42,11; 46,28). O mesmo A. GEORGE,
Études sur l'ouvré de Luc, 435. Segundo K. STOCK, *Maria, la madre del
Signore, nel Nuovo Testamento*, 51, com essa expressão, o autor sagrado
coloca Maria entre os grandes personagens da história da salvação.

[22] K. STOCK, *Maria, la madre del Signore, nel Nuovo Testamento*, 49-50.

e a humana permite levar adiante a realização do plano histórico-
-salvífico preparado por Deus.[23]

Por outro lado, é importante observar que, em Lc, a maternidade de Maria aparece outras 3x em conexão com a necessidade
de escutar a palavra de Deus (1,42-45; 8,19-21; 11,27-28).

A primeira referência se encontra na perícope da visitação
(1,39-56), onde Lucas, por intermédio de Isabel, cheia do Espírito
Santo (v.41),[24] reconhece que Maria é bem-aventurada como o
é o fruto de seu ventre (v.42); esse paralelismo na identidade dos
dois personagens reforça a união intrínseca entre a mãe e o filho.
Em seguida, Isabel chama Maria "mãe do meu Senhor" (v.43)
e coroa esse novo dado da revelação com a declaração de que
Maria é ditosa, porque acreditou no cumprimento do que o Senhor lhe anunciou (1,45). O que equivale a afirmar que o grande
mistério da maternidade de Maria é possível graças a sua fé na
palavra do Senhor.

A segunda situação é descrita em 8,19-21, onde o evangelista
relaciona a pertença à família escatológica de Jesus (à comunidade de seus discípulos) com o justo escutar da palavra divina.[25]
Diante da informação de que sua mãe e seus irmãos estão fora e
desejavam vê-lo (v.20), Jesus declara que sua mãe e seus irmãos
são aqueles que ouvem a palavra e a *praticam* (v.21).[26] Com essa

---

[23] S. MUÑOZ IGLESIAS, *Los evangelios de la infancia*, II, 214-216.

[24] Segundo J.B. SHELTON, *Mighty in Word and Deed. The Role of the Holy Spirit in Luke-Acts*, 9, neste encontro o Espírito Santo emerge como o agente que concede a Isabel a capacidade de discernir e interpretar a singularidade do plano salvífico divino que está em curso (1,41); uma das características fundamentais do Espírito Santo em Lc-At.

[25] K. STOCK, *Maria, la madre del Signore, nel Nuovo Testamento*, 89; M. NAVARRO PUERTO, "Las apóstoles y sus hechos. Mujeres en los Hechos de los Apóstoles", 202.

[26] Os autores destacaram como Lucas modificou significativamente o texto de Mc 3,31-35. Com efeito, Lucas não faz referência às afirmações que soam desfavoráveis à família terrena de Jesus (Mc 3,20-21). Desse modo, desaparece a preocupação dos parentes de Jesus de que ele estivesse fora de si. Em seguida, Lucas muda o acento negativo de καλοῦντες (de Mc 3,31) pela "a incapacidade de poder encontrar-se com ele" (οὐκ ἠδύναντο

resposta, Jesus não se opõe a sua mãe nem a seus irmãos, mas exalta o critério fundamental de familiaridade com ele: o escutar a palavra divina e praticá-la. Critério que, segundo Lucas, foi vivido por Maria (1,38.45).[27]

Analogamente, no 11,27-28, diante da exclamação de uma mulher em meio à multidão: "Bem-aventurado o ventre que te carregou e os peitos que te amamentaste" (v.27), Jesus respondeu: "Mais bem-aventurados quem escuta a palavra de Deus e a guarda" (v.28). Note-se que, com essa réplica, Lucas assinala que Jesus não rejeita a bem-aventurança pronunciada por aquela mulher, ao contrário, ele a amplia apresentado aquilo que é essencial e primordial.[28] Portanto, Maria é a bem-aventurada não somente por ter um filho como Jesus. Sua fala se fundamenta, sobretudo, em que ela acreditou (1,45), escutou e praticou a palavra de Deus.[29] Além disso, essa proclamação de Jesus abre a via da bem-aventurança a qualquer um que, como fiel discípulo(a), venha a praticar a palavra divina.[30]

A partir do conteúdo dos quatro episódios (1,26-38; 1,42-45; 8,19-21; 11,27-28), pode-se concluir que Lucas descreve a figura de Maria, mãe de Jesus, sobre a perspectiva determinante

---

συντυχεῖν αὐτῷ), ou seja, de chegar até Jesus (v.19). Além disso, Lucas tampouco descreve a áspera pergunta de Jesus "Quem é minha mãe? Quem são meus irmãos?" (Mc 3,33). As mudanças de redação revelam a intenção lucana de destacar tudo aquilo que a presença da mãe de Jesus inspira, representa e recorda dentro do plano salvífico divino: sua fé e sua fidelidade à palavra divina. H. SCHÜRMANN, *Il vangelo di Luca*, I, 744-745; J.A. FITZMYER, *El Evangelio según Lucas*, II, 752-753; C.G. BOTTINI – N. CASALINI, "Maria nella storia della salvezza in Luca-Atti", 762.

[27] J.A. FITZMYER, *El Evangelio según Lucas*, II, 753; A. GEORGE, *Études sur l'ouvré de Luc*, 456-457; C.G. BOTTINI – N. CASALINI, "Maria nella storia della salvezza in Luca-Atti", 762.

[28] K. STOCK, *Maria, la madre del Signore, nel Nuovo Testamento*, 90.

[29] A. GEORGE, *Études sur l'ouvré de Luc*, 456-457; R.E. BROWN – K.P. DONFRIED – J.A. FITZMYER – J. REUMANN, *Maria em el Nuevo Testamento*, 90; C.G. BOTTINI – N. CASALINI, "Maria nella storia della salvezza in Luca-Atti", 762-763.

[30] K. STOCK, *Maria, la madre del Signore, nel Nuovo Testamento*, 90.

de quem escuta a palavra divina e a põe em prática. Por meio dessa informação, constata-se que o evangelista não diminui a figura de Maria enquanto mãe do Messias; pelo contrário, utiliza sua maternidade como instrumento para revelar algo mais sublime: sua imagem de discípula, fiel ouvinte da palavra do Senhor.[31]

1.2.2. A discípula cheia do Espírito Santo

Tal como foi assinalado no ponto anterior, em 1,26-38, Maria, além de acolher a Palavra divina, se encontra sob a ação direta do Espírito Santo que, segundo a própria palavra divina, leva a cumprimento o plano estabelecido por Deus (1,35).

Esse aspecto da ação do Espírito nos exige examinar a utilização do verbo ἐπέρχομαι.[32] O evangelista o empregou 2x para descrever a vinda do Espírito sobre alguém (1,35; At 1,8). De fato, o conteúdo teológico dos dois textos os coloca em relação direta.[33]

No primeiro texto, 1,35, o Espírito Santo vem sobre Maria; a força do Altíssimo a cobre e ela se torna a mãe do filho de Deus. Essa ação do Espírito tem como consequência a inauguração da etapa central da história da salvação; etapa na qual Jesus, o Messias do Senhor, o centro do tempo, levará a cumprimento o plano salvífico divino, segundo as Escrituras.[34]

No segundo texto, At 1,8, de forma análoga, as últimas palavras do Ressuscitado (antes de sua ascensão à direita do Pai) anunciam a promessa da ação do Espírito que vem sobre a comunidade de seus discípulos. Note-se que, dentro do plano narrativo lucano, o derramamento do Espírito determina o início da terceira etapa da história da salvação.[35] Nessa última fase, o Espírito

---

[31] R.E. BROWN, *El nacimiento del Mesías*, 327-329.

[32] Segundo G. SCHNEIDER, "ἐπέρχομαι", 1480, aparece 9x no NT, 7x na obra lucana (3x em Lc e 4x em At).

[33] G. SCHNEIDER, "ἐπέρχομαι", 1481.

[34] H. CONZELMANN, *El centro del tiempo*, 28.32.241-285; D. MARGUERAT, *A primeira história do cristianismo*, 121.

[35] Segundo G.W.H. LAMPE, "The Holy Spirit in the Writings of St. Luke", 188, a etapa do Espírito é o clímax da narrativa lucana, porque Jesus está exaltado à direita do Pai e seus seguidores foram fortalecidos e ungidos

capacita e sustenta os discípulos de Jesus, confirmando-os na missão de colaborar, em meio aos conflitos e às tensões da história, no cumprimento do plano salvífico universal de Deus; dando assim a todos os povos a participação na herança de Israel.[36]

No entanto, para melhor compreender o paralelo entre Maria e os discípulos, é importante observar que At 1,4-5.8 deve ser lido em conexão com At 1,12-14. De fato, o segundo texto é consequência direta do primeiro. Em At 1,12-14 se descreve como os discípulos de Jesus, a comunidade nascente de Jerusalém, obedecem à exortação do Ressuscitado, descrita em At 1,4-5.8.[37] Mas, dentro desse contexto, um detalhe merece atenção: a citação explícita da "mãe de Jesus" (At 1,14) entre os discípulos e discípulas que oram reunidos, na expectativa do cumprimento da promessa de Jesus.[38] A presença da "mãe de Jesus" neste momento particular de transição entre a segunda e a terceira fase da história da salvação não é acidental.[39]

Lucas confirma a figura da "mãe de Jesus" como aquela discípula do Senhor que reconhece a necessidade de compartilhar com os demais discípulos sua fé e obediência à palavra de Jesus. Além disso, sua presença os acompanha na preparação do evento salvífico do derramamento do Espírito.[40] Segundo Lc-At, tal der-

---

pelo Espírito, foram constituídos administradores de seu reino, ou seja, testemunhas qualificadas de sua obra salvífica. J.A. FITZMYER, "The Role of the Spirit in Luke-Acts", 174.

[36] G.W.H. LAMPE, "The Holy Spirit in the Writings of St. Luke", 194-195. Por sua vez, P. TREMOLADA, "Lo Spirito Santo e le Scritture nell'opera lucana", 243, afirma que a obra do Espírito Santo, na história, segundo Lc-At, nos introduz no mistério do desígnio salvífico revelado a Israel e destinado a todos os povos.

[37] A. VALENTINI, *Maria secondo le Scritture*, 239-240.249.250.

[38] M. NAVARRO PUERTO, "Las apóstoles y sus hechos. Mujeres en los Hechos de los Apóstoles", 199.

[39] A. GEORGE, *Études sur l'ouvré de Luc*, 317; L.T. JHONSON, *The Acts of the Apostles*, 34; C.G. BOTTINI – N. CASALINI, "Maria nella storia della salvezza in Luca-Atti", 763; A. VALENTINI, *Maria secondo le Scritture*, 240-241.

[40] J.A. FITZMYER, *Los Hechos de los Apóstoles*, I, 289; A. GEORGE, *Études sur l'ouvré de Luc*, 460-461.

Alguns contatos entre Lc 2,22-39 e Lc-At

ramamento é decisivo para o anúncio da salvação em Cristo (At 1,8). É o que sucede com os judeus em Jerusalém (At 2,1-21), com os samaritanos (At 8,15-17) e com os gentios (At 10,1–11,18).[41]

Além disso, a analogia estabelecida entre Maria e o grupo dos discípulos, a partir de 1,35 e At 1,8, confirma sob o aspecto de estar cheio do Espírito Santo, a imagem de Maria como discípula do Senhor. Esta imagem de estreita comunhão com Deus por intermédio do Espírito, descrita em Lc 1–2, antecipa a experiência da comunidade de fé, da igreja, dos discípulos de Jesus, aos quais, para o cumprimento de sua missão, lhes prometeu (24,49; At 1,8) e doou o Espírito Santo (At 2,1-21).[42]

Portanto, do mesmo modo que, no início da segunda etapa da história de salvação, a ação do Espírito Santo foi determinante para que em Maria se cumprisse o desígnio divino,[43] no início da terceira etapa, os discípulos do Ressuscitado são convocados a viver sob a ação do mesmo Espírito.[44] Note-se que a exortação do Ressuscitado assinala essa característica como um imperativo imprescindível na vida de seus discípulos:[45] eles devem ficar em

---

[41] B. PRETTE, "Lo Spirito Santo nell'opera di Luca", 144-166; D. MARGUERAT, *A primeira história do cristianismo*, 120-121; O. MAINVILLE, "Le messianisme de Jesús", 318-319; J. DUPONT, *Teologia della chiesa negli Attii degli Apostoli*, 67.

[42] Segundo A. GEORGE, *Études sur l'ouvré de Luc*, 460-461, Maria, a mãe de Jesus, em Lc-At, assume um caráter coletivo; ela seria uma imagem teológica do povo da aliança e, ao mesmo tempo, da Igreja nascente. O mesmo afirma L.T. JOHSON, *The Acts of the Apostles*, 34 e A. VALENTINI, *Maria secondo le Scritture*, 268-271.

[43] H. VON BAER, *Der Heilige Geist in den Lukasschriften*, 48.

[44] J.A. FITZMYER, "The Role of the Spirit in Luke-Acts", 177; A. VALENTINI, *Maria secondo le Scritture*, 217.

[45] Por outro lado, deve-se recordar que durante sua viagem a Jerusalém, no momento que Jesus instruiu seus discípulos sobre a oração (11,1-13), seu ensinamento se conclui com a promessa de que o Pai celestial dará o Espírito Santo àqueles que o pedirem (vv.9-13). J.M. LÓPEZ MAULEÓN, "τὸ Πνεῦμα (τὸ) ἅγιον en san Lucas", 337-338, recorda que se se compara Lc 11,9-13 com seu paralelo Mt 7,7-11, se observa claramente a mão de Lucas; Mt utiliza o binômio "coisas boas (δόματα ἀγαθὰ) – bens

Jerusalém para, então, ser revestidos com a força do alto (24,49),[46] eles devem receber o poder do Espírito Santo para tornarem-se testemunhos de Jesus (At 1,8).[47]

Por outro lado, quem conhece a importância da ação do Espírito nos relatos da infância (1,35ss; 1,41ss; 1,67ss), no testemunho de João (3,15-18)[48] e, mais precisamente, na vida e ministério de Jesus (3,21-22; 4,1-13; 4,14-21)[49] não se surpreende com a exortação do Ressuscitado.[50] Pelo contrário, essa característica é exatamente o distintivo dos seguidores de Jesus ao longo de todo o livro dos At (At 9,17; 10,44-45; 15,8; 19,1-4). A missão que o Ressuscitado lhes confiou somente pode ser realizada graças à permanente e decisiva ação do Espírito (2,1-47; 8,29; 11,12; 13,2.4; 15,28; 16,6-7).[51]

A título de conclusão, podemos afirmar que, a partir das duas características fundamentais da vida de Maria, a mãe de Jesus (o ser ouvinte fiel da palavra de Deus e o ser cheio do Espírito Santo), Lucas elabora e apresenta a imagem ideal do discípulo do Senhor. Essa imagem segue sendo desenvolvida, sobretudo, ao longo de At, de onde os seguidores de Jesus e das comunidades por eles constituídas, na busca da fidelidade de seu Senhor, tomam cada vez mais consciência dessa dupla exigência de discipulado:

(ἀγαθὰ)", enquanto Lc emprega "coisas boas (δόματα ἀγαθὰ) – Espírito Santo (πνεῦμα ἅγιον)".

[46] B. PRETTE, "Lo Spirito Santo nell'opera di Luca", 93-100.

[47] O. MAINVILLE, *L'Esprit dans l'ouvré de Luc*, 141-146; M. NAVARRO PUERTO, "Las apóstoles y sus hechos. Mujeres en los Hechos de los Apóstoles", 200-202.

[48] Na qual anuncia a estreita relação entre a missão de Jesús e o Espírito Santo.

[49] P. TREMOLADA, "Lo Spirito Santo e le Scritture nell'opera lucana", 243.

[50] E. RASCO, "Spirito e istituzione nell'opera lucana", 304-305, recorda que, em Lc, Jesus é o possuidor privilegiado do Espírito, enquanto em At, o Espírito é o dom escatológico para toda a comunidade. O mesmo J.M. LOPEZ MAULEÓN, "τὸ Πνεῦμα (τὸ) ἅγιον en San Lucas", 314-334; e D. MARGUERAT, *A primeira história do cristianismo*, 118.

[51] J.B. SHELTON, *Mighty in Word and Deed. The role of the Holy Spirit in Luke-Acts*, 10-11.

escutar e praticar a palavra divina (as Escrituras)[52] e deixar-se conduzir pelo Espírito Santo.[53]

2. A relação teológica de Lc 1–2 com Lc 3–24 e At

Como apresentamos no Capítulo I, a unidade entre Lc 1–2 e o conjunto de Lc-At é defendida por grande parte dos estudiosos.[54] Essa unidade pode ser demonstrada pela presença dos principais temas teológicos desenvolvidos ao longo de toda a obra lucana. A seguir, tomamos o conteúdo teológico de 2,22-39 em conexão com Lc 3–24 e At.

2.1. Jesus e Israel

Lucas é o único escritor do NT que narra de forma explícita a circuncisão de Jesus (2,21).[55] Com isso, destaca que Jesus é um judeu com pleno direito;[56] ele é um membro do povo eleito de Israel.[57] Essa informação está de acordo com o conteúdo de sua anunciação e nascimento, onde o evangelista destaca que Jesus é da estirpe de Davi (1,17; 2,4).

Quanto a essa última característica, a genealogia lucana de Jesus (3,23-38) ocupa um lugar significativo. Na primeira parte, apresenta uma sucessão dos filhos de Davi (3,23-32), o que está

---

[52] M.L. RIGATO, "Mosè e i profeti" in chiave cristiana: un pronunciamento e un midrash (Lc 16,11-18 + 19,-31)", 175.

[53] E. RASCO, "Spirito e istituzione nell'opera lucana", 308, afirma que, segundo a concepção lucana, é toda a comunidade que pode conduzir sua vida cristã sob o impulso do Espírito Santo.

[54] Capítulo I, 2.1.

[55] Segundo S. VAN DEN EYNDE, "Children of the promise. On the ΔΙΑ ΘΗΚΗ-Promise to Abraham in Lk 1,72 and Acts 3,25", 474, a circuncisão é um dever e um sinal da divina promessa dada a Abraão e a sua descendência.

[56] J. JERVELL, The Theology of the Acts of the Apostles, 29-30.

[57] P. LAPIDE, Predicava nelle loro sinagoghe, StBi 131, Brescia 2001,80; J.L. BARRIOCANAL GÒMEZ, La relectura de la tradición del éxodo en el libro de Amós, 252.

em perfeita sintonia com o anúncio do anjo "receberá o trono de Davi seu pai" (1,32). Na segunda parte, Lucas remete a Abraão, o pai de Jacó-Israel (3,34), por meio do qual conecta Jesus com as origens da história da salvação israelita.[58]

No entanto, esses dados não são suficientes para a teologia do terceiro evangelho. Lucas, diferente de Mateus, faz remontar a genealogia Jesus até Adão, que é chamado "filho de Deus" (3,38). Por meio desse personagem, o evangelista coloca a ação salvífica divina em favor de Israel em relação direta com a história universal da humanidade.[59] Essa associação confirma seu esquema histórico-salvífico universal, no qual todo o gênero humano será tocado por essa salvação que vem de Israel (3,6).

2.1.1. O Messias de Israel

Tal como foi assinalado, em Lc 1–2 existe um acento na salvação dirigida a Israel. Jesus é, antes de tudo, o Messias de Israel.[60] Por esse motivo, Israel deve-se confrontar com ele; Israel é chamado a acolher a salvação que lhe foi oferecida em Jesus. Segundo Lc-At, o encontro entre Israel e Jesus está marcado por dois componentes: a alegria da acolhida de Jesus Messias e a tragédia de sua rejeição. Essa situação demonstra que a messianidade de Jesus trouxe à luz a divisão do povo eleito de Israel.[61]

Esse drama emerge com força na perícope programática de Jesus na sinagoga de Nazaré (4,16-30).[62] É importante observar que esse episódio se desenvolve dentro da sinagoga, em um sábado e, além disso, se acentua que Jesus se encontra ali como de costume

---

[58] H. SCHÜRMANN, *Il vangelo di Luca*, I, 362.

[59] H. SCHÜRMANN, *Il vangelo di Luca*, I, 362.

[60] D.L. TIEDE, "'Glory to thy people Israel': Luke-Acts and the Jews", 26; V. FUSCO, *Da Paulo a Luca. Studi su Luca e Atti*, II, 365-366.

[61] D.L. TIEDE, "'Glory to thy people Israel': Luke-Acts and the Jews", 27-28.

[62] H. VON BAER, *Der Heilige Geist in den Lukasschriften*, 63; A. DEL AGUA PÉREZ, "El cumplimiento del Reino de Dios en la misión de Jesús: Programa del Evangelio de Lucas" (Lc 4,14-44), 280; F. NEIRYNCK, "Luke 4,16-30 and the Unity of Luke-Acts", 357-395.

(v.16). Nesse relato, o anúncio da messianidade de Jesus é interpretado sob o signo das Escrituras (Is 61,1s). Note-se que esses elementos revelam o interesse lucano em destacar que Jesus, o ungido pelo Espírito, está enraizado nos fundamentos do judaísmo.

Não obstante a rejeição descrita em 4,16-30, Lucas insiste em sua firme convicção de que Jesus veio comunicar, hoje, a salvação a Israel. Essa ação salvífica é levada a cabo em diversos encontros ao longo do evangelho, entre os quais, com a mulher encurvada (13,10-17) e com Zaqueu (19,1-10); neles, ambos os personagens são descritos explicitamente como filhos de Abraão (13,16; 19,9).[63]

Significativo é, também, o relato do rico e Lázaro (16,19-31), onde o primeiro, para dirigir-se a Abraão, utiliza 2x o termo πατήρ (vv.24.30), enquanto, não obstante o abismo existente entre eles (v.26), o patriarca o reconhece e o chama τέκνον (v.25). Por meio dessa perícope, Lucas insiste em que os filhos de Abraão são chamados à conversão.[64] De fato, para que eles sejam acolhidos no seio de seu pai Abraão, devem escutar Moisés e os Profetas (16,29). Segundo Lucas, se estes não lhes dão ouvidos às Escrituras, não se deixarão persuadir, ainda que um morto ressuscite (16,31); não é difícil notar que existe aqui uma referência (in)direta a Jesus ressuscitado.[65] Com efeito, na conclusão dessa perícope, que em geral é estudada dentro do tema da pobreza e da riqueza, Lucas estabelece uma estreita relação entre o Messias ressuscitado e as Escrituras (Moisés e os Profetas).[66]

---

[63] Expressão semelhante ("descendentes de Abraão") usam Paulo e Barnabé quando se dirigem aos judeus e adoradores de Deus na sinagoga de Antioquia da Pisídia (At 13,26).

[64] Essa mesma exortação à conversão aparece na boca de João Batista, que insiste diante da população: Não basta ter por pai Abraão, porque Deus tem o poder de suscitar filhos de Abraão além das pedras; o necessário é produzir frutos de arrependimento! (3,8).

[65] M.L. RIGATO, "Mosè e i profeti" in chiave cristiana: un pronunciamento e un midrash (Lc 16,11-18+19,-31)", 174-175.

[66] Note-se que, em Lc-At, não é a única e tampouco a primeira vez que Lucas apresenta as Escrituras (Moisés e os Profetas) como testemunhos da ressurreição de Jesus. De fato, no relato dos discípulos de Emaús (24,27); na aparição do Ressuscitado ao grupo dos onze e demais discípulos

Por outro lado, a salvação continua sendo oferecida a Israel ao longo de At. Na segunda parte da obra lucana, os discípulos de Jesus, enquanto levam a cabo sua missão de anunciar e testemunhar a salvação e o perdão dos pecados em nome de Jesus morto e ressuscitado (24,46-48), sempre se dirigem em primeiro lugar a Israel. Com efeito, em At, o lugar privilegiado do testemunho apostólico são, inicialmente, o Templo de Jerusalém (3,1-26; 5,42) e, em seguida, as sinagogas da diáspora (13,5.14; 14,1;17,1-4.10.17; 18,4.19.26; 19,8).

Nos primeiros capítulos de At, os quatro primeiros discursos de Pedro são dirigidos aos judeus (2,14-40; 3,12-26; 4,9-12; 5,29-32). Sempre com uma base cristológica, centralizada no evento pascal, Pedro insiste na chamada de seus ouvintes a uma adesão a Cristo por meio do batismo.[67]

O discurso de Pentecostes é dirigido a toda a casa de Israel (At 2,14.22.36). Pedro, em nome dos doze, convida seus ouvintes a reconhecerem Jesus Crucificado, pois Deus o nomeou Senhor e Messias (v.36); em seguida, a casa de Israel é chamada ao arrependimento para receber, em nome de Jesus Cristo, o batismo que perdoa os pecados (v.38a). Assim, cada um receberá o Espírito Santo prometido àquela geração, a seus filhos e a todos que de longe serão chamados pelo Senhor (vv.38b-39). Além disso, seus ouvintes são exortados a romper com a geração que rejeitou Jesus (v.40).

De modo semelhante, no pórtico de Salomão, Pedro e João recordam a seus irmãos israelitas que eles são os herdeiros dos profetas e da aliança que Deus realizou com seus pais (At 3,25); e

---

(24,44-47). Por outro lado, segundo M.L. RIGATO, "'Mosè e i profeti' in chiave cristiana: un pronunciamento e un midrash (Lc 16,11-18 + 19-31)", 175, não se pode ignorar a conexão com a transfiguração (9,28-36), na qual Moisés e Elias, figuras da Torá e dos Profetas, conversam com Jesus sobre seu ἔξοδος que devia cumprir-se em Jerusalém (v.31). N. VISSER, "Laatsten die resten zullen sijn", 130; M.L. RIGATO, "'Mosè e i profeti' in chiave cristiana: un pronunciamento e un midrash (Lc 16,11-18 + 19-31)", 175.

[67] A. GARCIA DEL MORAL, "Un posible aspecto de la tesis y unidad del libro de los Hechos", 67.

conclui com o anúncio de que Jesus foi enviado em primeiro lugar a eles (At 3,26).

Em At, esse mesmo anúncio da salvação é dirigido ao Sinédrio (4,10; 5,27-31; 23,1-10). Mas, diante do sumo sacerdote, o extenso discurso de Estêvão (At 7,2-57) recebe da parte de Lucas uma atenção especial. De fato, nesse discurso, Lucas apresenta uma elaborada síntese da história da salvação, na qual recorda alguns personagens-chave da história de Israel (Abraão, José, Moisés, Davi e Salomão); mas, sem dúvida, seu aspecto teológico mais importante é a resistência do povo de Israel aos chamados do Espírito (vv.51-52). Lucas insiste em que a resistência das gerações passadas (vossos pais) diante dos profetas se perpetua na resistência daquela geração diante de Jesus e, além disso, na resistência dos ouvintes diante do testemunho de Estêvão.

Dentro daquela cadeia ininterrupta de rejeições e resistências, Estêvão emerge não como figura do justo rejeitado, como o foram os profetas assassinados, mas sim como o discípulo-vítima que se assemelha a seu mestre Jesus, o Messias rejeitado por Israel.[68]

No relato da missão em Antioquia da Pisídia (At 13,14-52), um dia de sábado na sinagoga, Paulo e Barnabé fazem um discurso paradigmático,[69] no qual, depois de escutarem as Escrituras, dirigem-se a seus irmãos judeus e lhes descrevem uma síntese da história da salvação, a história da eleição de Israel (vv.17-22). Essa síntese aparece como a primeira parte do desígnio salvífico realizado em Cristo morto e ressuscitado (13,23-42). Lucas afirma que Jesus foi dado a Israel como salvador (v.23) e que essa mensagem de salvação é dirigida, em primeiro lugar, aos descendentes de Abraão (v.26).[70]

---

[68] A. GARCIA DEL MORAL, "Un posible aspecto de la tesis y unidad del libro de los Hechos", 86-87.

[69] A. GEORGE, *Études sur l'ouvré de Luc*, 318.

[70] A. GARCIA DEL MORAL, "Un posible aspecto de la tesis y unidad del libro de los Hechos", 59-60, Lucas insiste que os apóstolos cumpriram escrupulosamente esse compromisso divino. Por isso, apesar da rejeição de alguns judeus, não obstante se dirija aos gentios, Paulo sempre volta a pregar na sinagoga.

2.1.2. O resgatador de Jerusalém

A restauração do povo eleito de Israel é um aspecto importante da teologia lucana. Segundo Lc-At, a unidade das doze tribos em torno do Messias davídico deve-se cumprir ao longo de um extenso processo, do qual não estão excluídos conflitos e divisões.[71]

Nas narrativas da infância (1,32-33.54.68-69; 2,11.38), a restauração de Israel é anunciada sobre o signo da profecia,[72] ao passo que, em At, vem descrita dentro de um processo que tende a seu ápice, quando se cumprirá o tempo estabelecido pelo Pai (At 1,6-7). Mas, enquanto esta plenitude escatológica se aproxima, Israel é descrito na expectativa por sua restauração definitiva,[73] por seu pleno resgate (2,36-38), evento no qual será superada para sempre a trágica e histórica divisão do povo de Israel (2,24-35).

Além disso, na perícope dos discípulos de Emaús (24,13-35), a falta de compreensão das Escrituras, quanto à interpretação da paixão e morte de Jesus, leva aqueles discípulos a declararem explicitamente sua decepção quanto à esperança de que Jesus tivesse sido o resgatador de Israel (24,21). Esse fato, justamente, revela que somente a reta interpretação das Escrituras, quanto ao Messias morto e ressuscitado, leva os discípulos à compreensão plena da identidade e missão de Jesus Messias como o resgatador de Israel.

Por outro lado, a lamentação de Jesus diante de Jerusalém, em 13,34-35, associada ao anúncio de 21,20-24, parece oferecer a ideia de que existe um tempo a ser cumprido, o tempo dos pagãos (v.24), depois do qual Jerusalém conhecerá sua libertação definitiva. Com efeito, a ideia de que exista um tempo determinado por Deus para que Israel conheça seu pleno resgate reaparece no início

---

[71] B.J. KOET, "Simeons Worte (Lk 2,29-32.34c-35) und Israels Geschick", 1557-1558.

[72] J. JERVELL, *The Theology of the Acts of the Apostles*, 111.

[73] Segundo P. LAPIDE, *Previcada nelle loro sinagoghe*, 40-41, enquanto não chega o tempo da revelação definitiva e total, o tempo da certeza, Israel não somente espera com confiança, mas também caminha até o encontro com o mesmo Messias esperado e anunciado pelos cristãos.

de At. A pergunta dos discípulos: "Senhor, é agora que restaurarás o reino para Israel?" (At 1,6), e a reposta de Jesus ressuscitado: "Não cabe a vós saber os tempos que o Pai fixou em sua autoridade" (At 1,7) parecem indicar a mesma ideia. Note-se que Jesus não rejeita a pergunta nem oferece uma resposta direta. Na realidade, Jesus afirma que existe um tempo estabelecido pelo Pai; quando este tempo se cumprir, então, Israel receberá o reino.[74]

A restauração escatológica de Israel volta à luz em At 1,15-26, onde se descreve a eleição do décimo segundo apóstolo. Esse relato indica a exigência teológica de reconstruir a comunidade apostólica dos doze, que são constituídos testemunhos do evento salvífico-messiânico (At 1,21-22).[75] Alguns autores identificam que, na teologia lucana, a reconstituição dos Doze é um sinal de Israel escatológico;[76] de fato, essa reconstituição é um sinal da fidelidade de Deus que cumpre suas promessas; em Lc-At, essa reconstituição dos Doze emerge como um sinal profético do Israel reconstituído.[77] Então, note-se que os Doze apóstolos indicam a continuidade entre a comunidade que professa a fé em Jesus, o Messias morto e ressuscitado, e Israel.

---

[74] A. GARCIA DEL MORAL, "Un posible aspecto de la tesis y unidad del libro de los Hechos", 46-47.66.

[75] P. LAPIDE, *Predicava nelle loro sinagoghe*, 15-16, na tradição judaica o número doze simboliza o inteiro de Israel. Por isso, no NT, a insistência quanto aos doze apóstolos revela a preocupação com a salvação de Israel em sua totalidade. O Israel das origens que será restaurado no final dos tempos. A. GARCIA DEL MORAL, "Un posible aspecto de la tesis y unidad del libro de los Hechos", 60.62-64; J. JERVELL, *The Theology of the Acts of the Apostles*, 78. Note-se que Lucas tem uma consciência bastante clara sobre o papel exclusivo dos doze: descreve-o também em At 10,40-41, onde afirma: "A este (Jesus), levantou Deus ao terceiro dia e fez com que aparecesse não para todo o povo, mas apenas para as testemunhas que Deus havia ordenado de antemão, a nós que comemos e bebemos com ele depois que ressuscitou dos mortos".

[76] A. GARCIA DEL MORAL, "Un posible aspecto de la tesis y unidad del libro de los Hechos", 63.66.

[77] J.A. FITZMYER, *El Evangelio según Lucas*, I, 316; IV, 369; A. GARCIA DEL MORAL, "Un posible aspecto de la tesis y unidad del libro de los Hechos", 63.66.

Por outro lado, ao longo do extenso processo de restauração de Israel, o derramamento do Espírito, consequência direta da paixão, morte, ressurreição e ascensão do Messias-Jesus, emerge como um evento de máxima importância salvífico-escatológica.[78] Em At 2,17-21, onde o derramamento do Espírito é interpretado à luz de Jl 3,1-5, descreve-se esse acontecimento como um sinal da chegada dos "últimos dias" (ἐν ταῖς ἐσχάταις ἡμέραις).[79] Essa interpretação se torna mais evidente se se observa que, em Jl 3–4 (LXX), o derramamento do Espírito está associado à restauração de Israel.[80] Essa conexão explica por que a recomposição do número doze é tão importante na teologia de Lc-At; em outras palavras, explica por que o décimo segundo apóstolo deveria ser escolhido antes que o Espírito, dom messiânico por excelência, fosse derramado sobre Israel.[81]

2.2. Jesus e a salvação dos gentios

A salvação preparada por Deus, segundo Lc-At, é universal. Lucas insiste em que a missão entre os gentios não é uma invenção dos discípulos de Jesus; essa é, antes de tudo, um desígnio divino anunciado nas Escrituras.[82] Desse modo, a fonte última dessa missão é Deus mesmo; mas, em Lc-At, quem selará essa ação divina levada a cabo pelos seguidores de Jesus será o Espírito.[83] Na obra lucana, essa característica do plano histórico-salvífico divino é inicialmente assinalada nos relatos da infância (2,30-32),[84]

---

[78] JERVELL, *The Theology of the Acts of the Apostles*, 111; G.C. BOTTINI, *Introduzione all'opera di Luca. Aspetti teologici*, 172-173; V. FUSCO, *Da Paulo a Luca. Studi su Luca e Atti*, II, 309-310.310-320.

[79] J. DUPONT, *Teologia della chiesa negli Attii degli Apostoli*, 63-64.

[80] JERVELL, *The Theology of the Acts of the Apostles*, 75.109-110.

[81] J. DUPONT, *Nuovi studi sugli Atti degli Apostoli*, 135; A. GARCIA DEL MORAL, "Un posible aspecto de la tesis y unidad del libro de los Hechos", 62-66.

[82] J. DUPONT, "Le salut des gentils et la signification théologiqe du livre des Actes", 135-136.

[83] J. JERVELL, *The Theology of the Acts of the Apostles*, 48.

[84] W. RADL, "Die Beziehungen der Vorgeschichte zur Apostelgeschichte. Dargestellt an Lk 2,22-39", 142-304; P. LAPIDE, *Previcada nelle loro si-*

é renovada no discurso inaugural de João (3,6) e recebe sua confirmação nos relatos da ascensão (28,47; At 1,8). No entanto, é importante observar que, segundo o esquema literário-narrativo de Lc,[85] distinto de Mc e Mt, Jesus nunca ultrapassa os confins da terra de Israel (Galileia e Judeia);[86] por isso, tão somente em At, depois de Pentecostes (2,1-13), os discípulos de Jesus se lançam no cumprimento da missão que, segundo as últimas palavras do Messias ressuscitado (24,47-48), devia começar por Jerusalém para chegar até os confins da terra! (At 1,8; 13,47).

Por outro lado, o acesso dos gentios à salvação, segundo Lc-At, nunca se opõe à salvação de Israel ou vice-versa.[87] Com efeito, a partir de 2,32, a descrição paralela dos dois elementos confirma que o anúncio aos pagãos não anula a primazia de Israel e tampouco substitui o lugar privilegiado de Israel dentro do plano salvífico divino.[88] Ao contrário, Lucas sustenta que a participação

---

nagoghe, 36-38; G.C. BOTTINI, *Introduzione all'opera di Luca. Aspetti teologici*,110-111.

[85] Segundo H. COLZELMANN, *El centro del tiempo*, 63, Lucas realmente separa o tempo da missão aos gentios do tempo de Jesus utilizando delimitações locais. Mas não se pode negar que o princípio da missão aos gentios está presente na vida de Jesus. G. SEGALLA, *Evangelo e vangeli*, 255.

[86] Segundo J. LEAL, "El plan literario del III evangelio y la geografia", 201-203.209, a única exceção é a breve excursão à região dos gerasenos (8,26-39), realizada por Jesus no barco ao atravessar o lago da Galileia. No entanto, deve-se observar que Lucas insiste em descrevê-la como uma região "que está diante da Galileia" (v.26), ou seja, que Jesus não perde de vista o território de Israel. Além disso, imediatamente depois do exorcismo realizado ali, Jesus embarca de volta.

[87] Segundo J.L. HOULDEN, "The purpose of Luke", 61, dentro de uma perspectiva histórica, a rejeição de Jesus por parte dos "judeus" é vista, em Lucas, como o cumprimento do misterioso desígnio divino que tornou possível o anúncio aos gentios, acontecimento que é confirmado em At (13,46; 18,6; 28,28). Segundo D. HILL "The rejection of Jesus at Nazareth (Luke IV, 16-30)", 170, tanto a rejeição dos judeus como o anúncio da salvação aos gentios são parte do plano histórico-salvífico divino descrito em Lc-At.

[88] B.J. KOET, "Simeons Worte (Lk 2,29-32.34c-35) und Israels Geschick", 1557; J. JERVELL, *The Theology of the Acts of the Apostles*, 85.

A APRESENTAÇÃO DE JESUS NO TEMPLO

dos gentios na salvação divina se dá por intermédio de Jesus, o Messias de Israel, porque "não existe sob o céu outro nome dado aos homens para que sejam salvos" (At 4,12). De modo que a salvação dos gentios restitui a Israel sua glória original, a glória de ser o povo eleito (2,31-32).[89]

No relato de Jesus na sinagoga de Nazaré (4,16-30), mais precisamente nos vv.25-27, emerge a questão do anúncio da salvação mais além das fronteiras de Israel e o modo como os gentios têm participação na salvação de Israel.[90] Os exemplos citados, referentes às ações de Elias (1Rs 17,7-24) e Eliseu (2Rs 5,1-19) em favor de pessoas estrangeiras, reforçam duas teses lucanas, já presentes em Lc 1–2 e confirmadas em At: (1) a salvação dos gentios faz parte do desígnio divino desde a primeira fase da história da salvação;[91] (2) os gentios têm acesso à salvação por intermédio de Israel.[92] Dentro do plano narrativo lucano, as referências a Elias e Eliseu poderiam ser conectadas com o hino de Simeão (2,31-32)

---

[89] P. LAPIDE, *Predicava nelle loro sinagoghe*, 37, desde sempre, a missão de Israel foi levar os gentios ao único Deus. Esse serviço à humanidade foi a razão da eleição de Israel. O mesmo afirma J.L. BARRIOCANAL GÓMEZ, *La relectura de la tradición del éxodo en el libro de Amós*, 254-255, na conclusão de sua tese doutoral.

[90] H. CONZELMANN, *El centro del tiempo*, 58; H. Schürmann, *Il vangelo di Luca*, I, 415-416. Segundo L.C. CROCKETT, "Luke 4,25-27 and Jewish-Gentile Relations in Luke-Acts", 177-183, as referências a Elias e Eliseu nesses versículos são parte da função proléptica de toda a perícope (4,16-30). De modo particular, os vv.25-27 antecipam não somente a missão entre os gentios, mas também a visão lucana sobre as relações entre judeus e gentios. Por outro lado, estes vv., em conexão com At 10–11 e At 15, favorecem a justa compreensão com respeito à declaração lucana que reconhece a purificação dos gentios. Esse aspecto permite a judeus e gentios viver e comer juntos, selando a reconciliação que abre uma nova era. N.A. DAHL, "A people for His name" (At XV,14), 324.326-327.

[91] J.B. TYSON, "The Gentile mission and authority of scripture in Acts", 662; I.H. MARSHALL, *The Gospel of Luke*, 188-189; R. MEYNET, *Il Vangelo secondo Luca*, 197.198; G.W.H. LAMPE, "The holy Spirit in the Writings of St Luke", 173.

[92] R. MEYNET, *Il Vangelo secondo Luca*, 197.

e corroboram a ação de Pedro e, sobretudo, a de Paulo que, ao longo de At, anunciam aos gentios a salvação de Cristo.[93]

No entanto, para que esse plano histórico-salvífico universal se cumpra, existem dois problemas étnico-teológicos que devem ser superados. Segundo At, em primeiro lugar é necessário passar de uma visão exclusiva da eleição de Israel a uma compreensão inclusiva de tal eleição. Em segundo lugar, deve-se superar a contraposição legal entre o povo puro (Israel) e os povos impuros (gentios).

Lucas enfrenta esses problemas dedicando-lhes um extenso relato, no qual descreve uma decisiva intervenção divina (At 10,1–11,18).[94] De fato, não é fácil convencer Pedro! Deus deve vencer a resistência que o impede de dirigir-se à casa de Cornélio, onde, posteriormente, o Espírito Santo lhe revela qual é a vontade divina e lhe confirma que a salvação, também, é dirigida aos gentios (At 10,44-48). Tão somente depois dessa intervenção divina Lucas pode continuar sua narrativa de expansão do anúncio cristão, com a convicção de que Israel é o povo favorecido não em sentido exclusivo mas sim em sentido inclusivo. A eleição de Israel, portanto, não fecha as fronteiras da salvação, mas abre-as de modo irreversível. É a partir dessa perspectiva teológica que a salvação será anunciada aos gentios.

É importante recordar que, segundo o relato da missão de Paulo e Barnabé em Antioquia da Pisídia (At 13,14-52), nem sequer a rejeição de parte de Israel terá o poder de mudar o desígnio divino de salvação. Por isso, ao mesmo tempo em que se continua afirmando a primazia de Israel (v.46a), abre-se o anúncio da

---

[93] I. DE LA POTTERIE, "L'onction du Christ", 232; R.C. TANNEHILL, *The narrative unity of Luke-Acts*, I, 71; F. NEIRYNCK, "Luke 4,16-30 and the Unity of Luke-acts", 395. Segundo J. DUPONT, "Le salut des gentils et la signification théologique du livre des Actes", 144, a experiencia de Jesus na sinagoga de Nazaré descreve um presságio dos acontecimentos que Paulo enfrentará na sinagoga de Antioquia da Pisídia e, posteriormente, em Roma.

[94] S.A. PANIMOLLE, "Vita di comunione e tensión nella Chiesa delle origini (At 1-15)", 357-358.

salvação aos gentios (v.46c).[95] É dentro desse contexto que a citação de Is 49,6 é aplicada a Paulo; onde o apóstolo é apresentado como luz, por meio da qual a salvação do Senhor chegará até os confins da terra (v.47). Desse modo, uma vez mais, Lucas legitima a missão entre os gentios com o apoio das Escrituras.[96]

Essa situação se repete quando Paulo chega a Roma (At 28,16-31), do mesmo modo que havia ocorrido em At 18,5-6. A divisão dos principais judeus e sua rejeição diante do anúncio cristão fazem com que o apóstolo, como já o havia feito em Antioquia da Pisídia, se volte para aos gentios.[97] Segundo Lucas, essa ação de Paulo se fundamenta na firme convicção de que "eles escutaram!" (v.28). No entanto, quem conhece a ação missionária de Paulo junto aos gentios, à luz de At 17,32 e At 19,23-40, não pode tomar essa afirmação no sentido absoluto; deve dar a ela, sem dúvida, um valor relativo.[98]

A majestosa obra lucana se conclui justamente com a narrativa da presença de Paulo em Roma, onde o sumário conclusivo (vv.30-31) apresenta uma interessante contraposição entre a prisão do agente da missão e a liberdade do objeto da missão. Essa imagem revela a firme convicção de que a prisão dos seguidores de Jesus não tem o poder de impedir a expansão do reino de Deus, nem o anúncio da salvação realizada em Cristo. Com efeito, Paulo continua sua missão de proclamar o reino de Deus (At 28,23.31a) e de "ensinar quanto se refere ao Senhor Jesus Cristo com toda a liberdade, sem impedimento" (At 28,31b).

É interessante observar que, no último versículo de Lc-At, a combinação do substantivo παρρησία (liberdade, confiança,

---

[95] W.C. VAN UNNIK, "The book of Acts. The confirmation of the Gospel", 40-41.

[96] J.B. TYSON, "The Gentile mission and authority of scripture in Acts", 623.

[97] Segundo B.J. KOET, "Simeons Worte (Lk 2,29-32.34c-35) und Israels Geschick", 1554-1555, o ponto central da disputa não está na salvação de Israel, mas sim naquilo que Paulo acrescenta à afirmação de Isaías: os pagãos têm acesso à salvação: Eles escutaram! (At 28,28).

[98] B.J. KOET, "Simeons Worte (Lk 2,29-32.34c-35) und Israels Geschick", 1555.

valentia, coragem) com o advérbio ἀκωλύτως (sem impedimento nem obstáculos) destaca o modo como se realiza o anúncio cristão em Roma.[99] Esse cenário confirma a resposta dada por Deus (At 4,31)[100] à oração da comunidade de Jerusalém que, no início da missão, diante das ameaças do Sinédrio, havia suplicado: "δὸς τοῖς δούλοις σου μετὰ παρρησίας πάσης λαλεῖν τὸν λόγον σου" (At 4,29).[101]

Essa liberdade na expansão do anúncio cristão apresenta a fé da igreja lucana, que olha o futuro com a esperança de que o plano histórico-salvífico universal siga o processo estabelecido por Deus, rumo a seu cumprimento definitivo.

2.3. A conclusão de Lc-At: Israel e os gentios[102]

Em primeiro lugar, deve-se ter presente a importância do relato da chegada de Paulo a Roma (At 28,16-31) dentro do plano narrativo lucano e de seu esquema geográfico-teológico.[103] Note-se que, quando Paulo, em Roma, proclama "o reino de Deus e o Senhor Jesus", o autor alcança a meta de sua narrativa inteira.[104] A capital do império é o lugar onde Lucas apresenta sua síntese

---

[99] J.A. FITZMYER, Los Hechos de los Apóstoles, I, 544.

[100] Lucas destaca que os seguidores de Jesus, seus servos, somente podem falar "μετὰ παρρησίας", porque eles "estão cheios do Espírito Santo" (At 4,31). Com isso, enfatiza-se, uma vez mais, que o falar (proclamar) a palavra de Deus" é consequência direta da ação do Espírito.

[101] J. DUPONT, Études sur les Actes des Aportes, 521.

[102] Segundo D. MARUERAT, "Juifs et chrétiens selon Luc-Actes. Surmonter le conflict des lectures", 141, no final de uma obra literária é sempre estratégico, porque o autor apresenta uma síntese dos temas fundamentais desenvolvidos ao longo de toda sua obra. Segundo W.S. KURZ, Reading Luke-Acts, 29, a perícope final de At apresenta importantes ressonâncias quanto ao conteúdo teológico.

[103] J. DUPONT, "Le salut des gentils et la signification théologique du livre des Actes", 135; B. PRETE, "L'arrivo di Paolo a Roma e il suo significado secondo Atti 28,16-31", 163.

[104] W.W. GASQUE, A history of the Criticism of the Acts of the Apostles, 263; J. TAYLOR, Les actes des deux apôtres. VI. Commentaire historique (At. 18,23-28,31), 274; P. DAVIES, "The Ending of Acts", 134.

250   A APRESENTAÇÃO DE JESUS NO TEMPLO

da resposta dos judeus diante do anúncio do reino de Deus e de Jesus Messias, segundo Moisés e os profetas (v.23b); e, além disso, reafirma sua tese de que o anúncio da salvação de Deus foi enviado aos gentios (v.28).

2.3.1. Paulo e os judeus em Roma

A rejeição dos judeus em At 28,16-31, segundo Dupont, é descrita com um progressivo endurecimento no ouvir e no compreender a mensagem paulina.[105] Esse comportamento judeu contrasta com a força da afirmação final referente aos gentios: "Eles escutaram!" (v.28b).

Além disso, nessa cena final, Lucas reafirma um terceiro ponto de sua teologia: para ser parte do povo de Deus, necessita-se muito mais que as credenciais étnicas judaicas (3,8); exige-se mais possuir as Escrituras (Moisés e os profetas); é necessário escutá-las (16,29) e observá-las (11,27-28).[106] Em Lucas, essa instrução é explicitada no relato dos dois discípulos de Emaús (24,13-35), onde se afirma que, para aceitar e crer em Jesus como o Messias de Israel, é necessário interpretar cristologicamente as Escrituras (vv.27.32).[107] De forma análoga, tal ideia é retomada em At 3,21, quando Lucas, citando Dt 18,18, recorda a necessidade de escutar aquele profeta anunciado por Moisés.

A perícope conclusiva da obra lucana (At 28,17-31) consiste em três cenas: o primeiro encontro de Paulo com os dirigentes judeus de Roma (vv.17-22), o segundo encontro (vv.23-28) e o sumário conclusivo (vv.30-31). Além disso, na composição do segundo encontro aparece um importante elemento teológico-literário,

---

[105] J. DUPONT, "La conclusión des Actes et son raport de l'ouvrage de Luc", 372-373, com efeito ἀκούω aparece 5x na perícope: 4x se refere aos judeus e 1x aos gentios. Quanto aos judeus, o processo de endurecimento já desde o desejo de ouvir (v.22) passa pelo ouvir sem compreender (v.26), pelo mal compreender (v.27) e chega ao não compreender nada (v.27).

[106] Utiliza-se φυλάσσω (observar, guardar) com a conotação de fidelidade diante do conjunto dos mandamentos (18,21) e à lei (At 21,24)

[107] K.D. LITWAK, *Echoes of Scriptures in Luke-Acts*, 203-204.

a citação de Is 6,9-10, com a qual se introduz a última declaração de Paulo (v.28). Note-se que, segundo este relato, em Roma, Paulo se dirige exclusivamente aos chefes judeus. Não existe referência alguma de encontros com os gentios romanos e tampouco com a comunidade cristã que, sem dúvida existia na capital imperial.

No primeiro encontro (vv.17-22), convocado por vontade de Paulo, Lucas descreve os motivos pelos quais ele se encontra em Roma. Chama a atenção o uso da expressão "ἄνδρες ἀδελφοί",[108] com a qual Paulo se dirige a seus ouvintes judeus (v.17).[109] Observe-se que ἀδελφοί é o mesmo termo utilizado por Tiago (junto com os principais da comunidade) para dirigir-se a Paulo em sua última viagem a Jerusalém (At 21,15ss). O irmão do Senhor o acolhe na comunidade judaico-cristã de Jerusalém e o chama ἀδελφός (At 21,20).[110]

---

[108] Essa expressão aparece 13x em At; sempre para introduzir discursos, diálogos ou debates entre grupos e/ou pessoas: 3x se emprega para descrever um diálogo/debate interno à comunidade judaico-cristã (At 1,16; At 15,7.13). As duas últimas na boca de Pedro e Tiago, quando se pronunciam na reunião apostólica de Jerusalém; 1x para introduzir o discurso querigmático de Pedro aos judeus (At 2,29); 4x para introduzir os discursos de autodefesa de Paulo dirigido aos judeus (At 22,1; 23,1; 23,6; 28,17); 1x para introduzir a pergunta dos judeus dirigida a Pedro e aos demais discípulos de Jesus (At 2,37); 1x introduz o discurso de Estêvão aos judeus de Jerusalém (At 7,2). Ao longo do discurso de Estêvão aparece uma segunda vez (7,26), onde se utiliza para introduzir a exortação de Moisés a seus irmãos judeus que estavam brigando; 1x para descrever o tratamento dirigido pelos chefes da sinagoga de Antioquia da Pisídia a Paulo e Barnabé (At 13,15); e 2x para introduzir partes do discurso querigmático de Paulo na sinagoga de Antioquia da Pisídia (At 13,26.38). Segundo H.L. STRACK – P. BILLERBECK, *Kommentar zum Neuen Testament*, II, 766, esta expressão é a tradução do hebraico אחינו.

[109] Segundo H. VON SODEN, "ἀδελφός", 389, a utilização desse termo com uma conotação de fraternidade espiritual não é alheia à mentalidade judaica. Seu emprego no NT é derivado da religiosidade judaica. De fato, quando os apóstolos, como pregadores, se apresentam diante de um auditório judaico (fora ou dentro da sinagoga), em geral marcam seus ouvintes judeus com o termo ἀδελφοί.

[110] Por meio desse episódio (At 21,18-20), Lucas apresenta o ponto central do livro de At: os frutos do anúncio apostólico entre os judeus e entre

É muito importante observar que Paulo se apresenta diante dos principais judeus residentes em Roma com o mesmo grau de relação que São Tiago reconhece existir entre ele e Paulo. De forma análoga, os judeus de Roma utilizam ἀδελφοί quando se referem aos judeus de Judeia (v.21)[111] Esses paralelos assinalam que, ao menos em princípio, não existe ruptura ou oposição entre Paulo e seus interlocutores. Eles são, antes de tudo, seus irmãos, pertencentes à mesma família, todos são filhos de Abraão (At 13,26). Portanto, chega-se à conclusão de que Lucas tem a intenção de descrever um encontro entre irmãos e não entre inimigos.[112] Se ao final do relato existe alguma tensão ou diferença de opinião entre eles, não se poderia ver aí mais que uma controvérsia entre correntes judaicas. Esse dado é fundamental para compreender corretamente, não somente o sentido teológico dessa perícope, mas também o discurso sobre a salvação do povo de Israel em Lc-At.

Diante de seus irmãos, Paulo é apresentado como um fiel membro de seu povo (v.17); prisioneiro por causa da esperança de Israel (v.20). Essas afirmações despertam em seus interlocutores o desejo de escutar seu pensamento a respeito do "partido" (αἵρεσις),[113] do qual eles têm conhecimento que "sofre oposição"

---

os gentios. Por um lado, Paulo conta aos dirigentes da comunidade de Jerusalém como o Senhor, por meio de seu ministério, operou conversões entre os gentios (v.19). Por outro lado, Tiago conta a Paulo quão numerosos são entre os judeus aqueles que, permanecendo fiéis à lei, abraçaram a fé (v.20b). Além disso, é importante destacar a reação dos dirigentes da comunidade de Jerusalém diante do êxito missionário de Paulo entre os gentios: eles glorificam a Deus (v.20a).

[111] Em At 6,3, ἀδελφός é utilizado entre cristãos; em At 15,1 para descrever o tratamento dos judeu-cristãos provenientes da gentilidade, com o objetivo de impor-lhes a observância do preceito da circuncisão. Em At 15,3, a notícia de que entre os gentios muitos se convertiam e aderiam à fé é causa de grande alegria entre os irmãos.

[112] D.L. TIEDE, "'Glory to thy People Israel': Luke-Acts and the Jews", 21-34, sustenta a tese de que as controvérsias, os conflitos, as tensões e as incompreensões entre os judeus "cristãos" ou "nazarenos" e os judeus que não aceitam a messianidade de Jesus foram, justamente, uma luta intrafamiliar.

[113] Segundo J. TAYLOR, *Les actes des deux apôtres*, VI, 165, a palavra grega αἵρεσις era regularmente utilizada para designar toda escola filosófica,

(ἀντιλέγεται) em todos os lugares (v.22). Note-se a presença de ἀντιλέγω, verbo utilizado em Lc 2,34e. Dessa maneira, Lucas destaca que o evento profetizado por Simeão de que o Messias seria um sinal de contradição (σημεῖον ἀντιλεγόμενον) se estende na experiência de seus discípulos.[114]

O segundo encontro (vv.23-28) é preparado pelo primeiro (vv.17-22),[115] está apoiado literária e teologicamente pela citação de Is 6,9-10 (vv.26-27)[116] e converge para a afirmação final de Paulo (v.28).

A pregação de Paulo, que se concentra no testemunho do reino de Deus e busca persuadir a respeito de Jesus – "περὶ τοῦ Ἰη σου" – (v.23),[117] gera entre seus interlocutores uma dupla reação: alguns se deixam persuadir pelo que ele disse (v.24a), enquanto

---

literária, médica ou religiosa. No NT, o termo indica um grupo de pessoas que se distingue por um ensinamento particular, portanto, não possui conotação pejorativa. JOSEPHUS, F., *Antiquitates Judaicae*, XIII. 171; trad. Inglesa *Josephus in Nine Volumen*, aplica αἵρεσις às três escolas de pensamento dos judeus: os fariseus, os saduceus e os essênios. Segundo G. BAUMBACH, "αἵρεσις", 119, o substantivo aparece 9x no NT. Em At, é utilizado 6x: refere-se aos saduceus (5,17), aos fariseus (15,5; 26,5) e aos nazarenos (24,5.14; 28,22). Em At 24,5 e 28,22 αἵρεσις, encontra-se na boca dos judeus, enquanto em At 24,14 aparece na boca de Paulo quando se defende diante das acusações de seus irmãos judeus.

[114] A experiência de que os discípulos do Messias sofrem oposição por parte dos judeus é confirmada no interior da própria perícope; o mesmo verbo ἀντιλέγω aparece pela primeira vez nesta perícope quando Paulo faz seu discurso de autodefesa. O texto afirma que, diante da decisão tomada pelas autoridades romanas de libertá-lo, os judeus se opuseram (At 28,19).

[115] B.J. KOET, "Paul in Rome (Acts 28,16-31): A farewell to Judaism?", 401.

[116] Segundo H. VAN DE SANDT, "Acts 28,28: no Salvation for the People of Israel? An answer in the Perspectiva of the LXX", 347-348, na Igreja primitiva essa citação de Is 6,9-10 foi, muito provavelmente, um importante texto sobre o qual se explica o fracasso da missão entre os judeus e sua incredulidade (Mc 4,12 par; Jo 12,40; Rm 11,7-8[?]).

[117] Segundo D. MARGERAT, *A primeira história do cristianismo. Os Atos dos Apóstolos*, 239, deve-se observar que a proclamação é cristológica, porque o anúncio de Jesus é fundamentado na Escritura (Moisés e os profetas); como ocorre outras vezes ao longo de At (2,12ss; 8,30-35; 13,16-40; 17,2-4).

outros não creem em suas palavras (v.24b). Em seguida, Lucas oferece uma segunda informação: os ouvintes de Paulo se despediram em desacordo uns com os outros (v.25a). Observe-se que o interesse lucano está em descrever a divisão dos judeus.[118]

Aquela reposta provoca em Paulo uma dura reação que o leva a citar Is 6,9-10. Com essa citação, faz-se referência à resistência de "vossos pais" diante da palavra profética de Isaías (v.25b), a partir da qual se denuncia também a resistência da geração presente.[119] Note-se que aqui é empregada a fórmula "πρὸς τοὺς πατέρας ὑμῶν", enquanto em At 13,47 (durante os primeiros sermões dirigidos aos israelitas e temerosos de Deus)[120] é utilizada "τοὺς πατέρας ἡμῶν". Essa mudança não passou inadvertida entre os estudiosos. Haenchen e Richardson o interpretam como um sinal que indicaria a ideia lucana do final da missão entre os judeus; de modo que se justificaria a missão entre os gentios como consequência da rejeição dos judeus.[121] No entanto, a maioria dos autores rejeita essa ideia porque sustenta que o anúncio da salvação aos gentios faz parte das promessas dirigidas a Israel, como já foi assinalado anteriormente.

Por outro lado, a divisão dos judeus[122] e o anúncio da salvação aos gentios permite-nos conectar At 28,17-31 com Lc 2,22-

---

[118] D. MARGERAT, *A primeira história do cristianismo. Os Atos dos Apóstolos*, 239.

[119] W.H. WILLIMON, *Atti degli Apostoli*, 207.

[120] Note-se que, segundo At 13,5, Paulo e Barnabé já haviam anunciado a palavra de Deus na sinagoga de Salamina, mas, nesta ocasião, Lucas não oferece maiores detalhes sobre a composição de seu auditório.

[121] E. HAENCHEN, *The Acts of the Apostles*, 724-726, n. 3; P. RICHARDSON, *Israel in the Apostolic Church*, 150, n. 5.

[122] Segundo A. GEORGE, "Israel dan L'ouvré de Luc", 489.524, Lucas já vê o povo de Deus do AT como um povo dividido. No momento em que Jesus iniciou seu ministério, Israel já estava dividido: uma parte do povo era fiel e outra infiel. O anúncio da obra de Jesus acentuou esta divisão (também J. JERVELL, *The Theology of the Acts of the Apostles*, 34-43). Em uma primeira fase (4.1-9.50), os doutores simplesmente o rejeitam; na segunda fase (9.51-19.28), a rejeição se alarga para chegar a um conflito sanguinário em Jerusalém. O povo permanece em uma posição positiva diante de Jesus, mas não chega à fé. A destruição de Jerusalém seria um sinal de punição pela rejeição do Messias.

39.[123] Talvez, o aspecto mais significativo seja a relação entre os temas abordados por Is 6,9-10 e os dois oráculos de Simeão (2,29-32.34-35). Note-se que Lucas, uma vez mais, descreve a divisão dos judeus entre os que creem e os que não creem (At 28,24-28). Nessa divisão, percebem-se ecos da profecia de Simeão, que entrevê como a presença de Jesus é para a queda e o levantamento de muitos de Israel (2,34d). Além disso, a declaração paulina de que a salvação de Deus foi enviada aos gentios (At 28,28) tem importantes ressonâncias com a profecia de que Jesus é luz para a revelação dos gentios (2,32a).[124]

Com efeito, pode-se observar esse último paralelo a partir do tema σωτήριον, que é utilizado tanto no *Nunc dimittis* ("ὅτι εἶδον οἱ ὀφθαλμοί μου τὸ σωτήριόν σου", 2,30) como no discurso inaugural do ministério de João Batista ("καὶ ὄψεται πᾶσα σὰρξ τὸ σωτήριον τοῦ θεοῦ", 3,6). Note-se que, no discurso de Paulo, utiliza-se o pronome demonstrativo τοῦτο para introduzir a afirmação "esta salvação de Deus" (v.28). Esse paralelo ganha destaque se se recorda que σωτήριον é um termo característico lucano.

2.3.2. A citação de Is 6,9-10 em At 28,26-27

Antes de qualquer avaliação, deve-se ter presente que a citação de Is 6,9-10 desempenhou um importante papel na tradição evangélica;[125] além disso, como não poderia deixar de ser, o texto dessa citação no NT não é uniforme.[126] Com efeito, Lucas a utili-

---

[123] B.J. KOET, "Simeons Worte (Lk 2,29-32.34c-35) und Israels Geschick", 1555, essa conexão ocorre especialmente com 2,31-32.

[124] Segundo W.S. KURZ, *Reading Luke-Acts*, 29, o tema da culpável cegueira e surdez de Israel (Is 6,9-10), descrito em At 28,26-27, recorda o pranto de Jesus sobre Jerusalém, porque a seus olhos foi oculto o momento da graça de Deus (19,42) e a advertência paulina a seus ouvintes na sinagoga de Antioquia da Pisídia (At 13,40-41).

[125] C.A. EVANS, "The Function of Isaiah 6,9-10 in Mark and John", 137. De fato, no NT, é utilizada explicitamente 5x (Mc 4,12; Mt 13,13.14-15; Lc 8,10; Jo 12,40; At 28,26-27). Nos sinóticos, aparece na boca de Jesus, enquanto em At se encontra na boca de Paulo.

[126] J. GNILKA, *Die Verstockung Israels. Isaias 6,9-10 in der Theologie der Synoptiker*, 13; C.A. EVANS, "The function of Isaiah 6,9-10 in Mark and John", 124-138.

A APRESENTAÇÃO DE JESUS NO TEMPLO

za de modo diferente de Mc, Mt e Jo.[127] Por isso, para conhecer o sentido da perícope lucana, é necessário investigar o contexto em que foi utilizada.[128]

Se compararmos o texto lucano (At 28,26-27) com Is 6,9-10 (LXX), aparecem algumas diferenças.[129] No início da citação, Lucas escreve "πορεύθητι πρὸς τὸν λαὸν τοῦτον καὶ εἰπόν" (v.26a), enquanto na LXX "πορεύθητι καὶ εἰπὸν τῷ λαῷ τούτῳ"; além disso, na segunda parte do v.27, Lucas omite αὐτῶν depois de ὠσὶν. Se tomarmos a TM, as diferenças aumentam; os verbos em Lc e na LXX são utilizados no indicativo futuro ativo, enquanto na TM são empregados no imperativo.[130] O TM parece excluir a possibilidade de uma conversão de Israel, enquanto na LXX não há uma condenação; descreve-se a situação da geração do profeta, deixando sempre aberta a possibilidade de uma conversão.[131]

---

[127] C.A. EVANS, *To see and not Perceived. Isaiah 6,9-10 in Early Jewish and Christian Interpretation*, 91-135.

[128] Segundo K.D. LITWAK, Echoes of Scripture in Luke-Acts, 183-188.204, Lucas utiliza a citação de Is 6,9-10 não dentro do esquema promessa-cumprimento mas sim como fundamento de seu discurso. Com isso, Lucas recorda diante de seus leitores o tema profético-deuteronômico da obstinação de Israel contra Deus e seus profetas, ou seja, que Israel continua no caminho que sempre esteve. Portanto, deve-se ter presente que, segundo Lc-At, Paulo não falou mais nem menos que Isaías e os demais profetas. Por sua vez, F. BOVON, "Schon hat der heilige Geist durch den Propheten Jesaja zu euren Vatern gesprochen (Act 28,25)", 232, sustenta justamente que essa citação de Isaías é utilizada dentro de um esquema de promessa-cumprimento.

[129] H. VAN DE SANDT, "Acts 28,28: no Salvation for the People of Israel? An answer in the perspective of the LXX", 342.

[130] Segundo C.A. EVANS, *To see and Not Perceive. Isaiah 6.9-10 in Early Jewish and Christian Interpretation*, 62-64, as mudanças encontradas na LXX removem muito o tom sarcástico, sentencioso e crítico do TM. Com efeito, na LXX, o profeta é enviado a comunicar uma mensagem na qual se anuncia uma insensibilidade no meio do povo, enquanto no TM essa é provocada pela palavra profética.

[131] Segundo C.A. EVANS, *To see and Not Perceive. Isaiah 6.9-10 in Early Jewish and Christian Interpretation*, 63-64, no TM, a possibilidade de arrependimento era, então, já passada e parte do juízo do povo é fazê-lo ainda mais sensível e, portanto, mais culpável. O mesmo, B.J. KOET,

Portanto, a promessa de salvação se mantém, apesar da obstinação do povo. O texto lucano coincide, em sua maior parte, com a LXX, o que confirmaria uma possibilidade de conversão.

Quem conhece a história do povo de Israel sabe que a resistência da parte dos judeus diante da mensagem divina comunicada pelos profetas não é um acontecimento extraordinário. Lucas a conhece bem, assinalou o discurso de Estêvão (principalmente em At 7,51-52). Por isso, a rejeição vivida por Jesus, Estêvão, Paulo e os demais membros dessa "αἵρεσις" é interpretada em perfeita continuação com a experiência dos profetas ao longo da história de Israel.[132]

Por essa razão, Tiede, Moessner e Koet se opõem frontalmente à imagem de um Israel irremediavelmente perdido, tese defendida por Gnilka[133] e Sanders.[134] Os três autores sustentam que as pro-

---

"Simeons Worte (Lk 2,29-32.34c-35) und Israels Geschick", 1554; id., "Paul in Rome (Acts 28,16-31): a Farewell to Judaism?", 403.

[132] K.D. LITWAK, *Echoes of Scriptures in Luke-Acts*, 187-189.199-200.204; A. GARCIA DEL MORAL, "Un posible aspecto de la tesis y unidad del libro de los Hechos", 86-87.

[133] J. GNILKA, *Die Verstockung Israels. Isaias 6,9-10 in der Theologie der Synoptiker*, sustenta que a cena conclusiva de Lc-At deve ser lida como a afirmação lucana de que, a partir desse momento, o acesso à salvação está definitivamente fechado para o povo de Israel. Essa tese recebe o apoio daqueles que acusam Lucas de ser um expoente do antissemitismo neotestamentário.

[134] J.T. SANDERS, "The Jewish People in Luke-Acts", 51-75, ataca fortemente Lucas como um autor antijudaico. De fato, afirma que Lucas apresentou os judeus, enquanto povo, como aqueles que rejeitaram Jesus Messias e, em seguida, também a seus discípulos. Motivo pelo qual Lucas declara sua rejeição ao povo de Israel, sendo que este é descrito por meio de diversos personagens e perícopes ao longo de Lc-At. Por outro lado, contra a tese de Sanders, C.A. EVANS, "Is Luke's View of the Jewish Rejection of Jesus Anti-Semitic?", 29-56.174-183 e id., "Prophecy and Polemic: Jews in Luke's Scriptural Apologetic", 171-211, argumenta que, se os textos utilizados por Sanders forem interpretados sem preconceito, não permitem uma leitura antissemita. Além disso, afirma que Sanders não sabe o que fazer com as afirmações lucanas que se referem positivamente ao judaísmo. Por sua vez, R.C. TANNEHILL, "Israel in Luke-Acts: a tragic Store", 69-85, se detém a observar que as esperanças judaicas, tão destacadas em Lc 1–2, não se cumpriram ao final da dupla

fecias de Simeão, em Lc 2, são chaves para a reta compreensão da teologia lucana sobre o tema da salvação de Israel.[135] Tiede, a partir dos vv.34-35, sustenta que um levantamento seguirá à atual queda da maioria em Israel.[136] Moessner, por sua vez, afirma que a salvação de Israel se realiza justamente na rejeição do Messias, porque o "servo do Senhor" do Dêutero-Isaías porta a salvação escatológica a um Israel que rejeita sua missão.[137] Segundo Koet, a citação de Isaías se encontra dentro de um contexto de debate religioso judaico e havia sido usada como um elemento retórico, como uma característica das exortações proféticas. Paulo reafirma sua fidelidade a Israel e às promessas recebidas da parte de Deus; portanto, não se trataria de uma condenação definitiva de Israel.[138]

---

obra lucana; por isso, pergunta-se: É possível que o trágico acontecimento da rejeição do Messias por parte de Israel tenha provocado como resultado a não eficácia das promessas de restauração de Israel? Ou, pior ainda, é possível que isso tenha a rejeição de Israel por parte de Deus? Em sua resposta, sustenta que Lc 13,34-35 e At 3,19-21 fazem renascer a esperança para Israel. Além disso, quando Tannehill discute extensamente a tríplice reprovação de Paulo aos judeus (At 13,46; 18,6; 28,28), chega à conclusão de que o apóstolo não se refere a todos os judeus, mas tão somente àqueles que estão presentes naquele lugar. De fato, o debate histórico e exegético-teológico sobre o lugar ocupado por Israel em Lc-At é muito complexo. Para quem deseja conhecer a evolução história do debate, suas correntes e principais autores que tomaram posição diante do tema, sugerimos o extenso e rico artigo de H. MERKEL, "Israel im Lukanischen Werk", 371-398.

[135] D.L. TIEDE, "'Glory to thy people Israel': Luke-Acts and the Jews", 23.26-27, dentro do conjunto de Lc 1–2, os oráculos de Simeão são chaves para a compreensão da salvação e relação entre judeus e gentios, além de iluminar a divisão do povo de Israel diante do Messias Jesus. De fato, J. DUPONT, *Nuovi studi sugli Atti degli Apostoli*, 325, se interroga como é possível atribuir a ideia de uma reprovação global de Israel ao autor escreveu os relatos da infância, em particular os hinos do *Magnificat, Benedictus e Nunc dimittis*.

[136] J. DUPONT, "Le salut des gentils et la signification théologique du livre des Actes", 135-136.

[137] D.P. MOESNNER, "The Ironic Fulfillment of Israel's Glory", 37.46-48.

[138] B.J. KOET, "Simeons Worte (Lk 2,29-32.34c-35) und Israels Geschick", 1554; id., "Paul in Rome" (Acts 28,16-31): a Farewell to Judaism?", 408;

Além disso, essa tese é apoiada pela convicção de que a salvação dos gentios não é resultado de circunstâncias inesperadas, mas é parte integrante do plano salvífico (universal) de Deus;[139] motivo pelo qual, esse anúncio não se opõe à salvação de Israel e tampouco é consequência da rejeição do Messias por parte de Israel. Dentro dessa perspectiva, em Lc-At, não se descreve outra coisa senão o cumprimento das antigas profecias.[140] Essa perspectiva teológica é destacada no início e no final de Lc (2,30-31; 24,47[141]), assim como também no início, no centro e no final de At (1,8;[142] 10,1-48; 15,7-19; 28,28[143]).

Por outro lado, a tese de que o povo judeu não foi abandonado nem rejeitado por Deus pode ser sustentada pelo ensinamento lucano de que Deus é misericordioso, bom e compassivo com

---

W.H. WILLIMON, *Atti degli Apostoli*, 207-208; o mesmo C.A. EVANS, *To see and not Perceived. Isaiaih 6,9-10 in Early Jewish and Christian Interpretation*, 125-126.

[139] J. DUPONT, "Le salut des gentils et la signification theologique du livre des Actes", 135-136.

[140] J. DUPONT, *Nuovi studi sugli Atti degli Apostoli*, 329.

[141] Segundo G. ROSSÉ, "La crono-teologia lucana", 126.129, no terceiro evangelho, as últimas palavras do Ressuscitado (24,47) não estão orientadas para a Parusia, mas sim para a tarefa missionária dos apóstolos na história. Essa missão universal, assim como o evento Cristo, está fundamentada nas Escrituras.

[142] J. DUPONT, "Le salut des gentils et la signification théologique du livre des Actes", 135, afirma que At 1,8, é chave dentro do esquema geográfico-teológico desenvolvido na obra lucana. De fato, esse versículo ocupa uma posição estratégica na composição de Lc-At. Sua presença no início de At está estreitamente relacionado ao Evangelho. Segundo A. BOTTINO, "La missione 'fino all'estremità della terra' e i suoi protagonista negli Atti degli Apostoli", 336-339, a fórmula "ἕως ἐσχάτου τῆς γῆς" (que também aparece em At 13,47) à luz de Is 48,20; 49,6; 62,11, deve ser considerada uma expressão técnica para indicar as nações pagãs. O mesmo pensa O. DA SPINETOLI "Qualche riflessione su 'la salvezza' nell'opera lucana (Vangelo e Atti)", 274-275.

[143] Além disso, Paulo, a caminho de Damasco, é constituído anunciador do evangelho: "Para levar meu nome na presença dos gentios" (At 9,15); "livrar-te-ei do povo e dos gentios aos quais eu te envio" (At 26,17); "será testemunho seu ante todos os homens" (At 22,15).

o ingrato e o malvado (6,35-36);[144] note-se que essa afirmação valeria mais para um judeu que buscou viver sua fé da melhor maneira possível.[145] A chamada de Paulo é um exemplo concreto desse proceder misericordioso divino. Aquele que por fidelidade ao judaísmo perseguia os discípulos de Jesus recebeu a oportunidade de conhecer o poder salvífico do Ressuscitado, para em seguida converter-se em anunciador da esperança de Israel, de que Jesus Senhor é o Messias-Cristo, morto e ressuscitado, segundo as Escrituras.

Essa possibilidade de conversão se confirma no sumário conclusivo (At 28,30-31). A expressão "ἀπεδέχετο πάντας" descreve como Paulo desenvolve sua atividade evangelizadora: "Recebida a todos os que o buscavam" (v.30). Pode-se reconhecer que, não obstante a rejeição de uma parte dos judeus, o texto lucano não exclui a possibilidade de que outros judeus poderiam aproximar-se de Paulo para escutá-lo.[146] Com efeito, Lucas descreve Paulo, o missionário cristão, como aquele que permanece sempre com a porta aberta. Com essa afirmação, Lucas declara que o reino de Deus estará sempre aberto a todos. A obra salvífica de Deus operada em Jesus Cristo, pelo Espírito Santo, continua acessível não somente aos gentios, mas também aos judeus.[147] Por isso, se-

---

[144] Além disso, A. GEORGE, "Israel dans L'ouvré de Luc", 489.524, sustenta que, a partir de Lc 13,35, se pode pensar que Lucas alimenta a esperança de que todo o Israel se convertesse por meio da manifestação de Cristo na Parusia.

[145] R.F. O'TOOLE, "Reflections on Luke's Treatment of the Jews in Luke-Acts", 547.

[146] Segundo J.L. HOULDEN, "The purpose of Luke", 63, Lucas teria o objetivo não somente de dissuadir os cristãos de uma fácil rejeição e condenação do judaísmo como corpo, mas também, distinguindo-se de Mateus (27,25), de manter um caminho aberto, ao qual os judeus poderiam recorrer até o cristianismo, baseados em uma comum aceitação do inescrutável desígnio salvífico de Deus realizado em Cristo.

[147] H. VAN DE SANDT, "Acts 28,28: no Salvation for the People of Israel? An answer in the Perspective of the LXX", 343; M. RESE, "The Jews in Luke-Acts: Some Second Thoughts", 199-200; B.J. KOET, "Paul in Rome (Acts 28,16-31): A farewell to Judaism?", 410; K.D. LITWAK, *Echoes of*

gundo Lc-At, o anúncio do desígnio salvífico ainda não conheceu seu final; mais que nunca, "a missão continua aberta!"[148]

Scriptures in Luke-Acts, 199-200; D. MARGERAT, *A primeira história do cristianismo*, 241; C.A. EVANS, *To see and not Perceived. Isaiah 6,9-10 in Early Jewish and Christian Interpretation*, 126.

[148] W.H. WILLIMON, *Atti degli Apostoli*, 211; D. MARGERAT, *A primeira história do cristianismo*, 246.

CONCLUSÃO

1. Os dados oferecidos pelo *status quaestionis*

O Capítulo I nos permite observar como as investigações nos escritos lucanos, realizadas ao longo do último século, destacaram a exigência literário-teológica de estudar Lc-At em seu conjunto. Por sua vez, assinalaram como a apresentação de Jesus no Templo se insere perfeitamente no esquema histórico-salvífico desenvolvido em Lc-At.

De forma análoga, os estudos sobre 2,22-39 e, de modo particular, aqueles sobre os oráculos de Simeão (vv.29-32; vv.34cde-35) quanto à revelação da identidade messiânica de Jesus e o aspecto soteriológico de sua missão destacaram o lugar privilegiado ocupado por esses anúncios proféticos no conjunto de Lc 1–2 e de Lc-At.

2. A estrutura e a composição de Lc 2,22-39

No Capítulo II, os estudos introdutórios comprovam que a estrutura interna de 2,22-39 exibe uma inclusão que confirma sua unidade literária. Como se observa no quadro a seguir, o autor entrelaça três elementos (uma expressão temporal, a fórmula [νόμος + genitivo] e um deslocamento geográfico-espacial) para introduzir e concluir a perícope cuja trama central se desenvolve no santuário de Jerusalém e é descrita nos relatos de Simeão (vv.25-35) e de Ana (vv.36-38).

vv.	estrutura	texto grego
22	Introdução	καὶ ὅτε ἐπλήσθησαν αἱ ἡμέραι τοῦ καθαρισμοῦ αὐτῶν
(23-24)	– Inclusão –	κατὰ τὸν νόμον Μωϋσέως,
		ἀνήγαγον αὐτὸν εἰς Ἱεροσόλυμα
25-35	Simeão	καὶ ἰδοὺ ἄνθρωπος ἦν ἐν Ἰερουσαλὴμ ᾧ ὄνομα Συμεών...

36-38	Ana	καὶ ἦν ῎Αννα προφῆτις...
39	Conclusão – Inclusão –	καὶ ὡς ἐτέλεσαν πάντα τὰ κατὰ τὸν νόμον κυρίου ἐπέστρεψαν εἰς τὴν Γαλιλαίαν εἰς...

Além disso, deve-se observar que 2,22-39 está estruturada seguindo um esquema bastante comum nas Escrituras, o esquema da revelação articulado em três momentos: (1) a subida até um lugar elevado; (2) a revelação; (3) a baixada. Note-se que, em Lc 1–2, a cidade de Nazaré aparece 4x como o lugar a partir do qual se inicia um episódio e para o qual se retorna ao final.

Em seguida, a segmentação da perícope nos oferece a possibilidade de observar a estreita continuidade entre os vv.22-24.39. Essa coesão literário-estrutural induz a sustentar que, talvez, originalmente essa sequência de versículos existisse unida, de modo tal que os relatos de Simeão (vv.25-35) e de Ana (vv.36-38) teriam sido posteriormente enxertados, dando à perícope sua composição final.

Como se visualiza no quadro a seguir, a estrutura do conjunto apresenta doze segmentos, que em paralelos de dois em dois (A-A1, B-B1, C-C1, D-D1, E-E1, F-F1) convergem para o segmento central G, o qual corresponde à afirmação "ἅγιον τῷ κυρίῳ κληθήσεται" (v.23c), único segmento que apresenta o verbo em tempo futuro.

A	καὶ ὅτε ἐπλήσθησαν αἱ ἡμέραι τοῦ καθαρισμοῦ αὐτῶν	22a
B	κατὰ τὸν νόμον Μωϋσέως,	b
C	ἀνήγαγον αὐτὸν εἰς ᾿Ιεροσόλυμα	c
D	παραστῆσαι τῷ κυρίῳ	d
E	καθὼς γέγραπται ἐν νόμῳ κυρίου	23a
F	ὅτι πᾶν ἄρσεν διανοῖγον μήτραν	b
G	**ἅγιον τῷ κυρίῳ κληθήσεται**	c
D1	καὶ τοῦ δοῦναι θυσίαν	24a
E1	κατὰ τὸ εἰρημένον ἐν τῷ νόμῳ κυρίου,	b
F1	ζεῦγος τρυγόνων ἢ δύο νοσσοὺς περιστερῶν	c
A1	καὶ ὡς ἐτέλεσαν πάντα τὰ	39a
B1	κατὰ τὸν νόμον κυρίου	b
C1	ἐπέστρεψαν εἰς τὴν Γαλιλαίαν εἰς πόλιν ἑαυτῶν Ναζαρέθ	c

Essa evidência nos leva a concluir que Lucas teria enxertado os relatos de Simeão (vv.25-35) e de Ana (vv.36-38) nesse texto pré-existente (vv.22-24.39). Dessa maneira, esses versículos foram separados e posteriormente passaram a constituir a inclusão inicial (vv.22-24) e final (v.39) de toda a perícope (2,22-39).

Por outro lado, é importante destacar que essa inserção teria o objetivo de acrescentar as razões cristológicas que explicariam a afirmação central (G) "ἅγιον τῷ κυρίῳ κληθήσεται" aplicada a Jesus (v.23c). Desse modo, sustentamos que os relatos (vv.25-35 e vv.36-38) poderiam ser identificados como ampliações *derásicas*, com as quais se explicita a identidade e a missão daquele menino primogênito apresentado no Templo.

Em síntese, com a utilização desse recurso literário, o autor estaria fazendo uma distinção qualitativa entre todos os primogênitos de Israel, declarando a seus locutores: "Aqui estão os motivos teológicos pelos quais aquele menino primogênito será chamado santo!".

3. Alguns elementos linguístico-sintáticos e semânticos

A análise linguístico-sintática das três subunidades (vv.22-24.39; vv.25-35; vv.36.38) que compõem a perícope nos permitiu observar como cada uma delas foi intencionalmente elaborada. A coordenação entre as diversas orações principais e sua perfeita unidade com as orações subordinadas (principalmente finais e relativas) revela a importância da inclusão inicial e final (vv.22-24.39) e, ao mesmo tempo, o aspecto determinante dos dois personagens (Simeão e Ana) que, como sujeitos-protagonistas, se encontram com Jesus no Templo (vv.25-35.36-38).

Quanto ao primeiro personagem, deve-se destacar a presença do verbo ὁράω, o qual é utilizado como um elemento literário de coesão entre a primeira seção do relato de Simeão: sua descrição (vv.25-26) e a segunda seção: sua presença no Templo (vv.27-35), mais precisamente, com o *Nunc dimittis* (vv.29-32). Por sua vez, a marcada presença do Espírito (v.27) Santo (vv.25-26) possui duas

CONCLUSÃO 265

funções determinantes: (1) qualificar o testemunho de Simeão; (2) assinalar a importância do Espírito para reconhecer a identidade messiânica de Jesus e acolher sua missão salvífica.

Além disso, note-se que o Espírito conduz Simeão ao Templo do mesmo modo que a autoridade da Lei do Senhor conduz os pais do menino a Jerusalém. Com efeito, é justamente essa ação coordenada do Espírito e da Lei do Senhor o que permite aquele encontro onde se desencadeia a revelação da identidade e missão de Jesus.

Um quarto elemento a ser notado é a repetida associação entre os verbos εὐλογέω e λέγω (vv.28bc.34ab), com a qual o evangelista introduz e põe em paralelo a revelação explicitada em cada um dos oráculos de Simeão (vv.29-32;vv.34cde-35).

Em relação ao segundo personagem, é importante fazer notar que sua figura é apresentada em paralelo àquela de Simeão; de fato, também é possível identificar duas seções complementares: sua descrição (vv.36a-37c), sua ação no Templo (v.38).

Por outro lado, a análise semântica trouxe à luz importantes aspectos que, seguramente, foram utilizados pelo evangelista para enriquecer o sentido e o conteúdo teológico da perícope.

Em primeiro lugar, a análise do cenário (Jerusalém e o Templo) emerge como um elemento que indica o lugar central ocupado pela perícope, dentro do plano teológico-geográfico desenvolvido por Lc 1–2 e, principalmente, destaca sua conexão teológica com o conjunto de Lc-At.

Em segundo lugar, a análise do fundamento, do agente que deu origem ao deslocamento dos pais com seu primogênito a Jerusalém (a lei do Senhor [= de Moisés]); em outras palavras: as Escrituras, elemento que, ao longo de Lc-At, se constitui em um verdadeiro testemunho que sustenta e revela a identidade messiânica de Jesus.

Em terceiro lugar, a análise dos objetivos da subida a Jerusalém: as ações de apresentar (παρίστημι) e dar/oferecer (δίδωμι) que aparecem, respectivamente, em vv.22d.24a, como dois elementos subordinados a ἀνάγω (v.22c), verbo que apresenta um marcado sentido teológico. De fato, Lucas se vale dessa dupla subordinação para destacar a direção que deseja dar ao conjunto da perícope: (1) a importância da apresentação do menino primogênito diante do Senhor no Templo; (2) o sacrifício oferecido referente à purificação da mãe e, portanto, sem relação alguma com o menino.

Além disso, deve-se observar que o evangelista, quando descreve a ação dos dois personagens no Templo, insiste em assinalar o tempo presente como um tempo privilegiado de revelação, salvação e redenção. Assim, no relato de Simeão, v.29a, é destacado o "agora" (νῦν); e, de igual modo, no relato de Ana v.38a, "na mesma hora" (αὐτῇ τῇ ὥρᾳ). Nos dois relatos, esse aspecto está associado ao caráter messiânico-soteriológico da identidade de Jesus.

4. O sentido exegético-teológico de Lc 2,22-39

Os resultados obtidos na análise exegético-teológica apresentada no Capítulo III nos permitem elaborar algumas conclusões quanto ao sentido da inclusão e dos relatos de Simeão e Ana.

4.1. Quanto aos vv.22-24.39

Nesses versículos, deve-se observar que o autor sagrado utilizou as referências às Escrituras de forma livre. Isso significa que os preceitos da purificação da mãe (Lv 12,1-8) e do resgate dos primogênitos (Ex 13,2.13-15) são citados e reatualizados dentro da intenção teológica do autor.

Com efeito, existe um marcado trabalho de redação, o qual gerou algumas substituições, omissões e/ou deslocamentos de verbos, substantivos e/ou adjetivos. Dentre elas se destaca, no v.23c, a omissão do verbo λυτρόω (resgatar) substituído por καλέω (chamar), que é associado ao adjetivo substantivado ἅγιον (santo). Note-se que essa alteração apresenta a explícita afirmação que é aplicada à pessoa de Jesus como primogênito: "Será chamado santo pelo Senhor" (v.23c). Em segundo lugar, é importante observar que a ideia de *resgatar* não desaparece da perícope; na

CONCLUSÃO 267

realidade é deslocada até o final do relato de Ana, no v.38d, onde reaparece por meio do substantivo λύτρωσις (resgate).

4.2. Os vv.25-35

O relato de Simeão pode ser compreendido como uma composição *derásica*, na qual o personagem emerge como o porta-voz do cumprimento das profecias do Dêutero e Trito-Isaías com respeito ao desígnio divino de salvação universal. Com efeito, o acento do *Nunc dimittis* recai sobre a salvação preparada por Deus em favor de todos os povos, de modo que os gentios terão participação na herança de Israel. Essa salvação é realizada por meio do Messias que, apresentado no Templo, é declarado santo pelo Senhor de Israel. Note-se que o primeiro oráculo de Simeão assinala o lugar central ocupado por Israel dentro desse plano salvífico universal de Deus.

Por outro lado, o segundo oráculo de Simeão, dirigido exclusivamente a Maria, a mãe de Jesus, expressa um importante elemento da teologia lucana; a presença de Maria está associada estreitamente à missão e ao destino de seu filho, enquanto Messias rejeitado por grande parte de seu povo, Israel.

4.3. Os vv.36-38

Em relação ao relato de Ana, sustentamos que seu testemunho profético deve ser lido como uma composição *derásica*, na qual se anuncia a renovação da aliança entre o Senhor Deus e Jerusalém (Israel) restaurado. Note-se que, nesse evento salvífico de renovação, a ação do *go'el* é executada pelo Messias Jesus, o santo do Senhor apresentado no Templo.

O primeiro elemento que nos permite propor essa interpretação teológica do relato é a informação de que Ana provém da tribo de Aser, uma tribo do norte; por meio da qual se assinala que essa parte do povo eleito também se encontra em Jerusalém-Sião. Note-se que o lugar escolhido pelo Senhor para esse encontro salvífico de restauração é o Templo de Jerusalém, sua própria habitação, onde é acolhido o Messias de Israel, o descendente davídico.

Além disso, o silêncio lucano com respeito às palavras proferidas pela profetisa nos levou a suspeitar de que a profecia de Ana se coloca em consonância com os testemunhos proféticos do AT, onde a vida do profeta emerge como uma síntese de sua profecia. Por isso, sustentamos que os dados sobre sua origem tribal e familiar, seu estado de vida (virgem, casada e viúva), sua idade avançada e seu serviço qualificado no Templo, indicam que a descrição de Ana, na realidade, representa uma imagem de Israel--Jerusalém-Sião que vive a expectativa da renovação da aliança com seu Senhor, o resgatador de Jerusalém, o santo de Israel.

Por outro lado, dentro da perspectiva teológica histórico-escatológica de Lc-At, essa renovação deve ser compreendida sob dois aspectos: (1) primeiro, sob o aspecto histórico, já realizado no evento de Jesus, o Messias morto e ressuscitado; (2) o segundo, sob o aspecto escatológico, como a promessa do resgate definitivo de Jerusalém ao final dos tempos; quando, segundo Lucas, no tempo estabelecido pelo Pai, os povos contemplarão a glória do Senhor que brilhará e iluminará o Israel restaurado.

5. O plano histórico-salvífico em 2,22-39 e sua conexão com a unidade de Lc-At

Os resultados alcançados no Capítulo IV nos permitem sustentar que a perícope de Lc 2,22-39 é, na realidade, uma síntese do plano histórico-salvífico desenvolvido em Lc-At. Com efeito, nesse capítulo pudemos constatar dois importantes aspectos com relação ao conteúdo teológico de 2,22-39: (1) esse se encontra em conexão progressiva com os principais temas dos relatos da infância; (2) esse é desenvolvido amplamente ao longo de Lc 3–24 e de At.

Não obstante o surgimento nos últimos anos de algumas vozes discordantes diante da unidade de Lc-At, pode-se afirmar que essa compreensão unitária tem marcado de forma decisiva os estudos lucanos até o presente. De fato, essa linha de pesquisa que começou a projetar-se, principalmente a partir dos estudos apresentados por Cadbury, foi confirmada pela maioria dos estudiosos.

Dentro dessa perspectiva, pode-se afirmar que a unidade de Lc-At emerge de modo explícito no plano salvífico divino revelado a Israel, o qual, segundo as Escrituras, conhece seu pleno cumprimento em Jesus, o Messias morto e ressuscitado.

Em síntese, esse plano histórico-salvífico pode ser dividido em três fases: (1) o anúncio da salvação é dirigido a Israel, no meio do qual ocorre uma divisão diante do Messias; (2) a partir desse anúncio, o Israel fiel, aquele que acolheu o Messias do Senhor, passa a testemunhá-lo a seus irmãos israelitas, entre os quais continua a divisão: no entanto, ao mesmo tempo, o Israel fiel estenderá o anúncio aos gentios que, associados à fé em Jesus – Messias de Israel –, são integrados à herança do povo eleito; (3) então, depois que essa salvação tiver iluminado todos os povos – até os confins da terra (24,47; At 1,8) – e se cumprirem os tempos estabelecidos pelo Pai, o Senhor restaurará definitivamente a casa de Israel, cumprindo plenamente a promessa do resgate de Jerusalém.

É interessante observar que as fases do plano histórico-salvífico lucano correspondem exatamente ao conteúdo teológico de 2,22-39. Portanto, podemos notar que nessa perícope o autor propõe uma síntese dos fundamentos teológicos do plano histórico-salvífico universal, o qual é posteriormente desenvolvido ao longo de Lc-At.

A descrição de Simeão (vv.25-26) delineia a imagem de Israel que, com fidelidade, espera a salvação; um Israel que deseja o cumprimento das promessas divinas. Em seguida, com o *Nunc dimittis* (vv.29-32) anuncia-se que essa salvação foi preparada por Deus diante de todos os povos. No entanto, Israel mantém um lugar privilegiado (v.32b) enquanto cumpre sua vocação de anunciar a missão de seu Messias que salva e ilumina todos os povos (vv.30.31.32a). Com efeito, a luz salvífica do Messias do Senhor brilhará tanto sobre os gentios como sobre Israel, com ênfase para este último (v.32).

No segundo oráculo de Simeão, esboça-se a trágica divisão de Israel diante de seu Messias (2,34c-35). Nesse oráculo, emerge a figura de Maria como antecipadora da imagem do discípulo (e da comunidade de fé) que é associado(a) ao destino de seu mestre, o Messias rejeitado, sinal de contradição no meio de seu povo.

Em seguida, no relato de Ana, declara-se que aquela divisão não é a última palavra para Israel. Anuncia-se a renovação da aliança, onde emerge Israel unificado e restaurado. Essa unidade selará o resgate definitivo de Jerusalém (2,36-38; 21,24).

Por outro lado, se se observa o paralelo do conteúdo teológico existente entre as bênçãos que acompanham a *Shemá* e o *Nunc dimittis*, pode-se assinalar um importante elemento teológico a ser utilizado no presente diálogo judaico-cristão.

De fato, nessas bênçãos judaicas estão presentes dois aspectos teológicos importantes: (1) a releitura da história de Israel, especialmente da redenção operada no Êxodo, que convida a bendizer a Deus pelos dons concedidos a Israel no passado; (2) o anúncio dos desejos futuros de salvação e redenção (resgate) de Israel, onde se expressa o desejo de ver muito rápido o esplendor da luz em Sião.

Em 2,22-39, de forma análoga, bendiz-se a Deus; mas existe uma diferença fundamental: os desejos de redenção já foram cumpridos pela presença salvífica do Messias Jesus.

No entanto, ao mesmo tempo, deve-se também fazer notar que na teologia lucana existe uma perspectiva de salvação escatológica, a qual será realizada em um tempo futuro estabelecido pelo Pai (At 1,6-7). Esse evento consumará a ação salvífica divina em favor de Israel-Jerusalém.

Note-se o paralelo existente entre o judaísmo e o cristianismo, quanto à mesma perspectiva escatológica que deseja a restauração de Israel. Portanto, a partir dessa mesma expectativa de plenitude e definitiva redenção, é possível destacar uma perspectiva de diálogo entre o cristianismo e o judaísmo. As duas tradições religiosas, possuindo uma raiz comum, caminham ao encontro do Messias; ambas esperam a revelação gloriosa do Messias que restaurará definitivamente o reino do Pai, no qual, em meio a todos os povos, Israel ocupará um lugar destacado.

REFERÊNCIAS BIBLIOGRÁFICAS

1. Textos, documentos e instrumentos de trabalho

Aland, K. – Aland, B., *Il testo del Nuovo Testamento*, Genova 1987.

Alonso Schökel, L., *Diccionario bíblico hebreo-español*, Madrid 1994.

Balz H. – Schneider, G., ed., *Diccionario Exegético del Nuevo Testamento*, I-II, Salamanca 1996, 1998.

Basta, P., *Gezerah Shawah. Storia, forme e metodi dell'analogia biblica*, SubBi 26, Roma 2006.

Bauer, W., *A Greek-English Lexicon of the New Testament and Other Early Christian Literature*, Chicago-London 1979.

Bazylinski, S., *Guida alla ricerca biblica. Note introduttive*, SubBi 24, Roma 2004.

Biblia del Peregrino, L. Alonso Schökel, ed., Bilbao 1993, 2001⁶.

Biblia Hebraica Stuttgartensia, K. Elliger – W. Rudolph, ed., Stuttgart 1967-1977, 1990⁴.

Blass, F. – Debrunner, A., *Grammatica del greco del Nuovo Testamento*, Brescia 1997.

Botterweck, G.J. – Ringgren, H., ed., *Grande Lessico dell'Antico Testamento*, I-VII, Brescia 1988-2007.

Coenen, L. – Beyreuther, E. – Bietenhard, H., ed., *Diccionario Teológico del Nuevo Testamento*, I-II, Salamanca 1998⁴, 1999⁴.

Dias da Silva, C.M., *Metodologia de exegese bíblica*, São Paulo 2000.

Egger, W., *Metodologia del Nuovo Testamento. Introduzione allo studio scientifico del Nuovo Testamento*, Bologna 1996.

Evans, C.A. – Porter, S.E., ed., *Dictionary of New Testament Background. A Compendium of Contemporary Biblical Scholarship*, Downers Grove-Leicester 2000.

Fernández Marcos, N., *Introducción a las versiones griegas de la Biblia*, Madrid 1998.

García Negroni, M.M., ed., *El arte de escribir bien en español. Manual de corrección de estilo*, Buenos Aires 2004.

Hatch, E. – Redpath, H., *A Concordance to the Septuagint*, I, II-III, Graz 1954.

Jay, E.C., *Grammatica Greca del Nuovo Testamento*, Casale Monferrato 2001[4].

Jenni, E. – Westermann, C., ed., *Diccionario Teológico Manual del Antiguo Testamento*, I-II, Madrid, 1978, 1985.

Kittel, G. – Friedrich, G., ed., *Grande Lessico del Nuovo Testamento*, I-XVI, Brescia 1965-1992.

Léon-Dufour, X., ed., *Dizionario di Teologia Biblica*, Genova 1996[5].

Metzger, B.C., *A Textual Commentary on the Greek New Testament*, Stuttgart 2001[2].

Moulton, J.H., *A Grammar of New Testament Greek*. III. Sintax, London-New York 1963, 1998[2].

Nolli, G., *Evangelo secondo Luca. Testo greco. Neovolgata latina. Analisi filologica. Traduzione italiana*, Città del Vaticano 1993.

Novum Testamentum graece, E. Nestle, – K. Aland – al., ed., Stuttgart 2001[27].

Pisano, S., *Introduzione alla critica testuale dell'Antico e del Nuovo Testamento*, Roma 2002[4].

Pontificia Comisión Bíblica, *La interpretación de la Biblia en la Iglesia*, Vaticano 1993.

_____, *El pueblo judío y sus Escrituras Sagradas en la Biblia cristiana*, Vaticano 2002.

Segbroeck, F. van, *The Gospel of Luke. A Cumulative Bibliography 1973-1988*, BEThL 88, Leuven 1989.

Septuaginta, A. Ralphs, ed., Stuttgart, 1935, 1984[9].

Strack, H.L. – Billerbeck, P., *Kommentar zum Neuen Testament aus Talmud und Midrasch*, II, München 1924.

Swanson, R.J., ed., *New Testament Greek Manuscripts: variant readings arranged in horizontal lines against Codex Vaticanus. Luke*, Sheffield 1995.

Valle, C. del, ed., *La Misná*, Salamanca 1997.

VanGemeren, W. A., ed., *New International Dictionary of Old Testament Theology and Exegesis*, I-V, Grand Rapids 1997.

Weren, W., *Métodos de exégesis de los evangelios*, Estella 2003.

Zerwick, M., *Graecitas Biblica Novi Testamenti exemplis illustratur*, Roma 1966. (trad. y adapt. española: Fuente Adánez, A. de la, *El Griego del Nuevo Testamento*, Estella 2002³).

Zerwick, M. – Grosvenor, M., *A Grammatical Analysis of the Greek New Testament*, Roma 1996⁵.

2. Livros e artigos em geral

Agua Pérez, A. del, "El cumplimiento del Reino de Dios en la misión de Jesús: Programa del Evangelio de Lucas (Lc 4,14-44)", *EstB* 38 (1979-80), 269-293.

_____, "El papel de la 'escuela midrásica' en la configuración del Nuevo Testamento", *EE* 60 (1985), 333-349.

_____, *El método midrásico y la exégesis del Nuevo Testamento*. Valencia 1985.

_____, "Aproximación al relato de los evangelios desde el midrás/derás", *EstB* 45 (1987), 257-284.

_____, "El mundo del midrás/derás, investigaciones recientes sobre el midrás/derás", *EstB* 50 (1992), 319-334.

_____, "Los evangelios de la infancia: ¿Verdad histórica o verdad teológica?", *RF* 230 (1994), 381-399.

Agua Pérez, A. del, "El 'Antiguo' Testamento, primera parte de la Biblia cristiana. Lectura cristiana del AT", *EE* 70 (1995), 145-189.

_____, "La interpretación del 'relato' en la doble obra lucana", *EE* 71 (1996), 169-214.

Aguirre Monasterio, R., "Evangelio según Mateo", in R.A. MONASTERIO – A. RODRÍGUEZ CARMONA, *Evangelios sinópticos y Hechos de los Apóstoles*, IEB 6, Estella 1992, 191-275.

Aguirre Monasterio, R. – Rodríguez Carmona, A., ed., *La investigación de los Evangelios Sinópticos y Hechos de los Apóstoles en el siglo XX*, Estella 1996.

Alonso Schökel, L. – Carniti, C., *Salmos*. I. Salmos 1-72. II. Salmos 73-150, Estella 2002, 2004.

Annen, F., "θαυμάζω", *DENT*, I, Salamanca 1996, 1833-1836.

Aranda, G., "Los evangelios de la infancia de Jesús", *ScrTh* 10 (1978), 793-848.

Argyle, A.W., "The Greek of Luke and Acts", *NTS* 20 (1973-74), 441-445.

Augustin, C., "Ascoltare", in X. LÉon-Dufour, ed., *DTBi*, 96-97.

Avril, A.C. – Maissonneuve, D., *As Festas Judaicas*, São Paulo 1997.

Aytoun, R.A., "The Ten Lucan Hymns of the Nativity in their Original Language", *JThS* 18 (1917), 274-288.

Baer, H. von, *Der Heilige Geist in den Lukasschriften*, Stuttgart 1926.

Baldwin, J.G., *Daniel, introdução e comentário*, São Paulo 1991.

Ballhorn, E., "Simeon: der Jesaja des Neuen Testaments (Lk 2,21-40)", in *Entdecken: Propheten*. Lese und Arbeitsbuch zur Bibel, Stuttgart 2003, 70-79.

Balz, H., "ἀνάγω", *DENT*, I, Salamanca 1996, 236-237.

_____, "ἀφίστημι", *DENT*, I, Salamanca 1996, 550.

_____, "εἰμί", *DENT*, I, Salamanca 1996, 1190-1196.

_____, "ἐθίζω", *DENT*, I, Salamanca 1996, 1157.

_____, "εἰσάγω", *DENT*, I, Salamanca 1996, 1218.

_____, "ἐφίστημι", *DENT*, I, Salamanca 1996, 1709.

_____, "λατρεύω", *DENT*, II, Salamanca 1998, 29-34.

_____, "χρηματίζω", *DENT*, II, Salamanca 1998, 2104-2105.

Barbi, A., "Koinonia, soluzione dei conflitti e rapporti tra chiese: un aspetto dell'ecclesiologia degli Atti", in G. Leonardi – F.G.B. Trolese, ed., *San Luca evangelista testimone della fede che unisce. Atti del Congresso Internazionale, Padova 16-21 Ottobre 2000. L'unità letteraria e teologica dell'opera di Luca*, I, Padova 2002, 95-113.

Barriocanal Gómez, J.L., *La relectura de la tradición del éxodo en el libro de Amós*, TG.ST 58, Roma 2000.

Bauckham, R., "Anna of the Tribe of Asher", in *Gospel Women. Studies of the Named Women in the Gospels*, London-New York 2002, 77-107.

Baumbach, G., "αἵρεσις", *DENT*, I, Salamanca 1996, 119-120.

Benoit, P., "L'enfance de Jean-Baptiste selon Luc 1", *NTS* 3 (1956-1957), 169-194.

_____, "Et toi-même, un glaive te transpercera l'âme! (Luc 2,35)", *CBQ* 25 (1963), 251-261.

Berger, K., "Das Canticum Simeonis (Lk 2,29-32)", *NT* 27 (1985), 27-39.

Berlingieri, G., *Il lieto annuncio della nascita e del concepimento del precursore di Gesù (Lc 1,5-23.24-25) nel quadro dell'opera lucana*, AnGr 258, Roma 1991.

Betori, G., "L'Antico Testamento negli Atti", *RivBib* 32 (1984), 211-236.

_____, "L'unità letteraria e narrativa di Luca-Atti: indicazioni dalla struttura", in G. Leonardi – F.G.B. Trolese, ed., *San Luca evangelista testimone della fede che unisce. Atti del Congresso Internazionale, Padova 16-21 Ottobre 2000. L'unità letteraria e teologica dell'opera di Luca*, I, Padova 2002, 71-93.

Betz, O., "σημεῖον", *DENT*, II, Salamanca 1998, 1389-1396.

Beyer, H.W., "εὐλογέω", *GLNT*, III, Brescia 1967, 1149-1180.

Bietenhard, H., "Pueblo (λαός)", *DTNT*, II, Salamanca 1999[4], 442-445.

Biguzzi, G., *Il Tempio di Gerusalemme nel Vangelo di Marco: studio di analisi della redazione*, Roma 1987.

Blomberg, C.L., "The Law in Luke-Acts", *JSNT* 22 (1984), 53-80.

Bloch, R., "Midrash", *DBS*, V, Paris 1957, 1263-1281.

_____, "Écriture et Tradition dans le Judaïsme, Aperçus sur l'origine du Midrash", *CSion* 8 (1954), 9-34.

Bock, D.L., *Proclamation from Prophecy and Pattern. Lucan Old Testament Christology*, JSNT.S 12, Sheffield 1987.

Borghino, A., *La "nuova alleanza" in Is 54; analisi esegetico-teologica*, TG.ST 118, Roma 2005.

Borse, U., "ἱερόν", *DENT*, I, Salamanca 1996, 1956-1958.

Bottini, G.C., *Introduzione all'opera di Luca. Aspetti teologici*, SBF.An 35, Gerusalemme 1992.

Bottini, G.C. – Casalini, N., "Maria nella storia della salvezza in Luca-Atti", *Theotokos* 8 (2000), 733-768.

Bottino, A., "La missione 'fino all'estremità della terra' e i suoi protagonisti negli Atti degli Apostoli", in G. Leonardi – F.G.B. Trolese, ed., *San Luca evangelista testimone della fede che unisce. Atti del Congresso Internazionale, Padova 16-21 Ottobre 2000. L'unità letteraria e teologica dell'opera di Luca*, I, Padova 2002, 335-350.

Bovon, F., "Schon hat der Heilige Geist durch den Propheten Jesaja zu euren Vätern gesprochen (Act 28,25)", *ZNW* 75 (1984), 226-232.

_____, "Evangelho de Lucas e Atos dos Apóstolos", in *Evangelhos Sinóticos e Atos dos Apóstolos*, São Paulo 1986.

_____, *El Evangelio según san Lucas*. I. Lc 1-9. II. Lc 9,51-14,35. III. Lc 15,1-19,27, BEB 85, 86, 87, Salamanca 1995, 2002, 2004.

Brockington, L.H., "The Septuagintal Background to the New Testament use of ΔοΞα", in D.E. Nineham, ed., *Studies in the Gospels. Essays in Memory of R.H. Lightfoot*, Oxford 1955, 1-8.

Brown, R.E., "The Presentation of Jesus (Luke 2:22-40)", *Worship* 51 (1977), 2-11.

_____, "The finding of the Boy Jesus in the Temple", *Worship* 51 (1977), 474-485.

_____, "Luke's Method in the Annunciation Narrative of Chapter One", in C.H. Talbert, ed., *Perspectives on Luke-Acts*, Danville 1978, 126-138.

_____, *El nacimiento del Mesías. Comentario a los relatos de la infancia*, Madrid 1982 [ed. bras.: *O nascimento do Messias*, São Paulo Paulinas 2005].

_____, *Introduzione al Nuovo Testamento*, Brescia 2001 [ed. bras.: *Introdução ao Novo Testamento*, São Paulo Paulinas 2004].

Brown, R.E. – Donfried, K.P. – Fitzmyer, J.A. – Reumann, J., *María en el Nuevo Testamento*, Salamanca 2002⁴.

Brown, S., *Apostasy and Perseverance in the Theology of Luke*, AnBib 36, Rome 1969.

Bultmann, R., *The History of the Synoptic Tradition*, Oxford 1963.

_____, "εὐλαβής", *GLNT*, III, Brescia 1967, 1143-1150.

Busse, U., "διέρχομαι", *DENT*, I, Salamanca 1996, 975-977.

Caba, J., *El Jesús de los evangelios*, BAC 392, Madrid 1977.

_____, *De los Evangelios al Jesús Histórico. Introducción a la Cristología*, BAC 316, Madrid 1980.

_____, "Métodos exegéticos en el estudio actual del Nuevo Testamento", *Gr.* 73 (1992), 611-669.

Cadbury, H.J., *The Making of Luke-Acts*, New York 1927[1] – Peabody 1999.

Carbone, S.P. – Rizzi, G., *Le Scritture ai Tempi di Gesù*, Bologna 1992.

Carras, G.P., "Observant Jews in the Story of Luke and Acts", *BEThL* 142, Leuven 1999, 693-708.

Casalegno, A., *Gesù e il Tempio. Studio redazionale su Luca-Atti*, Brescia 1984.

Cavalletti, S., "Il metodo derashico nei racconti lucani dell'infanzia", *RStB* 4 (1992), 5-12.

Cazelles, H., *Le Messie de la Bible. Christologie de l'Ancien Testament*, Paris 1978.

Chevallier, M.A., "Luc et l'Esprit Saint", *RevSR* 56 (1982), 1-16.

Chrupcała, L.D., "Gesù Cristo, la salvezza e il regno di Dio. Per una discussione sull'unità tematica dell'opera lucana", *SBF LA* 48, Gerusalemme 1998, 143-178.

Coleridge, M., *Nueva lectura de la infancia de Jesús. La narrativa como cristología en Lucas 1-2*, Córdoba 2000.

Conzelmann, H., *El centro del tiempo. Estudio de la teología de Lucas*, Madrid 1974.

_____, *Teologia del Nuovo Testamento*, Brescia 1972.

_____, "Luke's Place in the Development of Early Christianity", in L.E. Keck – J.L. Martyn, ed., *Studies in Luke-Acts*, Philadelphia 1980, 298-316.

Corsani, B., "Gerusalemme nell'opera lucana", in *Gerusalemme. Atti della XXVI settimana biblica in onore di Carlo Maria Martini*, Brescia 1982, 13-26.

Corsato, C., *La "Expositio euangelii secundum Lucam" di sant'Ambrogio. Ermeneutica, simbologia, fonti*, SEAug 43, Roma 1993.

Cortés, E., *Los discursos de adiós de Gn 49 a Jn 13-17*, Barcelona 1976.

Croatto, J.S., "Composição e querigma do livro de Isaías", *RIBLA* 35/36 (2000), 42-79.

Crockett, L.C., "Luke 4,25-27 and Jewish-Gentile Relations in Luke-Acts", *JBL* 88 (1969), 177-183.

Cullmann, O., *Cristo e il Tempo*, Bologna 1965.

_____, *Christologie du Nouveau Testament*, Neuchâtel 1966.

_____, "L'évangile johannique et l'histoire du salut", *NTS* 11 (1964-65), 111-122.

Culpepper, R.A., "The Gospel of Luke", in L.E. Keck, ed., *The New Interpreter's Bible*, IX, Nashville 1994.

Cutler, A., "Does the Simeon of Luke 2 refer to Simeon the Son of Hillel?", *JBR* 34 (1966), 29-35.

Dahn, K., "Ver, aparecerse (ὁράω)", *DTNT*, II, Salamanca 1999⁴, 769-775.

REFERÊNCIAS BIBLIOGRÁFICAS | 279

Daniélou, J., *I vangeli dell'infanzia*, Brescia 1968.

Davies, P., "The Ending of Acts", *ExpTim* 94 (1982-1983), 334-335.

Dawsey, J., "The Literary Unity of Luke-Acts: Questions of Style – A Task for Literary Critics", *NTS* 35 (1989), 48-66.

Díez Macho, A., "Derás y exégesis del Nuevo Testamento", *Sef.* 35 (1975), 37-89.

_____, *La historicidad de los evangelios de la infancia*, Madrid 1977.

_____, *Apócrifos del Antiguo Testamento*, III, Madrid 1982.

Díez Merino, L., "Transfondo semítico de Lucas 1-2", *EstB* 50 (1992), 35-72.

Dillon, R., "Simeon as a Lucan Spokesman (Lk 2,29-35)", in *Il verbo di Dio è vivo. Studi sul Nuovo Testamento in onore del Cardinale Albert Vanhoye*, AnBib 165, Roma 2007, 189-217.

Di Segni, R., "Aspetti della concezione messianica presso gli ebrei, con particolare riferimento alla persona di Gesù di Nazareth", in G. De Gennaro, ed., *L'Antico Testamento interpretato dal Nuovo: Il Messia*, Napoli 1985, 127-154.

Donfried, K.P., "Attempts at Understanding the Purpose of Luke-Acts: Christology and the Salvation of the Gentiles", in R.F. Berkey – S.A. Edwards, ed., *Christological Perspectives. Essays in Honor of Harvey K. McArthur*, New York 1982, 112-122.

Dupont, J., "Le salut des gentils et la signification théologique du livre des Actes", *NTS* 6 (1959-1960), 132-155.

_____, *Études sur les Actes des Apôtres*, Paris 1967.

_____, "La conclusion des Actes et son rapport à l'ensemble de l'ouvrage de Luc", in J. Kremer, ed., *Les Actes des Apôtres. Traditions, rédaction, théologie*, BEThL 48, Leuven 1979, 359-404.

_____, "Le profezie del vecchio Simeone (Lc 2,25-35)", in *Teologia della chiesa negli Atti degli Apostoli*, Bologna 1984, 135-140.

_____, *Teologia della Chiesa negli Atti degli Apostoli*, Bologna 1984.

_____, *Nuovi studi sugli Atti degli Apostoli*, Cinisello Balsamo 1985.

Eckert, J., "καλέω", *DENT*, I, Salamanca 1996, 2165-2177.

Elliot, J.K., "Does Luke 2,41-52 anticipate the Resurrection?", *ExpTim* 83 (1971-72), 87-89.

_____, "Jerusalem in Acts and the Gospels", *NTS* 23 (1977), 462-469.

_____, "Anna's Age (Luke 2:36-37)", *NT* 30 (1988), 100-102.

Ellis, E.E., *The Gospel of Luke*, London 1966.

_____, *L'Antico Testamento nel primo cristianesimo*, StBi 122, Brescia 1999.

_____, *Christ and the Future in the New Testament History*, Leiden--Boston-Köln 2000.

Esser, H.H., "Ley (νόμος)", *DTNT*, I, Salamanca 1998⁴, 806-816.

Evans, C.A., "The Text of Isaiah 6,9-10", *ZAW* 94 (1982), 415-418.

_____, "The Function of Isaiah 6:9-10 in Mark and John", *NT* 24 (1982), 124-138.

_____, *To see and Not Perceive. Isaiah 6.9-10 in Early Jewish and Christian Interpretation*, JSOT S. 64, Sheffield 1989.

_____, "Is Luke's View of the Jewish Rejection of Jesus Anti-Semitic?", in D.D. Sylva, ed., *Reimaging the Death of the Lukan Jesus*, Frankfurt 1990.

_____, "Prophecy and Polemic: Jews in Luke's Scriptural Apologetic", in C.A. Evans – J.A. Sanders, *Luke and Scripture. The function of Sacred Tradition in Luke-Acts*, Minneapolis 1993, 171-211.

Eynde, S. van den, "Children of the Promise. On the ΔΙΑΘΗΚΗ-Promise to Abraham in Lk 1,72 and Acts 3,25", *BEThL* 142, Leuven 1999, 469-482.

Fabris, R., "Lo scopo principale dell'opera di Luca (Lc-At)", in G. Leonardi – F.G.B. Trolese, ed., *San Luca evangelista testimone della fede che unisce. Atti del Congresso Internazionale, Padova 16-21 Ottobre 2000. L'unità letteraria e teologica dell'opera di Luca*, I, Padova 2002, 55-70.

Faria, J. de F., "Denúncia, solução e esperança nos profetas", *RIBLA* 35/36 (2000), 28-41.

Feuillet, A., "L'épreuve prédite à Marie par le vieillard Siméon (Luc. II,35ᵃ)", in *À la rencontre de Dieu. Mémorial Albert Gelin*, Le Puy 1961, 243-263.

Figueras, P., "Siméon et Anne, ou le Témoignage de la Loi et des Prophètes", *NT* 20 (1978), 84-99.

Fischer, J.B., "The term ΔΕΣΠΟΤΗΣ in Josephus", *JQR* 49 (1958-1959), 132-138.

Fitzgerald, A., "*Btwl* and *Bt* as Titles for Capital Cities", *CBQ* 37 (1975), 167-183.

Fitzmyer, J.A., "Jewish Christianity in Acts in Light of the Qumran Scrolls", in L.E. Keck – J.L. Martyn, ed., *Studies in Luke-Acts*, Philadelphia 1980, 233-257.

_____, *El Evangelio según Lucas*. I. Introducción General. II. Traducción y comentario. Capítulos 1-8,21. III. Traducción y comentario. Capítulos 8,22-18,14. IV. Traducción y comentario. Capítulos 18,15-24,53, Madrid 1986, 1987, 1987, 2005.

_____, *Luca Teologo*, Brescia 1991.

_____, "The Role of the Spirit in Luke-Acts", *BEThL* 142, Leuven 1999, 165-183.

_____, *Los Hechos de los Apóstoles*. I. 1,1-8,40. II. 9,1-28,31, BEB 112, 113, Salamanca 2003.

Franco, E., "Gerusalemme in Is. 40-66. Archetipo materno e simbolismo sponsale nel contesto dell'alleanza eterna", in *Gerusalemme. Atti della XXVI settimana biblica in onore di Carlo Maria Martini*, Brescia 1982, 143-152.

Franzmann, M., "The City as Woman: The Case of Babylon in Isaiah 47", *ABR* 43 (1995), 1-19.

Fretheim, T.E., "שרת", *NIDOTTE*, IV, Grand Rapids 1997, 256-257.

Friedrich, G., "προφήτης", *GLNT*, XI, Brescia 1977, 567-652.

_____, "δύναμις", *DENT*, I, Salamanca 1996, 1080-1088.

Fürst, D., "Pensar, reflexionar (διαλογίζομαι)", *DTNT*, II, Salamanca 1999[4], 328-329.

Fusco, V., *Da Paolo a Luca. Studi su Luca-Atti*, I-II, StBi 124, 139, Brescia 2000, 2003.

Galbiati, E., "La presentazione al Tempio", *BeO* 6 (1964), 28-37.

García del Moral, A., "Un posible aspecto de la tesis y unidad del libro de los Hechos", *EstB* 23 (1964), 41-92.

García Pérez, J.M., *San Lucas: evangelio y tradición*, StSNT IV, Madrid 1995.

García Pérez, J.M. – Herranz Marco, M., *La infancia de Jesús según Lucas*, StSNT VI, Madrid 2000.

Gasque, W.W., *A History of the Criticism of the Acts of the Apostles*, BGBE 17, Tübingen 1975.

George, A., *L'annonce du salut de Dieu. Lecture de l'évangile de Luc*, Paris 1963.

———, "Israël dans l'ouvré de Luc", *RB* 75 (1968), 481-525.

———, *Études sur l'ouvré de Luc*, Paris 1978.

———, "L'Esprit Saint dans l'ouvré de Luc", *RB* 85 (1978), 500-542.

Gertner, M., "Midrashim in the New Testament", *JSSt* 7 (1962), 267-292.

Giannarelli, E., "Fra profezia ignorata e profezia nascota: La storia esegetica di Anna (Lc 2,36-38)", in A. Valerio, ed., *Donna, potere e profezia*, Napoli 1995, 61-96.

Gianotto, C., "Gli sviluppi del giudeo-cristianesimo", *RStB* 15 (2003), 187-200.

Giesen, H., "ὥρα", *DENT*, II, Salamanca 1998, 2198-2202.

Giustino, *Dialogo con Trifone*, (G. Visonà, tradt., Milano 1988).

Gnilka, J., *Die Verstockung Israels. Isaias 6,9-10 in der Theologie der Synoptiker*, StANT 3, München 1961.

———, *Il vangelo di Matteo*, I, Brescia 1990.

———, *I primi cristiani. Origini e inizio della chiesa*, Paideia 2000.

Goppelt, L., *Teologia del Nuovo Testamento*. I. L'opera di Gesù nel suo significato teologico. II. Molteplicità e unità della testimonianza apostolica di Cristo, Brescia 1982, 1983.

Gourgues, M., *Les deux livres de Luc. Clés de lecture du troisième Évangile et des Actes*, Brussels 1998.

Grech, P., "Il giudeo-cristianesimo: lo stato della questione", *RStB* 15 (2003), 7-19.

———, *Il messaggio biblico e la sua interpretazione. Saggi di ermeneutica, teologia ed esegesi*, SRivBib 44, Bologna 2005.

Green, J.B., *La teologia del vangelo di Luca*, Brescia 2001.

Green, W.S. – Silverstein, J., "Messiah", *EJud*, II, Boston 2005[2], 874-888.

Grelot, P., *La speranza ebraica al tempo di Gesù*, Roma 1981.

———, *Évangiles et tradition apostolique: réflexions sur un certain "Christ hébreu"*, Paris 1984.

———, *L'origine des évangiles*, Paris 1986.

———, "Le cantique de Siméon (Luc, II, 29-32)", *RB* 93 (1986), 481-509.

———, *O livro de Daniel*, São Paulo 1995.

Grossouw, W., "L'espérance dans le Nouveau Testament", *RB* 61 (1954), 508-532.

Grundmann, W., "δέχομαι", *GLNT*, II, Brescia 1966, 865-892.

_____, "ἕτοιμος, ἑτοιμάζω", *GLNT*, III, Brescia 1967, 1015-1024.

Haenchen, E., *The Acts of the Apostles. A Commentary*, Oxford 1971.

Hahn, F., "Χριστός", *DENT*, II, Salamanca 1998, 2118-2142.

Hanson, P.H., *Isaia 40-66*, Torino 2006.

Harder, G., "Alma (ψυχή)", *DTNT*, I, Salamanca 1998[4], 93-100.

Harrington, W.J., *Luke: Gracious Theologian. The Jesus of Luke*, Dublin 1997.

Hartley, J.E., *Leviticus*, WBC 4, Dallas 1992.

Hartman, L., "Ἱεροσόλυμα; Ἱερουσαλήμ", *DENT*, I, Salamanca 1996, 1960-1969.

Hatch, W.H.P., "The Text of Luke II,22", *HThR* 14 (1921), 377-381.

Hendrickx, H., *Los relatos de la infancia*, Madrid, 1986.

Hertz, J.H., *Daily Prayer Book. Hebrew Text. English Translation with Commentary and Notes*, New York (1948) 1965[12].

Hesse, F., "χρίω", *GLNT*, XV, Brescia 1988, 856-890.

Hill, D., "The Rejection of Jesus at Nazareth (Luke IV,16-30)", *NT* 13 (1971), 161-180.

Hofius, O., "Milagro (σημεῖον)", *DTNT*, II, Salamanca 1999[4], 89-93.

Holtz, T., "ἀποκαλύπτω"*DENT*, I, Salamanca 1996, 389-395.

Horton, F.L. Jr., "Reflections on the Semitisms of Luke-Acts", in C.H. Talbert, *Perspectives on Luke-Acts*, Danville 1978, 1-23.

Houlden, J.L., "The Purpose of Luke", *JSNT* 21 (1984), 53-65.

Hubbard, R.L., "גאל", *NIDOTTE*, I, Grand Rapids 1997, 789-794.

Hübner, H., "γράφω", *DENT*, I, Salamanca 1996, 786-800.

_____, "λαλέω", *DENT*, II, Salamanca 1998, 2-4.

_____, "λέγω", *DENT*, II, Salamanca 1998, 35-41.

_____, "νόμος", *DENT*, II, Salamanca 1998, 418-436.

Iersel, B. van, "The finding of Jesus in the Temple. Some Observations on the original Form of Luke 2,41-51a", *NT* 4 (1960), 164-173.

Infante, R., *Lo sposo e la sposa. Percorsi di analisi simbolica tra Sacra Scrittura e cristianesimo delle origini*, Cinisello Balsamo 2004.

Jacobs, L., "Shema, reading of", *EJ* 14, Jerusalem 1971-1972, 1370-1374.

Jenson, P.P., "שׁבע", *NIDOTTE*, IV, Grand Rapids 1997, 32-37.

Jeremias, J., "Miszelle: Ierousalem, Ierosolyma", *ZNW* 65 (1974), 273-276.

_____, "נביא", *DTMAT*, II, Madrid 1985, 22-46.

Jervell, J., *The Theology of the Acts of Apostles*, Cambridge 1996.

Johnson, L.T., *The Acts of the Apostles*, SP 5, Collegeville 1992.

Josephus, F., *Antiquitates Judaicae*; trad. inglesa, *Josephus in Nine Volumes*, IV, VII, LCL, Cambridge-London 1961.

Kellermann, U., "Jesus – das Licht der Völker. Lk 2,25-33 und die Christologie im Gespräch mit Israel", *KuI* 7 (1992), 10-27.

Kertelge, K., "λύτρον", *DENT*, II, Salamanca 1998, 95-101.

Kilgallen, J.J., "Jesus, Savior, the Glory of Your People Israel", *Bib* 75 (1994), 305-328.

Kittel, G., "ἀκούω", *GLNT*, I, Brescia 1965, 581-606.

Koet, B.J., "Paul in Rome (Acts 28,16-31): A Farewell to Judaism?", *Bijdr.* 48 (1987), 397-415.

_____, *Five Studies on Interpretation of Scripture in Luke-Acts*, Leuven 1989.

_____, "Simeons Worte (Lk 2,29-32.34c-35) und Israels Geschick", *BEThL* 100, Leuven 1992, 1549-1569.

_____, "Holy Place and Hannah's Prayer: a Comparison of *Liber Antiquitatum Bilicarum* 50-51 and Luke 2,22-39 à Propos 1 Sam 1-2", in *Dreams and Scripture in Luke-Acts. Collected Essays*, Leuven-Paris-Dudley 2006, 123-144.

Köster, H., "συνέχω", *GLNT*, XIII, Brescia 1981, 213-236.

Kraus, H.-J., *Teología de los Salmos*, Salamanca 1996.

Kremer, J., "ὁράω", *DENT*, II, Salamanca 1998, 581-588.

Kühlewein, J., "קרב", *DTMAT*, II, Madrid 1985, 849-858.

Kümmel, W.G., "Current Theological Accusations against Luke", *ANQ* 16 (1975), 131-145.

Kurz, W.S., *Reading Luke-Acts. Dynamics of Biblical Narrative,* Louisville 1993.

Lagrange, M.-J., *Évangile selon saint Luc*, Paris 1921.

Lampe, G.W.H., "The Holy Spirit in the Writings of St. Luke", in D.E. Nineham, ed., *Studies in the Gospels. Essays in Memory of R.H. Lightfoot*, Oxford 1955, 159-200.

_____, "The Lucan Portrait of Christ", *NTS* 2 (1955-1956), 160-175.

Lapide, P., *Predicava nelle loro sinagoghe*, StBi 131, Brescia 2001.

Laurentin, R., "Traces d'allusions étymologiques en Luc 1-2", *Bib* 37 (1956), 435-456.

_____, *Structure et Théologie de Luc I-II*, Paris 1964.

_____, *I Vangeli dell'infanzia di Cristo. La verità del natale al di là dei miti*, Milano 1986.

Leal, J., "El plan literario del III Evangelio y la geografía", *EE* 29 (1955), 197-215.

Le Déaut, R., "A propos d'une définition du midrash", *Bib* 50 (1969), 395-413.

Légasse, S., "ἐπιστρέφω", *DENT*, I, Salamanca 1996, 1540-1543.

Legrand, L., "L'Évangile aux bergers, essai sur le genre littéraire de Luc II, 8-20", *RB* 75 (1968), 161-187.

Lipinski, E., "עם", *GLAT*, VI, Brescia 2006, 819-824.

Litwak, K.D., *Echoes of Scripture in Luke-Acts. Telling the History of God's People Intertextually*, JSNT.S 282, London-New York 2005.

Lohse, E., "Σιών", *GLNT*, XII, Brescia 1979, 322-374.

López Mauleón, J.M., "τὸ Πνεῦμα (τὸ) ἅγιον en san Lucas", *Mayéutica* 31 (2005), 273-370.

Lucci, L., "La figlia di Sion sullo sfondo delle culture extra-bibliche", *RivBib* 45 (1997), 258-287.

Luz, U., *El evangelio según San Mateo*, I, Salamanca 1993.

Maier, J., *Il Giudaismo del secondo tempio*, Brescia 1991.

Mainville, O., *L'Esprit dans l'oeuvre de Luc*, Montréal 1991.

_____, "Le Messianisme de Jésus. Le rapport annonce/accomplissement entre Lc 1,35 et Ac 2,33", *BEThL* 142, Leuven 1999, 313-327.

Manicardi, E., "Redazione e tradizione in Lc 1-2", *RStB* 4 (1992), 13-53.

Manns, F., *Le midrash. Approche et commentaire de l'Écriture*, Jérusalem 1990.

_____, *La preghiera d'Israele al tempo di Gesù*, Bologna 1996.

_____, *Une approche juive du Nouveau Testament*, Paris 1998.

Marconi, G., "Il bambino da vedere. L'estetica lucana nel cantico di Simeone e dintorni", *Gr.* 72 (1991), 629-654.

Marguerat, D., "Juifs et chrétiens selon Luc-Actes. Surmonter le conflit des lectures", *Bib* 75 (1994), 126-146.

_____, *A Primeira história do cristianismo. Os Atos dos Apóstolos*, Bi-Loy 35, São Paulo 2003.

Marshall, I.H., *Luke: Historian and Theologian*, Exeter 1970.

_____, *The Gospel of Luke. A Commentary on the Greek Text*, NIGTC, Exeter 1978.

Mbilizi, E.L., *D'Israël aux nations*, Frankfurt 2006.

Meding, W. von, "Templo (ναός)", *DTNT*, II, Salamanca 1999⁴, 692-694.

Merkel, H., "Israel im Lukanischen Werk", *NTS* 40 (1994), 371-398.

Meyer, E., *Ursprung und Anfänge des Christentums*, I, Stuttgart-Berlin 1921.

Meynet, R., *Il Vangelo secondo Luca*, Bologna 2003.

Michel, O., "ὁμολογέω", *GLNT*, VIII, Brescia 1972, 557-618.

Miyoshi, M., "Jesu Darstellung oder Reinigung im Tempel unter Berücksichtigung von 'Nunc dimittis' Lk II,22-38", *AJBI* 4 (1978), 85-115.

Moessner, D.P., "The Ironic Fulfilment of Israel's Glory", in J.B. Tyson, ed., *Luke-Acts and the Jewish People. Eight Critical Perspectives*, Minneapolis 1988, 35-50.

Morla, V., *Lamentaciones*, Estella 2004.

Moule, C.F.D., *Le origini del Nuovo Testamento*, Brescia 1971.

Muñoz Iglesias, S., "Los Evangelios de la infancia y las infancias de los héroes", *EstB* 16 (1957), 5-36.

_____, "El Evangelio de la infancia en San Lucas y las infancias de los héroes bíblicos", *EstB* 16 (1957), 329-382.

_____, "Estructura y teología de Lucas, I-II", *EstB* 17 (1958), 101-107.

_____, "El género literario del evangelio de la infancia en San Mateo", *EstB* 18 (1959), 243-273.

_____, "Midrás y Evangelios de la infancia", *EE* 47 (1972), 331-359.

Muñoz Iglesias, S., *Los Evangelios de la Infancia*. I. Los Cánticos del Evangelio de la Infancia según San Lucas. II. Los anuncios angélicos previos en el Evangelio lucano de la Infancia. III. Nacimiento e infancia de Juan y de Jesús en Lucas 1-2. IV. Nacimiento e infancia de

Jesús en San Mateo, BAC 508, 479, 488, 509, Madrid 1990², 1986, 1987, 1990.

_____, "Derás y Nuevo Testamento", *EstB* 46 (1988), 303-314.

Muñoz León, D., *Derás. Los caminos y sentidos de la Palabra divina en la Escritura*, Madrid 1987.

Munzer, K., "παρίστημι", *DCBNT*, Bologna 1976, 478-480.

Navarro Puerto, M., "Las apóstoles y sus hechos. Mujeres en los Hechos de los Apóstoles", in I. Gómez-Acebo, ed., *Relecturas de Lucas*, Bilbao 1998, 179-238.

Naudé, J.A., "נזיר", *NIDOTTE*, III, Grand Rapids 1997, 73-74.

Navone, J., *Themes of St. Luke*, Rome 1970.

Neirynck, F., *L'Évangile de Nöel selon S. Luc*, Bruxelles 1960.

_____, "Luke 4,16-30 and the Unity of the Luke-Acts", *BEThL* 142, Leuven 1999, 357-395.

Neusner, J., "Liturgy of Judaism: the Shema", *EJud*, II, Boston 2005², 816-822.

Nolland, J., *Luke 1-9:20*, WBC 35a, Dallas 1989.

Noth, M., *Levitico*, Brescia 1989.

O'Fearghail, F., *The Introduction to Luke-Acts. A Study of the Role of Lk 1,1-4,44 in the Composition of Luke's Two-Volume Work*, AnB 126, Roma 1991.

Oliver, H.H., "The Lucan Birth Stories and the Purpose of Luke-Acts", *NTS* 10 (1964), 202-226.

O'Neill, J.C., *The Theology of Acts in its Historical Setting*, London 1961.

Orígenes, *In Lucam Homiliae XVII*, 6-7 (PG. XIII, c.1845; SC, n 87), Paris 1962, 256-259.

O'Rourke, J.J., "The Construction with a Verb of Saying as an Indication of Sources in Luke", *NTS* 21 (1975), 421-423.

O'Toole, R.F., "Reflections on Luke's Treatment of the Jews in Luke-Acts", *Bib* 74 (1993), 529-555.

_____, *L'unità della teologia di Luca*, Torino 1994.

_____, *Luke's Presentation of Jesus: A Christology*, Roma 2004.

Palzkill, A., "προσδέχομαι", *DENT*, II, Salamanca 1998, 1164-1165.

Panimolle, S.A., "Il vangelo dell'infanzia negli scritti di S. Giustino", *RStB* 3 (1991), 97-102.

_____, "Vita di comunione e tensioni nella chiesa delle origini (At 1-15)", in G. Leonardi – F.G.B. Trolese, ed., *San Luca evangelista testimone della fede che unisce. Atti del Congresso Internazionale, Padova 16-21 Ottobre 2000. L'unità letteraria e teologica dell'opera di Luca*, I, Padova 2002, 351-365.

Pasinya, L.M., *La notion de nomos dans le Pentateuque grec*, AnBib 52, Roma 1973[1], 2005[2].

Patsch, H., "εὐλογέω", *DENT*, I, Salamanca 1996, 1666-1670.

Peppermüller, R., "ἔξοδος", *DENT*, I, Salamanca 1996, 1441-1442.

Pérez Fernández, M., *Tradiciones Mesiánicas en el Targum Palestinense*. Valencia-Jerusalén 1981.

Perroni, M., "Le donne e Maria madre di Gesù in Luca", in G. Leonardi – F.G.B. Trolese, ed., *San Luca evangelista testimone della fede che unisce. Atti del Congresso Internazionale Padova, 16-21 Ottobre 2000, L'unità letteraria e teologica dell'opera di Luca*, I, Padova 2002, 115-129.

Persons, M.C. – Pervo, R.I., *Rethinking the Unity of Luke and Acts*, Minneapolis 1993.

Pervo, R., "Israel's Heritage and Claims upon the Genre(s) of Luke and Acts", in Moessner, David P., ed., *Jesus and the Heritage of Israel*, Harrisburg 1999.

Pesce, M., "Sul concetto di giudeo-cristianesimo", *RStB* 15 (2003), 21-44.

Petzke, G., "διαλογίζομαι", *DENT*, I, Salamanca 1996, 929-931.

Pitta, A., "Gli avversari giudeo-cristiani di Paulo", *RStB* 15 (2003), 103-119.

Ploeg, J. van der, "L'espérance dans l'Ancient Testament", *RB* 61 (1954), 481-507.

Popkes, W., "δίδωμι", *DENT*, I, Salamanca 1996, 969-975.

Potterie, I. de la, "L'onction du Christ", *NRT* 80 (1958), 225-252.

_____, "Le titre Κύριος appliqué a Jésus dans l'évangile de Luc", in A. Descamps – A. de Halleux, ed., *Mélanges Bibliques en Hommage au R.P. Béda Rigaux*, Gembloux 1970, 117-146.

_____, "Les deux noms de Jérusalem dans l'évangile de Luc", *RSR* 69 (1981), 57-70.

Prete, B., "L'arrivo di Paolo a Roma e il suo significato secondo Atti 28,16-31", *RivBib* 31 (1983), 147-187.

_____, "Lo Spirito Santo nell'opera di Luca", *DT(P)* 23 /2 (1999), 5-172.

Puig I Tàrrech, A., "Les voyages à Jerusalem (Lc 9,51; Ac 19,21)", *BEThL* 142, Leuven 1999, 493-505.

Rad, G. von, *Teologia dell'Antico Testamento*, I. Teologia delle tradizioni storiche d'Israele. II. Teologia delle tradizioni profetiche d'Israele, Brescia 1972, 1974.

Radl, W., "Die Beziehungen der Vorgeschichte zur Apostelgeschichte. Dargestellt an Lk 2,22-39", *BEThL* 142, Leuven 1999, 297-312.

_____, *Der Ursprung Jesu. Traditionsgeschichtliche Untersuchungen zu Lukas 1-2*, HBS 7, Freiburg-Basel-Wien-Barcelona-Roma-New York 1996.

_____, "ἑτοιμάζω", *DENT*, I, Salamanca 1996, 1627-1629.

_____, "ποιέω", *DENT*, II, Salamanca 1998, 1041-1049.

_____, "ῥῆμα", *DENT*, II, Salamanca 1998, 1307-1310.

Rasco, E., "Hans Conzelmann y la *Historia Salutis*", *Gr.* 46 (1965), 286-319.

_____, *La teología de Lucas: origen, desarrollo, orientaciones*, AnGr 201, Roma 1976.

Rasco, E., "Spirito e istituzione nell'opera lucana", *RivBib* 30 (1982), 301-322.

Reimer, D.J., "צדק", *NIDOTTE*, III, Grand Rapids 1997, 744-769.

Remaud, M., *Évangile et tradition rabbinique*, Bruxelles 2003.

Rendtorff, R., *Introduzione all'Antico Testamento*, Torino 2001.

Rengstorf, K.H., "δεσπότης", *GLNT*, II, Brescia 1966, 849-866.

Rese, M., "The Jews in Luke-Acts. Some Second Thoughts", *BEThL* 142, Leuven 1999, 185-201.

Richardson, P., *Israel in the Apostolic Church*, Cambridge 1969.

Rigato, M.L, "'Mosè e i profeti' in chiave cristiana: un pronunciamento e un midrash (Lc 16,11-18 +19-31)", *RivBib* 45 (1997), 143-177.

Ringgren, H., "Luke's use of the Old Testament", *HThR* 79 (1986), 227-235.

_____, "נאל", *GLAT*, I, Brescia 1988, 1803-1816.

Robert, A., "Littéraires (Genres)", *DBS*, V, Paris 1957, 405-421.

Rodríguez Carmona, A., "La obra de Lucas (Lc-Hch)", in R. Aguirre Monasterio – A. Rodríguez Carmona, *Evangelios sinópticos y Hechos de los Apóstoles*, Estella 1992, 277-388.

Rodríguez Ruiz, M., "¿Sigue en vigor la Alianza con el pueblo judío? Respuesta del Nuevo Testamento", *EstB* 55 (1997), 393-403.

Rohde, J., "ἐπισκέπτομαι", *DENT*, I, 1520-1522.

Rossé, G., "Approcci esegetici al testo della presentazione (Lc 2,22-40)", *Theotokos* 6 (1998), 17-30.

_____, "La crono-teologia lucana", *ParSpirV* 47 (2003), 121-134.

Rowland, C., "The Temple in the New Testament", in Day, John ed., *Temple and Worship in Biblical Israel*, London-New York 2005, 469-483.

Sabourin, L., *Il Vangelo di Luca. Introduzione e Commento*, Roma 1999.

Sacchi, P., *Historia del Judaísmo en la época del segundo Tiemplo*, Madrid 2004.

Sahlin, H., *Der Messias und das Gottesvolk. Studium zur protolukanishchen Theologie*, Uppsala 1945.

Sand, A., *Il vangelo secondo Matteo*, I, Brescia 1992.

_____, "παρίστημι", *DENT*, II, Salamanca 1998, 790-793.

Sanders, J.A., "Isaiah in Luke", *Interp.* 36 (1982), 144-155.

_____, "Isaiah in Luke", in G.A. Evans – J.A. Sanders, *Luke and Scripture. The Funtion of Sacred Tradition in Luke-Acts*, Minneapolis 1993, 14-25.

Sanders, J.T., "The Jewish People in Luke-Acts", in J.B. Tyson, ed., *Luke-Acts and the Jewish People. Eight Critical Perspectives*, Minneapolis 1988, 51-75.

Sandt, H. van de, "Acts 28,28: No Salvation for the People of Israel? An Answer in the Perspective of the LXX", *EThL* 70 (1994), 341-358.

Schenke, L., *La comunidad primitiva*, Salamanca, 1999.

Schmitz, E.D., "Número (ἀριθμός)", *DTNT*, II, Salamanca 1999[4], 186-187.

Schneider, G., *Das Evangelium nach Lukas. I. Kapitel 1-10. II. Kapitel 11-24*, Gütersloh 1977.

_____, "ἀπολύω", *DENT*, I, Salamanca 1996, 420-421.

_____, "δίκαιος", *DENT*, I, Salamanca 1996, 981-984.

_____, "ἐπέρχομαι", *DENT*, I, Salamanca 1996, 1480-1481.

Schnider, F., "προφήτης", *DENT*, II, Salamanca 1998, 1228-1236.

Schramm, T., "ἔρχομαι", *DENT*, I, Salamanca 1996, 1589-1595.

Schrenk, G., "δίκαιος", *GLNT*, II, Brescia 1966, 1212-1236.

_____, "δικαιοσύνη", *GLNT*, II, Brescia 1966, 1236-1288.

Schultz, H., "Jerusalén (Ἰερουσαλήμ)", *DTNT*, I, Salamanca 1998[4], 761-765.

Schürer, E., *Storia del Popolo Giudaico al Tempo di Gesù Cristo*, I, II, III-1, III-2, Brescia, 1985, 1987, 1997, 1998.

Schürmann, H., *Il Vangelo de Luca*, I-II, Brescia 1983, 1998.

Schweizer, E., *Il vangelo secondo Luca*, Brescia 2000.

Seebass, H., "Justicia (δικαιοσύνη)", *DTNT*, I, Salamanca 1998[4], 792-799.

Segalla, G., *Una storia annunciata. I racconti dell'infanzia in Matteo*, Brescia 1987.

_____, *Evangelo e vangeli. Quattro evangelisti, quattro Vangeli, quattro destinatari*, Bologna 1994.

_____, *Panoramas del Nuevo Testamento*, Estella 1994.

Serra, A., *Una spada trafiggerà la tua vita*, Roma 2003.

Shelton, J.B., *Mighty in word and deed: the role of the Holy Spirit in Luke-Acts*, Peabody 1991.

Simian-Yofre, H., "Il volto di Dio clemente e misericordioso. Esodo 32-34", *Gr.* 82 (2001), 477-486.

Simón Muñoz, A., "Cristo, luz de los gentiles. Puntualizaciones sobre Lc 2,32", *EstB* 46 (1988), 27-44.

_____, *El Mesías y la hija de Sión*, StSNT III, Madrid 1994.

Soden, H. von, "ἀδελφός", *GLNT*, I, Brescia 1965, 385-392.

Solle, S., "Preparado, dispuesto (ἕτοιμος)", *DTNT*, II, Salamanca 1999[4], 402-404.

Sorg, T., "Corazón (καρδία)", *DTNT*, I, Salamanca 1998[4], 339-341.

Souza, R.C. de, *Palavra, Parábola: uma aventura no mundo da linguagem*, Aparecida 1990.

Spinetoli, O. da, *Introduzione ai Vangeli dell'infanzia*, Brescia 1967.

_____, *Luca*, Assisi 1982.

_____, "I problemi di Matteo1-2 e Luca 1-2, orientamenti e proposte", *RStB* 4 (1992), 7-44.

_____, "Qualche riflessione su 'la salvezza' nell'opera lucana (Vangelo e Atti)", in G. Leonardi – F.G.B. Trolese, ed., *San Luca evangelista testimone della fede che unisce. Atti del Congresso Internazionale Padova, 16-21 Ottobre 2000, L'unità letteraria e teologica dell'opera di Luca*, I, Padova 2002, 265-281.

Spottorno, M.V., "El carácter expansivo del Códice de *Beza*", in D. Muñoz León, ed., *Salvación en la Palabra*, Madrid 1986, 689-698.

Steyn, G.J., "Soteriological Perspectives in Luke's Gospel", in J.G. van der Watt, ed., *Salvation in the New Testament. Perspectives on Soteriology*, Leiden-Boston 2005, 67-99.

Stock, K., *Maria, la madre del Signore, nel Nuovo Testamento*, Roma 1997.

Stramare, T., "Compiuti i giorni della loro purificazione (Lc. 2,22). Gli avvenimenti del N.T. conclusivi di un disegno", *BeO* 24 (1982), 199-205.

_____, "Sanctum Domino vocabitur (Lc. 2,23): Il crocevia dei riti è la santità", *BeO* 25 (1983), 21-34.

_____, "La presentazione di Gesù al Tempio (Lc 2,22-40). Eventi e parole intrinsecamente connessi", *BeO* 25 (1983), 63-71.

_____, "La circoncisione di Gesù. Significato esegetico e teologico", *BeO* 26 (1984), 193-203.

Talbert, C.H., *Literary Patterns, Theological Themes, and the Genre of Luke-Acts*, Missoula 1974.

_____, *Reading Luke. A Literary and Theological Commentary on the Third Gospel*, New York 1982.

Tannehill, R.C., "Israel in Luke-Acts: a Tragic Story", *JBL* 104 (1985), 69-85.

_____, *The Narrative Unity of Luke-Acts. A Literary Interpretation. I. The Gospel according to Luke*, Philadelphia 1986. II. *The Acts of the Apostles*, Minneapolis 1990.

Tatum, W.B., "The Epoch of Israel: Luke I-II and the theological plan of Luke-Acts", *NTS* 13 (1966-67), 184-195.

Taylor, J., *Les actes des deux apôtres*, VI, *Commentaire historique (Act. 18,23-28,31)*, Paris 1996.

Teugels, L., "Midrasj in, en, op, de Bijbel? Kritische kanttekeningen bij het onkritische gebruik van een term", *NedThT* 49 (1995), 273-290.

Thomas, K.J., "Torah Citations in the Synoptics", *NTS* 24 (1977), 85-96.

Tiede, D.L., "'Glory to thy People Israel': Luke-Acts and the Jews", in J.B. Tyson, ed., *Luke-Acts and the Jews People. Eight Critical Perspectives*, Minneapolis 1988, 21-34.

Tosato, A., "Sul significato dei termini biblici *'almanâ, 'almanût* ('vedova', 'vedovanza')", *BeO* 25 (1983), 193-214.

Trebolle Barrera, J., *A Bíblia judaica e a Bíblia cristã. Introdução à história da Bíblia*, Petrópolis 1996.

Tremolada, P., "Lo Spirito Santo e le Scritture nell'opera lucana", *RStB* 12 (2000), 229-250.

_____, "Tradizione e kerygma nei discorsi apostolici del libro degli Atti", *RStB* 16 (2004), 313-336.

Tuñi, J.O., "La tipología Israel-Jesús en Mt 1-2", *EE* 47 (1972), 361-376.

Tyson, J.B., "The Gentile Mission and the Authority of Scripture in Acts", *NTS* 33 (1987), 619-631.

_____, "The Lukan Infancy Narratives (Luke 1-2)", in Id, *Images of Judaism in Luke-Acts*, Columbia 1992, 42-55.

Unnik, W.C. van, "The 'Book of Acts' the Confirmation of the Gospel", *NT* 4 (1960), 26-59.

_____, "Luke-Acts, a Storm Center in Contemporary Scholarship", in L.E. Keck – J.L. Martyn, ed., *Studies in Luke-Acts*, Nashville 1980, 15-32.

Vainstein, Y., *El Ciclo del Año Judío*, Jerusalén 1997.

Valentini, A., *Il Magnificat. Genere letterario. Struttura. Esegesi*, SRivBib 16, Bologna 1987.

_____, "Il secondo annuncio a Maria", *Mar.* 50 (1988), 230-322.

_____, "I cantici in Lc 1-2", *RStB* 4 (1992), 81-108.

_____, "La rivelazione di Gesù dodicenne al Tempio (Lc 2,41-52)", *EstB* 50 (1992), 261-304.

_____, "Approcci esegetici a Lc 2,41-52", *Theotokos* 6 (1998), 337-374.

_____, "Il volto di Cristo nel Nuevo Testamento. I molti ritratti di un unico volto", *Gr.* 82, 3 (2001), 487-514.

_____, "'Καθαρισμοῦ αὐτῶν' e 'ρομφαία' (Lc 2,22.35). Due cruces interpretum", in *Il verbo di Dio è vivo. Studi sul Nuovo Testamento in onore del Cardinale Albert Vanhoye*, AnBib 165, Roma 2007, 167-187.

Valentini, A., *Maria secondo le Scritture. Figlia di Sion e madre del Signore*, Bologna 2007.

Vanni, U., *L'Apocalisse. Ermeneutica, esegesi, teologia*, SRivBib 17, Bologna 2005,

Venard, L., "Citations de l'Ancien Testament dans le Nouveau Testament", *DBS*, II, Paris 1934, 23-51.

Verheyden, J., "The Unity Luke-Acts. *Colloquium Biblicum Lovaniense* XLVII (1998)", *EThL* 74 (1998), 516-526.

Vermes, G., "Jewish Studies and the New Testament Interpretation", *JSS* 31 (1980), 1-17.

Visser, N., "Hier is meer dan Jozua. Over de opdracht van Jezus in de tempel en zijn ontmoeting met Simeon en Hanna", *BenT* 47 (1986), 139-154.

_____, "Laatsten die eersten zullen zijn", *BenT* 48 (1987), 130-137.

_____, "De veertig voldragen. Waarom Hanna trekken van Judit meekreeg", *BenT* 53 (1992), 165-184.

Vlková, G.I., *Cambiare la luce in tenebre e le tenebre in luce. Uno studio tematico dell'alternarsi tra la luce e le tenebre nel libro di Isaia*, TG.ST 107, Roma 2004.

Weiser, A., "δουλεύω", *DENT*, I, Salamanca 1996, 1059-1070.

Wiéner, C., *O Dêutero-Isaías. O profeta do novo Êxodo*, São Paulo 1980.

Wilcox, M., "Luke 2,36-38 'Anna bat Phanuel, of the tribe of Asher, a Prophetess...' A Study in Midrash in Material Special to Luke", *BEThL* 100, Leuven 1992, 1571-1579.

Willimon, W.H., *Atti degli Apostoli*, Torino, 2003.

Winandy, J., "La prophétie de Syméon (Luc II, 34-35)", *RB* 72 (1965), 321-351.

Wink, W.P., *John the Baptist in the Gospel Tradition*, Cambridge 1968.

Woude, A.S. van der, "χρίω", *GLNT*, XV, Brescia 1988, 890-895.

Wrigth, A.G., "The Literary Genre Midrash", *CBQ* 28 (1966), 105-138; 417-457.

Zedda, S., *Teologia della salvezza nel vangelo di Luca*, Bologna 1991.

_____, "La gioia in Lc 1-2.3-24 e nel libro degli Atti. Termini e contes' anticotestamentario", *RStB* 4 (1992), 153-168.

Zeitlin, S., "The Liturgy of the First Night of Passover", *JQR* 38 (1' 431-460.

Impresso na gráfica da
Pia Sociedade Filhas de São Paulo
Via Raposo Tavares, km 19,145
05577-300 - São Paulo, SP - Brasil - 2012